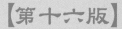

【第十六版】

貿易實務
International Trade Practice

張錦源、康蕙芬 著

五南圖書出版公司 印行

十六版序言

　　數十年來，我國經濟發展的傲人成就，為眾人所共見，且已為開發中國家樹立了優良的典範，這泰半歸功於我國對外貿易的蓬勃發展。外貿擴展不僅對我國經濟的盛衰榮枯有關鍵性的影響，也是我國邁入開發國家的主要途徑。

　　由於對外貿易乃是我國至為重要的經濟活動，為培育相關的人才，大部分的大專院校都設有國際貿易科系，或安排有國際貿易實務的課程。然而由於各科系發展重點的不同，其每週授課時數也有不同。為配合各種不同時數課程的教授，本書在內容的編寫上，多採深入淺出的重點式說明，並盡量舉以實例，以期各種不同需求程度的學習者，均得以獲得最有效率的學習。

　　為因應國際貿易的發展，各種國際貿易慣例及規則，均會不定期地加以修訂。此外，為配合本國對外貿易的發展與變革，國內相關的貿易法令亦是時有變動。為求新穎實用，使學習得以更接近實際，本書均採用最新的規定為說明依據。

　　本書在每章之後都附有習題及實習，供讀者複習、練習，期能熟練貿易實務的演練與應用，以達融會貫通。

　　著者學驗有限，疏漏遺誤，在所難免，尚祈專家學者先進，不吝指正。

張錦源

康蕙芬

2024年2月

目　錄

概　論

第一節　國際貿易實務概說

　　國際貿易（international trade）又稱對外貿易（external trade）、國外貿易（foreign trade; overseas trade）或世界貿易（world trade），泛指不同國家之間商品和勞務的交易。

　　國與國之間的商品交易行為，乃是基於比較利益原則，各國根據所擁有生產資源的特性，專業生產具成本優勢的商品，再以國際貿易的方式來達到互通有無，提高全球效率的目的。時至今日，對外貿易的興衰已成為一國經濟發展的重要指標。國際貿易實務（practice of international trade）即是在探討國與國間從事商品交易的相關知識和技術。

　　國際貿易的進行，除了買賣雙方之外，還可能涉及銀行業者、運輸業者、保險業者及報關業者等，因為國際貿易實務的內容，除了商品買賣契約，還包括運輸契約、保險契約、外匯買賣契約，以及貨物的包裝、檢驗、裝卸及通關、文電的草擬與單據的製作等，若缺乏上述相關行業的輔助，便無法順利完成一宗國際買賣，因此舉凡貿易本身及與貿易有關的運輸業務、保險業務、銀行業務、貿易慣例、規則、報關手續、檢驗公證、索賠及仲裁等，都是本書說明的重點。

第二節　國際貿易的分類

　　國際貿易，因分類標準的不同，而有以下不同的分類。

一、依範圍的不同分類

(一) 狹義的國際貿易

係指交易商品為有形商品（tangible goods）的貿易型態，又稱有形貿易（visible trade），一般所稱的國際貿易即指這種狹義的國際貿易。

(二) 廣義的國際貿易

除包含有形商品貿易外，尚包含例如：保險、金融、運輸、旅遊、智慧財產權等無形商品（intangible goods）的貿易。由於無形商品就是一般所稱的勞務（service），所以無形貿易（invisible trade）又稱勞務貿易（service trade）或服務貿易。

本書所稱的國際貿易，係指狹義的國際貿易。

二、依貨品出入方向的不同分類

(一) 輸出貿易（export trade）

又稱出口貿易，係指本國銷售貨物到外國的貿易型態，貨物從本國運到外國。就該外國而言，稱為輸入貿易。

(二) 輸入貿易（import trade）

又稱進口貿易，係指本國向外國購買貨物並輸入國內的貿易型態，貨物從外國運往本國。就該外國而言，稱為輸出貿易。

(三) 過境貿易（transit trade）

貨物從出口國運往進口國，必須借道第三國時，就該第三國而言，稱為過境貿易。

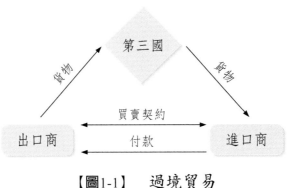

【圖1-1】　過境貿易

三、依經營方式的不同分類

(一) 利潤制貿易（business on profit）

又稱本人對本人的貿易（principal-to-principal trade）或主體制貿易（business as principal），係指不透過第三者，而由進出口兩國的買賣雙方直接完成交易的貿易型態。由於買賣雙方都是以自己名義與對方交易，並且自己負擔交易的盈虧，故稱利潤制貿易。利潤制貿易的賣方，稱為出口商（exporter），可以是專門從事貿易業務的專業貿易商（trading firm），也可以是經營出口業務的製造者（manufacturer）或生產者（producer），其對外所簽訂的買賣契約，稱為出口契約（export contract）；利潤制貿易的買方，稱為進口商（importer），可以是專門從事貿易業務的專業貿易商，也可以是經營進口業務的直接用戶（end user），其對外所簽訂的買賣契約，稱為進口契約（import contract）。

(二) 佣金制貿易（business on commission）

係指進出口國的買賣雙方並非直接接洽完成交易，而是經由中間商的媒介，間接完成交易的貿易型態。由於該中間商係指接受買方或賣方委託與他方交易，以賺取交易的佣金為原則，並不負擔交易的盈虧，故稱為佣金制貿易。

四、依交易方式的不同分類

(一) 直接貿易（direct trade）

由貨物生產國的業者與消費國的業者直接完成交易，沒有任何第三國的業者介入的貿易型態。

(二) 間接貿易（indirect trade）

兩國的貨物輸出入並非直接完成，而是透過第三國中間人完成的貿易。貨物不是直接由生產國輸出到消費國，是透過第三國時，該生產國與消費國之間的貿易即稱為間接貿易。

間接貿易，常見的有以下兩種型態：

1.三角貿易（merchanting trade）：又稱delta trade，間接貿易的一種，係指位於第三國的中間商以買方的身分與出口國的出口商簽訂買賣契約，再以賣方的身分與進口國的進口商簽訂另一買賣契約，貨物則由出口國直接運到進口國，就該第三國而言，稱為三角貿易。在買賣貨款的清償方面，通常都是由中間商支付給出口商，再由進口商支付給中間商，由於貨款係各自清算，故本質上三方面都是自負盈虧責任的利潤制貿易，

而中間商則以其從事國際貿易的經驗、技術、商務關係及豐富的商情等優勢地位，以單據處理（documents processing）的方式完成交易，並賺取兩筆買賣契約的差價。

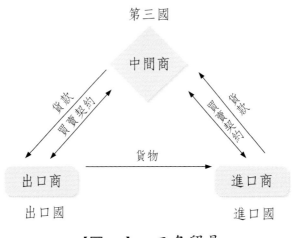

【圖1-2】　三角貿易

　　許多臺灣廠商為降低生產成本，到海外（例如：中國大陸或東南亞）設廠，將生產線移往國外，當國外進口商向臺灣廠商訂購貨物時，臺灣廠商即交由海外工廠生產製造，再由生產地直接將貨物裝運出口；或當海外工廠須進口原料時，由臺灣下單，貨物則直接運往海外工廠，形成了目前盛行的「臺灣接單，中國大陸出口」，或「臺灣下單、中國大陸進口」的貿易型態，這種貿易方式也是三角貿易。

　　倘若情況更為複雜，訂單經過多次轉手，也可能形成四角貿易或五角貿易。

　　2.**轉口貿易**（entrepôt trade）：又稱intermediary trade或intermediate trade，係指位於第三國的中間商分別與出口國的出口商及進口國的進口商簽訂買賣契約，貨物由出口國運到第三國的轉口港（entrepôt port）後，原封不動或經更改包裝或經加工，再運往進口國的貿易型態。貨款的清償也是依兩筆買賣契約各自清算，所以本質上仍是利潤制貿易。

　　轉口貿易與三角貿易都是屬於間接貿易方式，但兩者不同的是轉口貿易的貨物須經第三國轉口後再運往進口國，三角貿易的貨物則是直接由出口國運至進口國；此外，轉口貿易與過境貿易也有所不同，過境貿易的貨物只是在第三國借道過境，契約是由出口國的出口商與進口國的進口商直接簽訂，與第三國無關，而轉口貿易的貨物，則可能在第三國經加工或改包裝後，再運往進口國，並且存在兩筆買賣契約，三方面都是契約當事人。

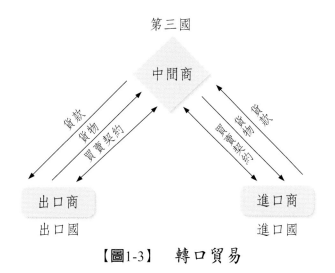

【圖1-3】　轉口貿易

五、依支付工具的不同分類

(一) 商業方式貿易（commercial system trade）

係指以貨幣作爲清償交易貨款工具的貿易型態。目前國際間的貿易，絕大多數是以貨幣作爲貨款的償付工具，而採用的幣別有以出口國貨幣，也有以進口國貨幣，也可能採用第三國貨幣，端視買賣雙方的約定。但能作爲支付貨幣的，多爲國際間普遍被接受的國際通貨（international currency），例如：美元、歐元、英鎊等。

(二) 易貨方式貿易（barter system trade）

又稱易貨貿易（barter trade）或交換貿易（exchange trade），係指一方將貨物售予他方，並換取等値貨物，彼此間不涉及金錢的貿易型態。在貨幣尚未發明之前，由於缺乏共同的計價標準，因此買賣雙方便以相對等值的貨物來作爲支付的工具，近代則由於某些國家外匯短缺，無法採用一般的商業方式貿易，只好以易貨方式與他國進行貿易。

六、依運輸方式的不同分類

(一) 海路貿易（trade by seaway）

係指以海運方式運輸貨物的貿易型態，由於海運運費較爲低廉，因此國際間貨物的運送，大多數是採此方式。

(二) 空運貿易（trade by airway）

係指以空運方式運輸貨物的貿易型態，由於空運運費較高，因此空運貨物多爲高價

品或為縮短運輸時間以爭取商機的商品，不過，近年來由於空運事業的快速發展，進出口貨物採用空運的情形已日漸普遍。

(三) 陸路貿易（trade by roadway）

係指以陸路方式運輸貨物的貿易型態。這種方式僅適用於有陸地相鄰的國家間的貿易。

七、依交易目的的不同分類

(一) 普通貿易（regular trade）

係指一般的進出口貿易。

(二) 加工貿易（improvement trade）

又稱processing trade，係指進口原料或半成品，在國內製成成品或半成品後，再出口的貿易型態。

上述加工貿易，是加工國廠商自行購進原料或半成品，加工後再輸出國外（該外國可能是原料或半成品的原提供國，也可能是其他國），本質上都是買賣行為。另有一種委託加工外銷（processing deal for export），是國外廠商無償提供原料或半成品，委託國內加工業者製成成品，再輸出國外，在加工過程中，貨物的所有權仍屬國外廠商，而國內加工業者僅係提供服務，賺取加工費用，因此本質上是屬於委託或承攬的關係，並非買賣行為。

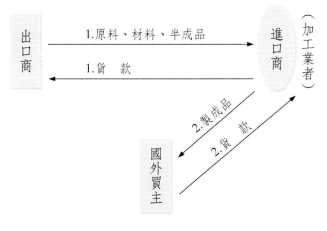

【圖1-4】 加工貿易

【圖1-5】　委託加工貿易

除了以上各種不同的分類外，另將一些特殊的貿易型態，說明如下：

(一) 相對貿易（counter trade，簡稱C/T）

係指買方可以貨物或勞務抵付全部或部分商品交易貨款的貿易型態。所謂勞務可以是專利權、商標權、技術及協助管理、行銷等。自1970年代能源危機發生以來，許多國家由於石油購買支出遞增，導致嚴重的外匯短缺，無法以支付貨幣方式進口貨物，因此相對貿易便應運而生。

1980年代中期，以蘇聯為首的共產集團，由於領導體制改革，邁向經濟開放，對於民生用品的需求與日俱增，卻苦無外匯支付，乃相繼與西方國家洽商相對貿易事宜。起初，相對貿易僅侷限於共產國家或第三世界國家，但時至今日，這種貿易方式已逐漸發展成國際交易的重要方式之一。

近年來，隨著交易性質的演變以及交易層面的擴大，相對貿易逐漸發展出許多複雜的交易型態，例如：落後國家以接受採礦技術與設備為代價，出口礦產給先進國家。

(二) 整廠輸出貿易（plant export）

基本定義係指構成工廠主要部分的機械設備輸出而言，但在實務上，整廠輸出並非僅將機械設備交付買方即完成交易，通常還包括廠房的設計、機械的安裝、試車、運轉操作、附屬設施的工程建設，乃至有關智慧財產權的授權及技術人員勞務的提供等事項，所以整廠輸出乃指包括構成整廠設備的機械、器具及材料的製作、買賣，與發揮整廠設備整體機能所需know-how及技術人員勞務在內的一切有形或無形事物、人員的輸出，以及在國外的工程建設承攬業務而言。

由於整廠輸出貿易的交易金額大，交易期間長，因此不僅其契約內容較複雜，交易風險也較大。

(三) OEM貿易

OEM為original equipment manufacturing（或manufacture或manufacturer）的縮寫，中文為原廠委託製造、原廠委託代工製造或代工，係指委託廠商將設計好的（或所確認

的）圖樣、規格、零件、半成品或成品，委託另一廠商生產，然後將所生產的產品以委託廠商的品牌或商標，由委託廠商在市場上行銷，受託廠商僅負責生產，賺取加工費的加工方式。

OEM貿易是目前極為盛行的一種合作生產及貿易方式，在國際上，原料、人工成本高昂的國家，可利用原料、人工低廉國家的廠商生產OEM產品，從而降低生產成本，提高競爭力。OEM產品製造廠商則除了可賺取加工費外，還可學到新的生產技術、管理方法，並提升自身的製造能力。

我國過去及目前外銷產品就有不少是採OEM方式，對承製OEM產品的受託廠商而言，其生產的產品冠以他人高知名度的品牌行銷，在短期內確可獲得大量訂單，但卻只能賺取微薄的加工利潤，並無長期利益可言，有些具有設計開發產品能力的廠商已改採較高層次的OEM方式，稱為ODM（original design manufacturing，原廠委託設計、原廠設計製造），即由受託廠商自行設計開發產品，然後將此產品（以原樣或依委託廠商要求做微幅修改）掛上委託廠商的品牌出貨，這類廠商若能致力提升自我行銷能力及行銷網路，並建立自有品牌，才能創造長期的行銷利潤。

以臺灣自行車大廠「巨大機械股份有限公司」為例，該公司於1970年代成立之初，主要是為日本與美國自行車企業做OEM，在累積豐厚的生產技術與研發能力之後，進而轉為ODM，1980年代初創立自有品牌捷安特（Giant），除了不斷追求技術的進步之外，也致力於品牌的行銷、提升國際形象及高品質的售後服務，成為全球頂級自行車國際品牌。

第三節 國際貿易與國內貿易的不同

國際貿易與國內貿易雖然都是商品的買賣活動，但是由於各國的語言文字、法律制度、風俗習慣及經濟發展水準等方面不盡相同，致使兩者之間存在著很大差異，這些差別主要有如下幾方面。

一、經營國際貿易的困難大於國內貿易

(一) 各國對商品的要求不同

國內貿易是本國人之間的商品交易，對於商品的種類、品質、規格、花色等各方面的要求，並無太大的差別，業者多能清楚掌握；但國際貿易是本國與外國之間的商品交易，外國對於商品的種類、品質、規格、花色等方面的要求，不一定與國內相同，甚至可能相差很多。

(二) 各國語言文字不同

由於國際貿易的買賣雙方分別位在兩個不同的國家，如果兩國所使用的語言文字相同，例如：英國與美國都是使用英文，則在溝通上自然沒有問題；但如果兩國的語文不同，則必須共同使用其中一國的語文，甚至使用第三國的語文，因此貿易業者必須熟諳一種或多種的外國語文，才能應付交易溝通的需要。

(三) 貿易規章制度不同

各國有關貿易的規章制度都不盡相同，貿易業者除須明瞭自己國家的規定外，對於外國的貿易、進出口通關等規定也應了解，並隨時留意其變化。

(四) 各國風俗習慣不同

在國際貿易的過程中，經常因為各國商業習慣及風俗的不同而產生誤解或糾紛，因此貿易業者對於外國的風俗習慣也必須通曉，才能充分了解對方的需求。

(五) 各國使用的貨幣不同

各國的國內貿易都使用本國的貨幣，而國際貿易則使用國際間通常普遍使用的貨幣（例如：美元、英鎊、歐元等）進行計價、結算及支付。各國貨幣的幣值不同，匯率經常變動，因此對於貨幣的兌換，以及應以何種貨幣計價等，都較國內貿易複雜。

(六) 國外市場調查較困難

為充分掌握國外市場最新的脈動，市場調查是交易之前相當重要的準備步驟，然而由於國外市場調查的資料取得管道較少，資料不易蒐集完整，並且費用較高，因此其困難度比國內市場調查要來得高。

(七) 信用調查較困難

為降低風險並避免日後惡意索賠的發生，買賣雙方必須對其交易對手進行信用調查。由於國際貿易的交易對手遠在國外，信用調查自然較為不易，並且在交易過程中，也難以時時掌握對方的信用狀況。

(八) 貨物運輸及保險手續較複雜

有關國際貨物運輸的託運、裝運、提貨等手續，都與國內貨物運輸有很大的不同。此外，國際貿易貨物運輸路程遙遠，運輸風險高，貿易業者通常會投保貨物運輸保險，有關投保及索賠等手續均較國內貿易複雜。

(九) 涉及國際貿易慣例及規則

為使國際貿易業者從事交易時,有一共同遵循的規則,並對某些易生歧異的觀念做一統一的解釋,若干國際貿易慣例與規則已廣為各國接受及使用,貿易業者對於這些慣例與規則,也必須有相當的了解。

二、經營國際貿易的風險大於國內貿易

(一) 信用風險 (credit risk)

即由於交易對手不履行契約或履約不完全所產生的風險。具體來說,對買方而言,即是賣方不依約交貨、交貨遲延或交付貨物的品質或數量不符等;對賣方而言,即買方不依約付款、付款遲延、挑剔貨物或單據的瑕疵要求減價等。無論國內貿易或國際貿易都可能面臨信用風險,但是國際貿易的雙方距離較遠,信用的調查及掌握均較為困難,因此信用風險自然較大。

貿易業者規避信用風險的方法,除了儘量做好信用調查,並不斷密切注意對方的信用狀況外,還可以投保輸出保險 (export insurance) ,將信用風險轉嫁給承保機構;此外,透過應收帳款收買 (factoring) 或中長期出口票據貼現 (forfaiting) 等業務,也可以適度地將進口商的信用風險轉讓給承辦機構。

(二) 外匯風險 (foreign exchange risk)

又稱匯兌風險 (exchange risk) ,即自訂約至付款完成的期間內,因契約計價貨幣匯率變動所產生的風險,而且期間愈長,其風險愈大。一般而言,若採用外幣作為契約計價貨幣,則當本國貨幣相對該外幣呈現升值時,本國出口商將面臨匯率變動風險 (foreign exchange rate risk) ;相反地,當本國貨幣相對該外幣呈現貶值時,本國進口商將面臨匯率變動風險。廣義的外匯風險,除匯率變動風險外,尚包括外匯移轉風險 (foreign exchange transfer risk) ,亦即因外匯不足或政府實施外匯管制,導致無法匯出外匯的風險。

對於匯率變動風險,貿易業者多採用與銀行簽訂遠期外匯買賣契約的方法規避 (有關匯率變動風險的規避,第二十章第二節將有更詳細的說明) ,至於外匯管制風險,則可採投保輸出保險的方式將風險轉嫁。

(三) 政治風險 (political risk)

即因政治情況發生變化或法令規章有所變動,致使無法履行契約的風險,例如:政府因外匯短缺或其他政治因素禁止以外匯支付對外交易貨款或中止貨物進口等。有些國家由於自身經濟等各方面的問題,有時會朝令夕改,再加上一些國家內部的政局變動,

經常使國際貿易業者承擔許多國內貿易不需承擔的政治風險。

對於可能面臨的政治風險，進出口業者除了做好詳細的市場調查，並隨時留意交易對手國政情變化及法令變動，以降低政治風險外，也可採輸出保險的方式規避。

(四) 貨物運輸風險（transportation risk）

即貨物在運送路程中可能遭遇的風險，例如：由於運送的船隻發生事故，致使貨物沉入海中而毀損。

國際貿易貨物，無論採用何種運輸方式，都會面臨運輸風險，並且由於航程遙遠，其風險通常較國內貿易大，進出口業者多會投保貨物運輸保險以規避。

(五) 價格風險（price risk）

即由於交易商品市場價格波動，致使買賣雙方可能遭受損失的風險。在契約簽訂後，若貨物市價下跌，對進口商不利；若市價上漲，則對出口商不利。

為避免價格風險，除了在訂約前充分了解市況並審慎定價外，也可以利用衍生性金融交易〔例如：商品期貨交易（futures trading）〕分散風險。

(六) 產品責任風險（product liability risk）

即產品製造商（或供應商）所製造出售的產品，因有瑕疵而導致第三人的身體傷害或財物損失，依法應負損害賠償責任的風險。

為避免這種風險，貿易商除應做好商品品質管理，或慎選供應廠家，並確實驗貨外，尚可投保產品責任保險（product liability insurance）。

第四節　我國外貿現況與課題

一、我國對外貿易發展現況

(一) 進出口貿易整體情勢

我國對外貿易以出口為導向，易受國際景氣影響。過去十年，我國對外貿易總額、出口與進口金額大致均呈現波動向上趨勢，出口與進口金額的差額，則都維持出超。

表1-1　　我國對外貿易統計表

單位：億美元；%

年別	貿易總值		出口		進口		出(入)超	
	金額	年增率	金額	年增率	金額	年增率	金額	年增率
2013	5,753.3	0.6	3,054.4	1.4	2,698.9	−0.2	355.4	15.8
2014	5,877.1	2.2	3,136.9	2.7	2,740.2	1.5	396.7	11.6
2015	5,090.0	−13.4	2,803.8	−10.6	2,286.2	−16.6	517.7	30.5
2016	5,084.2	−0.1	2,791.9	-0.4	2,292.3	0.3	499.6	−3.5
2017	5,727.4	12.7	3,155.1	13.0	2,572.3	12.2	582.8	16.6
2018	6,188.5	8.1	3,340.3	5.9	2,848.2	10.7	492.1	−15.6
2019	6,148.4	−0.6	3,291.7	−1.5	2,856.8	0.3	434.9	−11.6
2020	6,310.7	2.6	3,452.2	4.9	2,858.4	0.1	593.8	36.5
2021	8,283.7	31.2	4,463.9	29.3	3,819.8	33.5	644.0	9.2
2022	9,074.9	9.6	4,794.5	7.4	4,280.4	12.1	514.2	−20.2

資料來源：經濟部國際貿易局。

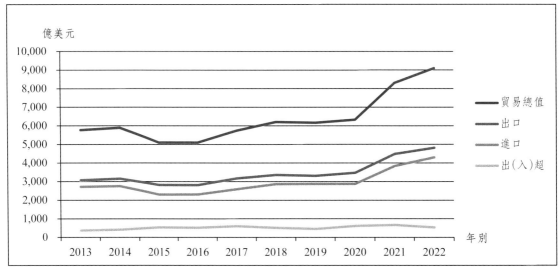

【圖1-6】　　我國對外貿易統計圖

表1-2　2021年世界各主要國家排名

單位：十億美元

順位	貿易總值		出口值		進口值	
	國家／地區別	金額	國家／地區別	金額	國家／地區別	金額
	全世界	44,803	全世界	22,284	全世界	22,519
1	中國大陸	6,051	中國大陸	3,364	美國	2,937
2	美國	4,692	美國	1,755	中國大陸	2,688
3	德國	3,051	德國	1,632	德國	1,419
4	荷蘭	1,593	荷蘭	836	日本	769
5	日本	1,525	日本	756	荷蘭	757
6	香港	1,382	香港	670	法國	714
7	法國	1,299	南韓	644	香港	712
8	南韓	1,259	義大利	610	英國	694
9	英國	1,162	法國	585	南韓	615
10	義大利	1,161	比利時	543	印度	573
11	比利時	1,053	加拿大	503	義大利	550
12	墨西哥	1,017	墨西哥	494	墨西哥	522
13	加拿大	1,003	俄羅斯	494	比利時	509
14	印度	968	英國	468	加拿大	499
15	新加坡	864	新加坡	457	西班牙	418
16	中華民國	828	中華民國	446	新加坡	406
17	西班牙	803	阿拉伯聯合大公國	425	中華民國	381
18	俄羅斯	798	印度	395	波蘭	338
19	阿拉伯聯合大公國	744	西班牙	384	越南	332
20	瑞士	703	瑞士	380	瑞士	323
21	波蘭	676	澳大利亞	344	阿拉伯聯合大公國	319
22	越南	668	波蘭	338	俄羅斯	304
23	澳大利亞	605	越南	336	土耳其	271
24	泰國	539	馬來西亞	299	泰國	268
25	馬來西亞	537	巴西	281	澳大利亞	261

（續上表）

順位	貿易總值		出口值		進口值	
	國家／地區別	金額	國家／地區別	金額	國家／地區別	金額
26	巴西	516	泰國	271	馬來西亞	238
27	土耳其	497	沙烏地阿拉伯	258	巴西	235
28	捷克	437	印尼	230	奧地利	219
29	印尼	426	捷克	226	捷克	211
30	奧地利	421	土耳其	225	印尼	196

資料來源：財政部統計處、世界貿易組織（WTO）

(二) 貿易地區分布

表1-3顯示，2022年我國主要貿易夥伴為中國大陸（含香港）、東協10國、美國、日本、歐盟，此五大貿易夥伴占我國貿易總額的比重，出口約占87%，進口約占68%。

表1-3　2022年我國對主要國家（地區）出進口情形

單位：億美元；%

	出口			進口		
	金額	比重	成長率	金額	比重	成長率
中國大陸（含香港）	1,859.2	38.8	−1.6	854.8	20.0	1.5
東協10國	806.2	16.8	14.8	539.0	12.6	14.1
美國	750.6	15.7	14.3	456.5	10.7	16.3
歐洲	411.1	8.6	6.8	508.7	11.9	7.5
日本	336.2	7.0	15.1	546.0	12.8	−2.7

(三) 進出口貨品結構

1.出口貨品結構

表1-4　　2022年我國出口貨品結構

單位：億美元；%

分類	項目	金　額	比重	成長率
依主要貨品分類	電子零組件	2,001.4	41.7	16.4
	資通與視聽產品	647.3	13.5	5.6
	基本金屬及其製品	368.8	7.7	0.2
	機械	285.8	6.0	2.7
	塑膠、橡膠及其製品	260.6	5.4	−12.7
	化學品	234.3	4.9	0.1
	運輸工具	166.5	3.5	14.1
	電機產品	158.2	3.3	10.2
	礦產品	197.9	4.1	63.2
	光學器材	100.4	2.1	−27.2
	紡織品	88.5	1.8	−2.0

2.進口貨品結構

表1-5　　2022年我國進口貨品結構

單位：億美元；%

分類	項目	金　額	構成比	年增率
依主要貨品分類	電子零組件	984.6	23.0	7.8
	礦產品	839.9	19.6	46.4
	機械	490.9	11.5	10.5
	化學品	359.8	8.4	6.9
	基本金屬及其製品	281.5	6.6	−3.4
	資通與視聽產品	280.8	6.6	6.1
	電機產品	144.5	3.4	2.5
	精密儀器	142.8	3.3	5.1
	運輸工具	147.0	3.4	9.3
	塑膠、橡膠及其製品	106.6	2.5	−4.0

習題

一、是非題

1. （　）國際貿易的主角爲進出口商，銀行、運輸及保險業者等爲輔助性角色。

2. （　）狹義的國際貿易係指無形商品貿易。

3. （　）國際間有關旅遊、技術、運輸、金融的交易，都是屬於有形貿易。

4. （　）我國最大出口地區是歐洲。

5. （　）商業方式貿易係指一方將貨物售予他方，並換取等值貨物，彼此間不涉及金錢的貿易型態。

6. （　）廣義的國際貿易包含有形商品貿易及無形商品貿易。

7. （　）一般而言，經營國際貿易的風險較國內貿易爲高。

8. （　）貿易業者可以投保輸出保險的方式規避貨物運輸風險。

9. （　）爲避免價格風險，出口商應在交易前，詳細調查市場並審愼定價。

10. （　）相對貿易大多是先進國家之間貿易所採用。

二、選擇題

1. （　）目前世界各國對國際貿易貨物最常課徵的稅捐爲　(1)出口關稅　(2)進口關稅　(3)過境關稅　(4)報復關稅。

2. （　）下列有關三角貿易（merchanting trade或intermediary trade）之敘述，何者較不適當？　(1)第三國的中間商分別與出口國的出口商及進口國的進口商簽訂買賣契約　(2)貨物從出口國運往進口國的過程中須經過第三國，但該第三國的業者並不介入該筆貿易的過程　(3)貨款係各自清算，亦即由出口商向中間商收取，再由中間商向進口商收取　(4)中間商以文件往來的方式達成交易，並賺取買賣差價。

3. （　）2022年我國最大的貿易順差與逆差國家或地區分別是　(1)美國；日本　(2)歐盟；中國大陸　(3)美國；東協10國　(4)中國大陸；日本。

4. （　）以下何者屬於佣金制貿易？　(1)三角貿易　(2)轉口貿易　(3)加工貿易　(4)以上皆非。

5. （　）貨物直接從輸出國運至輸入國，而第三國中間商僅涉及文書往來之方式來達成貿易稱爲　(1)三角貿易　(2)轉口貿易　(3)易貨貿易　(4)過境貿

易。

6. （　）下列何種貿易型態為國外著名廠商將設計完成（或經確認）之圖樣、規格、零件或半成品，委託另一廠商生產後，以該委託廠商的品牌或商標在市場上銷售，而受託廠商僅賺取加工費用？　(1)OBM　(2)OCM　(3)ODM　(4)OEM。

7. （　）(1)信用風險　(2)政治風險　(3)運輸風險　(4)價格風險　係指因交易對手不履約或履約不完全所產生的風險。

8. （　）一般而言，輸出保險承保何種風險？　(1)信用風險與運輸風險　(2)信用風險與政治風險　(3)政治風險與運輸風險　(4)價格風險與責任風險。

9. （　）2021年我國貿易總額排名全球第幾名？　(1)第6名　(2)第16名　(3)第26名　(4)第36名。

10.（　）下列何者與貿易商的風險管理比較沒有直接關係？　(1)保險公司　(2)徵信公司　(3)中國輸出入銀行　(4)海關。

三、填充題

1. 國際貿易，依業者經營方式的不同，可分為_____與_____。
2. 商業方式貿易係指以_____作為清償交易貨款工具的貿易型態。
3. _____是國外廠商無償提供原料或半成品，委託國內加工業者製成成品，再輸出國外，在加工過程中，貨物的所有權屬於_____。
4. 廣義的外匯風險包含_____與_____。
5. 我國出口貨品的前三大項目分別是_____、_____和_____。

四、解釋名詞

1. service trade
2. merchanting trade
3. C/T
4. OEM
5. FTA

五、問答題

1. 何謂轉口貿易？轉口貿易與三角貿易有何相同及不同點？
2. 何謂整廠輸出貿易？

3.經營國際貿易可能面臨的風險有哪些？貿易業者可以採用什麼方法避免這些風險？

4.試比較國際貿易與國內貿易的不同。

5.請分析我國近年來對外進出口貿易地區的分布。

實習

一、甲公司是一家專營國內商品買賣的公司，為擴展業務範圍，擬從事國際貿易，在甲公司著手進行之前，應當對國際貿易有什麼樣的認識與了解，才得以使這項業務順利推展？

二、乙公司是一家專門經營機械設備出口的貿易商，經市場調查的結果，發現中國大陸機械設備的需求非常殷切，請問乙公司應注意事項有哪些？

三、丙公司經友人介紹認識自俄羅斯來訪的貿易商，該貿易商有意向丙公司購買商品，但要求以相對貿易方式交易，假若你是丙公司的貿易部門主管，你會考慮哪些因素以決定是否接受這筆買賣？若決定接受，在交易過程中應注意事項有哪些？

四、丁公司受國外廠商委託，以OEM方式生產一批貨物，貨物出口後，該國外廠商因破產倒閉，無力付款，請問丁公司可否將該批貨物以該國外廠商的商標在進口地出售？

第
二
章

國際貿易的主體與客體

第一節 貿易商

一、貿易商的意義

　　國際貿易的主體為貿易商（foreign traders; traders; trading firms; trading houses）。狹義的貿易商是指本身沒有生產設備，只從事國際間商品買賣活動的公司行號，有的貿易商只專門從事商品進口，稱為進口商（importer），有的只專門從事商品出口，稱為出口商（exporter），也有兼營進出口業務的，稱為進出口商（importers and exporters）。

　　廣義的貿易商，除了上述的專業貿易商之外，尚包含兼營進出口業務的製造工廠（manufacturers），這類製造工廠往往在公司內部設立獨立的貿易部門，或在國外設立分支機構，直接辦理商品的出口，或是自用原料、機器設備的進口。本書所稱的貿易商，係指廣義的貿易商。

二、貿易商的經營型態

(一) 利潤貿易

　　貿易商從事國際商品的買賣，若是自行承擔交易的權利義務，並且自行負擔交易盈虧者，稱為貨主對貨主交易或利潤制貿易。利潤制貿易的買方，可以是專業進口商，也可以是兼營進口業務的製造商；利潤制貿易的賣方，可以是專業出口商，也可以是兼營出口業務的製造商。簡單地說，利潤制貿易的貿易商可以分為專業貿易商及兼營貿易的製造商兩種。

1.**專業貿易商**：其經營的方式是以本人（principal）的身分從國內製造商購進貨物，再將貨物銷售到國外；或是直接從國外採購貨物，再將貨物運回國內銷售。專業貿易商本身並非貨物的生產者或需求者，只是以中間商（middleman）的身分，從事貨物進出口以賺取差價利潤，一般稱為專業中間商（merchant middleman）。專業中間商對外所簽訂的貿易契約稱為買賣契約，由於是自負盈虧從事交易，所以其經營的風險較後述以賺取佣金為目的的代理商（agent）為大。

2.**兼營貿易的製造商**：製造商對於自己生產製造的產品的輸出，以及生產所需的原料、機器設備的輸入，除了可以透過專業貿易商辦理外，也能以自己名義直接辦理。製造商自行辦理進出口，雖然附設貿易部門，而必須額外負擔人事及推廣費用，但是由於較易於掌握國外客戶情況，可以採取主動，免受制於中間商，因此，一些較具規模的製造商，都已逐漸捨棄委託中間商辦理的方式，改由自己直接辦理進出口業務，這種兼營貿易的製造商，一般稱為進出口製造商（exporting and importing manufacturer）。

(二) 佣金貿易

貿易商對外從事商品買賣時，若是不承擔交易的盈虧，只是提供服務，以賺取交易佣金為原則者，稱為佣金制貿易。以這種方式從事對外貿易的人，則稱為「代理人」或「代理商」。代理商依其性質的不同，又可分為購貨代理商（buying agent）及銷貨代理商（selling agent）兩種。

1.**購貨代理商**：又稱採購代理商，其經營方式是受進口商或需要者的委託，在出口國採購貨物，並辦理包裝、刷嘜、洽訂運輸、通關及裝貨等事項，將貨物輸出到進口國，以賺取購貨佣金（buying commission）。購貨代理商因辦理出口先行墊付的貨款、包裝費用、運費、保險費及通關等費用，通常是在貨物裝運出口後，連同佣金一併收回。購貨代理商與委託人之間簽訂的契約稱為購貨代理契約（buying agency agreement），這種購貨代理契約通常是長期性的，由購貨代理商持續性地代辦貨物的採購。

2.**銷貨代理商**：其經營方式是受出口商或製造商的委託，在進口國推銷貨物，以賺取銷貨佣金（selling commission）。原則上銷貨代理商並不經手貨物，只是以樣品、型錄、說明書或價目表等作為推銷的工具，貨物乃直接由出口商或製造商向買方發出，貨款也是由買方直接支付給賣方。銷貨代理商與委託人之間簽訂的契約，稱為銷貨代理契約（selling agency agreement），銷貨代理商依是否享有獨占的代理權，又可分為獨家代理商（exclusive agent）及非獨家代理商（non-exclusive agent）。

不論是購貨代理商或銷貨代理商，都是以服務賺取佣金為目的，本身並不負交易盈虧責任，一般稱為取佣中間商（functional middleman of exchange），其所面臨的交易

風險較前述專業中間商爲小。

三、出進口廠商登記

依我國貿易法規定，公司、商號經經濟部國際貿易局登記爲出進口廠商者，得經營輸出入業務。

依「出進口廠商登記辦法」，其登記相關規定如下：

(一) 英文名稱預查

出進口廠商英文名稱其標明產業之專業名詞，不得逾其營業項目範圍，不得與現有或經貿易局註銷、撤銷或廢止出進口廠商登記未滿二年之出進口廠商英文名稱相同。故辦理出進口廠商登記之前，應先辦理英文名稱預查申請。

(二) 登記

申請登記出進口廠商，須填具「出進口廠商登記申請書」並檢附相關文件，採以下方式擇一辦理：

1. 臨櫃辦理；
2. 傳眞申請；
3. 郵寄申請；
4. 網路申請。

爲簡政便民，貿易局受理英文名稱預查及出進口廠商登記業務已採單一窗口化服務作業，凡採第一種方式辦理且符合規定者，現場即可取件。

凡採第二、三、四種方式辦理者，登記經核准之後，貿易局均將其登記資料上網並傳輸海關，廠商進入貿易局網站即可查得全部登記資料。

出進口廠商依法合併或變更名稱、組織、代表人或營業處所，應檢具有關文件向貿易局辦理變更登記。

出進口廠商應於辦妥前項變更登記後，始得繼續經營出進口業務。

第二節　國際貿易商品標準分類

絕大多數的商品，在國際間都有交易，而商品的種類繁多，對於商品的分類，若各國採用的標準各不相同，必然會增加國際貿易的困難，基於事實的需要，國際間有關機構乃陸續編訂國際商品的統一分類標準，以下茲就國際商品統一分類制度及我國商品分

類制度加以說明。

一、國際商品統一分類制度

國際商品統一分類制度委員會（Harmonized System Committee）於1983年擬定國際商品統一分類制度國際公約（International Convention on the Harmonized Commodity Description and Coding System），於1988年1月1日起正式實施，這套商品分類制度稱為調和制度（Harmonized System, HS）。

HS之下每一商品有六位數字，採用HS的國家，其商品分類的前六位數，必須與HS的分類完全相同，至於六位數之後，各國可根據管理的需要再自行細分。

目前大多數的國家都已採用HS，我國也是其中之一。

二、我國進出口貨品分類

我國目前採行的HS，除前六位數字與HS完全一致外，另依我國進口稅率結構細分至八位數字，以為海關課稅之用，八位數字之後再細分至十位數字，以為貿易管理及統計之用，另在十位數字之後列出第十一位數字，稱檢查號碼，以為電腦檢核之用，目前商品項目共有一萬餘項，此一分類號列，稱為「中華民國商品標準分類號列」（Standard Classification of Commodities of the Republic of China, CCC Code）。

茲舉一例說明商品的分類號列及其相關進出口規定：

表2-1

中華民國輸出入貨品分類號列CCC Code		檢查號碼CD	貨名	Description of Goods	單位 Unit	國定稅率 Tariff Rate（機動稅率 Temporary Adjustment Rate）			稽徵特別規定CR	輸出入規定 Imp. & Exp. Regulations	
稅則號別 Tariff -NO.	統計號別 SC					第一欄 Column I	第二欄 Column II	第三欄 Column III		輸入 Import	輸出 Export
40111000	10	5	輻射層輪胎，小客車（包括旅行車及賽車）用	Radial tyres, of a kind used on motor cars (including station wagons and racing cars)	PCE-KGM	10%	免稅 (PA, GT, NI, SV, HN, CN, SG, NZ)	20%	T	C02	

本稅則稅率分為三欄：

第一欄稅率：適用於世界貿易組織會員，或與中華民國有互惠待遇之國家或地區之進口貨物。
第二欄稅率：適用於特定低度開發、開發中國家或地區之特定進口貨物，或與我簽署自由貿易協定或經濟
　　　　　合作協議之國家或地區之特定進口貨物。
適用國定稅率第2欄稅率之國家或地區名單：
1. PA巴拿馬共和國Panama（自93年1月1日正式生效）
2. GT瓜地馬拉共和國Guatemala（自95年7月1日正式生效）
3. NI尼加拉瓜共和國Nicaragua（自97年1月1日正式生效）
4. SV薩爾瓦多共和國El Salvador（自97年3月1日正式生效）
5. HN宏都拉斯共和國Honduras（自97年7月15日正式生效）
6. CN中華人民共和國China（自100年1月1日正式生效）（僅適用ECFA早收清單之貨品）
7. NZ紐西蘭New Zealand（自102年12月1日正式生效）
8. SG新加坡Singapore（自103年4月19日正式生效）
9. PY巴拉圭Paraguay（自107年2月28日正式生效）
10. SZ史瓦帝尼Eswatini（自107年12月27日正式生效）
11. LDCS低度開發國家Least Developed Countries（低度開發國家認定準則及清單業經立法院94年12月9日
　　審議通過，自該日起即有適用）
第三欄稅率：不得適用第一欄及第二欄稅率之進口貨物，應適用之。
T：進口應課徵貨物稅。
C02：部分商品屬於經濟部標準檢驗局公告應施進口檢驗商品。

第三節　國際貿易管理輔導機構

　　國際貿易除貿易行為本身外，另包含與貿易相關的其他事項，諸如外匯買賣、貨物運輸、保險、檢驗、報關、投資及智慧財產權等，各國為拓展對外貿易並維持貿易的正常發展，對於貿易及其相關事項均設有相關的輔導及管理機構。

　　我國目前與貿易管理輔導相關的機關如下：

一、貿易主管機關

　　我國貿易主管機關為經濟部（Ministry of Economic Affairs，簡稱MOEA），其業務辦理機關為國際貿易局（Board of Foreign Trade，簡稱BOFT），國際貿易局主掌出進口貨物及出進口廠商的管理，國際貿易政策與法規的規劃，貿易推廣、提供商情服務、商約談判、索賠輔導、貿易糾紛的處理、綜理國際或區域性經貿組織業務，以及與世界各地的雙邊經貿業務。

二、其他與貿易管理有關的政府機構

　　1.中央銀行（Central Bank of China，簡稱CBC）：主管有關國際收支及進口結匯事項。

　　2.外交部（Ministry of Foreign Affairs）：簽訂商務協定、國際商展聯繫、貿易推廣。

3.財政部（Ministry of Finance）：主管海關業務、監督保險。

4.交通部（Ministry of Communications）：審理交通運輸工具及無線電訊器材的進出口，擴展國際交通電訊及航運業務。

5.國防部（Ministry of National Defense）：軍品及戰略物資進出口的管理。

6.經濟部貿易調查委員會：辦理產業受害調查及貨品進口救濟案件。

7.經濟部標準檢驗局：掌理進出口貨品檢驗工作，以及ISO國際標準的驗證。

8.行政院農業委員會：農產品進出口管理、進出口動植物及其產品的檢疫。

9.經濟部智慧財產局：附有著作之貨品輸出入監視業務，貨品附有著作授權文件的核驗。

10.行政院原子能委員會：審理放射性物質及器材的進出口。

11.行政院大陸委員會：輔導規範兩岸經貿交流，處理兩岸航運問題。

12.行政院國家發展委員會：國家整體發展的規劃、設計、協調、審議及管考，掌握國內外經貿情勢，研提經濟與貿易振興與發展策略，推動經貿結構調整，加速產業創新轉型促進經商環境國際化。

13.行政院僑務委員會：海外僑商有關貿易及投資業務的聯繫。

14.行政院衛生福利部：審理藥品、醫療器材、食品、食品添加物及化妝品的進出口。

三、與貿易輔導、支援有關的民間機構

1.臺灣對外貿易發展協會（Taiwan External Trade Development Council，簡稱TAITRA）：簡稱外貿協會，為官方結合民間工商團體設立的非營利性財團法人組織，其主要工作項目為國外市場調查、國外商情的蒐集與提供、介紹貿易機會、舉辦國內外商展、籌組貿易訪問團、培訓貿易人才、接待來訪廠商。

2.中華民國紡織業外銷拓展協會（Taiwan Textile Federation，簡稱TTF）：簡稱紡拓會，官方及紡織業代表共同組成的財團法人組織，主要工作項目為紡織品對外貿易推廣、紡織品設限的對外談判。

3.臺灣省、臺北市、高雄市進出口商業同業公會：公會負有維持交易秩序，聯繫會員情感，代表與政府、工會或其他機構談判的責任。

4.中華民國仲裁協會（Commercial Arbitration Association of the Republic of China）：仲裁國內外各類糾紛。

5.中華民國全國商業總會：聯繫同業情誼，增進共同利益，促進經貿發展。

6.中國輸出入銀行（Export-Import Bank of the Republic of China）：承辦輸出保險、輸出入融資及保證業務。

　　7.通關網路公司：主要服務項目為通關自動化的服務，另外也提供海空運電子資料交換服務、稅費電子收付系統、空運承攬業服務系統、海空運進口艙單分送系統、海運裝貨單電子作業等多項服務。目前市場上有關貿網路與汎宇電商兩家公司。

第四節　國際經貿組織

一、國際經貿組織

(一) 世界貿易組織

　　英文全名為World Trade Organization，簡稱WTO，1995年正式成立，是在關稅暨貿易總協定（General Agreement on Tariffs and Trade, GATT）烏拉圭回合談判之後，取代GATT，成為推動與規範全球自由貿易的新國際經貿組織。

　　WTO成立的目的在確保自由貿易，並透過多邊諮商，建立國際貿易規範，降低各會員國間的關稅與非關稅貿易障礙，為各會員國提供一個穩定及可預測的國際貿易環境，以促進對外貿易、創造就業機會及增進世界經濟成長與發展。WTO規範的範圍除了傳統商品貿易外，尚包括農產品、與貿易有關的投資、爭端解決、智慧財產權保護及服務貿易等議題。此外，與貿易有關的環保措施、競爭政策，政府採購透明化與資訊科技等非傳統貿易問題，也將成為WTO未來討論的主題。

　　WTO下設有會員大會（目前共有164個會員，我國於2002年加入WTO），大會僅於必要時召開，另設有部長會議，為最高決策單位；部長會議休會時，由總理事會代為執行其權職。WTO並成立祕書處，負責處理WTO日常行政事務。此外，設置有商品貿易理事會、智慧財產權理事會及服務貿易理事會。

　　茲將WTO協定的主要內容以表列如下：

表2-2　世界貿易組織協定之內容

附錄一A：貨品貿易多邊協定（Multilateral Agreements on Trade in Goods） 　　　1. 1994年關稅及貿易總協定 　　　　（General Agreement on Tariffs and Trade 1994） 　　　2. 農業協定（Agreement on Agriculture） 　　　3. 食品安全檢驗與動植物防疫檢疫措施協定 　　　　（Agreement on the Application of Sanitary and Phytosanitary Measures） 　　　4. 紡織品與成衣協定（Agreement on Textiles and Clothing）

（續上表）

5. 技術性貿易障礙協定（Agreement on Technical Barriers to Trade） 6. 與貿易有關投資措施協定 　（Agreement on Trade-Related Investment Measures） 7. 反傾銷協定（Agreement on Antidumping） 8. 關稅估價協定（Agreement on Customs Valuation） 9. 裝運前檢驗協定（Agreement on Preshipment Inspection） 10.原產地規則協定（Agreement on Rules of Origin） 11.輸入許可程序協定（Agreement on Import Licensing Procedures） 12.補貼及平衡措施協定 　（Agreement on Subsidies and Countervailing Measures） 13.防衛協定（Agreement on Safeguards）
附錄一B：服務貿易總協定及其附錄 （General Agreement on Trade In Services and Annexes）
附錄一C：與貿易有關智慧財產權協定 （Agreement on Trade-Related Aspects of Intellectual Property Rights）
附錄二：爭端解決規則與程序了解書（Understanding on Rules and Procedures Governing the Settlement of Disputes）：規範會員間就彼此間之貿易措施發生爭議時，相關之調處程序。
附錄三：貿易政策審查機制（Trade Policy Review Mechanism）：各國依貿易量占全球之比率，應在每兩年、四年或十年，將其整體之貿易措施做成報告，提交WTO供各國進行檢視。透過此項「體檢」之機制，各國可對受檢國之貿易措施提出批評與建言，供受檢國參考改進。
附錄四：複邊貿易協定（Plurilateral Trade Agreements） 四A：民用航空器貿易協定（Agreement on Trade In Civil Aircraft） 四B：政府採購協定（Agreement on Government Procurement） 四C：資訊科技協定（Information Technology Agreement）

(二) 亞太經濟合作會議

英文全名為Asia-Pacific Economic Cooperation，簡稱APEC，成立於1989年，為亞太地區各經濟體高階代表之間非正式諮商論壇。其目的在於希望經由部長間的諮商會議，尋求亞太地區經貿政策的協調，促進亞太地區的貿易自由化與區域合作，以維持區域的成長與發展。

APEC至目前為止有21個正式會員體（美、加、澳、紐、日、韓、星、菲、馬、泰、印尼、我國、香港、中國大陸等），該組織每年開會一次。

(三)經濟合作暨發展組織

英文全名為Organization for Economic Cooperation and Development，簡稱OECD，1961年成立，目前擁有38個會員國，大部分為工業先進國家（如美國、加拿大、日本、德國、法國、義大利、英國、澳洲、比利時、荷蘭等），OECD係會員國談論國際經濟事務的論壇，其設立的主要目的係為推動下列政策事項：

1. 在維持金融穩定之前提下，促進會員國相互間之經濟合作關係，並加速達成各國經濟之持續成長與提高就業率，以改善會員國之生活水準。

2. 相互協調及援助開發中國家充分發展其經濟，以促進會員國經濟之健全發展。

3. 在符合國際規範之多邊化與非歧視性基礎上，促進自由貿易以擴大國際間之經貿往來。

4. 與非會員國互動。

(四)國際商會

英文全名為International Chamber of Commerce，簡稱ICC，1920年成立，其宗旨在於結合全球各國商會的合作，以改善國際貿易，制定有關國際性工商慣例與規則（例如：制定信用狀統一慣例、託收統一慣例、國貿條規等），從事國際間有關商務糾紛的調解與仲裁，並增進各國商業團體的聯繫及互助。其下設有各種技術委員會，從事有關各種國際商務性事項、制度及統一慣例或規則等的研究，以確立國際性的制度，發展國際貿易並加強國際金融與經濟的關係。

二、區域經貿組織

全球區域經貿整合，從最早發展的歐洲區域經濟整合，到北美自由貿易協定的簽署，而後則是亞洲區域經濟的整合。經過半世紀的發展，三大板塊的區域經濟整合規模已然成形。茲簡要介紹如下：

(一)歐洲聯盟（European Unit, EU）

源自於1951年成立的「歐洲煤鋼共同體」，目前共有德國、荷蘭、比利時、盧森堡、法國、義大利、丹麥、愛爾蘭、希臘、西班牙、葡萄牙、瑞典、芬蘭、奧地利、賽普勒斯、愛沙尼亞、拉脫維亞、立陶宛，波蘭、捷克、斯洛伐克、匈牙利、馬爾他、斯洛維尼亞、羅馬尼亞、保加利亞、克羅埃西亞等27個會員國。

歐盟人口約4.5億，領土超過420萬平方公里，經濟價值約19兆美元。成員國之間的合作除貿易及經濟方面之外，同時還有就業政策、地區發展、環境保護等。

(二)美國－墨西哥－加拿大協議（United States-Mexico-Canada Agreement, USMCA）

簡稱「美墨加協議」，是美國、墨西哥和加拿大之間的一項自由貿易協定，2020年生效，其前身為「北美自由貿易協議」（North American Free Trade Agreement, NAFTA），也被稱為NAFTA 2.0或New NAFTA。

該協議的條款涵蓋範圍廣泛，包括農產品、製成品、勞動條件、數位貿易、爭端解決機制、智慧財產權等。

USMCA總人口約5億，土地面積廣達2,100萬平方公里，GDP總值超過24兆美元。

(三)東南亞國協（The Association of Southeast Asian Nations, ASEAN）

1967年成立，係包含亞洲地區新加坡、汶萊、馬來西亞、印尼、越南、泰國、緬甸、寮國、柬埔寨和菲律賓等10個國家的區域性組織，總面積達450萬平方公里，人口大約6億，GDP總值超過3兆美元。其宗旨是促進經濟合作與提高人民福祉，目前已積極推動該地區經濟合作、貿易自由化及追求政經穩定等多項議題。此外，為積極發展經濟，解決區域內經濟與安全問題，亦向外尋求合作夥伴，希望建構新的區域經濟與安全合作機制，東南亞國協和中國大陸、澳洲、紐西蘭、日本、韓國等5國於2020年正式簽署「區域全面經濟夥伴關係」（Regional Comprehensive Economic Partnership, RCEP），透過協議削減關稅及非關稅壁壘。涵蓋約22億人口（占全球總人口的30%），GDP總和達23兆美元（約占全球年生產總值的1/3）。

東協經濟共同體（ASEAN Economic Community, AEC）於2015年底成立，在東協貨品與服務貿易及投資自由化之基礎上，進一步整合成以單一市場為主的經濟共同體，計畫於2025年前達到貨品、服務、投資、資金與技術勞工的五大自由流通。

(四)跨太平洋夥伴全面進步協定（Comprehensive and Progressive Agreement for Trans-Pacific Partnership, CPTPP）

原為「跨太平洋夥伴協定」（Trans-Pacific Partnership, TPP），成員國包括美國、日本、加拿大、澳洲、紐西蘭、新加坡、馬來西亞、越南、汶萊、墨西哥、智利及秘魯等12國，於2015年完成談判，並於2016年簽署協定，但是美國於2017年宣布退出TPP，對TPP造成重大衝擊。

在日本的積極推動下，美國以外的其餘11國宣布就核心議題達成共識，並將TPP改名CPTPP。CPTPP大致維持原TPP簽署的內容，除了貨品貿易、還包含服務貿易（含電信、金融）、環境、電子商務、政府採購、競爭政策、政府控制事業、中小企業、知識

產權、勞工、透明度與反貪腐、投資等，於2018年完成協定簽署並生效。

　　CPTPP成員國總GDP超過11兆美元，約占全球GDP的13%，與我國貿易額占我國對外貿易總額超過24%。

習題

一、是非題

1. （　）廣義的貿易商包含專業貿易商與兼營進出口業務的製造廠商。
2. （　）貿易商從事國際貨物的買賣，若是由自己承擔交易的權利義務，由他人負擔交易盈虧，稱為利潤制貿易。
3. （　）專業中間商的經營風險較取佣中間商大。
4. （　）WTO規範的範圍包含有形商品貿易與無形商品貿易。
5. （　）出進口廠商變更名稱，僅須向經濟部商業司辦理，無須向國貿局辦理。
6. （　）我國貿易業務辦理的機關為國際貿易局，簡稱TAITRA。
7. （　）財政部是主管有關海關與進口稅捐稽徵的中央機關。
8. （　）我國目前實施的是HS商品分類制度。
9. （　）我國目前商品分類號碼為六碼，再加一碼檢查碼。
10. （　）我國現行貿易管理的原則是「原則管制，例外自由」。

二、選擇題

1. （　）以下何者不是USMCA的成員？　(1)美國　(2)巴西　(3)加拿大　(4)墨西哥。
2. （　）下列關於我國現行出進口廠商登記手續的敘述，何者有誤？　(1)應向經濟部國際貿易局申請登記　(2)得以書面方式辦理，亦得以電腦網路連線方式申辦　(3)申請登記之前，應先辦理英文名稱預查　(4)申請登記的資格為實收資本額新臺幣500萬元以上。
3. （　）我國主管有關出進口結匯及國際收支事項的中央機關為　(1)經濟部　(2)財政部　(3)中央銀行　(4)外匯銀行。
4. （　）我國主管有關進出口動植物檢疫的機關為　(1)標準檢驗局　(2)國際貿易局　(3)農業部　(4)衛福部。
5. （　）以下何者是以東協10國為主體的區域自由貿易協定，參與成員也擴及中、日、韓、紐、澳等5國　(1)RCEP　(2)CPTPP　(3)APEC　(4)ASEAN。
6. （　）在我國，辦理出進口廠商登記，應向　(1)外匯銀行　(2)國際貿易局　(3)中央銀行　(4)外貿協會　辦理。

7. （　）目前海關課徵關稅的進口稅則是CCC Code的前幾碼？　(1)6位碼　(2)8
位碼　(3)10位碼　(4)11位碼。

8. （　）我國目前的商品分類編號，每一項商品除檢查碼外，共有　(1)6碼
(2)7碼　(3)10碼　(4)11碼　號碼。

9. （　）我國目前最主要的貿易業務主管機關是　(1)外貿協會　(2)國際貿易局
(3)商業司　(4)中央銀行。

10. （　）我國是下列哪一個國際性或區域性經貿組織的成員？　(1)USMCA
(2)ASEAN　(3)EU　(4)WTO。

三、填充題

1. 貿易商的經營型態可分為_____與_____兩種。

2. 專業貿易商本身並非貨物的生產者或需求者，只是以_____的身分，從事貨物
進出口以賺取差價，一般稱為_____。

3. 我國貿易主管機關為_____，其業務辦理機關為_____。

4. 組成東南亞國協（ASEAN）的十個國家分別是_____、_____、_____、
_____、_____、_____、_____、_____、_____、_____。

5. 我國目前辦理貨物通關自動化服務的民間機構為_____與_____。

四、解釋名詞

1. TAITRA

2. HS

3. CCC Code

4. WTO

5. APEC

五、問答題

1. 何謂貿易商？貿易商的分類為何？

2. 國內有許多製造廠商兼營進出口業務，試述其優缺點。

3. 依我國貿易法的規定，說明我國貿易管理的原則。

4. 試述我國目前與貿易輔導、支援有關的民間機構主要有哪些？

5. WTO協定的主要內容為何？其中，多邊貿易協定與複邊貿易協定有何區別？

實習

一、某出口商出口一批貨物到美國，由於該輸出貨物未依規定標示原產地，遭國貿
局停止一定期間出口申請的處分，該出口商唯恐在處分前已成立的買賣契約因
無法履行而產生貿易糾紛，應採取何種補救措施？

二、請參觀世貿中心近期舉辦的商品展覽，參觀後撰寫一篇有關該項商品展覽概況
以及世貿中心為廠商與一般民眾提供何種服務的心得報告。

三、請上國貿局或關港貿單一窗口網站，查出下列貨品的CCC Code、檢查號碼、
中英文貨名、單位、國定稅率、稽徵特別規定與輸出入規定：

1. 無內餡的條狀巧克力（每條100公克）。

2. 供半導體晶圓製造的顯微鏡。

3. 帶殼花生。

國際貿易進出口程序概要

第一節 影響進出口貿易程序的因素

　　國際商品的買賣，在程序的進行上，雖然大致都是先經過買賣條件的磋商，買賣契約的簽訂，以至契約的履行，而完成交易，但是在個別交易的處理手續方面，並不是每一筆交易，都完全相同，由於買賣雙方所處國家、契約約定內容，以及交易商品種類的不同，其交易程序也會有所差異。一般而言，影響進出口貿易程序的因素，約可分為以下幾種。

一、貿易方式

　　如第一章所述，國際貿易的交易型態可分為商業方式貿易與易貨方式貿易、普通貿易與加工貿易、直接貿易與間接貿易等，採用不同的貿易型態，其交易進行程序也就不一樣，例如：在易貨方式貿易下，買賣雙方並不涉及金錢的支付，因此交易過程中亦不會有一般貿易程序上常見的匯款等付款程序；又例如：在加工貿易下，出口商可能需要辦理退稅或保稅等手續。

二、貿易條件（trade terms）

　　貿易條件係指國際貿易上定型化的貨物買賣條件，用以規範買賣雙方在交易中所應盡的義務，例如：買賣雙方對於貨物危險負擔的分擔及買賣費用的分擔等。目前國際貿易上較常採用的貿易條件，例如：FOB（Free on Board；船上交貨）與CIF（Cost、Insurance、Freight；運費保費在內）。在FOB條件下，賣方必須在約定時間內，將貨物在裝貨港買方指定的船舶上交貨，並且負擔交貨前的一切危險及費用；買方則必須洽訂

運輸，負擔貨物在出口港船上交貨後的一切危險及費用，並依約支付貨款。在CIF條件下，賣方必須負責安排運輸，支付運費，投保貨物運輸保險，支付保險費，在約定時間內，將貨物在裝貨港船舶上交貨，並負擔交貨前的一切危險及費用；買方則負擔貨物在出口港船上交貨後的一切危險及運費、保險費以外的一切費用，並依約支付貨款。除了以上兩種條件外，買賣雙方也可能採用其他貿易條件，在不同的貿易條件之下，交易程序就會有所差異。

三、付款方式

國際貿易付款方式的種類有很多，常見的有信用狀（Letter of Credit，簡稱L/C）、託收（collection）、寄售（consignment）、記帳（Open Account，簡稱O/A）等，採用不同的付款方式，其交易程序就會不同。

四、政府規定

世界各國有關貿易管理的法令規定並不一致，其間差異有的頗大。與不同的國家交易，其貿易進行的程序便可能因為政府規定的不同而有所差異，較常見的政府規定有下列各項：

(一) 進出口簽證制度

所謂進出口簽證是指貨物在進出口前，申請輸出入許可證，憑輸出入許可證辦理進出口通關。我國目前除少數貨物的進出口須辦理簽證外，大部分貨物均可免辦簽證進出口。

(二) 進出口檢驗（疫）制度

各國為提高商品品質、維護商品信譽、保護消費者安全、避免傳染病及病蟲害引入，大多實施進出口商品檢驗（疫）制度。我國也訂定有相關法規，規定凡屬應實施進出口檢驗（疫）項目的貨物，須於辦理進出口通關手續前向檢驗（疫）機構報請檢驗（疫），憑檢驗（疫）合格證書辦理通關。

(三) 外匯管制

有些國家由於外匯短缺或為維持外匯匯率的穩定而實施外匯管制，規定凡是出口所得外匯，必須在一定期間內結售給指定銀行，進口商進口貨物所需外匯，必須憑輸入許可證或經外匯主管單位許可，方得向銀行結購。

(四) 關稅及非關稅障礙

為保護國內產業的正常發展，進口國往往採取進口關稅或進口數量限制等各種措施來限制國外貨物的進口，因此進口商在辦理進口通關時，必須繳納關稅或辦理其他必要手續，而出口商則可能由於出口數量限制，而必須在貨物出口之前，辦理有關出口配額手續。

(五) 領事發票制度

有些國家，例如：若干中南美洲國家，規定貨物進口時，必須由出口商提供經該國駐出口國領事簽證的領事發票（consular invoice）；我國出口商對這些國家出口時，必須辦理領事簽證。

(六) 海關發票

加拿大、澳洲、紐西蘭及南非等國家規定，貨物輸出到這些國家，出口商必須提供特定格式的海關發票（customs invoice），以供進口商進口報關之用。我國出口商輸出貨物到這些國家時，應製作並提供該國海關發票。

(七) 產地證明書制度

目前部分國家規定某些貨物進口時，必須檢附產地證明書（certificate of origin），出口商必須於辦理貨物出口時，向簽發機構申請產地證明書，以供進口商辦理進口之用。

(八) 沖退稅制度

我國及部分其他國家實施加工外銷商品進口原料沖退稅制度，原料進口時，須辦理繳稅或稅捐記帳手續；成品出口後，再辦理退稅或稅捐沖帳手續。

第二節　以信用狀付款的進出口貿易程序

如前一節所述，並不是每一筆國際買賣的處理手續都完全一樣。本節暫且不論個別交易的特殊手續，而就以下的假設條件：CIF條件、信用狀付款方式、海運運輸，說明我國貿易商的一般進出口貿易程序。

一、出口貿易程序

(一) 市場調查

出口商要將貨物行銷到國外，必須先對國外市場加以調查，以了解該國外市場的經濟、政治、地理、人文、宗教、所得及貿易金融制度，並了解擬銷售商品在該市場的供需競爭情形、行銷通路及市場潛力，以確定產品輸入該市場的可行性。

(二) 開拓客戶

在市場調查之後，出口商即可依據調查的結果，選定具潛力的市場作為目標市場，再從這個市場中尋找交易對象，以便進行推銷，尋找交易對象可以由出口商自己直接物色，也可以委託第三者間接物色，或依據既有的客戶資料，與國外廠商取得聯繫。

(三) 寄送招攬函

在市場中尋找到可能的客戶之後，即可寄送招攬函（letter of proposal），表示與其建立交易關係的意願，提出交易的一般條件，有時還附上商品型錄（catalog）及價目表（price list），並提供備詢人（reference），以便對方調查我方信用。

(四) 信用調查

在可能的買主回函表示願意交易之後，應該先調查對方的信用。若是在未調查信用之前即進行交易，事後發現對方信用不佳，則後悔莫及。因此為避免信用風險，預防日後蒙受損失，應於交易前進行信用調查。

(五) 報價

出口商於徵信之後，便可選定若干信用情況良好，值得往來的進口商，積極進行推銷。推銷的方法，不外寄發價目表、貨品型錄、樣品（sample）或市況報告（market report）等，若對方有意購買，即會發出詢價（enquiry），出口商在接到詢價函電後，即可準備報價。若出口商本身為製造商，便可依貨物生產成本、出口費用、利潤、貨物從出口地運到目的地的運費及保險費，估算出CIF價格，向進口商發出報價；若出口商本身並非製造商，則須先向國內供應商或製造商取得報價，再加上出口費用、利潤、海運費及保險費，算出CIF出口價格，再向國外進口商報價。報價經對方同意而表示接受之後，契約即為成立，但有時報價經對方還價（counter offer），多次磋商之後，雙方合意，契約才告成立。

(六) 簽訂貿易契約書

契約成立之後，為證明契約的成立，並作為買賣雙方日後履約及解決契約糾紛的依據，一般均須簽訂貿易契約書。貿易契約書的名稱、格式及簽訂方式，並無標準，常見的有以下兩種：

1.**雙方共同簽認**：由買賣雙方會同製作，當場簽字的，稱為購銷契約（sales and purchase contract）或輸出入契約（export and import contract）；由買方製作，簽字後寄兩份給賣方，由賣方簽字後，將其中一份寄回買方的，稱為輸入契約書（import contract）或購貨契約書（purchase contract）；由賣方製作，簽字後寄兩份給買方，由買方簽字後，將一份寄回賣方的，稱為輸出契約書（export contract）或售貨契約書（sales contract）。

2.**單方確認**：由當事人的一方將交易內容製成書面確認書，寄交對方，這種確認書由買方製作的，稱為購貨確認書（purchase confirmation）或訂單（order sheet; indent）；由賣方製作的，稱為售貨確認書（sales confirmation）或售貨單（sales note）。

(七) 收受信用狀

契約書簽訂之後，雙方當依契約約定，按期履約。由於雙方約定以信用狀為付款方式，因此首先須由買方向銀行申請開發信用狀，信用狀由開狀銀行（issuing bank, opening bank）開給出口地的通知銀行（advising bank），再由通知銀行通知出口商（亦即信用狀受益人），出口商於接獲信用狀後，應核對信用狀內容是否與買賣契約相符，並且審查信用狀條款是否有不合理或欠周詳之處，如有，應退回信用狀請其修改，俟修改後，再行接受。

(八) 準備貨物

接受信用狀後，出口商即可開始準備貨物。若出口商本身即為製造商，應依交貨期限的遠近，排定貨物生產計畫；若出口商為專業貿易商，即對國內生產廠商發出訂貨單，待貨物生產出來或購進後，即可進行檢驗、包裝、刷嘜，準備裝運出口。

(九) 出口簽證

所謂出口簽證，乃指申請輸出許可證（export permit; export licence），依我國目前規定，凡輸出「限制輸出貨品表」中所列貨品者，應向國際貿易局或其委託機構申請核發輸出許可證，憑以辦理貨物出口通關，輸出未列入「限制輸出貨品表」的貨品，免證。目前大部分貨品均屬免證出口貨品。

(十) 安排運輸

在CIF條件下，賣方須負責安排運輸事宜，所以出口商在契約簽訂後，除積極備貨外，另外必須依信用狀或買賣契約的規定向船公司洽訂船位，訂妥艙位後，由船公司發給裝貨單（shipping order，簡稱S/O），憑以辦理出口報關及裝運手續。

(十一) 投保貨物運輸保險

國際貿易貨物的運送路程遙遠，其間可能會有預料不到的危險發生，所以國際貿易的貨物通常必須投保貨物運輸保險，萬一貨物毀損或滅失，可以獲得補償。在CIF條件下，應由賣方負責投保，所以出口商必須依信用狀或買賣契約的規定，向產物保險公司辦理投保，領取保險單（insurance policy）。

(十二) 出口檢驗、檢疫及公證

若出口貨物係屬於公告應施檢驗或檢疫的商品項目，出口商應於輸出前，向檢驗機構申請檢驗（疫），檢驗（疫）合格的，憑檢驗（疫）合格證辦理出口報關手續。若買賣契約或信用狀規定，貨物應於出口前辦理公證（survey），出口商應依規定請公證公司（surveyor; inspection company）執行公證，並取得公證報告（survey report）。

(十三) 出口報關與裝船

出口商在辦妥出口前的準備工作之後，在承運船舶抵達出口港埠前幾日，便可一方面向海關遞送報關文件，辦理出口報關手續，一方面向棧埠管理處及船方辦理裝船手續，俾便於海關驗關放行之後，提領貨物辦理裝船。貨物裝運完畢，由出口商向船公司繳付運費（CIF條件下，運費由出口商負擔），領取提單（Bill of Lading，簡稱B/L）。報關與裝船工作，也可以由出口商委託報關行（customs house broker; customs broker）辦理。

(十四) 發出裝船通知

依CIF條件交易，出口商應於貨物裝運出口後，向進口商發出裝船通知（shipping advice），並附上或另行寄上貨運單據抄本，讓買方事先明瞭裝貨內容與預定抵達時間（estimated time of arrival, ETA）等，並準備各項提貨事宜。

(十五) 準備押匯文件

貨物裝運後，出口商即應依信用狀規定，準備各項押匯所需單據，常見的押匯文件有：

1.匯票（bill of exchange; draft）。

2. 商業發票（commercial invoice）。

3. 包裝單（packing list）：以上1～3項由受益人自行製作。

4. 提單：在CIF條件之下，出口商應於支付運費之後，向船公司領取提單。

5. 保險單：在CIF條件下，出口商應負責投保，並提供保險單或保險證明書（insurance certificate）。

6. 產地證明書：若信用狀規定應提供產地證明書，則出口商應向簽發機構申請。目前國內核發產地證明書的單位有標準檢驗局、各地商會或其他經指定的機構（例如：中華民國紡織業拓展會）。

7. 領事發票：若進口國規定貨物輸入必須附有領事發票，則出口商應向進口國駐出口國領事，申請特定格式的領事發票，或要求在有關貨運單據上簽證。

8. 海關發票：若進口國規定貨物輸入必須附有該國特定格式的海關發票，則出口商應購買空白格式的該國海關發票，自行填製。

除以上各項單證外，另信用狀也可能要求提供重量尺碼證明書（weight/measurement certificate）、公證報告或檢驗證明書（certificate of inspection）等其他單據。

(十六) 押匯

出口商於備妥信用狀所規定各項單據後，即可填具出口押匯申請書，連同信用狀正本，向銀行申請辦理押匯，押匯銀行經審核單據無誤，於扣除押匯手續費及其他費用後，將款項墊付給出口商。

(十七) 辦理沖退稅手續

出口貨物符合加工外銷退稅規定者，應於貨物出口後的規定期間內，辦理沖退稅手續。原料進口時已繳納稅捐者，可申請退稅；原料進口時辦理稅捐記帳者，可申請沖帳。

二、進口貿易程序

進口與出口實為一體之兩面，不論交易是由買方或賣方主動發起，在交易前的準備手續方面，進口與出口都大致相同，也就是都必須經過市場調查、尋找客戶、信用調查等步驟；不過就履約程序而言，進口程序與出口程序則有很大的不同。以下便依與前節相同的基礎（亦即CIF條件、信用狀付款方式、海運運輸、我國貿易商），說明一般的進口程序。

(一) 市場調查

進口商擬從國外進口貨物，也必須先做市場調查，以了解哪一國可供應擬進口的商品？哪一國供應的商品品質較佳？價格較低廉？

(二) 尋找出口商

在市場調查之後，進口商即可依所獲得的資料分析比較，選定較理想的市場，再從這個市場中尋找合適的國外出口商，以便進行交易。

(三) 信用調查

在尚未進行交易磋商之前，應調查對方的信用情形，有些出口商信用不佳，往往交付劣貨，或甚至偽造單據騙取貨款，進口商即易遭受損失，因此，選擇信用可靠的交易對手，是相當重要的。

(四) 詢價

進口商於信用調查之後，便可就信用良好的出口商所提供的價目表、型錄及樣品等進行分析研判，如有合於需要的，即發出詢價，請出口商就品名、品質、數量、價格、交貨及付款等條件提出報價。

(五) 接受報價

在獲得出口商的報價後，如認為滿意，即可予以接受；若認為某些條件不能接受，但尚有意交易時，可提出反報價（counter offer），在雙方合意之後，契約即告成立。

(六) 簽訂貿易契約書

這項手續與出口程序相同。

(七) 進口簽證

所謂進口簽證，乃指申請簽發輸入許可證（import permit; import licence），依我國目前規定，凡輸入「限制輸入貨品表」中所列貨品者，應向國際貿易局或其委託機構申請核發輸入許可證，憑以辦理貨物進口通關手續，輸入未列入「限制輸入貨品表」的貨品則免證。目前大部分貨品均屬免證進口貨品。

(八) 申請開發信用狀

進口商於領取輸入許可證後，應於規定期限內，填具開狀申請書，向往來銀行申請

開發信用狀，若銀行接受申請，即於進口商繳納開狀保證金（margin money）及各項費用後，由銀行按照申請書開出信用狀。

(九) 贖單

出口商於接受信用狀後，即將貨物裝運出口，並準備信用狀所規定的各項單據，向銀行申請辦理押匯，出口地押匯銀行在承辦押匯後，便將押匯單據寄到進口地的開狀銀行請求付款，開狀銀行審核單據無誤之後即予付款，並通知進口商前來付款贖單，於進口商付清墊款及利息後，將單據交給進口商憑以辦理提貨進口。

(十) 申請進口檢驗與檢疫

若進口貨物係屬於公告應施行進口檢驗的商品項目，進口商應於貨物抵埠卸入倉庫後，向港口檢驗單位申請檢驗，取得檢驗合格證書，憑以辦理進口報關；若進口動植物或其產品，應施行檢疫，進口商應於船舶抵埠前，先向檢疫單位申請檢疫，於船舶抵埠後經檢疫合格者，發給合格證書，憑以辦理進口報關。

(十一) 進口報關、提貨

貨物經檢驗（或檢疫）合格後，進口商或其委託的報關行，即應於規定報關期限內，向海關傳輸報關資料辦理進口報關手續，貨物經海關查驗（若屬應查驗者）、徵稅放行後，進口商或報關行即可辦理提貨手續。

(十二) 索賠

進口商於提貨後，若發現貨物有短缺或毀損，應會同船公司及公證行開箱點查檢驗，並取得公證報告，憑以向船公司或出口商索賠；若貨物的損失係可向保險人索賠的，並應請保險公司會同檢查。

茲將上述進出口貿易的程序，綜合以圖3-1表示如下：

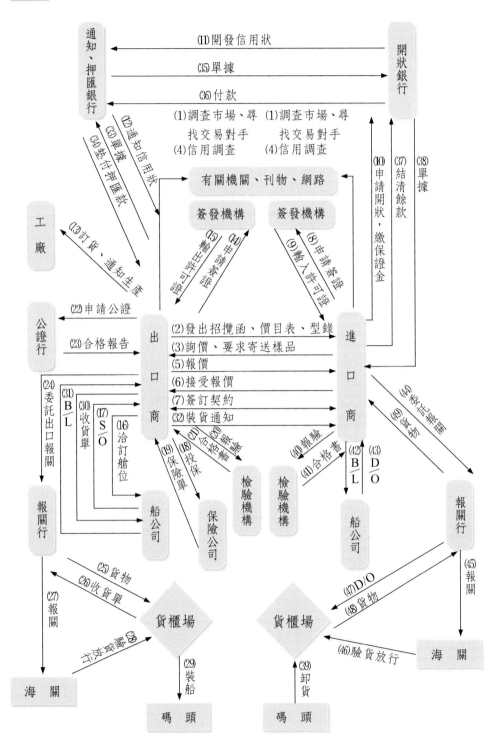

【圖3-1】　進出口貿易的程序

第三節　以專戶記帳方式付款的進出口貿易程序

　　上一節係假設以信用狀方式付款，以及買賣雙方約定以CIF條件交易，說明進出口貿易的步驟。本節則將假設以專戶記帳（Open Account, O/A）方式付款，並約定以FOB條件交易，說明進出口的流程。其與上節的主要差別在於：

一、付款的流程

　　專戶記帳係屬先交貨後付款的方式，若買賣雙方約定以此方式付款，則出口商於契約成立之後，即依契約約定的交貨時間將貨物裝運出口，提單則直接寄交進口商憑以提貨；或者，運送人不簽發提單，直接於進口地確認進口商身分之後，即行放貨（這種方式稱為「電放」，意即電報放貨（cable release），船公司在接到出口商的申請後，直接以電報通知目的港船公司，放貨給進口商，而無須簽發正本提單），貨款則由進口商於契約約定的付款時間，再透過銀行匯付出口商。

二、洽定運輸的步驟

　　在FOB條件下，係由進口商負責向運送人洽定運輸，因此，進口商須於裝運日期之前洽妥艙位，並通知出口商貨物運輸的相關事宜（例如：船名、航次，預定抵達裝船港日期等）。

三、投保貨物運輸保險的步驟

　　在FOB條件下，係由進口商負責投保貨物的國際運輸保險，因此，進口商須於裝運期限之前，預先辦妥國際運輸保險的投保事宜。

　　除上述兩項之外，其餘的進出口步驟，與上節所述並無太多不同，故以下即直接以簡圖說明其進出口的流程。

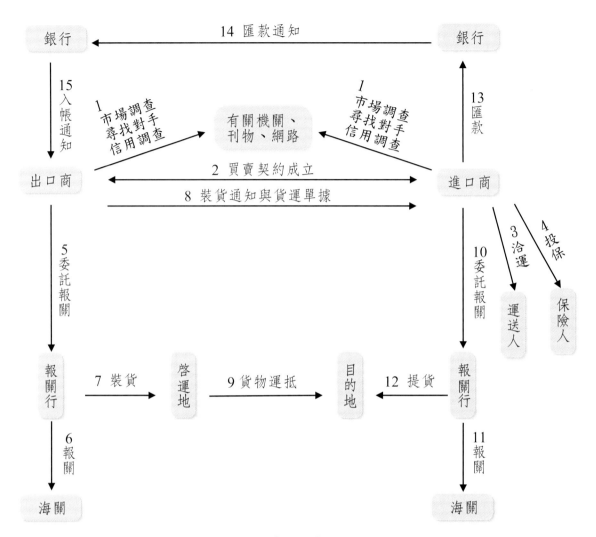

【圖3-2】

習題

一、是非題

1. （　）每一筆國際商品買賣的處理手續都完全一樣。
2. （　）在CIF條件下，賣方須負責投保貨物運輸保險。
3. （　）以CIF條件交易，應由賣方負責投保海運保險。
4. （　）在洽訂運輸之後，船公司即簽發提單給託運人。
5. （　）出口商為避免交易風險，應於發出報價前，先對客戶進行信用調查。
6. （　）貨物裝運後，船公司應立即通知買方，俾便買方準備提貨手續。
7. （　）我國貨物出口一律應先施行出口檢驗手續，方得辦理出口通關。
8. （　）在我國，只有政府機構可簽發原產地證書。
9. （　）報關手續可以由貨主自行辦理，也可以由貨主委託報關行代辦。
10. （　）領事發票是由出口國駐在進口國的領事所簽發。

二、選擇題

1. （　）所謂進口簽證，係指申請簽發　(1)產地證明書　(2)海關發票　(3)輸入許可證　(4)信用狀。
2. （　）以O/A方式付款的各項貿易步驟：①買方付款　②出口報關　③出口檢驗　④簽訂買賣契約　⑤買方進口報關、提貨，下列何種流程安排較適當？　(1)③④②⑤①　(2)④③②①⑤　(3)④③②⑤①　(4)④①③②⑤。
3. （　）出口商於備妥信用狀所規定各項單據後，即可連同信用狀正本，向銀行辦理　(1)贖單　(2)退稅　(3)簽證　(4)押匯。
4. （　）一般而言，出進口廠商若欲辦理投保貨物運輸保險時，應向下列何者辦理投保手續？　(1)產物保險公司　(2)中國輸出入銀行　(3)海關　(4)公證行。
5. （　）若進口商並無指定須由官方簽發產地證明書，通常出口商只須向　(1)外貿協會　(2)標準檢驗局　(3)公證行　(4)商會　申請核發即可。
6. （　）以下何者不是由賣方向買方發出的？　(1)商業發票　(2)售貨確認書　(3)訂單　(4)售貨單。

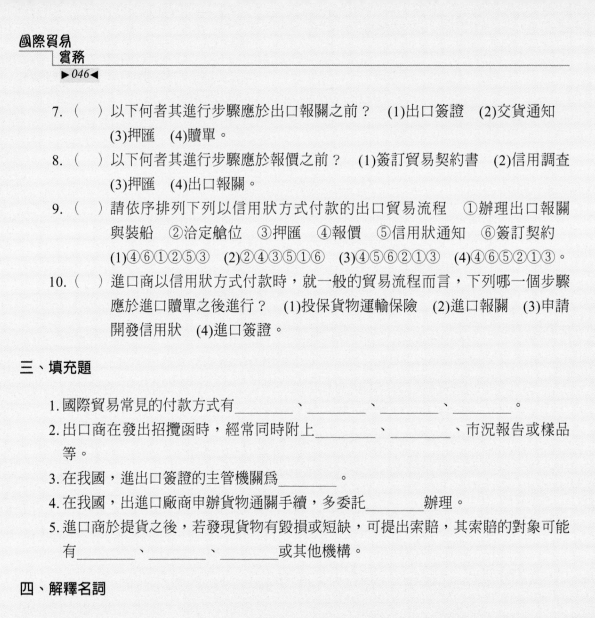

7. （　）以下何者其進行步驟應於出口報關之前？　(1)出口簽證　(2)交貨通知
(3)押匯　(4)贖單。

8. （　）以下何者其進行步驟應於報價之前？　(1)簽訂貿易契約書　(2)信用調查
(3)押匯　(4)出口報關。

9. （　）請依序排列下列以信用狀方式付款的出口貿易流程　①辦理出口報關
與裝船　②洽定艙位　③押匯　④報價　⑤信用狀通知　⑥簽訂契約
(1)④⑥①②⑤③　(2)②④③⑤①⑥　(3)④⑤⑥②①③　(4)④⑥⑤②①③。

10. （　）進口商以信用狀方式付款時，就一般的貿易流程而言，下列哪一個步驟
應於進口贖單之後進行？　(1)投保貨物運輸保險　(2)進口報關　(3)申請
開發信用狀　(4)進口簽證。

三、填充題

1. 國際貿易常見的付款方式有_____、_____、_____、_____。

2. 出口商在發出招攬函時，經常同時附上_____、_____、市況報告或樣品
等。

3. 在我國，進出口簽證的主管機關為_____。

4. 在我國，出進口廠商申辦貨物通關手續，多委託_____辦理。

5. 進口商於提貨之後，若發現貨物有毀損或短缺，可提出索賠，其索賠的對象可能
有_____、_____、_____或其他機構。

四、解釋名詞

1. L/C
2. consular invoice
3. customs invoice
4. import license
5. S/O

五、問答題

1. 試說明影響進出口貿易程序的因素。
2. 試說明：(1)貿易契約書的重要性，(2)簽訂貿易契約書的方式有哪些？
3. 何謂shipping advice？其重要性為何？
4. 常見的押匯文件有哪些？
5. 試說明進行交易前，有哪些準備手續？

實習

一、買賣雙方若約定以CIF為貿易條件，以O/A為付款方式，並且以海運方式運輸貨物，請以圖示其進口及出口的程序。

二、試依以下資料，說明進出口商於簽訂契約後的履約程序。

出口地：臺灣

進口地：澳洲

付款方式：L/C

運輸方式：海運

L/C要求應提供以下單據：商業發票、包裝單、提單、公證報告、產地證明書、保險單、海關發票。

該交易商品在出口國係屬免證、免驗商品，在進口國亦屬免證、免驗商品。

貿易條件：CIF

進口商於提貨之後，發現貨物數量短缺，查其原因為保險事故所致。

三、進口商開來的信用狀中，要求應提供領事發票，但進口國在臺灣並未設領事館，請問賣方應如何處理？

進行交易前的準備工作

就貿易商而言，在進行進出口交易之前，應準備的工作主要包括市場調查（market research）、尋找客戶（looking for customers）及信用調查（credit inquiry）等三步驟，本章即就這三個步驟，分別加以說明。

第一節　市場調查

一、市場調查的目的

貿易業者所面臨的國外市場，不論在語文、法律、貨幣、風俗、交易習慣等方面，均可能與國內市場迥然不同。出口商要將產品行銷到國外市場，必須先對該市場的行銷環境加以調查分析，才能評估自己的產品是否有引進該市場的機會；同樣地，進口商要從國外市場輸入商品，也必須先做國際市場調查，才能尋得最有利的市場。

對業者而言，國外市場可分為新市場及舊市場，前者係指從未往來過的市場，後者則為已經有過交易經驗的市場。以下即分別就新市場與舊市場的調查目的加以說明：

(一) 調查新市場的目的

對出口商而言，是希望能將產品銷售到該市場，如果該市場從未有過同類商品的銷售，則為開發新市場，通常擬銷售產品為新產品、專利品或出口地的特產品等；如果該市場已有同類商品的銷售，則為爭取新市場，通常擬銷售產品必須憑較佳的品質或較低的價格，才能取代原有的同類產品。

對進口商而言，則是希望能夠了解有哪一個市場可供應擬進口的商品？哪一個市場供應的商品品質較優？價格較低？以及該市場的供應季節與數量如何等，以尋求最有利的市場。

(二) 調查舊市場的目的

貿易業者對於已有過往來經驗的舊市場，仍須不斷注意其變化，才能隨時採取應變措施，以免招致無謂損失。

對出口商而言，是希望增加銷售量、擴大產品的市場占有率、對抗競爭者、穩固產品的市場地位；或者重新調查市場，檢討產品在市場失利的原因，以便重擬外銷策略，恢復舊有市場。

對進口商而言，則是在於了解舊市場的變動，例如：供應商的增減、供應品質的變化、供應價格的漲跌、供應數量的增減等情形，充分掌握當地的商情，以便採取有效的因應策略。

國際市場瞬息萬變，經常受到各種內在及外在因素的影響，貿易經營者日常即必須對國外市場的情勢加以調查、分析，時時注意其發展及變動，掌握最新資訊，方能穩操勝算。

二、市場調查的項目

(一) 一般調查項目

是關於該市場的一般狀況調查，包括地理、人文、交通、資源、經濟發展、商業狀況、金融市場與經貿法令等。

(二) 個別調查項目

是關於擬交易商品在該市場的產銷狀況調查，又可區分為：

1. 出口的個別調查項目
   (1) 該商品在國外市場的生產量、生產廠商名單。
   (2) 該商品在國外市場的進出口量、進出口廠商名單。
   (3) 該商品在國外市場的消費量、消費季節。
   (4) 當地產品的品質、價格、行銷通路、促銷方法、交易條件。
   (5) 進口產品的品質、價格、行銷通路、促銷方法、交易條件、關稅稅率。
   (6) 該商品是否管制進口？國內對該商品是否管制出口？

2. 進口的個別調查項目
   (1) 該商品的供應國家、供應數量、供應季節、供應廠商名單。
   (2) 該商品的品質、價格、包裝、設計。
   (3) 供應國過去及目前輸出地區、數量、價格。
   (4) 供應國對該商品有無出口管制？國內對該商品是否有進口管制？
   (5) 國內同業的輸入品質、價格、數量、交易條件。

(6) 國內目前及潛在消費者、消費數量。

(7) 國內市場該商品的價格及行情變動情形。

(8) 進口稅率及其他相關費用。

市場調查的項目繁多，若是每一次調查時都針對各個項目逐一進行了解，不僅形成時間及金錢上的負擔，甚至可能因為項目太多，反而不易掌握重點。因此，市場調查的項目除視商品種類而定外，亦應配合調查的目的，例如：冷氣機的輸出業者，即須充分調查國外市場的氣候狀況，但與當地的宗教信仰即無太大相關，而若是該國外市場競爭者眾多，則應詳細就競爭者供應的品質、功能、型式、價格、行銷通路、促銷手段等項目做調查。

三、市場調查的方法

市場調查的方法有兩種：一為蒐集原始的初級資料（primary data），亦即自己實地調查、蒐集而得的第一手資料；另一為利用既有的次級資料（secondary data），亦即經他人蒐集、整理的第二手資料。

一般貿易業者從事市場調查，通常是利用現成的次級資料，加以研判分析。由於次級資料的來源廣泛，蒐集並不困難，又已經過整理，只要再花一些時間重新整理分析，即可獲得滿意的結果；但有時基於特殊的調查目的，例如：調查某類商品的品質、價格、付款條件、供需數量、促銷方式、既有與潛在競爭者等，則每因次級資料蒐集不易或不夠完整，而必須由業者自行或委託專業機構實地調查。

蒐集國際商情資料必須持續性地進行，長期下來，必能訓練對市場的敏銳觀察力及判斷力，因此，平時應對各類商情資料多加閱讀與瀏覽。

第二節　尋找客戶

一、尋找客戶的管道

貿易商在經過市場調查之後，即可選定符合理想的市場，再從這個市場尋找適合的交易客戶，以便進行交易。尋找客戶的管道如下：

1. 參加商展：國內外經常定期舉辦各類型的商展，出口商可透過外貿協會或其他相關機構參加展出，與國外買主直接洽談；進口商可藉參觀商展，比較各廠商提供產品的品質及價格，進而選擇最佳客戶，是一有效的管道。

2. 派員出國：公司派員常駐國外或出國訪問，直接尋找客戶，除了可發掘潛在客戶外，還可以當面洽談，是一種最有效的方法。

3 我國在世界各地重要經貿中心廣設「臺灣貿易中心」，廠商可提供樣品陳列，吸引買主注意，是一種頗值得利用的方法。

4. 在貿易專業期刊或網站上刊登廣告，或進行網路上的關鍵字行銷。

5. 請專業貿易機構（例如：外貿協會或進出口公會）介紹客戶。

6. 依據各機構編製的工商名錄、專業期刊或網站刊登的廣告，或貿易機構所發布的貿易機會，主動去函聯絡。

尋找客戶的管道有很多，每一種途徑所需的成本及所得到的效果也都不一樣，業者應該依據交易商品的種類、目標市場的特性、資料取得的難易，以及本身預算的多寡，選擇幾種較可行的方法加以採用。

二、寄發招攬函電

經由各種管道找到可能的客戶後，即應做成紀錄，以便發出招攬函〔或稱為開發信（letter of proposing business）〕，提議建立業務關係，扼要說明交易條件，並提供信用查詢的備詢人。

茲舉一招攬函實例，如下表。

表4-1　招攬函實例

TAIPEI TRADING CO., LTD.　　　　　　　　　April 20,20-   London Trading Co., Ltd.   London, England   Dear Sirs,   　　Your name and address have been recommended to us by the Taiwan External Trade Development Council as one of the leading importers of Taiwan textiles.   　　Therefore, we take the opportunity to introduce ourselves as a reliable firm and inform you that we are very interested in establishing trade relations with you.   　　We believe that many years of experience which we have had in foreign trade and intimate knowledge of international market conditions will entitle us to your confidence.   　　Welcome to view the catalog on our web site, and please feel free to contact us with email. We will send you the price list after receiving your mail.   　　As to the terms of payment, our usual terms are to draw a draft at sight under a banker's irrevocable L/C.   　　Reference: For information as to our financial standing, we would refer you to the following: 　　　　　　　　　Citibank, Taipei   　　　　　　　　　Bank of Taiwan, Taipei.   　　We hope that we may soon have the pleasure of doing business with you and proving that such a connection would yield you a considerable benefit.   　　　　　　　　　　　　　　　　　Yours faithfully,   　　　　　　　　　　　　　　　　　Taipei Trading Co., Ltd.   　　　　　　　　　　　　　　　　　President

　　由賣方主動寄發的招攬函，往往另附價目表（Price List, P/L）、商品型錄（catalog），甚至另寄樣品（sample），以供客戶參考。

　　價目表係記載貨物名稱、規格及參考價格的文件。國際貿易上所使用的價目表並無一定標準格式，有的業者為方便國外客戶訂貨，並減少函電往來的麻煩，甚至將交貨、付款、檢驗等條件一併記載於價目表中。

　　由於價目表上所列價格僅作為對方參考之用，賣方得視市場情況的變動，任意調整價目表上的價格，故並非正式的報價。為避免誤解與糾紛，出口商往往在價目表上，以下列文字提醒對方注意：

　　　The above prices are subject to our final confirmation.

　　（上列價格以我方最後確認為準。）

　　　Estimations made on this price list are not firm offers, but are merely to give you the idea of current price level.

　　（本價目表上估算的價格並非確定報價，僅供貴公司對於現行價格的參考。）

　　　According to the market fluctuation, the acceptable prices shall be changed without notice.

　　（隨市場的變化，可接受價格亦隨之改變，不另行通知。）

茲舉如下一價目表實例：

表4-2　價目表實例

PRICE LIST		
Messrs. London Trading Co., Ltd.		April 20 20-
Item No.	Commodity Descriptions & Specifications	Unit Price
	Printed Cotton Sheeting ＃1036 30's×30's　68×60, 35" in width about 60 yards per pc. E. & O. E.	CIF London (per pc.) USD40.00
According to the market fluctuation, the prices shall be changed without notice.		

第三節　信用調查

一、信用調查的目的

在寄發招攬函後，若對方回覆表示願意建立交易關係，則在雙方進行交易之前，應先做好信用調查。信用調查的目的，在於了解對方的信用，以作為日後交易的參考。國際貿易的買賣雙方相隔遙遠，交易的風險本來就很大，有些更在交易中預設陷阱，等待對方違約後，再提出索賠要求，以賺取賠償金為目的，詐騙手法極為惡劣，因此，為減少交易風險，促進交易順利進行，並防止惡意的索賠，雙方在進行正式交易前，應先做好徵信。許多較具規模的貿易商，都嚴格要求對客戶的信用調查，並依據信用程度訂定不同的交易信用額度。

二、信用調查的項目

信用調查的項目可繁可簡，須依調查的目的與需求而定，一般而言，通常對以下具體項目做調查：公司基本資料、歷史沿革及主要關係企業、主要經營者、主要董監事及持股比率、營業概況與業績、企業排名、主要供應商與銷售對象、主要市場、財務概況及分析、往來銀行及票據拒往紀錄、風險指數、信用評等、資本變動狀況及生產設備、總體評析及未來展望。

三、信用調查的方法

雖然信用調查是在進行交易之前的重要步驟，不過由於貿易商本身業務繁多，並且信用資料取得不易，倘若要附設一信用調查部門，專門負責自行實地調查，實不可能，因此大多是依據相關機構所提供的現成資料，加以分析研判。通常取得信用資料的管道有：

(一) 往來銀行

業者可以委託往來銀行轉請其國外分行或通匯銀行提供國外客戶的信用資料，一般設有國外部或徵信部門的銀行，都設有專門負責信用調查的人員，並與國外分行或通匯銀行保持密切的聯繫，提供客戶信用調查的資料，銀行提供的資料包括對方的資本額、創業時間、組織型態、營業性質、經營商品項目、負責人姓名、與銀行往來的情形，以及銀行的綜合意見。

(二) 銀行備詢人（bank reference）

依據對方所提供的往來銀行名稱，去函要求提供信用資料。這種方法與上述請往來銀行代為調查，使用最多，主要原因在於銀行提供的資料著重於該客戶與銀行往來的財

務狀況，乃最具參考價值的信用資料。此外，銀行的這項服務，通常不收取費用，對業者而言，實爲一經濟有效的方法。

(三) 商號備詢人（house reference）

商號備詢人係指對方所提供的曾與其有過交易的商號，以供查詢信用。業者向商號備詢人查得的信用資料，在主觀上認爲僅具有補充的參考價值，此乃由於商號備詢人僅能提供與調查對象的交易往來經驗，有時甚至基於交易關係的情誼，對其信用狀況的提供多有所保留。

(四) 對方國家的相關機構

對方國家的進出口公會、商會等機構，可提供調查對象的一般信用資料，諸如資本額、創業時間、組織型態、負責人姓名、營業項目、員工人數等，但其財務狀況，則不一定能提供，因此，僅憑這些資料，似仍不足以評定其信用。

(五) 本國駐外單位

應本國業者的要求，駐外單位將盡力協助提供所需的國外客戶信用資料。

(六) 專業徵信機構

倘若業者需要更爲詳盡的信用資料，可以付費委託國內外專業的徵信機構（credit agency），例如：中華徵信所、Dun & Bradstreet等代爲調查，其調查項目除上述各方法所能提供者外，另可提供該客戶的資產負債表、損益表、資產項目、主管人員個人財務狀況、營業額、設備數量、發展趨勢及綜合分析、評論等。在國內，除專業徵信機構外，中國輸出入銀行也對客戶提供收費的信用調查服務。

四、信用調查的時機

(一) 事前徵信

雙方係初次往來，廠商在與對手進行交易磋商之前，應就對方的信用狀況進行調查，在確認對方信用良好，值得往來之後，方可進行報價等程序。

(二) 臨時徵信

例如：當對方出現下列異常徵兆時：

1. 企業經營決策者變動或更換高級主管幹部。
2. 重要股東與經營者不和或有派系糾紛。
3. 經營者出售不動產。

4. 經營者官司纏身。

5. 經營管理者過分熱衷本業以外的事務，有怠忽本身職守之虞。

6. 要求增加交易額度或改變交易方式。

7. 付款拖延、付款態度與方式改變、付現比例減少或票期較以往延長。

8. 勞資糾紛經常發生或久懸不決。

9. 裁員或減薪。

10. 發生重大災害。

11. 市場上已出現強有力的競爭對手。

12. 關係企業財務惡化或倒閉。

13. 變更授信銀行。

14. 銀行抽回貸款。

(三) 定期進行調查

即使對方未發生異常情況，也應該定期對舊客戶作信用調查，掌握對方的信用動態，並能及早發現潛在危機。

茲舉一信用調查函，例示如下：

表4-3　信用調查函實例

> Gentlemen:
>
> Pan America S. A., Apartado 1234, Panama, who have recently propose to do business with us have referred us to your bank.
>
> We shall feel very much obliged if you would inform us whether you consider them reliable of their financial position strong, and whether their business is being carried on in a satisfactory manner.
>
> In addition to the above, please, if possible, also furnish us with the following information:
> 1. date of establishment
> 2. name of responsible officers
> 3. lines of business
> 4. business volume for the past three years
> 5. profit/loss for the past three years
>
> Any information you may give us will be held in absolute confidence and will not involve you in any responsibility.
>
> Any expenses you may incur in this connection will be gladly paid upon being notified.
>
> Yours faithfully

習題

一、是非題

1. （　）經他人蒐集、整理市場的資料稱爲初級資料。
2. （　）參加國際商展是尋找客戶的有效管道。
3. （　）透過在網路上的關鍵字行銷，可以提升廠商與商品的曝光度。
4. （　）價目表上所列的價格，通常僅作爲對方參考之用，賣方可視情況調整價格。
5. （　）貿易業者在進行信用調查時，大多委託專業徵信機構代爲調查。
6. （　）由買方主動寄發的招攬函，往往另附價目表、商品型錄或樣品，以供客戶參考。
7. （　）一般貿易業者從事市場調查，通常是利用現有的次級資料，加以研判分析。
8. （　）人文、交通、資源及商業狀況等，是屬於市場調查的個別調查項目。
9. （　）貿易業者進行市場調查，僅對新市場進行調查即可，舊市場可不必調查。
10. （　）貿易商在對國外客戶報價之後，應即進行該客戶的信用調查。

二、選擇題

1. （　）以下敘述何者不恰當？　(1)貿易業者對於已有過往來經驗的舊市場，不需再作調查　(2)貿易業者平日須經常對國外市場的情勢加以調查與分析，留意其發展與變動　(3)出口商調查新市場的目的可能爲開發新市場或爭取新市場　(4)貿易商調查國外市場時，除該市場的一般狀況外，也應針對擬交易商品在該市場的產銷狀況進行調查。
2. （　）在初次洽談交易時提供銀行備詢人的目的是爲方便交易對手　(1)開發信用狀　(2)查詢我方信用狀況　(3)匯款　(4)提供擔保。
3. （　）以下何者不是取得客戶信用資料的管道？　(1)往來銀行　(2)商號備詢人　(3)國際商展　(4)專業徵信機構。
4. （　）(1)供需狀況　(2)行銷通路　(3)經貿政策　(4)關稅稅率　是市場一般調查的項目，不是個別調查項目。
5. （　）以下何者不是尋找客戶的管道？　(1)參加商展　(2)於專業期刊登廣告

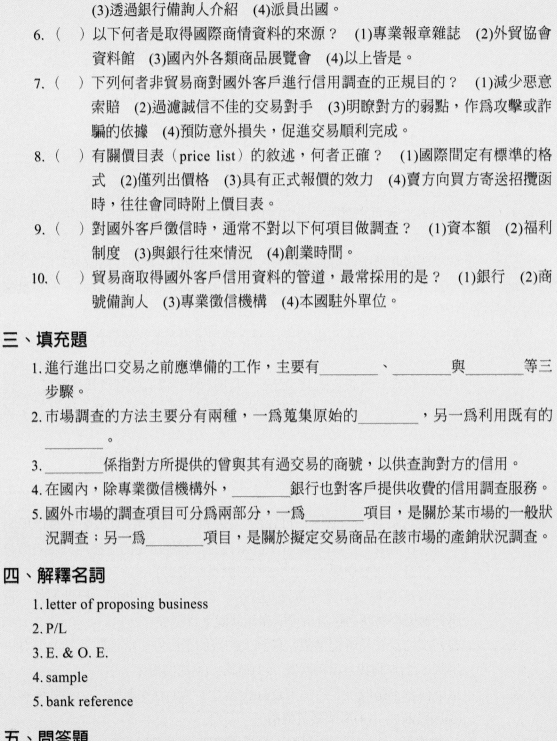

(3)透過銀行備詢人介紹　(4)派員出國。

6.（　）以下何者是取得國際商情資料的來源？　(1)專業報章雜誌　(2)外貿協會資料館　(3)國內外各類商品展覽會　(4)以上皆是。

7.（　）下列何者非貿易商對國外客戶進行信用調查的正規目的？　(1)減少惡意索賠　(2)過濾誠信不佳的交易對手　(3)明瞭對方的弱點，作為攻擊或詐騙的依據　(4)預防意外損失，促進交易順利完成。

8.（　）有關價目表（price list）的敘述，何者正確？　(1)國際間定有標準的格式　(2)僅列出價格　(3)具有正式報價的效力　(4)賣方向買方寄送招攬函時，往往會同時附上價目表。

9.（　）對國外客戶徵信時，通常不對以下何項目做調查？　(1)資本額　(2)福利制度　(3)與銀行往來情況　(4)創業時間。

10.（　）貿易商取得國外客戶信用資料的管道，最常採用的是？　(1)銀行　(2)商號備詢人　(3)專業徵信機構　(4)本國駐外單位。

三、填充題

1.進行進出口交易之前應準備的工作，主要有＿＿＿＿、＿＿＿＿與＿＿＿＿等三步驟。

2.市場調查的方法主要分有兩種，一為蒐集原始的＿＿＿＿，另一為利用既有的＿＿＿＿。

3.＿＿＿＿係指對方所提供的曾與其有過交易的商號，以供查詢對方的信用。

4.在國內，除專業徵信機構外，＿＿＿＿銀行也對客戶提供收費的信用調查服務。

5.國外市場的調查項目可分為兩部分，一為＿＿＿＿項目，是關於某市場的一般狀況調查；另一為＿＿＿＿項目，是關於擬定交易商品在該市場的產銷狀況調查。

四、解釋名詞

1. letter of proposing business

2. P/L

3. E. & O. E.

4. sample

5. bank reference

五、問答題

1.試說明貿易業者進行國外市場調查的方法。

2.當客戶出現哪些徵兆時，即應對他進行信用調查？請任列舉五項。

3. 試述貿易業者尋找客戶的主要管道。

4. 試說明國際貿易信用調查的目的以及信用調查的項目。

5. 除了課文中所舉的例子之外，當發現交易對手有哪些異常狀況時，應該臨時進行信用調查？

實習

一、請參考下列資料，代Taiwan Trading Co.擬一封letter of proposing business。

　　1. 受信人：New York Trading Co.

　　2. 從貿協（TAITRA）所出版的刊物中，獲悉該公司擬從臺灣進口汽車全球衛星定位系統（Car GPS System）。

　　3. 本公司為著名的汽車全球衛星定位系統製造廠之一，從事汽車全球衛星定位系統出口已有多年經驗，對此行業務甚熟悉。

　　4. 茲檢奉本公司簡介（brief introduction to our company）及產品目錄各乙份，敬請參考，也歡迎上本公司網站（www.cartech.com）瀏覽參觀。

　　5. 至於有關本公司信用，敬請向臺北市臺灣銀行查詢。

二、請就所附答案選項，將適當的英文代號，依序填入本招攬函（開發信）的空格之中：

ABC TRADING CORPORATION

8F, NO.88, SEC.8, DA-AN RD., TAIPEI 106, TAIWAN, R.O.C.

TEL：886-2-87654321

FAX：886-2-87651234

To: XYZ &Co. A/S　　　　　　　　　　　　　　　　　　Date: March 2, 20XX

Dear Sir / Madame,

　　We have your name and ＿＿①＿＿ from the Chamber of Commerce and are glad to learn your interest in Taiwanese housewares.

　　We have been in the light ＿＿②＿＿ field since 1980 and have grown to become one of the leading Imp. & Exp. Company dealing with a wide range of ＿＿③＿＿ like stationery, gift, toy, bicycle and houseware. We are exporting various brands of housewares, among which "JOYCE" Brand and "HAPPY" Brand are the most ____④____ ones. By keeping the principle of "excellent ____⑤____, competitive ____⑥____, superior service", we have won a very good ____⑦____ from all of our ____⑧____. For continuous 50 years, our Government has granted us many export achievement awards, as our annual sales ____⑨____ is more than USD 20,000,000.00.

By taking this opportunity, we hope to extend our business relationship with you and our illustrated ____⑩____ will be sent to you by separate post. Please do not hesitate to specify the items which interest you and send us your inquiry by return. You will certainly enjoy the best cooperation provided by us.

Yours faithfully,
ABC TRADING CORP.
Jenny Wang
Sales Manager

答案代號	答案語群	答案代號	答案語群
A	quantity	H	quality
B	commodities	I	reputation
C	industrial	J	requirements
D	shipment	K	address
E	price	L	catalogs
F	customers	M	amount
G	famous	N	quantity

① ____ ② ____ ③ ____ ④ ____ ⑤ ____ ⑥ ____ ⑦ ____ ⑧ ____ ⑨ ____ ⑩ ____

三、某出口商在未對其新客戶做成信用調查之時，即接到該新客戶所寄來的信用狀（該信用狀未透過通知銀行通知），由於未做信用調查，對於是否交貨，遲疑不決，如果你是這家公司的顧問，你將做何建議？

四、你是一位出口貿易公司的市場分析人員，貴公司專營紡織品的輸出，以往市場多集中於美國，為增加營收，計畫拓展加拿大市場，請你針對加拿大及其紡織品市場做一概略調查，寫成調查報告書，並說明資料的來源。

貿易條件與其運用

第一節　貿易條件的意義

　　世界各國的貿易廠商，在進行交易、履行貿易契約，或者解決貿易糾紛時，並沒有一套共同遵行的國際統一法，大都仰賴定型的貿易慣例。這種慣例，先是行於一地區，繼而擴至一國，最後為各國一致採用，這種慣例並非國際法或國際條約，不具有強制性，但卻為各國貿易業者所習用，甚至各國法院亦根據貿易慣例裁定或解決貿易糾紛。

　　在現代國際貿易中，構成其骨架的主要貿易慣例之一，即為「貿易條件」（trade terms）。買賣雙方藉由貿易條件的約定，除可明白確定貨物的交付方式外，也用以表彰買賣貨物的價格結構，在貿易實務上，由於買賣雙方最關心的就是價格，因此，貿易條件表示貨物價格結構的意義，往往比其確定貨物交付方式的意義更受重視。然而，貿易條件在實務上具有相當技術性的法律意義，絕非僅用來表示貨物價格的結構。

　　具體而言，貿易條件的意義，在於規定買賣雙方在一筆交易中所應該負擔的責任、費用及危險負擔的分界；詳言之，其意義有三：

　　一、規定在單一筆買賣中，賣方應於何時、何地將貨物交付買方。亦即用以劃分買賣雙方對貨物危險負擔的分擔。在貨物尚未交付買方之前，危險負擔應由賣方負擔，亦即有關貨物毀損滅失的風險由賣方承擔，在賣方於指定地點將貨物交付給買方之後，貨物的危險負擔即轉由買方承擔。不同的貿易條件，各有其不同的交付方式，所以，貨物危險負擔移轉的時、點也各不相同。

　　二、規定在一筆買賣中，賣方應該負擔哪些費用，買方應該負擔哪些費用，亦即用以劃分買賣雙方對貨物各項成本費用的分擔。由於凡是應該由賣方負擔的費用，賣方都會加在成本中，加上利潤後，即成為賣方報價的價格或銷售價格，因此，貿易條件可用

以表示買賣標的物的價格結構。不同的貿易條件，對於買賣雙方費用負擔的規定，也各不相同，在比較不同的客戶所報的價格時，不能僅以絕對金額的高低為標準，應同時注意其所報貿易條件是否相同。

三、規定在一筆買賣中，應該由何方負責洽訂運輸、投保、申請輸出入許可證及通關，買賣雙方有何通知義務，賣方應提供何種單據等。

貿易條件通常以三個英文字母表示，例如：FOB、CIF、FAS等，這些符號看似簡單，但從以上所述貿易條件的意義看來，其所包含的內容卻相當豐富。

買賣契約在國際貿易中占有重要的地位，而貿易條件在買賣契約中又具有以下的重要性：

1. 就國際貿易契約的成立而言，貿易條件是買賣雙方報價與接受的基礎。
2. 就國際貿易契約的履行而言，貿易條件是買賣雙方履行義務的準則。
3. 就國際貿易契約的糾紛而言，貿易條件是買賣雙方劃分責任、解決糾紛的依據。

由此可知，業者從事國際貿易工作時，必須對貿易條件的涵義有充分的了解，並能依交易情況的不同，善用各種貿易條件，才能使交易順利進行，並避免無謂的買賣糾紛。

第二節　貿易條件解釋規則

在國際貿易中，貿易條件的使用雖然已有相當歷史，也非常普遍，但貿易條件原係一種因交易需要而逐漸演變成的貿易習慣，各國對於同一貿易條件的解釋，往往因為歷史背景、法律規定、地理環境及交易習慣的不同，而有出入。因此，以往進行國際貿易時，買賣雙方必須先行協議，約定雙方的權利義務，甚至明訂依循某一地區的習慣，方能使交易順利完成，不僅造成很大的不方便，而且增加許多的風險。

有鑑於此，國際間有關機構認為有必要對貿易條件的解釋加以統一，以減少國際貿易糾紛，促進國際貿易的發展。經過數十年的努力，國際間已陸續制定了若干種解釋規則，其中目前最為通行的是由國際商會（International Chamber of Commerce，簡稱ICC）所制定的貿易條件解釋規則，全名為International Rules for the Interpretation of Trade Terms（貿易條件的國際解釋規則），又稱為International Commercial Terms（國際商業條件），簡稱Incoterms（國貿條規），此項規則最早於1936年制定，後經多次修訂，目前通行者即為Incoterms® 2020年版本。本規則共解釋有十一種貿易條件，並分為二類，茲整理如下表：

表5-1

適用任何或多種運送方式 RULES FOR ANY MODE OR MODES OF TRANSPORT	EXW（EX WORKS） FCA（FREE CARRIER） CPT（CARRIAGE PAID TO） CIP（CARRIAGE AND INSURANCE PAID TO） DPU（DELIVERED AT PLACE UNLOADED） DAP（DELIVERED AT PLACE） DDP（DELIVERED DUTY PAID）
適用海運或內陸水陸運送方式 RULES FOR SEA AND INLAND WATERWAY TRANSPORT	FAS（FREE ALONGSIDE SHIP） FOB（FREE ON BOARD） CFR（COST AND FREIGHT） CIF（COST INSURANCE AND FREIGHT）

由於貿易條件解釋規則並不僅有國貿條規一種，為避免貿易糾紛，業者在簽訂買賣契約時，應在契約書中，載明適用何種貿易條件解釋規則，例如：

Unless otherwise expressly stated, this contract is subject to Incoterms® 2020.

（除另有明示外，本契約依2020年版國貿條規為準。）

貿易條件解釋規則是一種國際貿易慣例，並非國際法或國際條約，並不具有強制性，業者唯有在買賣契約中載明適用某種規則，該項規則才對雙方當事人具有約束力。若是雙方僅於契約中約定採用某種貿易條件，並未載明適用何種貿易條件解釋規則，因此而產生糾紛時，鑑於Incoterms廣為世界各國所使用，各國法院往往推定當事人間適用Incoterms。

業者在適用某種貿易條件解釋規則時，為配合特殊交易、當時情況或個別便利，可以在買賣契約中特約排除或變更某項規定，或增加某些特別規定，例如：在FOB條件下，本來應由買方負責洽訂運輸，但買賣雙方可自行約定改由賣方負責洽訂。當事人在契約中的特別規定，其效力優先於解釋規則的規定。

第三節　國貿條規

由於Incoterms係解釋規則中使用得最普遍的一種，因此以下便逐一說明Incoterms® 2020之下的十一個貿易條件。

一、EX WORKS

EXW（insert named place of delivery）工廠交貨條件（加填指定交貨地）。

(一) 概說

在EXW條件下，賣方必須在其營業場所或其他指定地（工廠、倉庫），將貨物交付買方，並負擔交貨之前的一切費用；買方則必須負擔自交貨地點受領貨物之後的一切風險及費用。

(二) 買賣雙方基本義務

表5-2

賣方義務	買方義務
(1)風險 　負擔貨物毀損或滅失的一切風險，直至貨物在賣方營業場所或其他指定地交由買方處置時為止。	(1)風險 　負擔賣方於其營業場所或其他指定地交付貨物時起的一切毀損或滅失風險。
(2)費用 　交付有關貨物的一切費用，直至其交貨時為止，包括查驗品質、丈量、過磅、計數及包裝費用。	(2)費用 　支付自賣方交付貨物時起的一切費用，包括輸出入及（或）通過其他國家的通關費用、稅捐及其他費用。
(3)責任 ①一般義務 　提供符合契約的貨物、發票及契約要求的符合證明。 ②交貨 　在約定的交貨時間與交貨地，將尚未裝上收貨運送工具的貨物交付買方處置。 ③運送 　無訂立運送契約的義務。 ④保險 　無訂立保險契約的義務。 ⑤進出口通關 　無辦理通關的義務。 ⑥通知 　提供買方所需的任何通知，以使買方能夠接受貨物。	(3)責任 ①一般義務 　依約支付價金。 ②接受貨物 　當貨物交付時，即予接受，並提供已接受貨物的證明。 ③運送 　付費委託運送人運送，或安排自身的運送工具將貨物自指定交貨地運至目的地。 ④保險 　無訂立保險契約的義務。 ⑤進出口通關 　自負風險與費用完成出口/過境/進口通關手續。 ⑥通知 　若有權決定接受貨物的時間與地點，將其決定給予賣方充分的通知。

(三) 運用

1. 報價或訂約時，EXW之後須列名指定交貨地，以表明賣方負擔貨物的一切費用至該地點，而且最好清楚敘明指定交貨地之內的地點。例如：

   Offer to sell sunglasses 1,000 dozens USD100.00 per dozen Ex Works No.100, Sec. 1, Civic Blvd., Taipei City, Taiwan.

2. EXW條件下，賣方沒有義務安排出口通關，因此可能較適合國內貿易。在國際貿易的場合，除非買方在出口國辦理出口通關手續並無困難，否則建議選用FCA條件，FCA條件下，辦理出口通關的義務與費用均歸屬賣方。

(四) 圖示

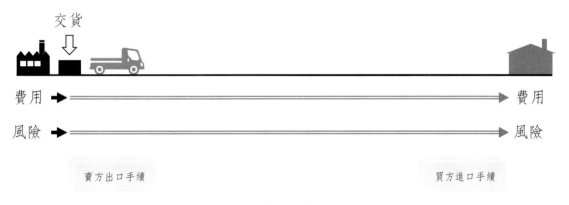

【圖5-1】

二、FREE ALONGSIDE SHIP

FAS（insert named port of shipment）船邊交貨條件（加填指定裝船港）。

(一) 概說

在FAS條件下，賣方必須在指定裝船港船邊碼頭上（如圖5-2）或駁船內（如圖5-3），將貨物交付買方，並負擔交付之前的一切費用；買方則必須負擔自交付貨物之後的一切費用及風險。

(二) 買賣雙方基本義務

表5-3

賣方義務	買方義務
(1)風險 負擔貨物毀損或滅失的一切風險,直至貨物交到指定裝船港船邊為止。	(1)風險 負擔賣方於指定裝船港船邊交付貨物時起的一切毀損或滅失風險。
(2)費用 支付有關貨物的一切費用,直至其交貨時為止,包括查驗貨品、丈量、過磅、計數及包裝費用,以及輸出通關費用、稅捐及其他費用。	(2)費用 支付自賣方交付貨物時起的一切費用,包括輸入及(或)通過其他國家的通關費用、稅捐及其他費用。
(3)責任 ①一般義務 　提供符合契約的貨物、發票及契約要求的符合證明。 ②交貨 　在約定的交貨時間,於指定裝船港,將貨物交付於買方指定的船舶邊,並提供交貨的證明。 ③運送 　無訂立運送契約的義務。 ④保險 　無訂立保險契約的義務。 ⑤進出口通關 　自負風險與費用完成出口通關手續。 ⑥通知 　將有關交付貨物事宜,給予買方充分的通知。	(3)責任 ①一般義務 　依約支付價金。 ②接受貨物 　當貨物交付時,即予接受,並接受賣方所提供的交貨證明。 ③運送 　自付費用訂立自指定裝船港裝運貨物的運送契約。 ④保險 　無訂立保險契約的義務。 ⑤進出口通關 　自負風險與費用完成過境/進口通關手續。 ⑥通知 　將運送有關的安全要求、船名、裝載地與時間,給予賣方充分的通知。

(三) 運用

報價或訂約時,須在本條件之後,列明裝船港,以表明賣方負擔貨物的一切費用至該裝船港船邊。例如:

Offer to sell sunglasses 1,000 dozens USD108.00 per dozen FAS Keelung, delivery during April.

(四) 圖示

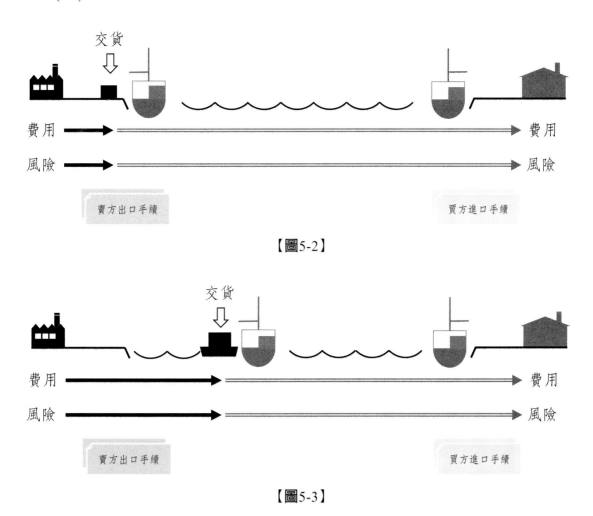

【圖5-2】

【圖5-3】

三、FREE ON BOARD

FOB（insert named port of shipment）船上交貨條件（加填指定裝船港）。

(一) 概說

在FOB條件下，賣方必須在指定裝船港船上，將貨物交付買方，並負擔交貨之前的一切費用；買方則必須負擔自交付貨物之後的一切費用及風險。

(二) 買賣雙方基本義務

表5-4

賣方義務	買方義務
(1)風險 負擔貨物毀損或滅失的一切風險,直至其在指定裝船港裝上買方指定的船舶為止。	(1)風險 負擔自貨物在指定裝船港裝上指定船舶時起的一切毀損或滅失風險。
(2)費用 支付有關貨物的一切費用,直至其交貨時為止,包括查驗品質、丈量、過磅、計數、包裝、輸出通關費用與輸出稅捐。	(2)費用 支付自賣方交付貨物時起的一切費用,包括輸入及(或)通過其他國家的通關費用、稅捐及其他費用。
(3)責任 ①一般義務 　提供符合契約的貨物、發票及契約要求的符合證明。 ②交貨 　在約定的交貨時間,於指定裝船港,將貨物裝載於買方指定的船舶上,並提供交貨的證明。 ③運送 　無訂立運送契約的義務。 ④保險 　無訂立保險契約的義務。 ⑤進出口通關 　自負風險與費用完成出口通關手續。 ⑥通知 　將有關交付貨物事宜,給予買方充分的通知。	(3)責任 ①一般義務 　依約支付價金。 ②接受貨物 　當貨物交付時,即予接受,並接受賣方所提供的交貨證明。 ③運送 　自付費用訂立自指定裝船港裝運貨物的運送契約。 ④保險 　無訂立保險契約的義務。 ⑤進出口通關 　自負風險與費用完成過境/進口通關手續。 ⑥通知 　將運送有關的安全要求、船名、裝載地與時間,給予賣方充分的通知。

(三) 運用

1.報價或訂約時,須在本條件之後,列明裝船港,以表明賣方負擔貨物的一切費用至該裝船港船上。例如:

Offer to sell sunglasses 1,000 dozens USD110.00 per dozen FOB Keelung, delivery during April.

2. Incoterms雖然規定FOB條件之下，應由買方負責洽訂運輸，但在實務上，若交易貨物為雜貨，交由定期船（liner）運送，雙方大多約定改由賣方負責安排運輸事宜。因為一般定期船運送之下，船貨雙方係以印定格式的提單作為運送契約，不需要另行簽訂運送契約，所以由賣方洽運較為方便，但是在交易貨物為大宗物資，交由不定期船（tramper）運送的場合，船貨雙方得以另行簽訂的傭船契約作為運送契約，買方為顧及自身權益，通常都自行向船公司洽訂船運，簽訂運送契約。

(四)圖示

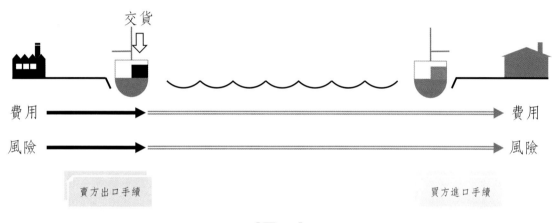

【圖5-4】

四、COST AND FREIGHT

CFR（insert named port of destination）運費在內條件（加填指定目的港）。

(一)概說

在CFR條件下，賣方必須負擔貨物的風險及費用，至將貨物於裝船港裝上船舶時為止，並負擔貨物運至指定目的港所需的運費；買方則必須負擔自貨物在裝船港裝上船舶時起，有關貨物毀損或滅失的一切風險及貨物運至目的港的運費以外的一切費用。

(二) 買賣雙方基本義務

表5-5

賣方義務	買方義務
(1)風險 　負擔貨物毀損或減失的一切風險，直至其在裝船港裝上船舶時為止。	(1)風險 　負擔自貨物於裝船港裝上船舶時起的一切毀損或減失風險。
(2)費用 　支付有關貨物的一切費用，直至其交貨時為止，包括查驗品質、丈量、過磅、計數、包裝、輸出通關費用、輸出稅捐，並支付將貨物運至指定目的港的運費。	(2)費用 　支付除運費以外自貨物於裝船港船舶上交付時起的一切費用，包括輸入及（或）通過其他國家的通關費用、稅捐及其他費用。
(3)責任 ①一般義務 　提供符合契約的貨物、發票及契約要求的符合證明。 ②交貨 　在約定的交貨時間，於裝船港將貨物裝載於船舶上，並提供通常運送單據。 ③運送 　自付費用按通常條件、適用船舶與通常路線，訂立從交貨地點至指定目的港的運送契約。 ④保險 　無訂立保險契約的義務。 ⑤進出口通關 　自負風險與費用完成出口通關手續。 ⑥通知 　將有關交付貨物事宜，給予買方充分的通知，以使買方能夠提領貨物。	(3)責任 ①一般義務 　依約支付價金。 ②接受貨物 　當貨物交付時，即予接受，接受賣方所提供的運送單據，並在指定目的港向運送人提領貨物。 ③運送 　無訂立運送契約的義務。 ④保險 　無訂立保險契約的義務。 ⑤進出口通關 　自負風險與費用完成過境／進口通關手續。 ⑥通知 　若有權決定發貨時間及／或目的港內提領貨物的地點，將其決定給予賣方充分的通知。

(三) 運用

1.本條件中「Cost」是指賣方將貨物運送至裝船港上船舶為止的成本而言，亦即

FOB Cost。Freight則指貨物從裝船港運至目的港的海運費。

2. 一般而言，CFR條件下，賣方不需負擔貨物在目的港的卸貨費，但若依運送契約，卸貨費係由賣方負擔者除外。

3. 報價或訂約時，須在本條件之後，列明指定目的港，以表明賣方須支付運費至指定目的港。例如：

　　　Offer to sell sunglasses 1,000 dozens USD120.00 per dozen CFR Le Harve, shipment during April.

4. 本條件與前述FOB條件相較，其相同點為買賣雙方對貨物的危險負擔，都是以貨物於裝船港裝上船舶時為界限；其不同點為FOB條件下，海運費由買方支付，並由買方負責安排船運，在CFR條件下，則由賣方支付海運費及安排船運事宜。

5. 本條件下，貨物在運送過程中，毀損或滅失的風險係由買方承擔，而洽訂船位以及支付運費則由賣方負責。為防止賣方為節省運費，任意洽訂一艘不適合的廉價船，損及買方權益，Incoterms乃規定賣方必須按通常條件、通常航線，洽訂適合承載所交易貨物的船舶。

（四）圖示

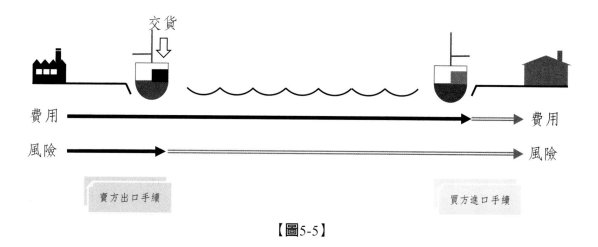

【圖5-5】

五、COST INSURANCE AND FREIGHT

CIF（insert named port of destination）運保費在內條件（加填指定目的港）。

(一) 概說

在CIF條件下，賣方必須負擔貨物的風險及費用，至將貨物於裝船港裝上船舶時為止，並負擔貨物運至指定目的港所需的運費及保險費；買方則必須負擔貨物在裝船港裝上船舶時起，有關貨物毀損或滅失的一切風險，及貨物運至目的港的運費與保費險以外的一切費用。

(二) 買賣雙方基本義務

表5-6

賣方義務	買方義務
(1)風險 　同CFR條件。	(1)風險 　同CFR條件。
(2)費用 　賣方除應多負擔一項貨物運至指定目的港的保險費外，其餘均與CFR條件同。	(2)費用 　買方除少負擔一項貨物運至指定目的港的保險費外，其餘均與CFR條件同。
(3)責任 　除下列項目，其餘與CFR條件相同： 　保險 　*自付費用得到承保範圍符合協會貨物條款(C)或任何類似條款的貨物保險。 　*該保險應與信用良好的保險公司或保險人訂約，並賦予買方或任何其他享有貨物保險利益者，有權直接向保險人索賠。 　*該保險最低應承保契約所定價金加一成，且應以契約幣別付保。 　*提供買方保險單或保險證明書或其他證明。 　*循買方要求、風險與費用，提供買方為購買任何額外保險所需的資訊。	(3)責任 　與CFR條件相同。

(三) 運用

1.報價或訂約時，須在本條件之後，列明指定目的港，以表明賣方須支付保險費及運費至指定目的港。例如：

Offer to sell sunglasses 1,000 dozens USD124.00 per dozen CIF Le Harve, shipment during April.

2.各國海關對於進出口貿易價格的統計，有關出口值，大多根據FOB值，進口值則依據CIF值，故一般將FOB價格稱為離岸價格，CIF價格稱為到岸價格。

3.本條件與前述FOB條件相較，相同點為買賣雙方對於貨物危險的負擔，都是以貨物於裝船港裝上船舶時為界限，其不同點有以下三項：

(1) 費用負擔不同：CIF條件下的賣方較FOB條件的賣方多負擔海運費及保險費，所以相同貨物的交易，以CIF條件報價的價格，自然較以FOB條件報價的價格高。

(2) 安排船運責任不同：CIF條件下，由賣方負責安排船運；FOB條件下，則由買方負責洽訂運輸。

(3) 投保責任不同：CIF條件下，賣方須支付保費為買方投保海上貨物運輸保險，由於海上風險是由買方承擔，因此賣方為買方投保係屬義務；FOB條件下，則由買方為自己承擔的海上運輸風險投保，故買方的投保並非義務。

4.與CFR條件相同，本條件下，貨物運輸風險由買方承擔，而安排運輸由賣方負責，所以本條件亦規定賣方必須依通常條件、通常航線，洽訂適合承載交易貨物的船舶；此外，本條件下，投保海上貨運保險亦由賣方負責，為防止賣方為節省保險費而草率投保，Incoterms規定賣方應與信用良好的保險人或保險公司訂約，並至少投保協會貨物條款(C)條款或類似條款投保，且在買方要求下，以買方費用，投保任何額外保險。最低保險金額為約定價金的110%，以契約約定貨幣為投保幣別。

(四) 圖示

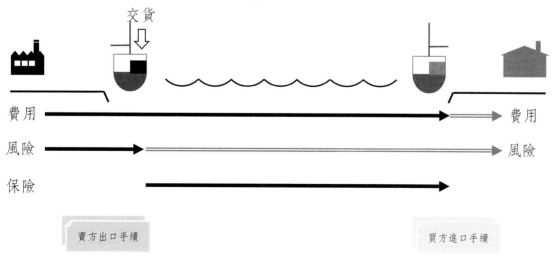

【圖5-6】

六、FREE CARRIER

FCA（insert named place of delivery）貨交運送人條件 （加填指定交貨地）。

(一) 概說

FCA條件下，賣方必須在指定地點，辦妥通關手續後，將貨物交給買方指定的運送人或其他人，並負擔交貨之前的一切費用，包括輸出通關費用及輸出稅捐；買方則必須負擔自交貨之後的一切費用及風險。

(二) 買賣雙方基本義務

表5-7

賣方義務	買方義務
(1)風險 負擔貨物毀損或滅失的一切風險，直至貨物交付買方指定的運送人為止。	(1)風險 負擔自貨物交付指定運送人接管時起的一切毀損或滅失風險。
(2)費用 支付有關貨物的一切費用，直至其交貨時為止，包括查驗品質、丈量、過磅、計數、包裝、輸出通關費用及輸出稅捐。	(2)費用 支付自賣方交付貨物時起的一切費用，包括輸入及（或）通過其他國家的通關費用、稅捐及其他費用。
(3)責任 ①一般義務 　提供符合契約的貨物、發票及契約要求的符合證明。 ②交貨 　★在約定的交貨時間 　　a)若指定地點是賣方營業處所：當貨物裝上由買方安排的運輸工具時； 　　b)若指定地點是其他地方：當貨物運達指定地方，且已置於買方所指定運送人或其他人處置時。 　★提供交貨的證明。 　★若買方有指示運送人簽發敘明貨物已裝載的運送單據給賣方，賣方必須提供此單據給買方。	(3)責任 ①一般義務 　依約支付價金。 ②接受貨物 　★當貨物交付時，即予接受。 　★接受賣方所提供的交貨證明。 　★若當事人有約訂，買方須以其費用與風險，指示運送人簽發敘明貨物已裝載的運送單據給賣方。

（續上表）

賣方義務	買方義務
③運送 　無訂立運送契約的義務。	③運送 　付費委託運送人運送，或安排自身的運送工具將貨物自指定交貨地運至目的地。
④保險 　無訂立保險契約的義務。	④保險 　無訂立保險契約的義務。
⑤進出口通關 　自負風險與費用完成出口通關手續。	⑤進出口通關 　自負風險與費用完成過境/進口通關手續。
⑥通知 　將有關交付貨物事宜，給予買方充分的通知。	⑥通知 　通知賣方：指定運送人或其他人名稱、運送方式。

(三) 運用

1. 報價或約訂時，須在本條件之後，列明貨物交付運送人或其他人的接管地點，以表明賣方負擔貨物的一切費用至該地點。例如：

Offer to sell sunglasses 1,000 dozens USD110.00 per dozen FCA No.200, Sec. 2, Datong Rd., Xizhi City, Taipei County 221, Taiwan (R.O.C.), delivery during April.

2. 本條件在下列任一情況，視爲交貨完成：
   (1) 若指定交貨地點是賣方的營業場所：貨物裝載於買方所提供的運送工具時（如圖5-7），或
   (2) 在其他情況下：將放在賣方運送工具上準備卸貨的貨物，交由買方所指定的運送人或其他人處置時（如圖5-8）

3. 本條件可用於包括複合運送（multimodal transport）在內的任何運送方式。本條件中，運送人（carrier）係指在運送契約中，承擔履行空中、海上、內陸水路、鐵路、公路或複合運送等實際運送的人，或安排履行上述各種運送的貨運承攬人（freight forwarder）。

4. 本條件主要係依據FOB條件的原則制定，但本條件與FOB條件不同的是，本條件適用於各種運輸方式，而FOB條件僅適用於海運與內陸水運。另外，本條件下，賣方必須負擔貨物的危險負擔與費用，直至貨物交付運送人或其他人接管時爲止，FOB條件則

是以貨物於裝船港裝上船舶為危險與費用的分界。

(四) 圖示

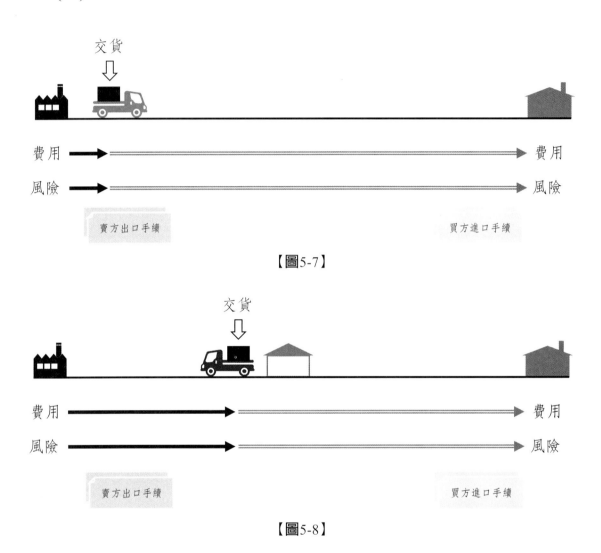

【圖5-7】

【圖5-8】

七、CARRIAGE PAID TO

CPT（insert named place of destination）運費付訖條件（加填指定目的地）。

(一) 概説

在CPT條件下，賣方必須在指定地點，辦妥通關手續後，將貨物交付運送人接管，並負擔交貨之前的一切費用（包括輸出通關費用及輸出稅捐）以及貨物運到目的地的運

費：買方則必須負擔自貨物交付運送人起，有關貨物毀損或滅失的一切風險及貨物運至指定目的地的運費以外的一切費用。

(二) 買賣雙方基本義務

表5-8

賣方義務	買方義務
(1)風險 　負擔貨物毀損或滅失的一切風險，直至貨物交付運送人為止。	(1)風險 　負擔自貨物交付運送人接管時起的一切毀損或滅失風險。
(2)費用 　支付有關貨物的一切費用，直至其交貨時為止，包括查驗品質、丈量、過磅、計數、包裝、輸出通關費用、輸出稅捐，並支付將貨物運至指定目的地的運費。	(2)費用 　支付除將貨物運至指定目的地的運費以外自貨物交付運送人時起的一切費用，包括輸入及（或）通過其他國家的通關費用、稅捐及其他費用。
(3)責任 　①一般義務 　　提供符合契約的貨物、發票及契約要求的符合證明。 　②交貨 　　在約定的交貨時間，於指定交貨地點，將貨物交付運送人，並提供通常運送單據。 　③運送 　　自付費用按通常條件、適用運輸類型與通常路線，訂立貨物運送至指定目的地的運送契約。 　④保險 　　無訂立保險契約的義務。 　⑤進出口通關 　　自負風險與費用完成出口通關手續。 　⑥通知 　　將有關交付貨物事宜，給予買方充分的通知，以使買方能夠提領貨物。	(3)責任 　①一般義務 　　依約支付價金。 　②接受貨物 　　當貨物交付時，即予接受，接受賣方所提供的運送單據，並在指定目的地向運送人提領貨物。 　③運送 　　無訂立運送契約的義務。 　④保險 　　無訂立保險契約的義務。 　⑤進出口通關 　　自負風險與費用完成過境/進口通關手續。 　⑥通知 　　若有權決定發貨時間及/或目的地內提領貨物的地點，將其決定給予賣方充分的通知。

(三) 運用

1.報價或訂約時，須在本條件之後，列明貨物運送的目的地，以表明賣方支付運費至該指定目的地。例如：

　　Offer to sell sunglasses 1,000 dozens USD120.00 per dozen CPT 238 Cours Albert 1er, Paris, France, delivery during April.

2.一般而言，CPT條件下，賣方不需負擔貨物在目的地的卸貨費（包括貨櫃場內的處理與搬運費用），但若依運送契約，卸貨費係由賣方負擔者除外。

3.本條件可用於包括複合運送在內的任何運送方式。

4.本條件乃依據CFR條件的原則制定，但是兩者的不同點在於：第一，本條件適用於各種運輸方式，而CFR條件僅適用於海運與內陸水運；第二，本條件買賣雙方危險負擔的界限爲將貨物交付運送人接管時，CFR條件買賣雙方危險負擔的界限則爲貨物於裝船港裝上船舶時。

(四) 圖示

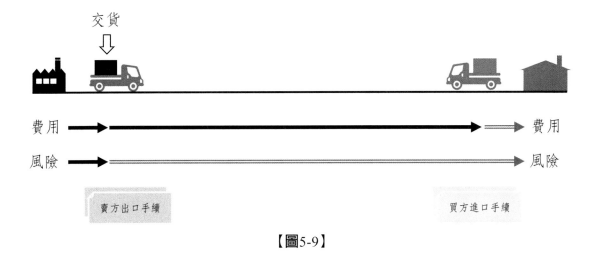

【圖5-9】

八、CARRIAGE AND INSURANCE PAID TO

CIP（insert named place of destination）運保費付訖條件（加塡指定目的地）。

(一) 概説

CIP條件下，賣方必須負擔貨物的風險，至將貨物交付運送人收管時爲止，並負擔

貨物運至指定目的地所需運費及保險費;買方則必須負擔自貨物交付運送人時起,有關貨物毀損或滅失的一切風險,及貨物運至指定目的地的運費與保險費以外的一切費用。

(二) 買賣雙方基本義務

表5-9

賣方義務	買方義務
(1)風險 　　同CPT條件。	(1)風險 　　同CPT條件。
(2)費用 　　賣方除應多負擔一項貨物運至指定目的地的保險費外,其餘均與CPT條件同。	(2)費用 　　買方除少負擔一項貨物運至指定目的地的保險費外,其餘均與CPT條件同。
(3)責任 　　除下列項目,其餘與CPT條件相同: 　　保險 *自付費用得到承保範圍符合協會貨物條款(A)或任何類似條款的貨物保險。 *該保險應與信用良好的保險公司或保險人訂約,並賦予買方或任何其他享有貨物保險利益者,有權直接向保險人索賠。 *該保險最低應承保契約所定價金加一成,且應以契約幣別付保。 *提供買方保險單或保險證明書或其他證明。 *循買方要求、風險與費用,提供買方為購買任何額外保險所需的資訊。	(3)責任 　　與CPT條件相同。

(三) 運用

1. 報價或訂約時,須在本條件之後,列明貨物目的地,以表明賣方支付運費及保險費至指定目的地。例如:

> Offer to sell sunglasses 1,000 dozens USD124.00 per dozen CIP 238 Cours Albert 1er, Paris, France, delivery during April.

2. 本條件可用於包括複合運送在內的任何運送方式。

3. 本條件乃依據CIF條件的原則制定，但是兩者的不同點在於：第一，本條件適用於各種運輸方式，而CIF條件僅適用於海運與內陸水運；第二，本條件買賣雙方危險負擔的界限為將貨物交付運送人接管時，CIF條件買賣雙方危險負擔的界限則為貨物於裝船港裝上船舶時。

(四) 圖示

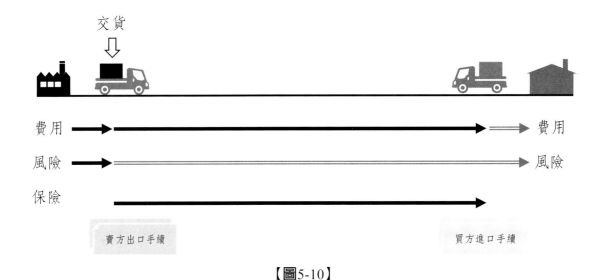

【圖5-10】

茲將FOB、CFR、CIF、FCA、CPT、CIP六種條件比較如下：

表5-10

項目＼條件	FOB	CFR	CIF	FCA	CPT	CIP
交貨地點	出口港船上			貨交指定運送人		
賣方費用負擔	交貨地點前一切成本費用	FOB＋F*	FOB＋I＋F	交貨地點前一切成本費用	FCA＋C**	FCA＋I＋C
洽訂運輸	B	S	S	B	S	S
投保	×	×	S	×	×	S
出口人	S	S	S	S	S	S
進口人	B	B	B	B	B	B

（續上表）

項目　　條件	FOB	CFR	CIF	FCA	CPT	CIP
交貨地點	出口港船上			貨交指定運送人		
條件後＋……	裝運港	目的港	目的港	起運地	目的地	目的地
適用運輸方式	海運或內陸水運			任何方式		

*F指的是貨物運至指定目的港的海運費freight。

** C指的是貨物運至指定目的地的運費，包括各種運輸方式之下的運費carriage。

　　B表buyer。

　　S表seller。

　　×表買賣雙方均無義務（無投保義務，係指沒有為對方投保的義務，例如：賣方沒有為買方投保的義務，但買方為自身風險，仍多會自行投保）。

九、DELIVERED AT PLACE

DAP（insert named place of destination）目的地交貨條件（加填指定目的地）。

(一) 概說

在DAP條件下，賣方必須在指定目的地，將準備自運送工具卸載，尚未辦妥輸入通關手續的貨物交付買方，並負擔交貨之前的一切費用；買方則必須負擔自交付貨物之後的一切費用及風險，包括輸入通關費用及輸入稅捐。

(二) 買賣雙方基本義務

表5-11

賣方義務	買方義務
(1)風險　　負擔貨物滅失或毀損的一切風險，直至其在指定目的地，將放置於到達運輸工具上準備卸貨的貨物交由買方處置時為止。	(1)風險　　負擔貨物在指定目的地交付時起的一切毀損或滅失風險。
(2)費用　　支付有關貨物的一切費用，直至其交貨時為止，包括查驗品質、丈量、過磅、計數、包裝、輸出通關費用與輸出稅捐。	(2)費用　　支付自賣方交付貨物時起的一切費用，包括輸入通關費用與輸入稅捐。

（續上表）

賣方義務	買方義務
(3)責任 ①一般義務 　提供符合契約的貨物、發票及契約要求 　的符合證明。 ②交貨 　在約定的交貨時間，於指定目的地，將 　放置於到達運輸工具上準備卸貨的貨物 　交由買方處置，並提供買方能接管貨物 　的單據。 ③運送 　付費委託運送人運送，或安排自身的運 　送工具將貨物運至目的地。 ④保險 　無訂立保險契約的義務。 ⑤進出口通關 　自負風險與費用完成出口/過境通關手 　續。 ⑥通知 　給予買方通知，以使買方能夠提領貨 　物。	(3)責任 ①一般義務 　依約支付價金。 ②接受貨物 　當貨物交付時，即予接受，接受賣方所 　提供的運送單據。 ③運送 　無訂立運送契約的義務。 ④保險 　無訂立保險契約的義務。 ⑤進出口通關 　自負風險與費用完成進口通關手續。 ⑥通知 　若有權決定一約定期間內的時間及/或目 　的地內接受貨物的地點，將其決定給予 　賣方充分的通知。

(三) 運用

1.報價或訂約時，須在本條件之後，列明指定目的地，以表明賣方負擔貨物的一切費用至該目的地。例如：

> Offer to sell sunglasses 1,000 dozens USD132.00 per dozen DAP 215 Boulevard Romain Rolland, Paris, France, delivery during April.

2.本條件所指的「目的地」並不侷限於內陸交貨地點，也可能是港口。

3.本條件下，賣方無需負擔貨物於目的地的卸載以及相關的費用，但若賣方依其運送契約須承擔該等卸載費用，則除非當事人另有約定，賣方無權要求買方償還該等費用。

(四) 圖示

【圖5-11】

十、DELIVERED AT PLACE UNLOADED

DPU（insert name place of destination）目的地卸載交貨條件（加填指定目的地）。

(一) 概説

在DPU條件下，賣方必須在指定目的地，將已自運送工具卸載，尚未辦妥輸入通關手續的貨物交付買方，並負擔交貨之前的一切費用，買方則必須負擔自交付貨物之後的一切費用及風險，包括輸入通關費用及輸入稅捐。

(二) 買賣雙方基本義務

表5-12

賣方義務	買方義務
(1)風險 　負擔貨物滅失或毀損的一切風險，直至其在指定目的地，將已自運輸工具上卸載的貨物交由買方處置時為止。	(1)風險 　負擔貨物在指定目的地交付時起的一切毀損或滅失風險。
(2)費用 　除多負擔以下費用外，其餘與DAP條件相同： 　將貨物自到達運輸工具上卸載的費用。	(2)費用 　除少負擔以下費用外，其餘與DAP條件相同： 　將貨物自到達運輸工具上卸載的費用。

（續上表）

賣方義務	買方義務
(3)責任 　除下列項目，其餘與DAP條件相同： 　交貨 　在約定的交貨時間，於指定目的地，將已自到達運輸工具卸載的貨物交由買方處置，並提供買方能接管貨物的單據。	(3)責任 　與DAP條件相同。

(三) 運用

　1.報價或訂約時，須在本條件之後，列名指定目的地，以表明賣方負擔貨物的一切費用至該目的地，例如：

　　　Offer to sell sunglasses 1,000 dozens USD133.00 per dozen DPU 215 Boulevard Romain Rolland, Paris, France, delivery during April.

　2.本條件所指的「目的地」並不侷限於內陸交貨地點，也可能是港口。

　3.本條件要求賣方必須安排貨物在目的地自運輸工具卸載，倘若賣方不希望承擔卸貨的風險與費用，建議應避免使用本條件，而應採用前述的DAP條件。

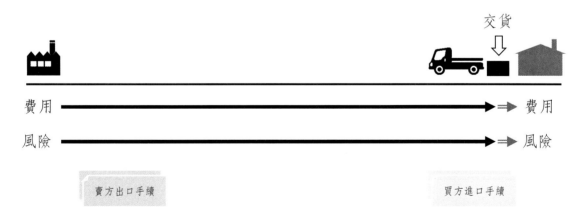

【圖5-12】

十一、DELIVERED DUTY PAID

DDP（insert named place of destination）稅訖交貨條件（加填指定目的地）。

(一) 概說

在DDP條件下，賣方必須在輸入國指定目的地，將已辦妥輸入通關手續仍放置於到達運送工具上準備卸載的貨物交付買方，並負擔交貨之前的一切費用，買方則必須負擔自交付貨物之後的一切費用及風險。

(二) 買賣雙方基本義務

表5-13

賣方義務	買方義務
(1)風險 負擔貨物滅失或毀損的一切風險，直至其在指定目的地，將放置於到達運輸工具上準備卸貨的貨物交由買方處置時為止。	(1)風險 負擔貨物在指定目的地交付時起的一切毀損或滅失風險。
(2)費用 支付有關貨物的一切費用，直至其交貨時為止，包括查驗品質、丈量、過磅、計數、包裝、輸出入通關費用與輸出入稅捐。	(2)費用 支付自賣方交付貨物時起的一切費用。
(3)責任 ①一般義務 　提供符合契約的貨物、發票及契約要求的符合證明。 ②交貨 　在約定的交貨時間，於指定目的地，將放置於到達運輸工具上準備卸貨的貨物交由買方處置，並提供買方能接管貨物的單據。 ③運送 　付費委託運送人運送，或安排自身的運送工具將貨物運至目的地。 ④保險 　無訂立保險契約的義務。	(3)責任 ①一般義務 　依約支付價金。 ②接受貨物 　當貨物交付時，即予接受，接受賣方所提供的運送單據。 ③運送 　無訂立運送契約的義務。 ④保險 　無訂立保險契約的義務。

（續上表）

賣方義務	買方義務
⑤進出口通關 　自負風險與費用完成出口/過境/進口通關手續。 ⑥通知 　給予買方通知，以使買方能夠提領貨物。	⑤進出口通關 　無辦理通關的義務。 ⑥通知 　若有權決定一約定期間內的時間及/或目的地內接受貨物的地點，將其決定給予賣方充分的通知。

（三）運用

1.報價或訂約時，須在本條件之後，列明指定目的地，以表明賣方負擔貨物的一切費用至指定目的地。例如：

Offer to sell sunglasses 1,000 dozens USD135.00 per dozen DDP138 Blvd De La Chapelle, Paris, France, delivery during April.

2.若賣方無法直接或間接取得輸入許可證，則不宜使用本條件。

3.本條件與EXW條件是相對的，因為在EXW條件下，賣方責任最小，買方責任最大；而在本條件下，賣方責任最大，買方責任最小。

（四）圖示

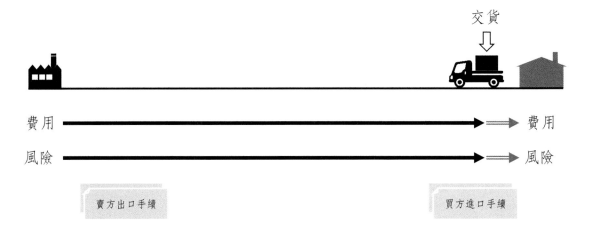

【圖5-13】

茲將Incoterms® 2020的十一種貿易條件，依本章所舉例子，將每一條件下的危險負擔分界點，圖示如下：

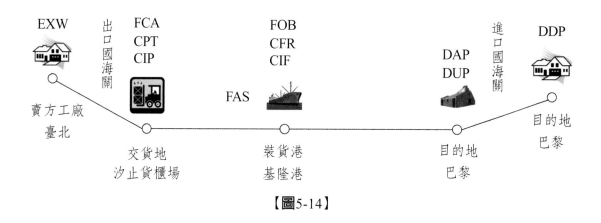

【圖5-14】

第四節　其他貿易條件

除了以上所述Incoterms® 2020貿易條件之外，另就若干非定型化，但較常被採用的貿易條件說明如下。

一、Cost and Insurance：成本及保費在內

簡稱C＆I，在本條件下，賣方必須負擔貨物的風險至將貨物於裝船港裝上船舶時為止，負責投保海上貨物運輸保險並支付保險費；買方則必須負擔自貨物在裝船港裝上船舶時起，有關貨物毀損或滅失的一切風險及海上貨物運輸保費以外的一切費用。C＆I條件與CFR條件類似，均是以貨物於裝船港裝上船舶為買賣雙方危險負擔的界限；但兩者的差別在於，CFR條件下，賣方必須負責洽訂運輸，並支付運費，而C＆I條件下，賣方必須負責投保並支付保險費。

二、Free on Board and Commission（或Free on Board Commission）： 佣金在內船上交貨條件

簡稱FOB＆C（或FOBC），在本條件下，賣方除了必須多負擔買賣佣金之外，其餘與FOB條件完全相同。本條件下的佣金可能是售貨佣金（selling commission）或購貨佣金（buying commission），但通常以賣方應支付給國外代理商的回佣（return commission）最為常見，例如：出口商以FOB＆C3（或FOB＆C3%，或FOBC3，或

FOBC3%）條件報價，表示所報價格中已含應付給代理商的佣金，代理商可直接以該價格出售貨物，不必另加佣金。若出口商與代理商於簽立代理契約時，已明確約定報價中含有佣金，則出口商所報FOB條件中，已包含佣金在內，不必再加上 & C字樣。除FOB條件之外，其他貿易條件也可加上 & C，表示價格中已含有佣金在內，例如：CIF & C、CFR & C等，以此方式報價，雖然方便，但是由於一般佣金有按FOB價格為計算基礎，也有按交易金額的百分比計算，在以其他條件，例如：CIF & C3報價時，該3%的佣金究竟是以CIF為計算基礎，抑或仍以FOB為計算基礎，可能會有爭議，因此，若要表示報價中已含有佣金，無論以何種條件報價，最好另外以文字表明計算基準，例如：「the price of this offer includes 3% commission of FOB basis」。

三、In Bond：保稅倉庫交貨條件

簡稱IB，在本條件下，賣方必須負擔貨物的風險至將貨物存於進口地的保稅倉庫（bond）為止，並負擔交付貨物之前的一切費用，包括進倉費用及交貨日期以前的倉租；買方則必須負擔自交付貨物之後的一切風險及費用，包括輸入通關手續費用、輸入稅捐以及約定交貨日期之後的倉租。

第五節　貿易條件的選擇

貿易條件種類繁多，買賣雙方於磋商交易時，應就內在及外在因素等多方面謹慎考慮，選擇一最適當的貿易條件。一般而言，選用貿易條件時，應考慮以下各項因素：

一、買賣雙方的市場優勢

若市場是屬於賣方占優勢的賣方市場（seller's market），賣方自可以選用對其較有利的條件，例如：EXW，買方為與其他業者競爭，有時也不得不遷就。而若市場是屬於買方占優勢的買方市場（buyer's market），則買方通常會要求採用買方負擔義務較少的條件，諸如DAP、DDP等。

二、當事人的能力

若是買方的行銷能力較強，在賣方所在地設有分支機構、代理人或派有代表，可以代為辦理輸出手續，則可以採用EXW條件，由買方在輸出國辦理提貨及輸出通關手續；而若是賣方的行銷能力較強，則可以採用DDP條件，由賣方在輸入國辦理輸入通關手續。

三、運輸方式

在以海運方式運送貨物的場合，應該採用Incoterms® 2020的FAS、FOB、CFR、CIF等條件，而EXW、FCA、CPT、CIP、DAP、DPU及DDP等條件，則適用於包括複合運送在內的任何運輸方式。

四、貨物的種類

如果交易的貨物是一般雜貨（general cargo），多數以定期船運輸為主，由於定期船艙位通常都須預先訂妥，因此採用CFR、CIF、CPT或CIP等條件，由賣方在出口地負責安排運輸事宜，自然較為便利；若交易貨物為大宗物資或散裝貨物（bulk cargo），多以不定期船運輸，由買方備船，與船公司簽訂運輸契約，較能確保權益，在此場合，可以採用FAS或FOB等由買方負責洽訂運輸的貿易條件。

五、法規限制

有些國家政府為扶植或保護本國航運或保險事業的發展，往往規定本國廠商必須以CFR或CIF條件出口貨物，並指定必須向本國船公司洽訂運輸，或向本國保險公司投保；或者規定進口廠商必須以FAS或FOB條件進口貨物，且必須向本國船公司洽訂運輸，或向本國保險公司投保。若是法令有這方面的規定限制，當然應予遵守。

六、運費及保費的考量

有些出口商由於經常出口貨物，因此與船公司或保險公司建立良好的關係或彼此訂有契約，可以獲得較為優惠的運費或保險費，在這種情形下，出口商可選擇由賣方負責安排運輸，支付運費，或（且）負責投保，支付保費的貿易條件，例如：CFR、CIF、CPT或CIP等條件，以該等條件交易，出口商雖然必須負擔洽訂運輸或投保的義務，但是運費及保險費用較為低廉，所報價格自然較具競爭力，而得以爭取較大的成交機會。

此外，若運費或保費有上漲可能時，出口商宜選用FOB條件交易，若運費及保費有下跌趨勢，則出口商宜選用CFR或CIF條件交易；相反地，若該等費用有上漲趨勢，進口商應爭取採用CIF條件，而若該費用有下跌趨勢，則進口商可選用FOB條件。

七、匯率

當預期本國貨幣有貶值趨勢時，對出口商較為有利，出口商當可爭取採用CIF或CFR等報價較高的貿易條件，增加匯兌收益；相反地，進口商就應該選用FOB或其他報價較低的貿易條件，減少匯兌損失。

八、交易性質

　　如果賣方是國內的製造商或供應商，而買方是出口貿易商，雙方的交易性質是屬於國內交易，可以選用EXW條件，由買方辦理輸出事宜；同樣地，如果國內進口商輸入貨物後轉售給國內買主或用戶，也是屬於國內交易，則可以選用DDP條件，由賣方辦理輸入的各項手續。若是買賣雙方是位於不同國家的當事人，該筆交易屬於國際性交易，在此場合，宜採用FAS、FOB、CFR、CIF、CPT、CIP等國際交易條件。

習題

一、是非題

1. （　）國際貿易慣例雖為各國貿易業者所習用，但並非國際法或國際條約，不具有強制拘束力。

2. （　）最近修訂的Incoterms是國際商會於2020年修訂的。

3. （　）FOB條件下，買賣雙方均無為對方投保的義務。

4. （　）業者在採用某種貿易條件解釋規則時，可依個別情況需要，在買賣契約中特約排除或變更某項規定，或增加某些特別規定，其效力優先於解釋規則的規定。

5. （　）Ex Works條件是Incoterms解釋的貿易條件中，賣方責任最重的條件。

6. （　）FOB條件下，應由賣方負責辦理輸出通關手續，並負擔輸出稅捐。

7. （　）CIF Keelung 係表示賣方須負擔貨物的風險至Keelung。

8. （　）CPT條件是依據FAS條件的原則所制定，但適用於各種運輸方式。

9. （　）當運價有下跌趨勢時，出口商宜選用FOB條件與進口商交易。

10. （　）DAP條件之下，賣方須負責完成輸入國的輸入通關手續，並繳納進口稅捐，於買方指定的目的地，將貨物交付買方。

二、選擇題

1. （　）依據Incoterms® 2020規定，　①DDP　②DAP　③DPU　④CPT　⑤FAS　⑥FOB　⑦FCA　⑧EXW　⑨CFR　⑩CIF　下列敘述，何者正確？(1)買方責任最少者為⑧　(2)賣方負擔進口通關費及稅捐者為④　(3)賣方不須負擔主運送費用者為⑤⑥⑦⑧　(4)賣方負擔主運送費用，卻不用負擔主運送風險者為①②③④。

2. （　）若買賣契約規定「Shipment from Keelung for transportation to Hamburg, CIF Hamburg Incoterms 2020」時，出口商於何時、何地完成其交貨義務？　(1)貨物在Keelung Port裝上船舶　(2)於Keelung貨櫃場將貨物交付買方所指定的運送人時　(3)裝運船舶抵達Hamburg Port時　(4)貨物運至Hamburg Port，自船上卸下碼頭上時。

3. （　）在何種貿易條件之下，應由買方負責簽訂運送契約？　(1)CIF　(2)DPU

(3)FOB　(4)CIP。

4. （　）在何種貿易條件下，賣方有投保貨物運輸保險的義務？　(1)FOB & C
(2)C&I　(3)CPT　(4)DAP。

5. （　）以下何種貿易條件，適用於包括複合運送在內的各種運輸方式？　(1)FOB
(2)CIF　(3)DPU　(4)FAS。

6. （　）在下列何種情況下，買方不宜選用FOB條件交易？　(1)找船容易時
(2)運價有下跌趨勢時　(3)在大宗貨物交易，不熟諳備船實務時　(4)本國
保險費率較低時。

7. （　）若運費或保費有上漲可能時，賣方宜選用　(1)FOB　(2)CIF　(3)CPT
(4)DPU　條件交易。

8. （　）以下哪一項義務是所有貿易條件中，賣方的共同義務？　(1)提供符合
契約的貨物，並提供發票及符合證明　(2)自負費用訂立運送契約將貨物
運至指定目的地　(3)協助買方取得為貨物輸入及（或）通過其他國家所
需，由交貨國或原產國發行的單據　(4)自負風險及費用取得輸出許可
證，並辦理輸出通關手續。

9. （　）依Incoterms® 2020的解釋，有關CIP條件與CIF條件的比較，下列何者正
確？　(1)兩者之交貨地點都在貨物於出口港裝上船舶時　(2)兩者都只能
適用於海洋運輸　(3)CIP條件下由賣方負責辦理出口手續；CIF條件下則
由買方負責辦理出口手續　(4)兩者所報之價格中，都包含國際貨物運輸
保險費。

10. （　）依Incoterms® 2020的解釋，下列何者為我國出口商出口Made in Taiwan之
貨品較不可能的對外報價方式？　(A)FOB New York　(B)CFR New York
(C)CIF New York　(D)DAP New York。

三、填充題

1. 國際間目前最普遍通行的貿易條件解釋原則是_____。

2. Incoterms® 2020共解釋_____種貿易條件，又將這些貿易條件分為兩類，分別
為_____與_____。

3. Incoterms® 2020所解釋的貿易條件之中，賣方責任最小的條件是_____，買方
責任最小的條件是_____。

4. FOB & C中的C係指_____。

5. Incoterms® 2020規定，CIF條件下，賣方應自負費用訂立保險契約，除非有相反
明示約定，至少應按協會貨物條款_____條款或任何類似的條款投保，最低保

　　險金額應爲_____加一成，並按_____所訂的幣別投保。

四、解釋名詞

1. Incoterms® 2020
2. TradeTerms
3. CIF & C
4. multimodal transport
5. DPU

五、問答題

1. 試述貿易條件的意義及其在買賣契約中的重要性。
2. 何謂FOB條件？FOB條件與FAS條件有何不同？
3. 試比較FOB、CFR與CIF三條件的異同。
4. 試說明選用貿易條件時，應考慮的因素。
5. 依下表所列貿易條件之下的各項義務，填入「S」表示爲賣方義務，「B」表示爲買方義務，「X」表示爲買賣雙方均無義務。

表5-14

義務　　　貿易條件	出口報關	訂立國際運輸契約	訂立國際貨運保險契約	裝貨費用（僅適用於海運方式時，裝船費用）	支付國際運費	支付國際運輸保險費	卸貨費用（僅適用於海運方式時，自船舶卸貨費用）	進口報關
EXW								
FAS								
FOB								
CFR								
CIF								
FCA								
CPT								
CIP								
DAP								
DPU								
DDP								

實習

一、某公司以CIF條件出口一批貨物，貨物運抵進口地經進口商開箱檢查，發現貨物因包裝不良而遭汙染，經向船公司查詢，船公司稱收貨時，即發現有包裝不良情況，且提單上也已載明包裝有破損，以此為由主張免責，進口商遂向出口商要求退貨並拒付貨款，出口商以貨物已於裝運港裝上船舶，風險已移轉進口商，主張進口商應履行其付款義務。請問出口商有理嗎？為什麼？

二、出口商以FOB Taiwan Port or Ports, Partial Shipment not allowed的條件出售貨物1,000M/T給進口商，於裝船時，因風雨以致已裝上船的400M/T遭受水浸，風雨過後繼續裝運600M/T，請問：

1. 400M/T的危險屬於何方？由何方保險公司賠償？

2. 賣方是否已完成交貨義務？為什麼？

3. 買方可否拒收600M/T部分？為什麼？

三、臺灣貿易商對外出口報價時採用以下方式，試說明其寫法是否正確？如有錯誤或不完整的，請予以更正或補充。

1. Dollar 100 per M/T CIF Singapore, shipment during July.

2. SF 15 per pc. FOB net, shipment during July.

3. stg.£ 20 per dozen CPT London, shipment during July.

4. USD 25 per box FAS New York, shipment during July.

5. USD 10 CFR Keelumg including commission 2% shipment during July.

四、出口商以FCA條件售出一批貨物，約定以空運方式運送，出口商依契約約定的時間之內，將貨物送抵啟運機場，飛機起飛過程中，因機械故障發生意外，貨物因飛機起火而遭毀損。第二天，當出口商憑單據要求進口商付款時，進口商以貨物已毀損為由，拒絕接受單據和付款。試問在上述情況下，出口商有無權利憑規定的單據要求進口商付款？為什麼？

基本交易條件的解說

如前一章所述，貿易條件為貿易契約重要的約定項目，但是貿易條件僅包含部分契約條件，其餘一些重要條件，諸如商品名稱、品質條件、數量條件、付款條件、保險條件等，尚須在報價或契約中明確說明，方能成為完整的報價或買賣契約。因此，商品名稱、品質、數量、價格、交貨、付款、包裝、保險等條件，即稱為交易的基本條件，為重要且不可或缺的交易約定項目，買賣雙方若違反該等條件，將導致糾紛或索賠。以下便就上述各項基本交易條件，分別加以說明。

第一節　品質條件

商品品質，乃指商品的外觀型態和內在本質的綜合，諸如式樣、結構、色澤、圖案、味覺、化學成分、物理及機械性能與生物學特徵等。所有商品都有其一定的品質，買賣商品價格的高低即取決於品質，而貿易糾紛也多起因於品質不良。因此，商品品質不僅是貿易契約的基本交易條件，也是買賣雙方進行交易磋商時，首先要約定的重要事項。有關品質應約定的項目大致有：(1)約定商品品質；(2)約定決定商品品質的時間及（或）地點。

一、表示品質的方法

在國際貿易契約中，品質條件乃買賣雙方交貨及付款的依據，若賣方所交貨物與買賣契約約定不符，則應承擔違反契約的責任，買方有權據以要求賣方賠償或解除契約，因此，在磋商交易及簽訂契約時，應明確約定品質條件。

在國際貿易中，表示品質的方法有如下幾種，應採用何種方式，端視商品種類及性質而定。

(一) 樣品（sample）

樣品是商品的實物代表，通常是由一批商品中以抽樣方式取得，樣品可以使對方對於買賣商品的實際情況有明確的了解。以樣品作爲約定品質的方式，多用於單價不高、重量不重、體積不大且不易腐壞的商品，例如：工藝品、紡織品等輕工業產品。

在國際貿易中，樣品多由賣方所提供，稱爲賣方樣品（seller's sample）；但在商品品質是由買方所指定，或者賣方所提供的樣品不符買方要求的情形下，也可能由買方主動提供樣品，要求賣方依樣供貨，這種樣品稱爲買方樣品（buyer's sample），對於這種由買方提供的樣品，除非賣方有十足把握能交付完全相符的貨物，否則最好不要輕易答應憑該樣品交貨，畢竟由於生產設備、技術或原料的不同，所交付貨物的品質難免與買方樣品有些許差異，若買方有意挑剔，即易導致糾紛，比較理想的做法是根據買方樣品自行仿製或於現有存貨中揀選近似的商品，反向提供給買方，請買方決定是否接受，這種依對方所提供樣品再加以仿製或於現貨中選取近似者，反向提供給對方請其確認的樣品，稱爲相對樣品（counter sample）或回樣（return sample）。

以樣品約定商品品質時，賣方日後所交付貨物必須與樣品品質一致，但是就實際情況而言，有些商品於取樣時，賣方手中並無現貨，只好先行製造樣品提供給買方，俟成交後，再憑樣品開始正式生產或搜購與樣品相同的商品，由於樣品與正貨製造或取得的時間有先後差異，因此日後所交貨物品質是否與樣品相同，不無疑問。就買方而言，爲求賣方所交付商品品質與樣品確實相符，可在契約中嚴格要求賣方必須交付與樣品同一品質的商品，例如：

Quality must be strictly same as sample submitted by seller on April 20.
The seller shall guarantee all shipments to conform to samples submitted on April 20.

就賣方而言，若對於日後所交付商品品質是否與樣品一致，並無絕對把握時，最好在契約中約定所交付商品品質與樣品大致相同，例如：

Quality to be nearly same as the sample sent to you on April 20.
Shipment under this contract shall be similar to the sample.

或約定寬容條款（allowance clause），例如：

Slightly inferior in quality are allowed.

此外，在寄送樣品時，應留存複樣（duplicate sample），以備將來交貨或處理品質糾紛時核對之用，在寄出的樣品和留存的複樣上，均應標註相同的編號，並註明品名、

規格、報價單號碼等，以便日後聯繫。

在憑樣品交易的場合，為防止履約時發生無謂的糾紛，可在樣品上予以封緘，由公證機構（例如：商品檢驗商）或寄送樣品的一方或雙方當事人在封口蓋章或簽字，以防樣品被掉包，這種樣品稱為密封樣品（sealed sample）。一般而言，樣品最好封緘加簽。此外，憑對方樣品交易時，宜在契約中聲明如有侵害他人智慧財產權（intellectual property right）情事，由對方負擔一切法律責任，必要時，宜要求對方另以書面確認。

(二) 規格（type）

指經政府機構或產業團體制定並公布的商品品質規格或等級，以這種方式約定交易商品的品質，只需要在契約中約定該規格等級或規格號碼，不必以樣品表示其品質，也無需以文字詳細說明。在部分農產品，例如：稻米、生絲、玉米；及工業產品，例如：電器、水泥、鋼筋等商品交易中，多採以標準規格約定品質的方式。這類標準規格較常見的有由產業團體所制定的，例如：美國保險業者試驗所（Underwriters Laboratories Inc，簡稱UL）所制定有關電器電子產品的UL標準，日本工業標準調查會制定的日本工業規格（Japanese Industrial Standard，簡稱JIS）及由美國材料試驗學會（American Society for Testing Material，簡稱ASTM）所制定的ASTM規格等；也有由國家制定的標準規格，例如：中華民國國家標準（Chinese National Standard，簡稱CNS）、英國國家標準（British Standards，簡稱BS）、德國工業標準（Deutsche Industrie Normen，簡稱DIN）等。另外像歐盟所制定的CE（Confirmity to European，意謂「符合歐洲需要」）則是屬於區域所制定的標準規格。有些規格制定的標準非常嚴格，因此只要約定所交易商品必須符合該標準規格，不必另加其他規定，即可確定其交付商品的品質。

茲列舉幾項標準規格的圖樣如下：

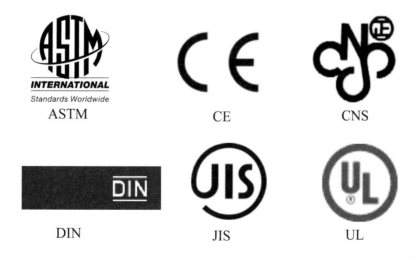

| ASTM | CE | CNS |
| DIN | JIS | UL |

【圖6-1】

以標準規格約定買賣商品品質時，應註明規格等級或規格號碼，若該規格有不同年
分的版本時，也必須一併標明適用的版本年分，例如：

Confirming to JIS G4304 or ASTM A240.

(三) 品牌或商標（brand or trade mark）

信譽良好且著名的廠商，由於生產的商品維持一定水準的品質，爲使用者所信
賴，因此向這類知名廠商購買商品時，只須約定憑該廠商的品牌或商標，即可確定其品
質標準，除非買賣雙方還有特別約定，否則並無必要另行證明品質。但若是除了牌記之
外，雙方同時又約定憑樣品買賣，則賣方所交付貨物，不但牌記必須與約定相符，品質
也必須與樣品相符。

由於同一品牌的商品，可能有各種不同的規格、類型，因此在約定時，除商標或品
牌外，也應同時載明其規格、類型等，例如：

Mercedes Benz, Model: C Class, Year: 20XX, Color: black Standard equipment.

憑商標或品牌買賣時，若該商標或品牌在進口國已有登記註冊，則可能會因侵害他
人商標權而遭控告，因此，謹慎的出口商通常會在契約中另約定如下條款：

In case any infringment with regard to trade mark, buyer shall be responsible for
every loss and damage caused thereby.

(四) 標準物（standard）

標準物是表示一定標準品質的商品，通常是由該項商品的交易所、同業機構或檢
驗機構所制定，以標準物作爲約定品質的方式，多用於農產品如黃豆、棉花、小麥等及
各種礦產品。由於農產品的生長受非人爲因素如天候及土壤等影響，每次收成的品質無
法完全一致，而礦產品的開採品質也不易確定及掌握，因此這類商品很難以樣品約定品
質，而往往以標準物爲約定品質的標準，例如：

White cotton, US color grade Standard Good Middling.

以標準物約定品質，賣方日後即應交付與該標準物相同品質的貨物。但由於農礦
商品的品質準確度難以掌握，因此，若所交商品品質與標準物有異，只要不超出一般公
認的範圍，應視爲同等級的商品。若所交付貨物低於標準物，買方可以依約定要求比例

減價（discount），若品質高於標準物，則賣方有權依約定要求加價（premium）。有些行業公會爲便利買賣雙方以標準物訂約，制定有標準契約備用，例如：倫敦穀物公會（London Corn Trade Association，簡稱LCTA）即制定數十種標準契約供業者使用。

(五) 說明書（specification; description）

有些商品，例如：機械、交通工具或藥品、肥料等化學品，由於無法或不易以上述各種方式表示品質，因此往往以說明書詳細說明其構造、材料、規格、尺寸、性能及使用方法。有時爲加強說明，並另附上型錄、圖樣、成分分析表或化驗書等，以此方式約定品質，賣方日後所交付貨物品質，即須與說明書或其他附件所述一致，例如：約定：

Specification as per seller's catalog No.246.

此外，憑說明書交易時，有時賣方也同時提供樣品，在這種情形下，賣方所交付貨物，除應與說明書相符外，是否也應與樣品相符，則不無疑問，因此雙方宜於契約中明確約定品質究竟係以說明書爲主，樣品僅供作說明補充參考用，或者說明書及樣品均爲決定品質的主要依據，無主從之分，以杜日後糾紛。

二、決定交付品質的時地

國際貨物運送路程遙遠，並且其間經過裝卸搬運，貨物於出口地裝運時的品質雖符合契約約定，但於進口地卸貨時，品質可能已有所變化，在此情形，買賣雙方究應如何劃分彼此的責任，亦即賣方是否已盡其交貨義務，而買方有無付款義務。關於此點，可依據契約中雙方約定的貿易條件而定，例如在FOB條件下，只要賣方在出口港船上交貨時，貨物符合契約規定，則無論貨物運到進口地後品質如何，買方均應付款；換句話說，在FOB條件下，決定貨物品質的地點是在出口港船上。在其他貿易條件下，也是以買賣雙方危險負擔的分界點作爲確定貨物品質的時地。

實務上，國際買賣契約依據貿易條件對買賣雙方危險負擔的區分，有關品質確定的時間與地點，可以大致區分爲兩類，一爲「以裝運品質爲準」（shipped quality final），適用於FAS、FOB、CFR、CIF、FCA、CPT、CIP等條件，另一爲「以起岸品質爲準」（landed quality final），適用於DAP及DPU等條件。

「以裝運品質爲準」的交易，賣方只須負責貨物在裝運時的品質與契約相符，至於貨物到達目的港（地）的品質如何，可不負責。貨物於運送過程中若因意外事故導致的毀損滅失，通常都可透過保險將風險轉嫁，由保險公司賠償此項損失；但若貨物因本身性質容易變質、變色或發生不可避免的毀損（例如：玻璃或陶瓷製品），這些損害保險公司通常不予理賠，買方必須自行承擔該項損失。若買方不願負擔此項風險，可與賣方

協議，在FOB、FAS等條件之外，另附加約定改採「landed quality final」作爲確定品質的依據。

「以起岸品質爲準」的交易中，賣方須負責貨物到達目的港（地）起卸時品質與契約相符。換言之，賣方須承擔貨物在運輸途中的品質風險。同樣的，若貨物性質易發生變質、變色或有不可避免的毀損，以DAP及DPU等「起岸品質」條件成交的契約，若賣方不願負擔此項風險，可與買方協議，附加約定改採「shipped quality final」作爲確定品質的依據。

但須注意的是，若是所交易的貨物不易發生破損等不可避免的損失，也不可能於運輸途中產生自然變質，自無必要附加類如上述landed quality final或shipped quality final等條件。此外，若以FAS或FOB等於出口地交貨的條件交易時，確定品質的地點本來就在裝運地，若再附加shipped quality final條件，則屬無意義。同理，在DAP或DPU等條件下，亦不須另加landed quality final。

以shipped quality final條件訂約，爲證明賣方於出口地交貨時品質符合買賣契約，可約定由出口商提供品質證明，例如：

Quality inspected by independent public surveyor at place of shipment to be final.

以landed quality final條件訂約，可於契約中約定以買方或公證機構出具的檢驗證明爲準，例如：

Buyer's inspection & testing at destination is to be final.

第二節　數量條件

買賣雙方於約定交易商品品質之後，接著就約定買賣數量，以爲履行契約的依據，因此，數量條件是買賣契約基本條件之一。

一、數量單位的選用

貨物依其性質及交易習慣的不同，各有其不同的交易數量單位，在國際貿易中，通常採用的數量單位有以下幾種：

(一) 個數（number）

一般工業製品，例如：編織品、鞋類、紙張、汽車、家用器皿等，多採用個數爲計

數單位，常用的個數單位有：

件（piece）：成衣、機械零組件等。

套（set）：陶瓷器、機械設備等。

雙（pair）：鞋類、襪類等。

部（unit）：汽車。

束（bundle）：鋼條。

打（dozen）：毛巾、成衣、文具等。

籮（gross）：十二打為一籮，鉛筆等文具適用。

捲（roll）：白報紙、滾筒紙等。

張（sheet）：薄鋼板、紙張等。

板（plate）：厚鋼板、原木板等。

令（ream）：紙張（一令為500張）。

(二) 長度（length）

布疋、繩索等多採用長度為計算數量的單位，常用的長度單位有：

公制：公分（centimeter, cm）

　　　公尺（meter, m）＝100 cm

英制：吋（inch）＝2.54 cm

　　　呎（foot）＝12 inches

　　　碼（yard）＝3 feet

(三) 面積（area）

皮革、木板等多採用面積為計數單位，常用的面積單位有：

公制：平方公尺（square meter, M^2）

英制：平方呎（square foot, sq. ft.）

　　　平方碼（square yard, sq. yd.）

(四) 體積（volume, cubic）

木材及少數化學氣體等有採用體積為計數單位，常用的體積單位有：

公制：立方公尺（cubic meter, CBM, M^3）＝35.315 cfts

英制：立方吋（cubic inch）

　　　立方呎（cubic foot, CFT）（本地俗稱為「才」）

　　　立方碼（cubic yard, cu. yd.）

以體積為約定數量單位的貨物較少，倒是船公司經常以貨物的體積為計算運費的依據，其報價多以1立方公尺（即1CBM）或40立方呎（即40 CFTs，或稱一才噸）為計算運費的單位。

(五) 容積（capacity）

大多數的液態商品，如汽油、酒精等，以及少數的穀物，例如：小麥等，係以容積為計數單位，常見的容積單位有：

公制：立方釐（cubic centimeter, c. c.）
　　　公升（liter）＝1,000 c. c.
　　　　　　　　　＝0.22 gallon（英）
　　　　　　　　　＝1.76 pints
英制：加侖（gallon）＝8 pints＝4.545 liter
　　　品脫（pint）＝568 c. c.

(六) 重量（weight）

多數的農產品，例如：黃豆、大麥等，以及礦產品，例如：煤、礦砂、廢鐵等大宗物資，多以重量為計數單位，常見的重量單位有：

公制：公克（gram, g.）
　　　公斤（kilogram, kg.）＝1,000 gs.＝2.205 lbs
　　　公噸（metric ton, M/T）＝1,000 kgs.
　　　　　　　　　　　　　　＝2,204.6 lbs
英制：盎司（ounce, oz）＝28.34 gs
　　　磅（pound, lb）＝16 oz
　　　英噸（long ton, L/T）＝2,240 lbs
　　　匈特威（hundredweight, long cwt）＝112 lbs
美制：美噸（short ton, S/T）＝2,000 lbs
　　　匈特威（hundredweight, short cwt）＝100 lbs

以重量作為計數單位時，由於重量有毛重（gross weight, G. W.）及淨重（net weight, N.W.）之分，故宜於契約中明訂以淨重或毛重為準，以利雙方履約時有所遵循。所謂毛重，係指包含包裝材料在內的貨物重量，而淨重係指毛重扣除包裝材料重量之後的重量，除非買賣雙方特別約定或依該商品交易習慣以毛重為交易重量外，否則多數商品均按淨重買賣。

由於大多數包裝貨物均於包裝完畢之後才進行檢量，此時所秤得的重量為毛重，在

以淨重買賣的場合，必須以該秤得的毛重，扣除包裝材料的重量〔稱為皮重（tare）〕後，才得以確定所交付貨物的淨重，因此皮重的計算便很重要，較常採用的皮重計算方法有：

1.**實際皮重**（actual tare; real tare）：將整批貨物的包裝逐一過磅所得的總重量。

2.**平均皮重**（average tare）：由整批貨物的包裝中抽取一定比例，實際過磅後，再乘以該比例的倍數，即得全部皮重。由於目前多數貨物使用的包裝材料已規格化，因此並無必要採實際皮重方式，而以平均皮重的方式較為簡便。

3.**推定皮重**（computed tare）：買賣雙方事先約定貨物的皮重，而不實際計算。

4.**習慣皮重**（customary tare）：亦不實際計算貨物的皮重，而以該類貨物的習慣認定其皮重。某些貨物，由於包裝已有一定習慣的規格，其重量有公認的標準，因此可逕按該習慣皮重為貨物的皮重。

皮重的計算方法有上述的幾種，買賣雙方應依據商品的性質、貨物的數量及交易習慣，決定採用何種方式。但無論採用哪一種方式計算皮重，均應在契約中明確約定，以便雙方履約時有所遵循。

二、決定交付數量的時地

前一節曾提及決定貨物交付品質的時地，在數量方面方可採相似的方式，因為貨物的危險負擔不外乎品質的惡化以及數量的短少，所以買賣雙方有關貨物數量確定時地的約定也很重要。

與前節所述類似，買賣雙方決定交付貨物數量的時地係依貿易條件而定，若約定以FAS、FOB或CIF等在出口地交貨的貿易條件交易，則確定貨物數量的地點即在出口地，出口商必須保證貨物於出口地交付時數量與買賣契約相符。同理，在DAP、DPU或DDP等貿易條件下，確定交付數量的地點在進口地，出口商必須保證貨物於進口地交付時數量與買賣契約相符。

若買賣雙方以FAS、FOB或CIF等條件交易，而買方不願承擔貨物不可避免的數量短少或自然短少的風險，則可與賣方約定於上述貿易條件之外，另加landed quantity final（起岸數量為準）；同理，在以DAP、DPU或DDP等條件交易時，買賣雙方可於契約中附加約定shipped quantity final（裝運數量為準）。

與前節所述相同，若所交易貨物的性質不會發生自然短少或不可避免的短少，則無必要附加landed quantity final或shipped quantity final等條件。另外，以FAS或FOB等條件交易時，若附加shipped quantity final，則為多此一舉，以DAP或DPU等條件交易時，若再附加landed quantity final亦然。

以shipped quantity final條件訂約，為證明賣方於裝運地交貨時貨物數量符合買賣契

約，可約定由出口商提供數量證明，例如：

Public surveyor's certificate of quantity at loading port to be final.

以landed quantity final條件訂約，可於契約中約定以買方或公證機構所出具的數量證明爲準，例如：

Weight and/or measurement by an accredited surveyor's certificate shall be final at destination.

在以landed quantity final條件約定時，賣方必須負擔貨物不可避免的短少及自然短少的風險，若賣方不願負擔過多的此類損失時，可與買方約定如下自負額（deductible; excess）條款：

Net delivered weight, loss in weight 3% and under to be for buyer's account.

在此情形下，若貨物起岸時，損耗5%：則3%歸買方負擔，2%歸賣方負擔，即買方必須支付賣方裝運數量98%的貨款；而若貨物起岸時，損耗2%，由於2%均歸買方負擔，因此買方須按賣方裝運數量付款，此3%即爲買方的自負額。

同理，在shipping quantity final條件下，若買方不願負擔過多的不可避免及自然短少風險，可於契約中約定如下條款：

Net shipping weight, loss in weight exceeding 3% shall be for seller's account.

在此情形下，如起岸時，貨物數量短少5%，則3%歸買方負擔，2%歸賣方負擔；若損耗2%，2%均歸買方負擔，亦即買方至多只負擔3%的損耗，超過部分由賣方負擔，因此該3%也稱爲買方的自負額。

三、貨物交付數量不易精確時的約定方式

無論以什麼數量單位交易，賣方必須依約定數量交付商品，假如交付數量多於或少於約定數量，買方可拒絕收受，並可向賣方要求賠償損失。然而，有些商品由於性質的關係，交付數量不易精確控制，交付數量難免比約定數量多或少，這種情形在以重量、長度、面積、體積或容積爲交易數量單位時尤爲明顯，因此在以上述數量單位交易時，可於契約中約定：

1. 「× ×% more or less」或「× ×% increase or decrease」或「× ×% plus or minus」，例如：

2,000M/T, 10% more or less

則賣方交付貨物數量只要在1,800 M/T～2,200 M/T範圍之內,即視為已履約,而買方有依賣方實際交付數量支付貨款的義務(例如:賣方交付1,900 M/T,則買方應支付1,900 M/T貨物的貨款)。

2. Minimum & Maximum Amount, 例如:

2,000 yds minimum, 2,200 yds maximum

則賣方交付貨物數量只要在2,000 yds～2,200 yds的範圍內,即為已盡契約義務,而買方必須依賣方實際交付數量支付貨款。

3. about或approximately,例如:

about 10,000 L/T.

則賣方應交付大約10,000 M/T的貨物,但其增減幅度究為多少,由於各地解釋不一,難免造成爭議,因此最好在契約中對於其容許限度予以規定。雙方若未就此點加以約定,而契約中約定以信用狀為付款方式時,依信用狀統一慣例(Uniform Custom and Practice for Documentary Credits, 2007 Revision,簡稱UCP600)第30條a項的規定:

about或approximately等用語,用於有關信用狀金額或信用狀內所載數量或單價者,解釋為容許不逾該金額、數量或單價10%上下差額。

若買賣雙方僅約定貨物數量、未約定類如上述的數量容許限度,則賣方是否必須交付數量完全相符的貨物?亦即,若貨物交付數量較約定多或少,買方是否有權拒收貨物?一般而言,若約定數量單位為個數,例如:件、套、打等,則要求賣方交付數量完全與契約相符,自屬合理;但若貨物數量單位為重量、長度、面積、體積或容積,則由於交付數量很難與約定完全一致,因此,如果買方要求賣方應交付精確數量的貨物,即為強人所難,關於此點,信用狀統一慣例第30條b項規定如下:

貨物之數量未逾5%上下之差額係屬容許,但以信用狀未以包裝單位或個別件數規定數量,且動支之總金額未逾信用狀金額為條件。

第三節　價格條件

價格是國際貿易買賣雙方交易磋商的主要內容，因此價格條件即成為貿易契約的基本條件。

一、價格基礎

價格基礎即所交易貨物的價格結構，也就是價格中包含哪些成本及費用。關於這一點，在買賣雙方所約定的貿易條件中即可看出，例如：FOB條件表示價格中包含貨物裝上出口港船舶之前的各項成本費用，又例如：CIF條件表示價格中包含FOB成本、海運費以及保險費，因此若採用的貿易條件不同，則所報貨物價格自然不同。貿易條件於前一章已有闡述，本章不再說明。

二、價格幣別

國際性的貿易，由於雙方國家幣制有所不同，因此在金額之前必須明確標明其幣別。為顧及兌換的便利，買賣雙方通常採用國際通貨作為商品價格的幣別，例如：美元、英鎊、歐元、日圓等，我國對外貿易，進出口商用以交易的貨幣，大多數採用美元。

須注意的是，有些國家採用相同的貨幣名稱，例如：美國、澳洲、香港、新加坡及臺灣等均以「元」（dollar）為貨幣名稱，但其幣值卻不相同，因此在採用這類同名不同值的貨幣時，應明確約定詳細名稱，亦即標明USD、AUD、HKD或SGD等。

三、計算單位

一般而言，價格條件中的計價單位應與數量條件中採用的數量單位相同，例如：數量單位為「M/T」，則價格條件也應以「per M/T」為計價單位。

不過有些特殊商品，由於性質的關係，其計價單位有時與數量單位不一致，例如：鋼條，其數量單位一般以「束」（bundle）表示，但計價時卻常以「每長噸」（per L/T）表示。又例如：生絲，數量單位多採「包捆」（bale），而計價時使用「每磅」（per 1b）。此外，有些商品為方便計價，經常以數量單位的十倍、百倍或千倍為計價單位，以免單價過低，不易精確，例如：銅管，以「呎」（foot）為數量單位，而以「每100呎」（per100 ft.）為計價單位；又如三夾板以「平方呎」（sq. ft.）為數量單位，卻常以「每1,000平方呎」（per 1,000 sq. ft. 或per MSF）為計算單價的單位。

四、佣金

佣金（commission）係指中間商因居間促成交易所收取的報酬。在佣金制貿易中，因涉及佣金給付，故應於契約中明確約定交易價格當中是否已含有佣金，以及佣金百分比等。約定的方式如下：

(一) 價格中未含佣金時

1.於價格之後加上「net」，例如：「stg. £ 10 per pc. net GIF London」。

2.於報價單或買賣契約中以文字註明「The price is net price, without any commission」。

以上兩種均明白表示價格為淨價（net price），不含佣金。

(二) 價格中含有佣金時

1.於貿易條件之後加上「& C *x*%」或「C *x*%」：例如：USD20 per pc. FOB & C5% Keelung或USD20 per pc. FOBC5% Keelung，表示價格中含有5%的佣金。

2.價格條件以一般的FOB、GIF等條件表示，另以文字約定佣金事宜，例如：USD20 per pc. FOB Keelung, including your commission 5% on FOB basis。

以1.方式表示佣金百分比，雖較簡便，但是由於未聲明佣金計算基礎，容易導致事後的爭議，故不如2.來得明確。

五、價格變動風險

國際貿易，自訂約到賣方交貨、買方付款為止，通常須經過一段時間，在此期間，構成貨物價格的各項成本、費用以及匯率若發生劇烈變動，則買賣雙方，將有一方遭受損失，雖然這種價格變動的風險是商品交易的固有風險，然而，為避免因漲跌過度而導致嚴重損失，買賣雙方可事先約定調整價格的方法或風險歸屬。

(一) 成本變動條款

Seller reserves the right to adjust the prices, if prior to delivery there is any variation in the cost of raw material or labor.

(二) 運費、保費變動條款

The price herein stated are based on current freight rate and insurance premium rate, any increase in freight rate and/or insurance premium rate at the time of shipment shall be for buyer's risk and account.

(三) 匯率變動條款

The price specified in this contract is based on the current exchange rate (USD1.00 ＝ TWD30.00), any exchange risks are for buyer's account.

第四節　包裝條件

包裝（packing）是貨物生產過程中最後一道的重要程序，包裝對於貨物的儲存、運輸、銷售及使用都有重要的功能。在國際貿易中，包裝尚且是貨物說明的組成部分，因此，包裝條件也是買賣契約的基本條件，應於契約中明確約定。

一、包裝的種類

(一) 外包裝（outward packing, outer packing或external packing）

又稱運輸包裝（packing for shipment），其作用主要在保護貨物、方便運輸、減少運費、便利儲存、節省倉租以及便於計數等。一般出口貨物，除穀物、礦砂等散裝貨物（bulk cargo）及鐵條、銀錠、汽車等裸裝貨物（nude cargo），毋需包裝，可直接裝於運輸工具上之外，大多數的貨物均需要包裝。外包裝依其包裝方式又可分為單件包裝與集合包裝兩類。

1. 單件包裝

依其包裝材料不同，又可分為：

(1) 箱（case）：價值較高，容易受損的貨物，多以箱裝。箱有木箱（wooden case）、紙箱（carton）及板條箱（crate）等，依商品性質不同選用不同材料的包裝箱，由於貨櫃運輸的發展，目前紙箱的使用最為普遍。

(2) 包（bale）：凡可緊壓而不受損壞的貨物，如羽毛、棉花等可以機壓打包，再以棉布、麻布或草蓆包裹，外面再以鐵條或膠帶紮緊。

(3) 袋（bag）：多用於包裝粉狀及粒狀產品，袋的材料有棉、麻、紙及塑膠等，適用於不同性質的貨物。目前普遍使用的是紙塑複合袋、多層紙袋等。

(4) 桶（barrel; drum）：液體、半液體及粉狀貨物，多以桶裝。桶的材料有木材、金屬、塑膠等。

此外，尚有瓶、罐、簍、籠等包裝。

2. 集合包裝

係將一定數量的單件包裝組合成一大件的包裝，或裝入一個大的容器內。集合包裝

依其包裝方式可分爲：

(1) 貨櫃（container）：是一種用來裝載貨物的運輸設備，它既是貨物的運輸包裝，又是運輸工具的組成部分，其材料通常爲鋼、鋁或玻璃纖維強化塑膠（F. R. P.），規格多爲8呎（寬）×8.5呎（高）×20呎（長），及8呎（寬）×8.5呎（高）×40呎（長）兩種，一般由船公司提供周轉使用。

(2) 墊板（pallet）：爲運輸設備的一種，其下層接觸地面，上層可疊放貨物，中留空隙，以便堆高機插入搬運，其材料多爲鋼製或木製，可將多件較小的貨物集合堆置於墊板上，使成爲一較大的裝運單位。規格多爲40吋×48吋，或100公分×120公分，可由運送人提供，也可由貨主自備。

(二) 內包裝（inward packing; inner packing; interior packing）

又稱直接包裝（immediate packing），除了保護商品外，另有美化商品的行銷功能，故又稱爲銷售包裝。在競爭激烈的國際市場，貨物的內包裝即顯得日益重要，各國出口商除在包裝樣式及材料上用心研究，力求精緻美觀，以提升產品價值外，另在內包裝上以各國主要文字印上貨物規格、成分、用途及使用方法等，以增強陳列銷售的功能。

二、包裝應注意事項

包裝應注意事項可分爲下列幾點：

1. **堅固適航**：國際貿易貨物、運途較長，故包裝應具減少漏損、耐抗各類氣候及防止偷竊的功能。

2. **重量、體積適當**：包裝應以普通人力能移動的重量及體積爲標準，俾便起卸、移動、過磅、堆高及整理等。

3. **符合買賣雙方約定**：包裝條件爲買賣契約基本條件之一，若貨物未依買方指示包裝時，買方有權拒收。

4. **符合進口國規定**：例如：美國及菲律賓禁止以稻草或舊報紙爲包裝襯墊材料，貨物出口到這些國家，應注意勿違規。

5. **配合運送人規定**：以海運方式運送貨物，船公司經常規定貨物重量不得逾3公噸，長度不得逾30呎，體積不得超過40立方呎等，否則將拒運或徵收附屬費。

6. **適合商品性質**：包裝應視商品性質，施以適當包裝，例如：茶葉應以裹襯錫箔的木箱或鐵箱，以防潮溼；燈泡應以波浪紙板包裝，再以紙箱爲外裝。

7. **儘量節省包裝費用**：應在符合安全堅固的原則下，儘量節省包裝材料的使用，以合乎經濟的原則。

8.符合習慣：國際貿易上，有些貨物的包裝已有一定習慣，例如：棉花一般均以400磅或500磅為一包，則應按其習慣，勿自行改變。

9.包裝標誌應清晰：包裝標誌（packing mark）具識別功能，故應力求清晰且不易脫落。

三、包裝條件的約定方式

買賣契約中，對於包裝條件的約定方式，有以下兩種：

1.明確約定包裝材料、種類、重量或尺寸，例如：

To be packed in wooden cases, each contain 20 fourpound tins, net weight 80 pounds, gross weight 90 pounds.

To be packed in new gunny bags containing about 120 kgs and each bag shall weight 1.5 kgs with allowence of 0.1 kgs more or less.

2.不特別約定包裝種類或方式，僅約定以習慣包裝（customary packing）或出口標準包裝（export standard packing）等方式，例如：

To be packed in export standard packing.

To be packed in export seaworthy packing.

To be packed in ordinary export packing.

由於「customary」、「standard」、「seaworthy」、「ordinary」等詞語的定義抽象，並無具體標準，且各地習慣不同，因此謹慎的業者多避免使用這種約定方式。

四、包裝的標誌

包裝標誌（packing mark）係指在商品外包裝上所標示的文字、圖形與數字等，其作用在方便貨物的識別，通常在提單、保險單、商業發票及包裝單等單據上也記載相同標誌。

包裝標誌依其性質可分為裝運標誌（shipping mark）與指示性、警告性標誌（indicative and warning mark），裝運標誌習慣上稱為嘜頭（mark），通常包括下列三個主要內容：

(一) 主嘜頭（main mark）

即嘜頭的主要部分，通常是以三角形、菱形、圓形或多邊形等幾何圖形為基本圖形，將買方（即受貨人）的公司縮寫字母載於圖形裡，或者有時只有縮寫字母而無圖

形。主嘜頭的型式多由買方指定，若買方未指定，則由賣方自行設計。主嘜頭常用的幾何圖形，如圖6-2。

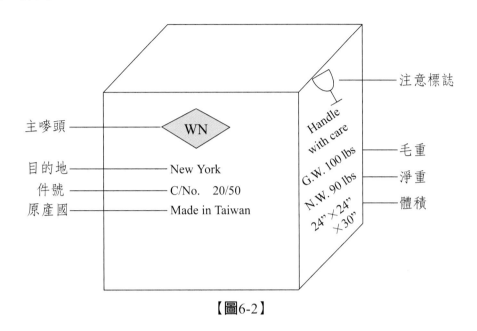

【圖6-2】

　　主嘜頭的功能在使運輸工作人員易於識別，將相同圖案的貨物堆放一起，以防誤裝誤卸，並方便買方依單據上的嘜頭圖案提領貨物。

(二) 目的地（destination）

　　多記載於主嘜頭的正下方，當卸貨港即目的地時，即標示該卸貨港，例如：New York為卸貨港，也是目的地時，即標示New York；當目的地為不同於卸貨港的地點時，則表示方法為「目的地via卸貨港」，例如：卸貨港為New York，目的地為Baltimore，則標示「Baltimore via New York」。

　　目的地標誌的作用在防止運送人誤卸貨物。

(三) 件號（package number; case number）

　　通常標示在目的地的下方，表示貨物的總件數與本件貨物的號數，以便利點數，如圖6-2 C/No.20/50，「C/No.」為case number或carton number的簡稱，「20/50」表示整批貨物共50件，本件為第20件。

　　主嘜頭、目的地及件號三項為嘜頭的必要記載項目，在提單、保險單、商業發票及包裝單上所記載的也都只有這三項（有時多記載原產國一項），不過單據上件號的記載是指全批貨物的件號，而非每件的個別件號，以同例，則單據上件號應載成「C/N

1-50」。

指示性、警告性標誌則包括以下各項內容：

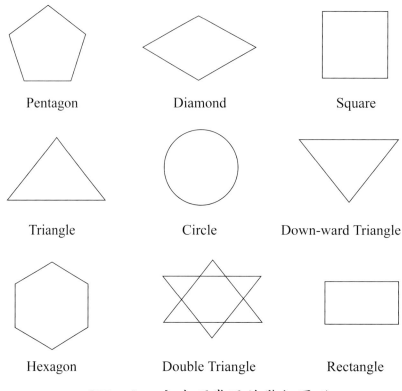

| Pentagon | Diamond | Square |

| Triangle | Circle | Down-ward Triangle |

| Hexagon | Double Triangle | Rectangle |

【圖6-3】　主嘜頭常用的幾何圖形

(四)原產國（country of origin）

表示貨物在某國生產製造的標誌，多載於件號的下方，如圖6-2「Made in Taiwan」，表示貨物為臺灣製造。

(五)注意標誌（care mark; caution mark）

多記載於箱側上方，以圖案及（或）文字說明裝卸搬運貨物應注意的事項，以避免貨物因不當的裝卸或搬運而遭受損害，並維護工作人員的安全。常見的注意標誌，如圖6-4。

有毒　　　　保持乾燥　　　請勿冷凍　　　請勿堆疊

請勿滾動　　　小心輕放　　　易燃品　　　請勿用鉤

【圖6-4】　常見的注意標誌

(六) 重量與體積（weight and measurement）

多記載於注意標誌的下方，表示該件貨物的毛重、淨重與體積，以便運送人安排艙位及計算運費，有時則為配合進口國海關或買方的規定。

依國際貿易慣例，嘜頭多由賣方決定，因此並無必要在契約中具體規定，但若買方要求指定嘜頭，則應於契約中明確規定嘜頭的型式及內容，例如：

The following Shipping Mark must be clearly stenciled on each package.

第五節　保險條件

貨物由出口地運至目的地，無論以何種運輸方式，在運送過程中難免因遭遇各種危險而致毀損或滅失，為期貨物遭受損害時，可獲得補償，投保貨物運輸保險乃國際貿易必要的程序。

在一筆交易中，貨物運輸保險只要由一方投保即可，不須雙方重複投保，但究應買

方投保或賣方投保，則依雙方約定的貿易條件而定。

一、EXW、FAS、FOB、CFR、FCA或CPT

依這些貿易條件交易，應由買方負責投保，並且由買方承擔貨物從出口地運至進口地的運輸風險，亦即買方乃是為自己的風險投保。既然如此，則買方自無與賣方約定保險內容的必要，而賣方也無干涉買方投保的權利，因此，雙方無須在契約中約定保險條件，頂多約定「投保由買方負責」條款，以明確劃分責任，例如：

Insurance to be effected by buyer.

二、DAP、DPU或DDP

依這些貿易條件交易，應由賣方負責投保，且由賣方承擔國際運輸風險。賣方也是為自己風險投保，因此，雙方也無約定保險條件的必要，頂多約定「投保由賣方負責」條款，以明確劃分雙方責任，例如：

Insurance to be effected by seller.

三、CIF、CIP或C&I

依CIF、CIP或C&I等貿易條件交易，應由賣方負責投保，但貨物由出口地運至進口地的運輸風險則由買方負擔；換句話說，賣方乃是為買方的風險投保，由賣方支付保費，並負責取得保險單據提供給買方。貨物在運輸過程中，若因承保危險導致毀損或滅失，則由買方憑保險單據向保險人索賠。由於賣方支付保費並非為自己風險投保，自然希望保險費負擔愈少愈好，至於是否有保障，則較不關心；反之，買方則希望保險愈有保障愈好，因為買賣雙方在權利義務上彼此對立，因此有必要在契約中約定保險條件，以免日後履約時發生爭執。

表6-1

項目＼條件	EXW、FAS、FOB、CFR、FCA、CPT	DAP、DPU、DDP	CIF、CIP、C&I
交貨地點	出口地	進口地	出口地
運輸風險	買方負擔	賣方負擔	買方負擔
何方投保	買方	賣方	賣方
是否投保	買方決定	賣方決定	必須投保

（續上表）

項目 ＼ 條件	EXW、FAS、FOB、CFR、FCA、CPT	DAP、DPU、DDP	CIF、CIP、C&I
交貨地點	出口地	進口地	出口地
保險內容	買方決定	賣方決定	依契約，未約定則依慣例
何方索賠	買方	賣方	買方
應否約定保險條件	否	否	應該

保險條件中應約定的主要內容有保險種類及保險金額，茲分述如下：

一、保險種類

保險種類關係到保險範圍的大小，保險範圍愈大，則愈有保障。目前保險市場中通用者為協會貨物條款（Institute Cargo Clauses）新、舊條款兩種，舊條款依承保範圍大小，依次有全險（All Risks，簡稱A. R.）、單獨海損賠償（With Particular Average，簡稱W. P. A.）及單獨海損不賠（Free of Particular Average，簡稱F. P. A.）三種險類；而新條款則為A款險〔ICC(A)〕、B款險〔ICC(B)〕及C款險〔ICC(C)〕三種保險種類，其中A款險類似於舊條款的A. R.，B款險類似於W. P. A.，而C款險類似於F. P. A.。除上述各種基本險種類外，另有兵險（War Risk，簡稱W. R.）、罷工暴動險（Strikes; Riots and Civil Commotions，簡稱S. R. &. C. C.）與偷竊、挖竊、遺失險（Risks of Theft; Pilferage & Non-Delivery，簡稱T. P. N. D）等數種附加險種類，買賣雙方可依貨物種類、性質及航程等約定選用一適當的保險種類。若雙方未約定，依Incoterms® 2020規定，在CIF條件下，賣方至少應投保協會貨物條款(C)或任何類似的條款，在CIP條件下，賣方應投保協會貨物(A)條款或任何類似的保險條款。

表6-2

舊協會貨物條款	新協會貨物條款
全險 （A. R.）	ICC(A)
單獨海損賠償，水漬險 （W. P. A.）	ICC(B)
單獨海損不賠償，平安險 （F. P. A.）	ICC(C)

有關各種保險種類的詳細承保範圍，將於第十四章說明。

二、保險金額

保險金額係保險契約中所訂的最高賠償額，亦即保險人承擔賠償責任的最高限額。保險金額愈高，則日後可獲得的賠償也愈多，因此，買賣雙方應將保險金額明確約定於契約中。若雙方未約定，依Incoterms® 2020規定，在CIF及CIP條件下，保險金額至少為契約價金加10%，所加的10%為買方於交易中的預期利潤，亦即若貨物有毀損或滅失，則買方除交易成本可獲賠償外，預期利潤也可一併獲得補償。

第六節　交貨條件

交貨（delivery）係指賣方依契約規定的時間、地點及方式，將貨物交付給買方。在一筆商品買賣中，交貨是賣方最主要的義務，因此，交貨條件是買賣契約的基本條件之一。

在國際貿易上，有時交貨也稱裝運（shipment），例如：在FOB、CFR、CIF等條件下，shipment與delivery是同義，但在DAP、DPU、DDP等條件下，shipment與delivery便有不同。

一、交貨時間（time of delivery）

(一) 確定期限內交貨

在國際貿易中，賣方於契約成立後準備貨物、洽訂運輸、辦理各項出口事宜，需要一段時間，有時尚且因為突發事故而耽誤更多時間，因此買賣雙方對於交貨時間，通常都是約定一段時間，而不是某個特定日期。交貨期限的長短，由雙方視情況約定，短則二、三週，長則一、二個月或更長，其約定方式常見如：

> Shipment during May.
> Shipment by 20th June.
> Shipment in July/August.

這種約定方式由於交貨期限具體且確定，因此賣方可有一定時間準備貨物及安排運輸，而買方也可預先做好提貨及付款的準備，並且易於判定賣方是否有遲交情況，日後發生爭議的可能性較低。

(二)於收到貨款或L/C後一段時間內交貨

若進口國實施嚴格的外匯管制，或貨物規格為買方特別指定，或買方信用情況不明確時，為防範買方不開或遲開信用狀而導致賣方的損失，賣方經常在交貨時間方面，約定以收到貨款或L/C後的一段時間內交貨，例如：

Shipment within 20 days after receipt of irrevocable L/C.

Shipment shall be effected within 30 days after receipt of remittance.

以此方式，由於交貨是以收到信用狀或匯款為前提，為防止買方故意拖延或拒絕開狀或付款，一般應同時規定其開狀或付款期限，例如：

L/C must reaches the seller not later than...

(三)立即交貨

在買方急需而賣方又有現貨的情況下，雙方可約定採用即期交貨方式，例如：

Immediate shipment.

Prompt shipment.

Shipment as soon as possible.

由於各地對於「immediate」、「prompt」及「as soon as possible」等定義並不完全相同，因此，除買賣雙方對其解釋已有一致的看法外，應儘量避免以此方式訂約。

(四)未約定交貨時間

若雙方並未約定交貨時間，並不表示賣方可於任何時間交貨，法律上多規定賣方應於「合理時間」內交付貨物，而合理時間的長短必須視貨物種類、市場供需狀況及運輸時間等因素而定。因此，與其日後發生交貨糾紛時再決定合理的交貨時間，不如事先在契約中約定一明確的交貨時間。

交貨時間的約定方式已如上述，買賣雙方於約定時應考慮下列因素，以決定一適當可行的交貨時間：

1.**貨源**：若已有現貨，應考慮存貨量是否足夠；若無現貨，則應考慮生產安排的可能性及生產的速度。

2.**運輸**：進出口國之間是否有直航船舶、航次多寡、航程遠近，以及港口季節天候狀況等，均為考慮交貨時間長短的要素。

3.貨物性質：某些貨物易受潮發霉（例如：菸葉），應避免於雨季裝運；某些貨物易受熱融化（例如：瀝青等），則應避免於夏季裝運。

4.供需狀況：交貨時間應配合國外市場的季節需求，才能提高商品的競爭力，尤其是特殊節日商品（例如：聖誕節用品），更應及時供貨。

二、交貨地點（place of delivery）

賣方的交貨地點，關係到買賣雙方對於貨物危險負擔的分擔，以及買賣糾紛發生時準據法的適用，因此，交貨地點是買賣契約中交貨條件的重要約定項目，但是實際上買賣雙方於約定貿易條件時，一般都已確定交貨地點，例如：以FOB條件，即約定交貨地點在出口港船上；以DAP條件，即以目的地為交貨地點，故雙方已無必要於交貨條件中再約定交貨地點。

依Incoterms的規定，貿易條件之後必須加填一地點，但其主要係表明賣方負擔貨物的成本費用至該地點，雖然在多數條件下，該地點通常也是交貨地點，例如：FOB Keelung表示賣方須負擔貨物於Keelung港裝上指定船舶之前的一切費用，而且賣方對於貨物的危險負擔，也是在Keelung港裝上指定船舶時移轉給買方。不過在CFR、CIF、CPT或CIP條件，風險移轉與費用分擔的分界點卻是不同的地點，例如：CFR條件之後需加填指定目的港，但是契約應該同時約定裝船港，因為後者是風險移轉予買方的地點。以下便就買賣雙方約定起運地及目的地時，應注意事項說明之。

(一) 起運地

一筆交易通常只規定一個起運地，但是若貨物數量較多，而供貨地點又分散幾處時，可以約定一個以上的起運地，例如：

> Keelung and Taichung.

如果訂約時無法確定裝運港，也可約定：

> Taiwan Ports.

履約時再由賣方自行選擇或由買方指定一確定港口裝運。

選擇起運地時，應優先考慮：

1.靠近貨源所在地。

2.設施適於裝運所交易貨物。

3.費用、裝卸及倉儲費用較低。

(二) 目的地

雙方採用於目的地交貨的貿易條件（例如：DPU或DAP）時，固應約定目的地，而即使約定以起運地爲交貨地點，也通常在約定起運地之外，同時約定目的地，以便安排運輸。

目的地通常也只約定一個，但如果進口商訂購貨物係用於轉售他人，而在成交時，進口商尚未找到貨物的適合買主，則可約定選擇卸貨港（optional port），例如：

CIF Los Angeles, option Portland, San Diego.

買方可選擇在Los Angeles、Portland、San Diego三個港口中任一港口卸貨，買方只要在船舶抵達第一個選擇港口（本例爲Los Angeles）前，依船公司規定的時間，將所選定的卸貨目的港通知船公司或其代理人，貨物即可在該選定目的港卸貨。

在約定選擇卸貨港時，各選擇港口必須是該承載船舶沿途預定停靠的港口，並且由於貨物必須置放於在各選擇港口均可卸貨的艙位，所以船公司往往加收附屬費，買賣雙方宜於契約中明確約定這項附屬費由何方負擔。

選擇目的地時，應優先考慮：

1.靠近最終目的地。

2.設施適合貨物起卸。

3.若裝運港與目的港無直航船隻或船期不多，應於契約中明訂允許轉運（transhipment）。

三、其他約定事項

(一) 分批交貨（partial shipments）

若交易貨物數量龐大，賣方無充裕資金備貨，則可於契約中約定准許分批交貨，例如：

Partial shipments are allowed.

賣方若分批交貨，則可於每次裝運後即辦理押匯，以解決資金周轉上的困難。

但對買方而言，分批交貨除必須分批提貨，增加不便外，有時貨物爲整套，若允許賣方分批交貨，萬一賣方取得部分貨款後，其餘部分不再交付，則買方必遭重大損失，在此情形下，買方可約定禁止分批交貨，例如：

Partial shipments are prohibited (or not allowed).

(二) 分期交貨（shipments by instalment; instalment shipments）

分期交貨係指同一筆交易的貨物分數批依約定數量或期限裝運，其與分批裝運的不同點，在於賣方必須依規定數量或期限裝運，不可以自行決定交運批數及日期。當進口商希望分期收貨，以配合轉售時間或市場需求時，可約定按期裝運，例如：

Shipment: April 1,000 M/T, May 1,200 M/T, June1,500 M/T.

另外，若契約中規定分期交貨，且未禁止分批交貨（或明訂允許分批交貨），則賣方可任意將各期間所應裝運的數量，再分為多批於該期間內分別辦理裝運。

(三) 轉運（transhipment）

若進出口國間無直航船（direct vessel）時，貨物必須在中途轉運方能到達目的，則雙方多於契約明訂允許轉運，例如：

Transhipment to be allowed.

但由於轉運時較易發生貨物毀損、被竊、遺失或遲延到達等事故，且船公司對貨物轉運所增加的裝卸處理、倉棧等費用，經常以轉船附屬費（transhipment additionals）的名義，另向貨主收取，因此除非有必要，否則買方多不同意轉運，而於契約中明訂禁止轉運，例如：

Transhipment prohibited.
Transhipment not allowed.

(四) 延遲交貨的處理

賣方有義務於約定交貨時間內將貨物交付買方，若賣方遲延交付貨物，將損及買方權益，故雙方往往於契約中約定賣方遲延交貨的處理方式，例如：

If shipment is delayed in whole or in part, buyer may cancel the contract and claim damages for breach of contract.

由於賣方的故意或過失致交貨遲延時，賣方固應負遲交責任，但若起因於不可抗力事故（例如：碼頭罷工、封鎖、戰爭等），或可歸責買方事由（例如：信用狀遲到、FOB條件之下，買方未按時派船等）、或賣方無法掌握事故（例如：無法獲得運輸工具、無法取得輸出許可證等）時，賣方為避免糾紛，擺脫遲交的責任，往往與買方約定

如下交貨免責條款：

> In the event of strike, one month's delay is allowed by buyer.
>
> Shipment during September subject to buyer's L/C reaching seller on or before the end of August.
>
> Seller shall not be responsible for any delay of shipment if buyer fail to provided timely the steamer.
>
> Shipment within the period stipulated shall be subject to shipping space available.

至於如何判定賣方是否遲延交貨，亦即如何認定賣方實際交貨日期，在國際貿易上，一般均以貨運單據上的裝貨日或收貨日期為準。

(五) 裝運通知（shipping advice, notice of shipment）

裝運通知係指賣方對買方所發出有關貨物已於某月某日或將於某月某日運出的通知。其內容通常包括貨名、裝運數量、契約訂單或信用狀號碼、船名、裝船日期、裝運港口等。

在國際貿易中，就賣方而言，當貿易條件是FOB或CIF等出口地交貨的條件時，裝運通知的意義在於通知買方貨物的運輸危險已開始由買方承擔。

就買方而言，裝運通知的意義有三：

1. 便於買方購買保險：在FOB、CFR或FAS等條件下，貨物的風險於輸出港的船上或船邊移轉買方，所以賣方（或代買方）於洽妥船位後，應將裝運的內容迅速通知買方，以便買方在進口地適時購買保險。即使以CIF條件交易，買方也可能因需要追加保險（additional insurance），而需要知道裝運內容。

倘賣方疏於此項通知，致買方未能購買保險，而貨物又不幸發生損失，則買方有權向賣方請求賠償。以FAS、FOB或CFR條件交易時，謹慎的買方大多會在簽約後先向保險公司預保，但仍須於日後向保險公司申告裝運內容，而此項裝運內容則有待賣方的裝運通知。

2. 便於買方早日著手準備提貨事宜。

3. 便於買方準備轉售貨物：發出裝運通知時，往往同時將貨運單據抄本（有時尚須寄送裝運樣品）寄給買方，買方收到這些資料後，即可著手向其客戶推銷，預售貨物。

裝運通知的重要性有如上述，所以買賣雙方往往在契約中訂明如下條款：

> Shipment effected under this contract shall be promptly informed to the buyer.

第七節　付款條件

在國際貿易中，一筆交易能否達成，除了商品符合需求，價格合宜等因素外，付款條件是否適當，也是很重要的，因此付款條件乃買賣契約的基本條件，而買賣雙方對於付款條件的約定項目，不外乎是付款時間及付款方式，以下即就這兩項分別說明之。

一、付款時間

以買方立場而言，付款時間愈晚愈好；但以賣方立場而言，則付款時間愈早愈有利。究竟應於何時付款，事實上與雙方約定的付款方式有很大關係，在未討論到付款方式以前，先大略以交貨或交單作為分界，說明幾種付款的時間：

(一) 交貨前付款

這是對賣方較為有利的付款時間，賣方不僅不須承擔買方的信用風險，且可預先獲得付款，以為準備貨物之用，但是對買方而言，則較為不利，若買賣雙方關係良好，或賣方信用卓著，可採用此方式。下述CWO即屬此。

(二) 交貨時付款

此乃最合理、最公平的付款方式，然而，國際貿易交易雙方分隔兩地，無法面對面交易，所以，除極端情形外，很少有採用的。

(三) 交貨後付款

對買方而言，交貨後付款較為有利，因為買方不但可使資金運用較為靈活，而且不必承擔賣方不交貨、遲延交貨或交付劣貨的風險；但對賣方而言，則較為不利，在買方信用卓著，或賣方為開拓新市場的場合，可採用此方式。下述D/A、O/A、cousignment等方式即屬此。

(四) 交單時付款

上述三種付款時間當中，「交貨前付款」及「交貨後付款」，在買賣雙方之間較高信用風險的場合，較不適宜採用。而「交貨時付款」雖較公平，實際上卻不易採行。另一種選擇是採用交單時付款，以代表貨物所有權的貨運單據之交付表示貨物的交付，賣方於裝運貨物後，將代表貨物所有權的貨運單據交付買方，買方必須於賣方交付單據時付款，由於貨運單據可代表貨物的所有權，所以這種「交單時付款」的方式在性質上近似於「交貨時付款」，不僅可達到公平合理的目的，並且實際上易於實行。當買賣雙方

之間有較高信用風險時，採用這種付款方式較爲適宜。下述「信用狀」、「付款交單」等付款方式即屬此。

二、付款方式

目前國際貿易貨款結算採用的付款方法有匯付、信用狀和託收三種基本方法，茲分別說明如下：

(一) 匯付（remittance）

匯付又稱匯款，是債務人或進口商透過銀行，將款項匯交債權人或出口商的結算方式。匯付的方式，常見的是電匯（Telegraphic Transfer, T/T）。假設位於臺北的買方向位於紐約的賣方支付USD10,000的貨款，USD與TWD之間的匯率爲1：32，則其匯款流程如下：

【圖6-5】

使用匯付方式的付款條件常見的有：

1.訂貨付現（Cash With Order, CWO）

買方發出訂單時即匯付貨款的付款條件，與預付貨款（paymnet in advance）或預付現金（cash in advance）相當。

例句：

> Payment shall be made Cash With Order by means of T/T.
> （訂貨時以電匯匯付現款。）

2.憑單據付現（Cash Against Documents, CAD）

賣方在裝運完畢後，即憑貨運單據在出口地向買方指定的銀行或其代理人領取現金。如以進口地為付款地時，可透過銀行向買方提示貨運單據，在此情形下，與D/P類似，不同的是，CAD之下，賣方通常不簽發匯票，僅提示單據請求付款。

例如：

Terms of payment: Cash Against Documents payable in New York.

（付款條件：憑單據在紐約付現。）

3.寄售付款（Payment against goods shipped on consignment）

出口商先將貨物運交位於進口地的代理人，等貨物售出後，再由該代理商將扣除寄售佣金及有關費用後的餘款，結付出口商。實際上，在寄售交易下，提單通常是使用記名式提單（straight, B/L），貨運單據也多直接寄交受託人，所以貨物一經裝運，出口商對貨物實際上即失去控制。因其所承擔風險較大，一般僅應用於開拓新市場進行試銷以及雙方有密切關係的場合。

例句：

Terms of payment: Payment shall be effected by T/T immediately after sale of goods.

（貨物售出後，應即以電匯方式支付貨款。）

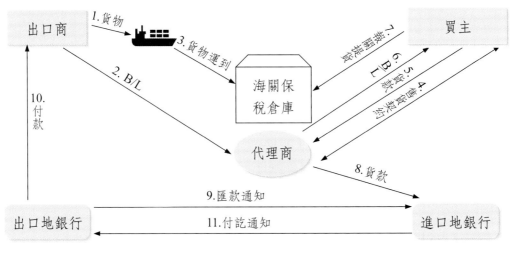

【圖6-6】

4.記帳（Open Account, O/A）

賣方於貨物裝運出口後，即將貨物單據直接寄交買方提貨，或者要求運送人不簽發提單，直接電放貨物，有關貨款則以應收帳款科目記入買方帳戶借方，等約定期限（如每半年或一年）屆滿時，再付結算。

O/A與consignment在性質上不同，前者具有買賣性質，後者則僅具代理的性質。

例句：

Terms of payment: O/A, payment to be made within 60 days after B/L date.

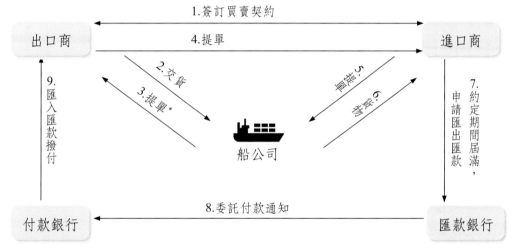

*若是以電報放貨方式交運，則運送人不簽發提單，進口商直接於貨物運抵目的地辦理提貨，則3.～5.三步驟即省略。

【圖6-7】

5.分期付款（instalment）

將貨款依約定，於一定期間內分若干期攤付。付款期限的長短，視交易金額及貨物性質而定。

(二) 信用狀（Letter of Credit, L/C）

以此方式，買方應於契約成立之後，向位於進口地的往來銀行申請開發信用狀給賣方，賣方收到銀行開來的信用狀後，即依信用狀的規定備貨裝運，並準備各項單據，將單據連同信用狀一併持向位於出口地的押匯銀行辦理押匯，押匯銀行於支付押匯款後，即將各項單據寄開狀銀行請求付款，開狀銀行經審核單據，如完全符合信用狀條款，除將款項支付押匯銀行外，另通知買方前來付款贖單，至此，以信用狀付款的程序即為完成。

例句：

Payment by an irrevocable sight L/C.
（憑即期不可撤銷信用狀付款。）

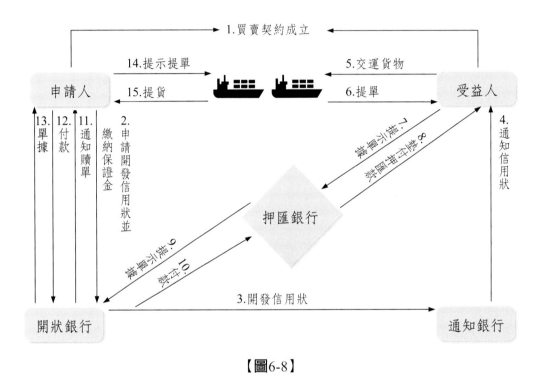

【圖6-8】

以信用狀付款時，買賣雙方有時也基於實際上的需要，於契約中另行附帶其他約定，例如：

1. 約定開狀時間

為防止買方於貨價下跌時遲開或不開信用狀，致賣方受損，賣方可於契約中訂明信用狀的開發期限，例如：

L/C to be opened within 15 days after conclusion of contract.
（信用狀應於契約成立後15天內開出。）

L/C shall be opened by Sep. 20, 20___.
（信用狀應於20___年9月20日前開出。）

2. 指定開狀銀行

憑信用狀付款，賣方所仰賴的，乃開狀銀行的信用，賣方為保障自身權益，可於契

約中指定信用狀應由信用卓著的銀行開出,例如:

> L/C must be opened by a prime bank in Japan.
> (信用狀必須由日本主要銀行開出。)

3. 指定信用狀種類

信用狀種類很多,賣方若希望信用狀具有某特別的條件或性質,宜於契約中予以約定,例如:

> By irrevocable and confirmed L/C available by draft at sight.
> (憑不可撤銷、保兌之即期信用狀付款。)

(三) 託收(collection)

以託收方式付款,並無銀行信用的擔保,賣方依契約規定將貨物裝運出口後,即簽發匯票,連同各項貨運單據,交給位於出口地的往來銀行,出口地的銀行再將匯票及貨運單據寄給進口地的往來銀行,請其代向進口商收款,等貨款收到後,才付給賣方。

託收依貨運單據交付買方的條件不同,可分為下列兩種:

1. 付款交單(document against payment, D/P)

出口商將貨物裝運出口後,即準備跟單匯票,委託銀行向進口商收款,進口商必須付清貨款後,才能自銀行取得裝運單據辦理提貨。D/P的流程,如圖6-9:

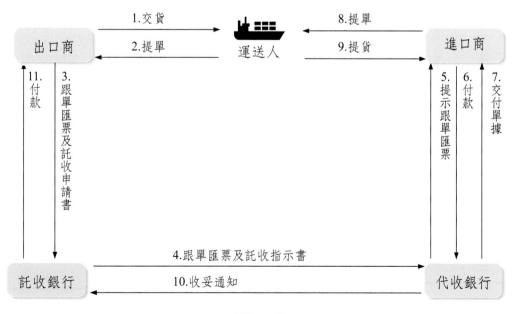

【圖6-9】

2.承兌交單（document against acceptance, D/A）

出口商將貨物裝運出口後，即準備跟單匯票，委託銀行向進口商收款，進口商只須承兌匯票，即可自銀行取得單據辦理提貨，俟匯票到期才付款。D/A的流程，如下圖：

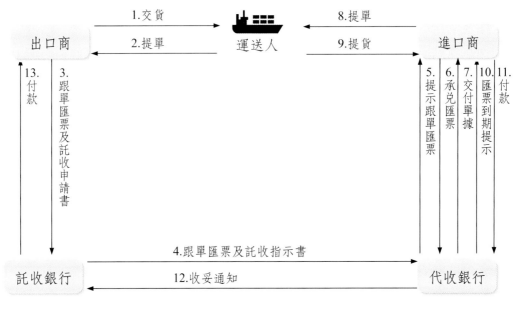

【圖6-10】

以託收方式付款，對出口商而言較信用狀不利，因為託收缺乏銀行的信用擔保，而且貨物裝運出口後，須等到進口商付款，才可收回貨款，所以不僅信用風險較大，且不利於資金的周轉。

契約中約定以託收方式付款的例句如下：

Payment by sight draft, document against payment.
（憑即期匯票付款，付款交單。）

Payment by draft payable 60 days after sight, D/A.
（憑見票後60天付款的匯票付款，承兌交單。）

習題

一、是非題

1. （　）在國際貿易中，樣品多由賣方所提供，稱爲賣方樣品。
2. （　）CE是歐盟所制定的區域性標準規格。
3. （　）無論買賣雙方約定何種貿易條件，賣方都應該對貨物的自然變質負責。
4. （　）除非買賣雙方特別約定或依該商品交易習慣以毛重爲交易重量外，多數商品均按淨重買賣。
5. （　）鐵條、鉛錠、汽車等是屬於散裝貨物。
6. （　）在FAS、DPU及CIP等貿易條件下，買賣雙方並無在貿易契約中訂定保險條款的必要。
7. （　）協會貨物條款的全險（All Risks, A. R.）類似於新條款的C款險。
8. （　）若貨物遲交是起因於買方的故意或過失，則賣方可不負遲交責任。
9. （　）依信用狀統一慣例規定，信用狀若未載明可否分批裝運，視爲禁止分批裝運。
10. （　）D/A是屬於交貨後付款的方式。

二、選擇題

1. （　）以下哪一類貨物不適合以樣品表示品質？　(1)成衣　(2)運動鞋　(3)藥品　(4)玩具。
2. （　）依FOB條件交易時，以下哪一項有關品質的風險應由賣方負擔？　(1)貨物固有瑕疵　(2)運輸過程中因意外導致的貨物毀損或滅失　(3)運輸過程中不可避免的毀損　(4)運輸過程中貨物的自然變質。
3. （　）目前採用最多計算皮重的方式是　(1)實際皮重　(2)平均皮重　(3)推定皮重　(4)習慣皮重。
4. （　）買賣雙方約定「Net delivered weight, loss in weight 5% and under to be for buyer's account」，若貨物起岸時，損耗7%，則買方必須支付賣方裝運數量　(1)95%　(2)93%　(3)98%　(4)88%　的貨款。
5. （　）信用狀中規定數量條件「about 1,000,000 lbs」，則賣方交付數量爲(1)1,060,000 lbs　(2)1,050,000 lbs　(3)920,000 lbs　(4)1,120,000 lbs

時，不符合信用狀規定。

6. （　）出口商於貨物裝運交付後，應即刻通知買方，此即所謂之「裝運通知」（shipping advice），有關此項通知之敘述，下列何者不正確？　(1)裝運通知旨在便於買方備款贖單以及準備報關、提貨、存倉、銷售等事宜　(2)裝運通知之主要內容有船名、航次、起運地、裝貨港、卸貨港、目的地、貨名、數量以及金額等裝運資料，此外，宜另行寄送貨運單據副本予買方　(3)若買賣契約對「裝運通知」未予約定時，則賣方無義務辦理該項通知　(4)在FOB或CFR條件下，貨物裝船後，賣方須即時通知買方，俾利買方憑以購買運輸保險。

7. （　）關於國際貿易之交貨條件，下列敘述何者較不適當？　(1)契約中若未禁止轉運，一般視為賣方可以辦理轉運　(2)以CIF New York條件成交的契約，表示交貨地點為New York　(3)契約中如約定「Partial shipments prohibited」表示不允許分批交貨　(4)信用狀上的最後裝船日如遇假日，不可順延至次一銀行營業日。

8. （　）在FOB條件下，買方未依約洽訂船隻，致使賣方未能如期交貨，則責任應由　(1)買方　(2)賣方　(3)銀行　(4)船公司　承擔。

9. （　）預付貨款（advance payment）或記帳交易（Open Account, O/A）一般都以匯款方式（remittance）支付，僅為匯款時間不同而已，下列敘述，何者不正確？　(1)預付貨款指簽約後、裝船前，買方先行將有關貨款匯付賣方　(2)O/A交易係指賣方先將貨物裝運出口，買方俟約定之付款期限屆滿時，再行匯付賣方　(3)一般之匯款方式計有電匯（T/T）、信匯（M/T）及票匯（D/D）等，目前使用最普遍者為信匯　(4)以匯款方式支付貨款者，無論advance payment或O/A，均須於契約內明確約定兩點，一為貨款匯付之時間（日期），另一為匯款方式，以免引發爭議。

10. （　）下列有關D/A與O/A之敘述，何者較適當？　(1)D/A與O/A均為交貨後付款　(2)D/A由出口商簽發匯票；O/A由進口商簽發匯票　(3)D/A適用於多國企業間貿易往來；O/A適用於新客戶的貿易往來　(4)兩者之貨運單據都是由賣方直接寄交買方。

三、填充題

1. 常用的數量單位有_____、_____、_____、_____、_____與_____六種。

2. 外包裝依其包裝方式可分爲_____、_____兩大類。

3. 裝運標誌習慣上稱爲_____，通常包括_____、_____與_____三個主要內容。

4. 目前保險市場中，通用的保險種類有協會貨物條款的新、舊條款兩種，舊條款依其承保的範圍大至小依次爲_____、_____與_____三種保險種類；新條款則依次爲_____、_____與_____。

5. 跟單託收分爲_____與_____兩種，前者對買方較爲有利。

四、解釋名詞

1. G. W.

2. optional port

3. instalment shipment

4. O/A

5. consignment

五、問答題

1. 表示品質的方式有哪些？各適用於何種貨物的買賣？

2. 完善的出口包裝，應具備哪些條件？

3. 何謂包裝標誌？其作用爲何？包含哪些內容？

4. 買賣雙方約定交貨時間時，應考慮哪些因素？

5. 何謂跟單託收？對出口商而言，跟單託收與信用狀有何不同？

實習

一、契約中規定：

1. 3,000 M/T plus or minus 10% Jan. Feb. March shipment equally divided.

2. Each shipment shall be regarded as separate and independent contract.

請問：

1. 如一月分發生遲延裝船或品質上發生爭議，對二月分與三月分兩批的裝運有無影響？

2. 一月分與二月分已各裝出1,000 M/T，則三月分最少應裝多少？最多可裝出多少？

二、某出口商將一批貨物以「Shipment during June, L/C must be opened on or before May 31」條件訂定銷售契約，然而，進口商遲延至June 25才開來L/C。出口商認爲L/C的開出期限係契約的重要因素之一，進口商既未遵守期限，出口商即有解約之權，但進口商卻主張「五月三十一日以前開出L/C是以六月分裝船做前提，並非契約的重要因素，故出口商無權解約，但有權按L/C遲開日數，比例展延裝船日期。」

請問：

1. 哪些事項爲契約的重要因素？

2. 出口商是否有權解約？爲什麼？

3. 如何防範此類糾紛？

三、某進口商自紐約某出口商購入黃豆一批，數量條件爲「10,000 M/T 10%, net shipping weight, loss in weight shall be for seller's account, if it be more than 3%」，該批黃豆運抵基隆港過磅結果，缺量5.3%，於是進口商按94.7%付款，但出口商則要求按97.7%付款。

請問：

1. 進口商的主張對還是出口商的主張對呢？

2. 假設數量條件爲「10,000 M/T 10%, net shipping weight, loss in weight exceeding 3% shall be for seller's account」，卸貨時缺量5.3%，則進口商應付多少款項？

3. 假設數量條件爲「10,000 M/T 10%, net delivered weight, loss in weight 3% and under to be for buyer's account」，而卸貨時缺量5.3%，則進口商應付多少款項？

4. 假設數量條件爲「10,000 M/T 10%, net delivered weight, loss in weight shall be for seller's account, if more than 3%」，實際卸貨量少5.3%時，進口商應付多少款項？

四、某出口商有一批陶瓷製品銷美，買方指示的裝運嘜頭爲XYZ in Diamond，目的地爲Chicago，卸貨港爲Seattle，該批陶瓷製品分裝100箱，每箱毛重30磅，淨重28磅，尺寸長20吋、寬18吋、高12吋，搬運時須謹慎以防破碎，請依據上述資料製作第25箱的完整外箱包裝標誌。

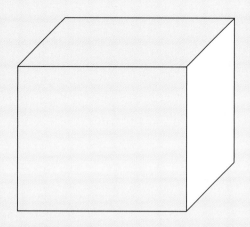

五、請依自行查得的資料,說明最近一年我國對外出進口貿易的外匯付款方式統
    計,各種付款方式所占的百分比。

	出口外匯收入		進口外匯支出	
	金　額	%	金　額	%
即期信用狀				
遠期信用狀				
託　收				
匯　款				

出口價格與進口成本的估算

　　價格是商品買賣契約的主要內容之一，買賣雙方在交易磋商過程中來往折衝，多為價格問題，因此賣方究竟應報價多少，才會獲得買方的首肯，除應考慮商品成本及預期利潤外，也要顧及進口地的市場情況，例如：競爭者的供應價格、國民所得、物價水準及進口政策等，才不致使所報價格與當地市價相差過多，失去競爭力；而進口商在接獲出口商報價後，必須加上進口所需費用，求得進口成本，再與國內市價相比，才能知道這筆交易是否有利可圖。因此，商品的定價，在交易進行的過程中，是一個攸關成敗的步驟。

　　國際貿易貨物價格的計算，遠較國內商品價格的計算複雜，因為影響國際市場行情變動的因素既多且複雜，不易觀察預測，又因交易時間較長，期間變化實難事先掌握。此外，由於可能涉及外幣，尚須顧及匯率的波動，因此，價格的估算，除應掌握方法，正確計算外，也應將變動因素考慮進去。

第一節　出口價格的估算

一、出口價格的構成要素

　　國際貿易出口價格的結構隨著所採用貿易條件（trade terms）的不同而有不同，例如：以FOB為貿易條件，則價格中應包含貨物在輸出港船上交貨之前的各項成本及費用；如果貿易條件為CIF時，則價格中除包含FOB價格外，尚應加上海運費及保險費，其金額自然比以FOB條件交易時為高。如第五章所述，貿易條件的種類有很多，但本節僅就使用得最多的FOB、CFR及CIF三條件之下，價格的構成因素以及其計算方式做說明。

在FOB條件下，出口價格的構成要素有：

(一) 貨物成本

就專業出口商而言，貨物成本即是向國內製造商或供應商購入貨物的價格；就兼營出口的製造商而言，則為該項貨物的出廠價格。若貨物製造原料中包含進口原料，其在進口時所繳納的稅捐，依規定可於成品出口時沖退稅者，應自貨物成本中扣除。

(二) 出口費用

1.內陸運費（inland transportation expenses; inland forwarding expenses）：即是將貨物運至輸出地點（例如：出口港碼頭）的運費，如果國內供應商所報價格中已包含這項費用，則可免計。

2.包裝費（packing expenses）：供應商所報價格中已包含貨物的習慣包裝費用，但如果國外買主要求特殊包裝，則工廠往往會要求出口商加付該項費用。

3.倉租（storage expenses）：如果該筆交易數量太多，供應廠商倉庫無法容納，往往會要求出口商自備倉庫存放，或者該筆交易供應商很多，出口商也會自備倉庫，於各供應商的貨物收齊後再全部出貨，因此所產生的倉庫費用，都應由出口商負擔。

4.檢驗及公證費用（inspection & survey expenses）：出口商依出口國法令規定或買賣契約約定，辦理貨物出口檢驗及公證所花費的費用。

5.裝貨及通關費用（shipping & customs clearance expenses）：包括起重機、駁船等裝貨工具的使用費用及報關費用。

6.商港服務費（harbour service fee）：以量計費，依散雜貨、整櫃貨、併櫃貨而有不同的計算方式。

7.郵電費（correspondence charges）：自接洽交易開始，至契約成立，履約完成，買賣雙方因聯繫所花費的各種郵電費。

8.證明書費（certificate fees）：出口商申請各種證明書，例如：產地證明書、領事發票等所花費的費用。

9.銀行手續費（banking charges）：包括匯費、信用狀通知費、押匯手續費等，這類費用多以出口金額的某一百分比計收。

10.銀行押匯利息（banking discount charges）：以信用狀方式付款時，押匯銀行於墊付押匯款之後，至向國外開狀銀行收回墊款的這段期間內所損失的利息，應向出口商收取，天數多以7天（港幣、星幣等）或12天（美金、英鎊等）計算，利率以當時匯率計算；如果是遠期信用狀，利息由賣方負擔時，銀行則另要收取遠期的利息。

11. 推廣貿易服務費（trade promotion service charge）：由海關統一收取FOB金額0.04%的推廣貿易服務費。

12. 佣金（commission）：賣方應付給代理商或買方的佣金，其計算方法視雙方約定而定。

(三) 利潤

出口商預期利潤的高低，並無一定標準，除了必須依商品種類、市場供需狀況及交易數量決定外，也應該考慮買方的信用與賣方的能力。

如果出口商以CFR條件出口，則在計算出口價格時，除了以上所列FOB價格結構外，還要增加一項「海運費」（ocean freight）的費用，至於海運費的計算方法，請參閱第十六章「國際貨物海洋運輸」。

若出口商以CIF條件出口時，則出口價格中，除了CFR所含各項目外，應再加上「貨物運輸保險費」（transportation insurance premium），其保險費的計算方式是：

保險費 ＝ 保險金額 × 保險費率

二、出口價格的估算方法

茲舉一例說明出口價格的估算（表7-1）：

表7-1　EXPORT PRICE CALCULATION SHEET

COMMODITY: X'MAS DEC. #25 APPROX. 15MM LACQURED MUSHROOM　　　PAYMENT: SIGHT L/C
BUYER: NEW TORK TRANDING CO., LTD.　　　M: 2'×1'8"×1'3"/CTN/100BOXES
QUANTITY: 10,000 BOXES　　　W: 16kg/CTN

	ITEM	EXPLANATION	SUB-TOTAL	TOTAL
1	BASE PRICE (註1)	EX WORKS TWD93.5/BOX 10,000 BOXES		TWD935,000
2	EXPORT PACKING FEES		——	
3	STORAGE, HANDLING FEES		——	
4	EXPECTED LOSS		——	
5	INLAND TRANSPORT	FACTORY TO PORT	TWD1,800	
6	INSPECTION FEES		2,000	
7	SHIPPING EXPENSES		5,000	
8	POSTAGE & CABLE FEES		2,000	
9	HARBOUR SERVICE FEES (註2)	TWD80/M³，24×20×15÷1,728÷35.315×100	944	
10	CERTIFICATE FEES		300	12,044
11	BANKING CHARGRS (註3)	0.1%		TWD947,044
	PROMOTION CHARGES	0.04%　ON FOB		@30
	DISCOUNT CHARGES (註4)	0.25%　SELLING PRICE		USD31,568.13
	EXPECTED PROFIT	10%		(FOB NET)

FOB SELLING PRICE $= \dfrac{\text{FOB NET}}{1-(0.1\%+0.04\%+0.25\%+10\%)}$
= USD35,228.95

FOB SELLING PRICE/BOX = USD3.52

12	OCEAN FREIGHT (註5)	USD150/CBM		1,770.00
11-1	BANKING CHARGRS	0.1%		USD33,338.13
	DISCOUNT CHARGES	0.25%　ON CFR SELLING PRICE		(CFR NET)
	EXPECTED PROFIT	10%		

CFR SELLING PRICE $= \dfrac{\text{CFR NET} + \text{PROMOTION CHARGES}}{1-(0.1\%+0.25\%+10\%)}$
$= \dfrac{\text{USD33,338.13} + \text{USD14.09}}{0.8965}$
= USD37,202.70

CFR SELLING PRICE/BOX − USD3.72

11-2	BANKING CHARGES	0.1%		
	DISCOUNT CHARGES	0.25%　ON CIF		
	EXPECTED PROFIT	10%　SELLING PRICE		
	INSURANCE PREMIUM (註6)	1%×110%		

CIF SELLING PRICE $= \dfrac{\text{CFR NET} + \text{PROMOTION CHARGES}}{1-(0.1\%+0.25\%+10\%+1\%\times110\%)}$
$= \dfrac{\text{USD33,338.13} + \text{USD14.09}}{0.8855}$
= USD37,664.85

CIF SELLING PRICE/BOX　USD3.77

註1：貨物出產成本，每盒TWD93.5，共10,000盒，總出廠成本爲TWD935,000。
註2：商港服務費，每計費噸TWD80元，本批貨物以體積噸計費，每箱體積24"×20"×15"，折合0.118噸（24×20×15÷1,728÷35.315 = 0.118），100箱貨物應繳商港服務費 = 0.118×80×100 = 944
註3：銀行手續費，本例銀行手續費依貨物出口價格的0.1%計收。
註4：銀行押匯貼現息，本例貨物出口至美國，銀行以12天計收利息，貼現息年利率7.5%，故應付貼現息7.5%×12/360×貨物出口價格 = 0.25×貨物出口價格。
註5：海運費，船公司報價每立方公尺（CBM）USD150，本批貨物每箱體積2'×1'8"×1'3" = 4.167立方呎（CFT），100箱共416.7立方呎，折算合11.799立方公尺（1CBM = 35.315CFT），該批貨物應付運費共USD150×11.799 = USD1,770.00。
註6：保險費率1%，保險金額按慣例爲CIF價格×110%，應付保險費計算式：CIF價格×110%×1%。

以下再舉一例說明FOB price、CFR price以及CIF price的計算（表7-2）：

表7-2

臺北某出口商擬出售100套瓷器至舊金山，每套均以木箱包裝，試依以下資料求算每套瓷器的FOB、CFR及CIF價格：

1. 每套瓷器Ex Works價格：TWD1,500
2. 外銷包裝費用：每箱TWD120
3. 工廠至出口港運費：TWD500
4. 檢驗費用：TWD1,000
5. 報關費用：TWD3,000
6. 郵電費用：TWD500
7. 每箱體積：50cm×40cm×30cm
   每箱毛重：4kgs
8. 利潤：出口價格×10%
9. 海運費：USD100/CBM
10. 水險費率：1%，保險金額依慣例
11. 銀行手續費率依押匯金額0.1%計收
12. 推廣貿易服務費率依FOB金額0.04%收取
13. 商港建設費依每計費噸TWD80計收
14. 押匯貼現息7.5%p.a.，期間12天
15. 美元對新臺幣匯率USD1 = TWD30

(一)FOB價格

　　每套FOB price

$$= (1{,}500 + 120 + \frac{50 \times 40 \times 30}{1{,}000{,}000} \times 80$$
$$+ \frac{500 + 1{,}000 + 3{,}000 + 500}{100}) \div 30 + \text{FOB price}$$
$$\times (10\% + 0.1\% + 0.04\% + 7.5\% \times 12/360)$$

　　移項得

　　每套FOB price

$$= \frac{\text{USD55.83}}{1 - (10\% + 0.1\% + 0.04\% + 7.5\% \times 12/360)}$$
$$= \text{USD62.30}$$

(二)CFR價格

　　每箱體積50cm×40cm×30cm = 60,000cm^3 = 0.06m^3

　　每箱海運費 = USD100×0.06 = USD6.00

　　每套CFR price

$$= (1{,}500 + 120 + \frac{50 \times 40 \times 30}{1{,}000{,}000} \times 80$$
$$+ \frac{500 + 1{,}000 + 3{,}000 + 500}{100}) \div 30 + (\text{FOB price} \times 0.04\%)$$

$+ \text{CFR price} \times (10\% + 0.1\% + 7.5\% \times 12/360) + 6.00$

移項得

每套CFR price

$$= \frac{\text{USD55.83} + \text{USD62.30} \times 0.04\% + \text{USD6.00}}{1 - (10\% + 0.1\% + 7.5\% \times 12/360)}$$

$= \text{USD68.99}$

(三)CIF價格

每套CIF price

$$= (1,500 + 120 + \frac{50 \times 40 \times 30}{1,000,000} \times 80$$

$$+ \frac{500 + 1,000 + 3,000 + 500}{100}) \div 30 + (\text{FOB price} \times 0.04\%)$$

$+ \text{CIF price} \times (10\% + 0.1\% + 7.5\% \times 12/360 + 110\% \times 1\%)$

$+ 6.00$

移項得

每套CIF price

$$= \frac{\text{USD55.83} + \text{USD62.30} \times 0.04\% + \text{USD6.00}}{1 - (10\% + 0.1\% + 7.5\% \times 12/360 + 110\% \times 1\%)}$$

$= \text{USD69.85}$

第二節　進口成本的估算

一、進口成本的構成要素

進口商於接獲出口商的報價後，應估算該項貨物的進口成本，然後與國內售價比較，以便決定應以何種價格進口，作為向國外出口商磋商價格的參考。

一筆交易的進口成本構成要素有：

(一) 進口價格

即賣方所報價的價格，也就是進口商應該支付給國外出口商的價格。若國外賣方以外幣報價，則應以該外幣的銀行賣出匯率（selling rate）乘以報價金額，得出以本國幣表示的貨物購入成本。

(二) 進口費用

1.運費：當國外出口商以FOB條件報價時，運費應由買方負擔，買方可事先向運送人詢問運費。

2. 貨物運輸保險費：國外出口商以FOB或CFR條件報價時，貨物運輸保險費由買方負擔，買方可向保險公司詢問保險費率，以便計算應付的保險費。

3. 起岸及通關費用（landing & customs clearance expenses）：包括卸貨費、起重機及駁船使用費與進口報關費用。

4. 進口稅捐：包括以下各項稅捐：

(1) 進口關稅（import tax）：各國多以貨物的交易價格（即CIF價格）作為進口關稅的完稅價格（Duty Paying Value，簡稱DPV），我國亦然。至於該項貨物的關稅稅率可查閱「中華民國海關進口稅則」，以完稅價格×稅率＝應付關稅。

(2) 推廣貿易服務費：目前依CIF價格×0.04%計收。

(3) 貨物稅（commodity tax）：進口貨物如為「貨物稅條例」規定應課徵貨物稅的貨物，由海關代徵貨物稅，其計算公式為：

貨物稅＝（關稅完稅價格＋進口關稅）×貨物稅稅率

(4) 營業稅（Value Added Tax，簡稱VAT）：即加值型營業稅，依目前規定，進口貨物一律由海關代徵營業稅，於報關時繳納，其計算公式為：

營業稅＝（關稅完稅價格＋進口關稅＋貨物稅）×營業稅稅率（5%）

(5) 菸酒稅：進口菸酒除關稅外，應另課菸酒稅，依量計收，菸品尚須繳納健康福利捐。

5. 商港服務費：計算方式與出口同。

6. 檢驗及公證費用

7. 證明書費

8. 郵電費

9. 銀行手續費：包括進口簽證、開狀及保兌手續費，這類費用多以進口價格的某一百分比計收。

10. 倉租

11. 內陸運費：貨物於海關通關放行後，自碼頭倉庫運回進口商營業場所或轉售地點的運費。

以上各項費用，並非每一筆進口貿易都會發生，必須依貨物種類及買賣雙方契約內容而定。某項費用在某一筆交易中可能為必要費用，但在另一筆交易中，則未必有此項費用。

(三) 利潤

與出口利潤相同，由進口商依情況自行決定。

二、進口成本的估算方法

茲舉一例說明進口成本的估算如下（表7-3）：

表7-3　LANDED COST CALCULATION SHEET (FOR IMPORT)

COMMODITY: ABC BRAND CALCULATOR #ABC-1234　　PACKING: CARTON/100PCS.

SELLER: JAPAN TRANDING CO., LTD.　　　　　　WEIGHT: EACH CARTON 13.2kgs, GROSS

QUANTITY: 8,000 PCS.　　　　　　　　　　　DIMENSION: 0.5M×0.25M×0.4M/CARTON

PRICE: USD5.62/PC.FOB KOBE　　　　　　　PAYMENT: SIGHT L/C

	ITEM	EXPLANATION	SUB-TOTAL	TOTAL
1	BASIC COST	FOB KOBE USD5.62 × 8,000	USD44,960.00	
2	OCEAN FREIGHT	USD150/CBM, USD150 × 0.5 × 0.25 × 0.4 × 80	600.00	
			USD45,560.00 @30	
3	INSURANCE PREMIUM	CFR KEELUNG 1% FOR 110% OF CIF VALUE $1 = CFR × (K × R)/1 − K × R$ $= 1,366,800 × (1.1 × 1\%)/1 − 1.1 × 1\%$	TWD15,202	TWD1,366,800
4	IMPORT TAX & DUE	DPV = TWD1,382,002		
	① IMPORT TAX	TWD1,382,002 × 0%	TWD0	
	② PROMOTION CHARGES	TWD1,382,002 × 0.04%	553	
	③ COMMODITY TAX	TWD (1,382,002 + 0) × 0%	0	
	④ VALUE ADDED TAX	TWD (1,382,002 + 0 + 0) × 5%	69,100	
5	HARBOUR SERVICE FEE	TWD80 × 0.5 × 0.25 × 0.4 × 80	320	
6	POSTAGE & CABLE		3,000	
7	INLAND TRUCKAGE		1,000	
8	BANKING CHARGES			
	① BANKING COMM	TWD44,960 × 30 × 0.25%	3,372	
	② POSTAGE, CABLE		500	
9	LANDING CHARGES		500	
10	CERTIFICATE FEE		5,000	
11	INSP & SURVEY CHARGE		1,000	
		TOTAL COST		TWD1,466,347
12	EXPECTED PROFIT	SELLING PRICE × 10% SELLING PRICE = TOTAL COST + EXPECTED PROFIT		
		SELLING PRICE		TWD1,629,274
		SELLING PRICE/PC		TWD204

習題

一、是非題

1. （　）國際貿易貨物價格的計算，遠較國內商品價格的計算簡單。
2. （　）國際貿易出口價格的結構，隨著所採用貿易條件的不同而不同。
3. （　）計算貨物出口價格時，若貨物製造原料中包含進口原料，其在進口時所繳納的稅捐，依規定可於成品出口時沖退稅者，應自貨物成本中扣除。
4. （　）自中華民國出口的貨物，應繳納貨物CIF價格0.3%的商港服務費。
5. （　）銀行所收取的開狀、押匯與通知費用，多按貨物FOB金額的某一百分比計算。
6. （　）若出口商以CIF條件出口時，則出口價格中除了CFR所含各項目外，應再加上海運費。
7. （　）世界各國多以貨物的CIF價格作為進口關稅的完稅價格。
8. （　）依我國現行規定，進口貨物均應於辦理進口報關時，由海關代徵加值型營業稅。
9. （　）某出口商接獲國外進口商申請開出的信用狀，信用狀金額USD10,000，貿易條件CIF，並規定受益人應以CIF價值加三成作為保險金額投保全險，經詢問全險費率0.8%，則應付保險費為USD88。
10. （　）我國對進口貨物並不課徵商港服務費。

二、選擇題

1. （　）以下哪一項並不是FOB條件下出口價格的構成要素？　(1)貨物成本　(2)貨物於出口港船上交貨前的一切出口費用　(3)海運費　(4)出口利潤。
2. （　）某公司擬自英國進口某種貨物，其包裝方式為6sets/ctn/40cm×30cm×30cm，運費以體積計。共有三家廠商分別報價如下：
甲廠：USD25.12/set FOB London
乙廠：USD25.60/set CFR Keelung
丙廠：USD25.70/set CIF Keelung
經分別向船公司及保險公司查詢，得知英國倫敦至基隆每立方公尺運費為USD80.00，保險費率為0.65%，投保金額為CIF金額的110%，在不考

慮其他費用的情況下，下列哪一家廠商的報價最便宜？ (1)甲廠 (2)乙廠 (3)丙廠 (4)三家都一樣便宜。

3. （　）自我國出口的貨物，統一由海關收取FOB價格 (1)4% (2)0.4% (3)0.04% (4)0.004% 的推廣貿易服務費。

4. （　）某公司出口貨物一批，出口價格每公噸USD1,500.00 CIF Hamburg。客戶現要求改報 FOBC5 Keelung。查該貨物總重量為1,200 公噸，海運費之基本費率為USD100.00／公噸，原報價之保險金額為按CIF價格另加10%，保險費率為1%。試求該批貨物每公噸 FOBC5 Keelung（佣金基礎為FOBC5的5%）的價格為多少？ (1)USD1,453.23 (2)USD1,456.32 (3)USD1,482.11 (4)USD1,483.50。

5. （　）世界各國對於出口貨物價格的估算多採 (1)CIF價格 (2)CFR價格 (3)FOB價格 (4)FAS價格。

6. （　）某出口商報價USD150.00 per set CIF Yokohama 後，其進口商要求改報 CFR Yokohama價格。已知保險費率為0.6%，保險金額為CIF Yokohama 價的110%。請問CFR Yokohama價格應為多少？ (1) USD150.99 per set (2) USD150.90 per set (3) USD149.01 per set (4) USD149.10 per set。

7. （　）以下哪一項銀行費用，多由進口商負擔？ (1)開狀手續費 (2)押匯手續費 (3)信用狀通知費 (4)信用狀保兌費。

8. （　）當國外出口商以 (1)FOB (2)CFR (3)CIF (4)FAS 條件報價時，貨物運輸保險費由賣方負擔。

9. （　）以下何種費用不以貨物的價格為計算依據？ (1)貨物稅 (2)關稅 (3)商港服務費 (4)推廣貿易服務費。

10. （　）進口菸品應繳納的稅捐有 (1)進口關稅 (2)菸酒稅 (3)健康福利捐 (4)以上皆是。

三、填充題

1. 我國進口貨物由海關統一收取進口完稅價格_____的推廣貿易服務費。
2. 一筆交易的進口成本構成要素有_____、_____及_____三大項。
3. 進口貨物依規定應由海關代徵營業稅，其計算方式為：營業稅＝（_____＋_____＋_____）×營業稅稅率。
4. 進口貨物如為依規定應徵貨物稅者，由_____代徵貨物，其計算方式為：貨物稅＝（_____＋_____）×貨物稅稅率。

5. 某進口商從巴拿馬進口一批稀釋天然果汁，申報進口FOB價格USD14,000，運費USD1,200，保險費USD270；適用貨物稅率為8%，匯率為USD 1 = TWD 31.00，經查詢稅則稅率如下表：

表7-4

中華民國輸出入貨品分類號列CCC Code		檢查號碼CD	貨名	Description of Goods	單位 Unit	國定稅率 Tariff Rate（機動稅率Temporary Adjustment Rate）			稽徵特別規定CR	輸出入規定 Imp. & Exp. Regulations	
稅則號別 Tariff NO.	統計號別 SC					第一欄 Column Ⅰ	第二欄 Column Ⅱ	第三欄 Column Ⅲ		輸入 Import	輸出 Export
22029919	00	3	其他未發酵稀釋天然果汁	Other fruit juice drink, unfermented,	KGM	<u>20%</u>	免稅（PA, GT, NI, SV, HN, NZ, SG, PY）	50%	<u>T</u>	<u>F01</u> <u>MW0</u>	

請根據以上資料核算下列進口應繳稅費（以新臺幣計）：(1)完稅價格_____、(2)進口關稅_____、(3)推廣貿易服務費_____、(4)營業稅_____。

四、解釋名詞

1. harbour service fee
2. banking discount charges
3. trade promotion charges
4. DPV
5. VAT

五、問答題

1. 說明出口價格及進口價格計算，在國際貿易進行過程的重要性。
2. 以FOB、CFR、CIF等三種不同的貿易條件報價時，出口價格的構成因素有哪些相同及不同之處。
3. 說明出口費用的主要項目有哪些。
4. 我國目前對進口貨物課徵哪些主要的進口稅捐，其計算的方式為何？

5. 在CFR條件下，進口成本的構成要素有哪些，請簡要說明。

實習

一、臺北某出口商有成衣一批，包裝為20打裝一箱，箱子的長高寬各為24"、48"及60"，毛重50kgs，向紐約進口商報價為USD100 per dozen, FOB Keelung（含利潤），茲美商要求改報CIF New York，保險條件為按CIF價款加一成，投保全險，經賣方向船公司查詢Keelung to New York運價為USD80 per M/W at ship's option（W: 1,000 kgs, M: 1m），又向保險公司查詢保險費率為1%，請求算該批成衣每打CIF New York的價格（其他費用暫不考慮）。

二、某出口商擬向國外報價玩具500打，試依以下資料製作該批玩具的出口價格估算表（該出口商擬就FOB、CFR或CIF價格三者擇一對外報價，請參考本章第一節例示，製作上述三種價格的價格估算表，以美元表示）。

資料：

1. 出口商：Taiwan Trading Co., Ltd.

2. 進口商：London Trading Co., Ltd.

3. 商品：Toy# ABC-123

4. 數量：500打

5. 包裝：每2打裝一箱，每箱體積30cm×30cm×40cm，每箱毛重10kgs（併櫃出口）

6. 付款條件：即期信用狀

7. 出廠成本：每打TWD1,500

8. 國內運輸費用：臺北至基隆港運費共TWD1,200

9. 倉儲費用：TWD2,000

10. 檢驗及公證費用：TWD2,000

11. 裝貨及通關費用：TWD4,000

12. 郵電費：TWD1,000

13. 商港服務費：依現行標準

14. 銀行手續費：依出口金額0.1%計收

15. 銀行押匯利息：7.5% p.a.，收12天

16. 推廣貿易服務費：依現行標準

17. 海運費：船公司報價USD75 per W/M（W: 1,000 kgs, M: 1m）at ship's option

18. 保險：投保全險加兵險，保額依慣例，保險公司報價全險費率1%，兵險費率0.08%

19. 出口利潤率：售價的一成

20. 匯率：USD1：TWD30

三、請依據以下資料計算進口成本：

1. 貨物：樹脂

2. 出口地：印尼

3. 貨物成本：USD250 per M/T CFR Keelung

4. 貨物數量：共2,000 M/T

5. 保險費率：0.45%

6. 進口關稅稅率：0%

7. 營業稅率：5%

8. 匯率：USD1：TWD30（其他費用暫不考慮）

四、某進口商擬從德國進口一批電暖器，請依以下資料製作其進口成本計算表：

1. 進口商：Taiwan Trading Co., Ltd.

2. 出口商：Germany Trading Co., Ltd.

3. 貨物：machine# MT-01

4. 數量：100 unit

5. 包裝：每一部裝一箱，每箱毛重 56磅，體積36"×24"×18"（併櫃進口）

6. 付款條件：即期信用狀

7. 進口價格：FOB HAMBURGER USD200 per unit

8. 海運費：USD60 per W/M（W: 1 M/T, M: 1 CBM）

9. 保險費：以CIF110%為保險金額投保全險，費率0.8%

10. 進口關稅稅率：7.5%

11. 營業稅率：5%

12. 貨物稅率：15%

13. 商港服務費：每計費噸TWD80

14. 推廣貿易服務費：0.04%

15. 證明書費：TWD600

16. 郵電費：TWD500

17. 起岸及通關費用：TWD3,000

18. 銀行費用：開狀手續費0.25%，最低收TWD400

19. 內陸運費：TWD2,000

20. 利潤率：總成本的一成

21. 匯率：USD1：TWD30

五、某出口商以售價的15%為利潤計算價格，向客戶報價CIF New York USD5.25 per set，進口商還價CIF New York USD5.00 per set，若出口商接受進口商還價，則利潤率將成為多少？

交易磋商的進行程序

　　交易磋商（business negotiation）是國際貿易的重要環節，因為交易磋商的結果是雙方簽訂買賣契約的依據。從磋商交易以至履行契約的整個過程，處理手續複雜，而且買賣雙方的權利義務經常是彼此對立的。因此，在進行交易條件磋商時，除應就雙方責任義務做約定外，也應同時考慮日後可能發生的糾紛以及解決糾紛的方法。

　　交易磋商可以函電或口頭方式進行，整個過程可大致分為詢價（enquiry）、報價（offer; quotation）、還價（counter offer）及接受（acceptance）四個環節，以下即就這四個環節分別說明之。

第一節　詢　價

　　詢價（enquiry）是指買方或賣方為了洽購或銷售某項商品，而向交易對手提出有關交易條件的詢問。由於交易條件與價格有密切關聯，而且價格往往是磋商的重點，因此稱為「詢價」，但在實務上，詢價時，除商品價格外，有時還詢問品質規格、數量或交貨條件，或要求對方寄送樣品、目錄及價目表等。

　　詢價可由買方主動發出，也可由賣方主動發出，但是實務上，由買方主動發出的較多。詢價對買賣雙方並無法律上的拘束力，而且並不是每一筆交易都會經過詢價的步驟，有時賣方未經買方詢價，即逕向買方發出報價，但不論如何，詢價是交易磋商的重要程序之一。

表8-1　詢價函實例

NEW YORK TRADING CO., LTD.

New York, U. S. A.

To: Taipei Trading Co., Ltd.　　　　　　　　　　　　　　　　April 25, 20—

Taipei, Taiwan

Gentlemen:

　　Your very helpful mail of April 10 and the samples of X'mas Deco. have been received with thanks.

　　We have received inquiries from our customers here and shall appreciate your quoting us the best price. For your reference, we are giving below the details of this inquiry.

Specification: # M-25 Approx. 15mm lacqured mushroom 144 pcs. in box

Quantity　　　: 10,000 boxes

Price　　　　: CIF New York

Shipment　　 : During June 20—

Payment　　 : by Open Account

　　We are expecting to receive your earliest reply to this inquiry.

　　　　　　　　　　　　　　　　　　　　　　　　　　　　Yours faithfully.

第二節　報　價

　　報價（offer; quotation）係指一方（即報價人；offeror）向他方（即被報價人；offeree）提出某種條件，表示願依所開條件與他方成立法律上有效契約的意思表示，報價在我國民法上稱為「要約」。在國際貿易上，報價係指買方或賣方向對方表明交易的意願，並提出各項交易條件，因此，報價可能是售貨報價（selling offer），也可能是購貨報價（buying offer），但以前者較為常見，售貨報價通常是在賣方收到買方詢價之後所提出，不過也可以不經過對方詢價，即主動提出。

　　報價不一定要用「offer」或「quotation」字樣，只要實質上具備報價的內容即可，實務上，賣方於交易磋商時簽發的預估發票（proforma invoice），也可作為報價之用。

一、有效報價的條件

　　依報價人所承擔法律責任的不同，報價可分為確定報價（firm offer）與不確定報價（non-firm offer）兩種。確定報價是指報價人向被報價人提出各項交易條件，表明願

依所開條件與對方成立契約的確定意思表示。依聯合國國際商品買賣契約公約（United Nations Convention on Contract for the International Sale of Goods，簡稱CISG）的規定，確定報價應具備以下各項條件：

(一) 明確的意思表示

確定報價必須清楚地表明訂約意旨，即表明被報價人若對報價為有效的接受，報價人將承擔依所報條件與被報價人訂立契約的責任。因此，凡報價中僅表示交易的意向，而無確定意思表示的，例如：

> We will offer...
>
> We can probably offer...
>
> We are willing to sell...
>
> We hope to buy...

等用語報價的，均不視為確定報價，僅視為「報價的誘引」（invitation to offer），意即招請對方向自己發出報價，對方收到報價的誘引之後，提出的訂約意思表示才是報價，必須再經發報價誘引的一方表示接受後，契約才能成立。

此外，有時報價人在報價時，由於某些條件尚未確定，因此經常在報價函電中附上條件，表明當該條件成立時，報價方為有效，這種報價稱為附條件報價（conditional offer），例如：

1. We offer subject to our final confirmation.

在報價人對所報條件尚無法確定時，可採此方式，對方若表示願意接受所報交易條件，尚須我方加以確認，契約才能成立。這種報價由於附有條件，因此不視為確定報價，亦僅視為報價的誘引，對方為接受的表示才視為報價，而我方的確認為接受，所以若我方未予以確認，則契約並不成立。

茲舉一例說明：假設甲為貨物的賣方，乙為買方，甲向乙發出以下報價：

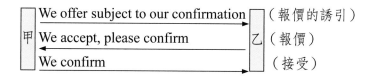

2. We offer subject to shipping space available.

若是從起運港至目的港的船期稀少，不易洽得船位，則可附加「以有船位為限」條件，在無法洽得船位時，報價無效，縱使對方表示接受，契約亦不成立。

3. We offer subject to alteration.

在市場情況變動劇烈，報價人希望保有日後變更交易條件的權利時，可以此方式報價，例如：

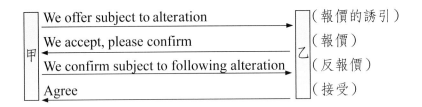

甲	We offer subject to alteration → 乙	（報價的誘引）
	We accept, please confirm ←	（報價）
	We confirm subject to following alteration →	（反報價）
	Agree ←	（接受）

由於乙同意變更之後的內容，因此契約成立，若是乙並不同意甲對於交易條件的變更，則由於雙方意思不一致，因此契約不為成立。

另外，賣方於接洽交易時寄給買方的價目表（price list），由於交易條件並不確定，即使買方對該價目表加以接受，賣方亦不受拘束，賣方可依市場狀況的變化調整價目表的交易條件，故價目表並非確定報價，只是報價的誘引，其目的是為了誘引對方向自己發出訂單，對方依此所發出的訂單才是報價，必須經賣方接受之後，才能成立契約。我國民法也規定：「價目表之寄送，不視為要約。」

(二) 表明標的物、數量及價金

本書第六章曾述及，買賣契約中商品名稱、品質、數量、價格、交貨、付款、包裝及保險等條件為交易的基本條件，因此若在報價時欠缺以上各條件，本應視為條件不完備。然而實際上，報價時有關商品名稱、數量及價格可說是最重要的條件，因此如果報價中有表明標的物、數量及價金，縱然其他條件未完備，仍然視為確定報價。我國民法亦規定：「當事人就標的物及其價金互相同意時，買賣契約即為成立。」

(三) 向特定對象提出

報價應向一個或一個以上特定的人提出，報價若是未指定被報價人，而以一般大眾為被報價對象，則稱為一般報價（general offer），例如：商品推銷廣告。另外，依我國民法規定：「貨物標定賣價陳列者，視為要約。」但各國法律規定則並不相同，依CISG的規定，貨物標定賣價陳列，乃是向一般大眾所提出者，並非向特定對象，因此並不視為確定報價。

二、報價的方法

報價的方法可以書面、口頭及行為三種：

(一) 書面報價

國際貨物交易多採用書面報價，舉凡以信函（letter）、電報（telegram）、傳真（fax）或電子郵件（e-mail）等方式報價者，均為書面報價。

(二) 口頭報價

例如：買賣雙方面對面進行交易磋商，或以電話進行交易磋商時，所做出的報價就是口頭報價。由於口頭報價未以書面記錄，易導致日後買賣糾紛，因此國際貿易上，以口頭報價者較為少見。

(三) 行為報價

例如：買方未向賣方訂購貨物，賣方即主動將貨物寄給買方，表明願以一定價格將貨物售予買方；或賣方未向買方推銷貨物，買方即主動將貨款匯寄賣方，表明願以一定價格向賣方購買貨物的情形，均為行為報價。國際貿易上採用行為報價的情形，極為少見。

三、報價的效力期間

如果報價人所提出者為確定報價，則在該報價的有效期間內，報價人不得任意將報價內容擴張、限制、變更或撤銷，被報價人只要在有效期間內表示接受，契約即為成立，報價人不得拒絕簽立契約；也就是說，報價一經生效，在其有效期間內，報價人必須受其拘束。但報價從何時開始生效？效力到何時截止？以下便就這兩點分別說明：

(一) 報價的生效時期

報價本是一種訂約的建議（proposal），因此報價從何時開始生效，原則上由報價人自行決定，若報價函電中對於報價生效時期有所規定時，自應依其規定。不過在實務上，報價人通常只對報價的有效期限做規定，少有規定其生效時期的；當報價人未規定時，報價究竟於何時生效，目前多數國家採取到達主義，亦即以報價到達被報價人時生效。所謂「到達」，係指報價到達被報價人的支配範圍，例如：報價信寄到被報價人的住所。

(二) 報價的有效期限

報價生效後，在其效力存續期間，被報價人若為有效的接受，契約即為成立。因此，就被報價人的立場而言，報價的有效期限即為接受的期限。

報價有效期限的長短，在國際貿易中，通常依其商品的交易習慣、市場變動情況、雙方距離遠近等因素而定，因此各國法律多認為報價人得自由訂定報價的有效期

限。常見的訂定方式有：

1. **規定屆滿時期**：即表明報價效力存續到某一特定期日，例如：

We offer firm subject to your acceptance received on or before June 18.

由於各地有時差，謹慎的報價人往往在有效時限後面加上地點，以表明為該地點的時間，例如：

We offer firm subject to your acceptance received on or before June 18 our time.

2. **規定一定期間**：即表明報價效力存續的特定期間，例如：

We offer firm subject to receipt of your reply in twenty days.

以此方式報價時，為免當事人對於該特定期間的起算日有所爭議，報價人應於報價函電中說明其起算日，若未說明，則通說認為應自報價通知發出時起算。

3. **籠統性的規定**：即雖規定存續期間，但其意含糊，例如：

We offer firm... reply immediately.
We offer firm... reply as soon as possible.
We offer firm... reply without delay.

以此方式報價，除非雙方對於「immediately」、「as soon as possible」或「without delay」等涵義已有一共同的默契，或報價人於報價函電中對於該等詞義另做明確說明，否則實難以確定被報價人應於幾日之內答覆，而各國法律也少有這方面的規定，故為避免雙方日後由於解釋不一而致糾紛，應儘量就報價有效期限做明確規定。

報價人有時因為擬售貨物數量不多，為試銷性質；或貨物滯銷已久，不急於成交；或新產品為拓展市場，希望給予對方充分考慮時間，而未在報價中訂定有效期限，這種未訂有效期限的報價稱為free offer，報價雖未規定有效期限，但一般法例或習慣仍認為應有期限。在對話報價時，被報價人應及時表示接受，否則報價失其效力；在非對話報價時，被報價人應於「合理期間」內表示接受，而有關合理期間的長短，必須依商品種類、雙方當事人距離遠近，以及報價方式而定，但無論如何，這種方式畢竟缺乏具體的標準，因此除非必要，否則最好明確訂定報價的有效期限。

四、報價效力的終止

報價效力的終止即報價的失效，報價一經失效，報價人即不受其拘束，而被報價人

不得對之表示接受而成立契約。報價失效的主要原因有：

(一) 超過有效期限或合理期限

報價訂有有效期限時，超過該有效期限；或報價未訂有效期限時，超過合理期間，則報價失其效力。

(二) 報價經拒絕

報價一旦經被報價人拒絕，即使其有效期限尚未屆滿，報價也立即失效，被報價人縱然日後對該報價表示接受，契約仍不為成立。依我國民法規定：「要約經拒絕者，失其拘束力。」

拒絕報價的方式並無一定，被報價人若以明白的意思表示拒絕報價，例如：

> We cannot accept.
> We are unable to accept.

則固然為拒絕之意，但被報價人將報價內容擴張、限制或變更而為接受時，是一種反報價（counter-offer），雖未明白表示拒絕該報價，也視為拒絕原報價。

(三) 報價經撤銷

英美法系國家規定，報價原則上是可以撤銷的，因此只要經報價人有效的撤銷，報價即失其效力；但在大陸法系國家規定，報價一經生效即不得撤銷，故報價不因撤銷而失效。

按報價的撤銷（revocation）與撤回（withdraw）不同，前者係指報價已生效時，報價人撤銷報價，使得報價無效的行為；後者則指報價未生效前，報價人以阻止報價發生效力為目的的意思表示。一般大陸法系均規定，撤回通知較原報價通知先到或同時到達者，撤回有效，否則報價業已生效，報價人不得任意撤銷；依英美法系規定，報價原則上不具拘束力，所以不但在報價生效之前可隨時撤回，即使報價已生效，在接受之前，報價人仍可隨時撤銷。

表8-2　報價實例

TAIPEI TRADING CO., LTD.

Taipei, Taiwan

To : New York Trading Co., Ltd.　　　　　　　　　　　　　　　　May 2, 20—

New York, U. S. A.

Dear Sirs:

　　We have received your enquiry of April 25 asking us to offer X'Mas Deco. for shipment to New York and appreciate very much your interest in our product.

　　In compliance with your request, we are pleased to make our offer as follows:

Payment ： by irrevocable sight L/C in our favor.

Shipment： During June 20— subject to your L/C reaches us by end of May 20—

Insurance： All Risks for 110% of invoice value.

Packing ： To be packed in carton.

Validity ： May 20, 20—, our time.

Item	Commodity Description	Quantity	Unit Price	Total Amount
	X'Mas Deco. # M-25 Approx. 15 mm lacqured mushroom 144 pcs in box	10,000 boxes	CIF New York USD4.50	USD45,000.00

Remarks: Quality as per sample submitted to you on April 10, 20—.

　　　　　　　　　　　　　　　　　　　　　　　　　　　　　　Yours very truly.

第三節　還　價

　　還價（counter offer）又稱反報價，是指被報價人對報價內容不完全同意，而提出擴張、限制或變更報價內容的意思表示。因為還價並非接受，所以不能使契約有效成立，在法律上，還價被認為拒絕原要約（original offer）而為新要約，因此，還價使原報價失效，被報價人日後不得再對原報價表示接受。

　　買賣雙方在進行交易磋商時，一方報價，另一方若對其內容不同意，可以提出還價；而一方的還價，另一方若對其內容不同意，也可以再提出還價。一筆交易，往往要

經過還價，甚至一連串的互相還價之後，才成立契約，有時縱然一再報價及還價，最後雙方意思無法一致，也不能使契約成立。

貨物買賣報價的內容通常包括商品名稱、品質、數量、價格、包裝、交貨、付款及保險等條件，被還價人無論是就此等條件的全部或一部分加以擴張、限制或變更，都構成還價的效果，契約都不能成立。但是現代各國判例普遍認為，雖然被報價人變更報價條件，但並未重大變更報價的內容，除非報價人表示異議，否則仍為有效的接受，契約條件以變更之後的內容為準。但對於何謂「重大變更」，則多無明確規定，依我國民法規定：「當事人對於必要之點，意思一致；而對於非必要之點，未經表示意思者，推定其契約成立。關於該非必要之點，當事人意思不一致時，法院應依其事件之性質定之。」

表8-3　還價實例

New York Trading Co., Ltd.

Taipei Trading Co., Ltd.　　　　　　　　　　　　　　　　　　　May 25, 20—
Dear Sirs,

　　Thank you for your offer of May 02. We appreciate the good quality of these articles, but unfortunately your prices to be on the high side for X'mas Deco. of this quality. To accept the price you offered would leave us little profit on our sales since this is an area in which the principal demand is for articles in the medium price range.

　　We like the quality of your goods and also the way in which you have handled our enquiry and would welcome the opportunity to do business with you. May we suggest that you could perhaps make some allowance on your quoted prices that would help to introduce your goods to our customers. If you cannot do so, then we must regretfully decline your offer as it stands.

Yours faithfully.

第四節　接受

　　接受（acceptance）係指被報價人表示願與報價人按報價內容成立契約的意思表示。接受，在我國民法上稱為「承諾」。

一、有效接受的要件

(一) 接受必須由特定的被報價人所做出

確定報價是向特定對象所提出的，所以，只有報價所指定的被報價人或其正式授權的代理人表示接受才有效。任何其他人對報價所做出的接受，報價人不受其拘束，契約並不因而成立。

(二) 以聲明或行爲表示接受

接受必須由被報價人以一定的方式表示出來，表示的方式多以口頭或書面的方式，例如：以口頭或書面答覆：

> We accepted your offer...

但也可依報價的要求或雙方當事人間已經確立的習慣方式所做出的行爲，例如：賣方以交付貨物，買方以支付貨款或申請開出信用狀的行爲表示接受對方的報價。依我國民法規定：「依習慣或依其事件之性質，承諾無須通知者，在相當時期內，有可認爲承諾之事實時，其契約爲成立。」此即以行爲表示接受時，契約依「意思實現」而成立。

(三) 在報價有效期限內接受報價

依大陸法系國家的規定，接受的生效採取「到達主義」，亦即接受的函電必須在報價的有效期限內到達報價人，才能使契約有效成立。因此，若報價訂有接受期限時，接受的通知必須在該有效期限內到達報價人；報價未訂有接受期限時，對話報價，須立即接受；非對話報價，則必須在合理時間內到達。

依英美法系規定，接受原則上亦採「到達主義」，但若以信件或電報方式表示接受時，則採「發信主義」，亦即只要在報價的有效期限內，寄出信件或發出電訊，接受即發生效力。

(四) 接受必須與報價內容一致

被報價人必須對報價內容無條件地全部接受，契約才能成立。因此，對報價內容擴張、限制或變更而做的接受，並非有效的接受，而是還價，它是對報價的拒絕，不能發生接受的效力。

但是，若是對報價內容的變更並非重大變更，則不影響接受的效力。

(五)接受的通知方式必須符合報價所指定的方式

接受的通知方式，原則上並無限制，被報價人可以任何方式爲之。但若報價人在報價中有指定時，則應依其指定的方式表示接受，否則接受無效。

二、逾期接受（late acceptance; delayed acceptance）

若接受通知超過報價有效期限才到達報價人，則稱爲逾期接受。一般而言，逾期接受並不視爲有效的接受，而是一項新報價，因此，除非原報價人同意該項逾期接受，否則契約不成立。依我國民法規定：「遲到之承諾，視爲新要約。」

如果逾期的原因是由於被報價人遲延發出接受，則自應由被報價人承擔遲延的責任，但是如果接受遲到的原因是由於傳遞過程當中的誤失所導致，被報價人往往不知其接受已逾期，爲保護善意的被報價人，我國民法規定：「承諾通知按其傳達方法，依通常情形，在相當時期內可達到而遲到者，要約人應向相對人即發遲到之通知。要約人怠於爲前項通知者，其承諾視爲未遲到。」CISG也有類似規定。因此，無論如何，對於逾期的接受，如不能同意，應立即通知對方，例如：

Your acceptance reached too late (arrived at 5 P. M. 24th), we can not agree.

三、接受的撤回

接受的撤回乃被報價人爲防止接受生效而爲的意思表示。依一般原則，接受的生效採到達主義，因此只要撤回通知較接受早到或同時到達報價人，撤回即爲有效。但在英美法系中規定，以信件或電報爲接受時，係採發信主義，信件或電訊一經發出，接受即已生效，契約也即成立，故接受通知發出之後，再也不得撤回。

如前所述，撤銷與撤回不同，依接受生效的到達主義，接受通知一經到達報價人，契約即告成立，因此接受不能撤銷，如要撤銷，則已屬毀約行爲。

表8-4　接受實例

NEW YORK TRADING CO., LTD.

New York, U. S. A.

To: Taipei Trading Co., Ltd.   May 8, 20—

Taipei, Taiwan

Dear Sirs:

　　We thank you very much for your letter of May 2, 20— offering us 10,000 boxes of # M-25 approx. 15mm lacqured mushroom.

　　After careful perusal of the terms and conditions of your offer, we have found them quite acceptable, therefore, we are enclosing our purchase order No. PO-0508 in duplicate for your signature. Please sign and return one signed copy thereof for our files.

　　We shall apply for the opening of an L/C in your favor within 10 days after we have received the copy of our purchase order duly signed by you.

　　Your prompt confirmation is awaited.

Yours faithfully.

習題

一、是非題

1. （　）實務上，詢價時，除商品價格外，有時還詢問品質規格、數量及交貨條件。
2. （　）詢價對於買賣雙方並無法律上的拘束力。
3. （　）每一筆交易都會經過詢價、報價、還價及接受四個步驟。
4. （　）報價以買方向賣方所發出的較為常見。
5. （　）報價時必須以「offer」字樣，才可視為正式的報價。
6. （　）「We offer subject to our final confirmation」，則該報價為不確定報價。
7. （　）我國民法規定，價目表的寄送，視為報價。
8. （　）各國法律多認為報價人得自由訂定報價的有效期限。
9. （　）還價乃是拒絕原要約而為新要約，因此，還價使原報價失效。
10. （　）被報價人必須對報價內容全部接受，契約才能成立。

二、選擇題

1. （　）附條件的報價（conditional offer）並不視為確定報價，而僅視為　(1)還價　(2)詢價　(3)報價的誘引　(4)接受。
2. （　）若是從起運港至目的港的船期稀少，不易洽得船位，則宜以　(1)We offer subject to alteration　(2)We offer subject to prior sale　(3)We offer subject to shipping space available　(4)We offer subject to export quota available 方式報價。
3. （　）對於還價之效力，何者不正確？　(1)使原報價失效　(2)為新的報價　(3)拒絕原報價　(4)還價無任何法律效力。
4. （　）報價在有效期限內到達被報價人，被報價人也在有效期限內發出接受，但此接受到達報價人時，已經超過報價的有效期限，下列何種處理方式較容易引起糾紛？　(1)不予理會，保持沉默　(2)向對方表示雖其接受之通知逾期到達，但仍同意成立契約　(3)通知對方將考慮此新報價，並盡快答覆　(4)發出遲到通知，表示不同意。
5. （　）以下何種情況不視為報價效力的終止？　(1)超過報價有效期限或合理期

限　(2)報價經拒絕　(3)報價經反報價　(4)對報價的沉默。

6.（　　）以下何種情況不能使契約有效成立？　(1)對報價為還價　(2)對報價為有效的接受　(3)報價人對逾期的接受表示同意　(4)以行為表示接受。

7.（　　）A: What are your terms of payment?

　　　　B: _____

　　　　(1)We usually ask our customers to issue an irrevocable sight L/C in our favor.

　　　　(2)We can deliver them within 15 days after receipt of your confirmation.

　　　　(3)Marine insurance is to be effected by the buyer.

　　　　(4)Seven hundred pieces are our minimum order.

8.（　　）依我國民法規定，接受的撤回通知，在以下何種情形下無效？　(1)撤回通知較接受早到達報價人　(2)撤回通知較接受晚到達報價人　(3)撤回通知與接受同時到達報價人。

9.（　　）依我國民法規定，遲到的承諾，視為　(1)承諾　(2)新承諾　(3)拒絕　(4)新要約。

10.（　　）以下何者不是有效接受的要件？　(1)由特定的被報價人做出　(2)以聲明或行為表示接受　(3)在報價有效期限內接受報價　(4)接受大部分的報價內容。

三、填充題

1. 報價在我國民法上稱為_____，接受在我國民法上稱為_____。

2. 依我國民法規定，當事人就_____及_____互相同意時，買賣契約即為成立。

3. 書面報價又稱為_____，例如：以_____、_____或_____等方式報價者，均為書面報價。

4. 未訂有期限的報價稱為_____，報價雖未規定有效期限，但一般法例或習慣仍認為應有期限，在對話報價時，被報價人應_____表示接受，在非對話報價時，應於_____表示接受，否則報價失其效力。

5. 還價是指被報價人對報價內容不完全同意，而提出_____、_____或_____報價內容的意思表示，在法律上，還價被認為是拒絕_____，而為_____。

四、解釋名詞

1. firm offer
2. counter offer
3. late acceptance
4. conditional offer
5. invitation to offer

五、問答題

1. 何謂報價？有效報價的條件為何？
2. 報價的方法有哪些？並分別說明其效力。
3. 試說明報價效力終止的原因有哪些？
4. 何謂報價的撤回？報價的撤銷？兩者有何不同？
5. 試說明有效接受的要件。

實習

一、某出口商於十月一日發出電報如下：「WE OFFER FIRM FOR REPLY BY OCT. 10 BLEACHED COTTON SHIRTING No.1 1,000 PCS No.2 800 PCS EACH USD 10.50 AND USD 9.50 BOTH FOB KEELUNG」，進口商接到上述電報後，乃於十月三日發出如下電報：「YOURS 1ST ACCEPTED BLEACHED COTTON SHIRTING No.1 1,000 PCS USD 10.50 PER PC FOB KEELUNG」，出口商收到上述電報後，認為進口商未就其全部（兩批）接受，乃拒絕其接受，契約不成立，進口商則以為並沒有兩批都接受之理，契約應就No.1 1,000 pcs.部分有效成立，於是發生爭執。

　▶討論：

1. 進口商的主張有理，或出口商的主張有理？為什麼？
2. 出口商的報價是否有缺失？

二、出口商甲於十月一日向國外進口商發出如下電報：「WE OFFER GOOD UNTIL OCT 31 1,000 DOZENS LADIES 2-FOLD NYLON UMBRELLAS SAMPLED AUG 10 USD 18 PER DOZEN CIF NEW YORK...」，進口商於

十月四日回電如下：「YOURS 1ST WE COUNTER OFFER... USD 17 PER DOZEN CIF NEW YORK...」，出口商於十月五日覆電如下：「YOURS 4TH REJECTED PRICE ADVANCING...」，進口商收到出口商電報後，鑑於行情上漲，乃立即於十月六日發出如下電報：「YOURS 1ST ACCEPTED ORDER AIRMAILING」，出口商收到上述電報後，卻回電：「YOURS 6TH REFUSED NEW PRICE IS USD 19 PER DOZEN CIF NEW YORK」

▶討論：

出口商於十月一日的報價，有效至十月三十一日，而進口商於十月六日接受其報價，契約是否有效成立？出口商拒絕接受進口商的訂貨，是否合理？為什麼？

三、試依下列資料為Taipei Trading CO., Ltd.填製報價單：

1. 被報價人：New York Trading Co., Ltd., World Trade Center, New York, N. Y., U. S. A.

2. 報價地點、日期：臺北、本年11月30日

3. 報價單編號：TTC-1234

4. 商品名稱：白雪牌滑石粉（Talc Powder, Snow White Brand）

5. 品質規格：白度90%以上，作為化妝品（cosmetic）之用，篩孔（mesh）325

6. 數量：500公噸，得有10%的伸縮

7. 價格：每公噸83美元，基隆港船上交貨價

8. 包裝：以三層牛皮紙袋包裝，每袋淨重50公斤，中層裹以防水布（middle ply coated with tarpaulin）

9. 付款：憑第一銀行開出以賣方為受益人的不可撤銷、保兌、可轉讓、即期信用狀，且須在接受報價後30天內開達賣方

10. 交貨：收到正確信用狀後60天內裝運，允許分批裝運，允許轉運

11. 保險：由買方自理

12. 檢驗：以生產廠商的檢驗證明為準，買方如有要求其他任何檢驗，由買方付費

13. 匯率風險：如有任何匯率變動，風險由買方負擔

14. 有效期限：本報價有效至臺北時間，本年12月31日

四、接第三題，紐約進口商於接獲報價單後，認為所報價格過高，希望出口商能對所報價格略予減低，並要求以獨立公證行所出具公證報告為品質證明，公證費用由賣方負擔，匯率變動風險由雙方平均負擔，其餘條件可接受，請代紐約進

口商向臺北出口商還價。

五、請就所附答案選項，將適當的英文代號，依序填入本詢價信的空格之中：

XYZ & CO. A/S

Alsvej 5, DK-8900 Randers, Denmark DK-8900

Telephone: +45 87 11 22 33

TO: ABC Trading Corp.   DATE: March 7, 20XX

Dear Sirs

We appreciate the information you have so kindly furnished us on Mar.2. We are glad to learn your desire of establishing business relations with us.

After studying your catalog carefully, we found the JOYCE brand #L246 and #O135 housewares for bathroom are quite _____①_____ for the Danish market. We would like to place an _____②_____ for _____③_____ during May 20XX.

Please kindly check and inform by return if you are able to supply and _____④_____ us your best _____⑤_____ for these items on the basis of CIF Copenhagen with details about packing, insurance and means of _____⑥_____ .

We would like to have some samples for further evaluation. Please kindly arrange to send us as soon as possible. We will pay you the sample _____⑦_____ if needed.

Your immediate and careful _____⑧_____ to this matter would be highly appreciated. We look forward to your favorable _____⑨_____ .

Very _____⑩_____ yours

XYZ & CO. A/S

Etele Baráth

Manager

答案代號	答案語群	答案代號	答案語群
A	enquiry	I	payment
B	reply	J	cartons
C	order	K	delivery
D	highest	L	demand
E	assortment	M	prices
F	terms	N	attention
G	suitable	O	sincerely
H	quote	P	charges

① _____ ② _____ ③ _____ ④ _____ ⑤ _____ ⑥ _____ ⑦ _____ ⑧ _____ ⑨ _____ ⑩ _____

六、請就所附答案選項，將適當的英文代號，依序填入本報價信的空格之中：

ABC TRADING CORPORATION

8F, NO.88, SEC.8, DA-AN RD., TAIPEI 106, TAIWAN, R.O.C.

TEL: 886-2-87654321

To: XYZ & Co. A/S   Date: March 12, 20XX

Dear Sirs,

Thank you for your letter _____①_____ for our JOYCE brand housewares. Based on your requirement, we are glad to inform you that we can supply #J123 and #O456 with the favorable _____②_____ as bellow:

JOYCE BRAND HOUSEWARE:

\# L123   USD 35.00 / set CIF Copenhagen

\# O456   USD 45.00 / set CIF Copenhagen

Packing: To be packed in export cartons of one set each, 100 cartons to be packed in a 20' _____③_____ .

Shipment: Shipment is effected during May 20XX on the _____④_____ that the relevant L/C arrives by the end of 25th April, 20XX.

Payment: Payment shall be made by an irrevocable sight _____⑤_____ in our favor. _____⑥_____ : For 110% invoice value covering _____⑦_____ and War Risk.

This quotation is _____⑧_____ until Mar. 20, 20XX.

You will find that the prices quoted are very _____⑨_____ and in case you need more information, we will be glad to answer you at any time. We are looking forward to receiving an _____⑩_____ from you.

ABC TRADING CORP.

Jenny Wang

Sales Manager

答案代號	答案語群	答案代號	答案語群
A	valid	H	ICC(A)
B	contract	I	reasonable
C	expensive	J	offer
D	container	K	inquiring
E	quotation	L	Letter of Credit
F	carton	M	order
G	condition	N	insurance

① ____ ② ____ ③ ____ ④ ____ ⑤ ____ ⑥ ____ ⑦ ____ ⑧ ____ ⑨ ____ ⑩ ____

進出口契約書的簽立

第一節　簽立進出口契約書的意義

　　買賣雙方在進行交易磋商時，無論是採用書面或口頭的方式，只要一方的報價經另一方為有效的接受，即可成立法律上有效的契約，雙方是否於事後簽立買賣契約書，並不影響契約的成立。換言之，買賣契約書並非契約成立的要件，依據契約自由原則，只要當事人意思合致，契約即告成立，在法律上，通常不設固定的契約方式，契約可以任何方式證明。但是在國際商品買賣中，由於契約條款關係雙方權益至鉅，一般都有簽立書面的買賣契約，此乃由於書面契約具有以下重要意義：

一、契約書可作為契約成立的證明

　　買賣雙方在進行交易時，經常以電子郵件或國際電話接洽，報價與接受時所用的書面文字紀錄或電話錄音，都是契約成立的證據，但是以口頭磋商達成的交易，如果沒有書面或錄音，則難以證明契約的成立。因此，以口頭磋商成立的契約，若不以契約書的方式加以確定，將因為不能舉證而無法獲得法律的保障，而即使是以書面方式磋商成立的契約，也多會於契約成立後另行簽立書面契約，以作為契約成立的證明。

二、契約書有時是契約生效的要件

　　前曾述及，契約書的簽立並非契約成立的要件，並且契約書並不限定其格式或名稱，這是僅就一般情形而言。如果買賣雙方曾於事前約定，或法律上有規定契約的成立必須簽訂書面契約書，則即使雙方已對契約內容達成一致的合意，在書面契約簽訂之前，契約仍不算是有效，在此情形，簽訂契約書就成為契約生效的要件。

三、契約書可作為履行契約的依據

國際貿易中，進出口程序的進行涉及企業內外的眾多部門，過程及手續也比較複雜，口頭達成的契約，若不以書面方式詳載其條件，幾乎無法履行，即使是以信函或電訊等方式達成的交易，若不將分散在多份往來函電中有關雙方協商一致的條件，集中歸納到一份書面契約當中，雙方恐怕也難以掌握確定的契約條件，而做到確實的履行。因此，無論是以口頭或書面所達成的契約，若能將合意的內容，明確地載於書面的契約中，則對於釐清雙方權利義務，並為契約的履行提供詳實的依據，將具有重要的意義。

第二節　簽立進出口契約書的方式

一般而言，國際貿易契約書的格式及名稱，多無特定的限制，契約書（contract）、確認書（confirmation）、協議書（agreement）或備忘錄（memorandum）均有使用，其中，採用契約書或確認書者較為常見。

一、契約書

契約書的簽立方式有二：

(一) 雙方共同簽立

即由買賣雙方互派代表會同起草製作，並且當場簽署。通常製作兩份，簽署後雙方各執一份。

(二) 單方草擬製作，經對方簽署

由買方或賣方先行起稿製作，通常也是製作兩份，於兩份上面簽署後寄交對方，對方於審核無誤後，也在兩份上簽署，保留一份，將另一份寄回。

以此方式簽立的契約書，多以契約書作為名稱，例如：買賣契約書（sales & purchase contract）或輸出入契約書（export & import contract）。

二、確認書

契約成立後，由買方或賣方將契約內容以書面方式製成確認書，寄交對方，以確認交易的條件。其方式也是寄出兩份，請對方簽署後寄回一份，由雙方各執一份。由於具備契約書的型式，故與契約書有同等的效力。

這種確認書，若是由買方製作者，稱為購貨確認書（purchase confirmation; confirmation of purchase）；由賣方製作者，稱為售貨確認書（sales confirmation;

cofirmation of sales）。有時，買方於契約成立後，以訂單（order; order sheet; indent）寄交賣方，確認交易內容，該訂單若經雙方簽署，也具有契約書的效力。

買賣雙方在進行交易磋商時，通常僅就契約中有關貨物名稱、品質規格、數量、價格、交貨、付款、包裝及保險等基本條件做協商，至於檢驗（inspection）、索賠（claim）、仲裁（arbitration）、不可抗力（force majeure）或匯率風險（foreign exchange rate risk）等一般條件，往往略而不提，但是在契約成立後，簽立契約書時，爲使買賣雙方的權利義務得以詳盡而明確，除基本條件外，一般條件也都詳列於契約書中。如果契約書是由買賣雙方共同製作簽立的，則可於簽約時針對一般條件當面進行協商，以此方式，由於一般條件是由雙方共同協商，自然較爲公平，不致對一方太不利，或過於偏袒某一方；如果契約是由單方草擬製作的，則一般條件多由製作的一方自行擬定，如此，則製成的契約書或確認書內容難免有利於製作的一方，而不利於另一方，以此方式，相對的一方應謹慎研讀契約條件，一旦發現問題，即提出修改要求，俟全部條件均可接受再簽署，以確保權益。

第三節　進出口契約書內容及實例

一、進出口契約書內容結構

契約書內容的結構，雖然由於交易性質以及交易條件的不同而有差別，但是簡明、完整爲製作契約書時應該掌握的基本原則，進出口契約書一般的構成項目有：

(一) 契約名稱（title）

契約書不一定要有名稱，即使有名稱，也不限定應以何爲名稱，舉凡agreement、contract、confirmation、order sheet等，都可以作爲契約名稱。不過，既然要冠上契約名稱，就應該安上恰當的名稱，以求名副其實，有時更將貨品名稱也一併標示出來，例如：

Sales Agreement for Calculator

(二) 前文（preamble）

契約書的前文即其開頭部分，通常載明以下各項內容：(1)簽約日期；(2)簽約當事人名稱及其地址；(3)簽約地點。

(三) 本文（body）

本文爲契約最重要的部分，通常由以下各項目所構成：

1.定義條款（definition clause）：在契約書中如果某些用語一再出現，爲簡化契約書內容，以簡稱代替該用語；或者有些用語定義模糊不明確，爲免解釋上發生歧見，將其意義加以界定，均設定義條款，例如：

The term "Net Selling Price" means...

The term "K" means...

2.基本條款（basic condition）：即進出口契約中的主要條款，包括商品名稱、品質、數量、價格、交貨、付款、包裝及保險等條款，基本條款於第六章已述及，不再贅述。

3.一般條款（general terms and condition）：即一般契約書通常共有的記載事項，進出口契約的一般條款包括以下各項：

(1) 契約有效期限（duration; period of contract）。

(2) 檢驗條款（inspection）：檢驗項目、檢驗時地、檢驗機構、檢驗方法、檢驗費用的負擔及檢驗報告的效力。

(3) 索賠條款（claim）：解決索賠的原則、提出索賠的期限、提出索賠的通知方法、應提出的證明文件及賠償的方式。

(4) 仲裁條款（arbitration）：仲裁的範圍、仲裁地、仲裁機構、仲裁人的選定方式及仲裁費用的負擔。

(5) 不可抗力條款（force majeure）：不可抗力事故的種類、通知的期限及方法、應提出的證明文件、可免責事項及善後處理方式。

(6) 智慧財產權（intellectual property right）：智慧財產權的範圍及侵犯智慧財產權的免責規定。

(7) 違約及解約權條款（breach and cancellation of contract）：可解約的事由及行使解約權後的賠償問題。

(8) 其他條款：諸如匯率變動條款、準據法條款、稅捐條款及契約修改條款等。

以上所列乃常見的進出口契約一般條款，至於買賣雙方究應約定哪些一般條款，以及約定的內容爲何，均無一定限制，端視商品種類、交易性質以及買賣習慣而定。

(四) 結語（witness）

契約書本文之後所記載的結尾文字，除應由當事人簽署外，有時尚加以封印。

二、契約書實例

　　茲以第八章所述有關X'Mas Deco.的交易，各舉售貨確認書、訂單及契約書實例，如下：

表9-1　售貨確認書實例

TAIPEI TRADING CO., LTD.

Taipei, Taiwan

New York Trading Co., Ltd.　　　　　　　　　　　　　　Date: May 8, 20—

New York, U. S. A.

SALES CONFIRMATION

Dear Sirs,

　　We confirm having sold to you the following merchandise on terms and conditions set forth below:

Article　　　　: X'Mas Deco.

Specification: #M-25 approx. 15mm lacquered mushroom.

Quality　　　 : as per sample submitted to you on April 10, 20—.

Quantity　　　: 10,000 boxes

Unit price　　 : USD4.50 per box CIF New York.

Amount　　　: USD45,000.00

Packing　　　: 144 pcs. to a box, 100 boxes to a carton.

Mark　　　　:

New York

C/No. 1-100

Shipment　　 : During June 20— subject to acceptable L/C reaches us by the end of May 20—.

Payment　　 : by irrevocable sight L/C in our favor.

Insurance　　: All risks for full invoice amount plus 10%.

Remarks　　 : Please open L/C advising through First Commercial Bank, Taipei.

　　　　　　　　Cheng Tung Branch.

Confirmed by:　　　　　　　　　　　　　　　　　　Yours faithfully,

(buyer)　　　　　　　　　　　　　　　　　　　　TAIPEI TRADING CO., LTD.

　　　　　　　　　　　　　　　　　　　　　　_____

　　　　　　　　　　　　　　　　　　　　　　manager

表9-2　訂單實例

NEW YORK TRADING CO., LTD.

New York, U. S. A.

Messrs. Taipei Trading Co., Ltd.   Date: May 8, 20—

Taipei, Taiwan   Order No.: PO-0508

ORDER SHEET

Dear Sirs,

　　We have the please to order from you the following goods on the following terms & conditions:

Quantity	Description	Unit Price	Amount
10,000 boxes (1,440,000 pcs.)	X'Mas Deco. #M-25 Approx. 15mm lacquered mushroom	CIF New York USD4.50/box	USD45,000.00

Payment : by irrevocable sight L/C

Shipment: During June 20— subject to L/C reaches you by the end of May 20—.

Insurance: All risks for full invoice amount plus 10%.

Packing　: 144 pcs. in box

　　　　　　100 boxes in carton.

Marks　　:

New York

C/No. 1-100

Remarks : Quality as per sample submitted by you on April 10, 20—. Certificate of quality inspection & shipment sample to be sent by airmail prior to shipment.

　　We are going to instruct our bank to issue an L/C for the amount of this order. You will receive it soon.

Confirmed by: Yours truly,

(seller)   NEW YORK TRADING CO., LTD.

_____

manager

表9-3　契約書實例

CONTRACT

　　This cntract (is) made in Taipei this eighth day of May 20—by Taipei Trading Co., Ltd., a Taiwanese Corporation having its registered office at 100, Chung Shan N, Road, Sec. 2, Taipei, Taiwan, Republic of China (hereinafter call "Seller"), and New York Trading Co., Ltd., an American Corporation having its registered office at 200 Wall St., New York, N. Y., U. S. A. (hereinafter call "Buyer"). It is mutually agreed as follows:

1. COMMODITY: X'Mas Deco. # M-25 approx. 15mm lacquered mushroom
2. QUALITY: as per sample submitted to Buyer on April 10, 20—.
3. QUANTITY: 10,000 (Ten thousand) boxes only.
4. UNIT PRICE: US$4.50 per box CIF New York.
5. AMOUNT: US$45,000.00 (Say US Dollars forty five thousand only).
6. PACKING: 144 pcs. to a box, 100 boxes to a carton.
7. MARK:

New York
C/No. 1-100

8. SHIPMENT: To be shipped during June, 20— subject to acceptable L/C reaches Seller by the end of May, 20—.
9. PAYMENT: By irrevocable sight L/C in Seller's favor.
10. INSURANCE : Seller shall arrange marine insurance covering A. R. for full invoice amount plus 10%.
11. INSPECTION: Inspection by independent surveyor at port of shipment shall be final.
12. CLAIMS: The Seller shall not be liable for any claims unless they are made within 14 days after receipt of the goods. Goods must not be returned except by permission of Seller.
13. ARBITRATION: Any controversy under this contract or arising out of or for breach of or in relation to this contract may be refer to arbitration in Republic of China, in accordance with the rule of the Arbitration Association of R. O. C. The award of the arbitration shall be final and enforceable.
14. FORCE MAJEURE: Neither party shall be liable in any manner for failure or delay to perform all or part of this contract due directly or indirectly to fires, floods, earthquakes, tempests; strikes, lockouts, and other industrial disputes; mobilization, war, threat of war, riots, civil commotion, hostilities; blockade, requisition of vessels, prohibition of export and any other causes beyond the control of the parties hereto.
15. PROPER LAW: This contract shall be governed by the laws of the Republic of China.

　　IN WITNESS WHEREOF, the parties have executed this contract in duplicate by their duly authorized officers or representatives as of the date first above written.

BUYER　　　　　　　　　　　　　　　　　　　　SELLER
NEW YORK TRADING CO., LTD.　　　　　　　　TAIPEI TRADING CO., LTD.

_____　　　　　　　　_____
manager　　　　　　　　　　　　　　　　　　　manager

習題

一、是非題

1. （　　）除特殊情況外，買賣契約書並非契約成立的要件；換言之，買賣雙方是否簽立買賣契約書，並不影響契約的成立。

2. （　　）一般而言，國際貿易契約書的格式及名稱，多無特定的限制。

3. （　　）如果契約書是由單方草擬製作的，則基本條件多由製作的一方自行擬定。

4. （　　）一般條款即一般契約書通常共有的記載事項，例如：仲裁條款與不可抗力條款等。

5. （　　）契約前文條款為契約最重要的部分。

二、選擇題

1. （　　）以下何者不是貿易契約書應具備的條件？　(1)經買賣雙方簽署　(2)以契約書為名稱　(3)載明商品名稱、品質、數量、價格、交貨及付款等基本條件　(4)買賣雙方各執一份。

2. （　　）對於天災人禍等偶發事故所造成損失責任歸屬與處理，一般係規定於契約中的　(1)arbitration clause　(2)force majure clause　(3)claim clause　(4)proper law clause。

3. （　　）契約書如果某些用語一再出現，為簡化契約書內容，以簡稱代替該用語，或者有些用語定義模糊不明確，為避免解釋上發生歧見，將其意義加以界定，均設定　(1)基本條款　(2)一般條款　(3)定義條款　(4)前文。

4. （　　）契約中類如以下條款「IN WITNESS WHEREOF, the parties have executed this contract in duplicate by their duly authorized officers or representations as of the date first above written.」是屬於　(1)前文條款　(2)定義條款　(3)一般條款　(4)結語條款。

5. （　　）在國際貿易中，若擔心貨物的輸出或輸入因外匯管制或貿易管制而受限制，則應於契約中表明　(1)subject to export or import declaration available　(2)subject to shipping space available　(3)subject to approval of export or import license　(4)subject to safe arrival of goods at port of shipment。

三、填充題

1. 進出口契約書一般的構成項目有_____、_____、_____與_____。

2. 貿易契約書的簽立方式有_____及_____兩種，以此方式簽立的契約書，多以「買賣契約書」或「輸出入契約書」作為名稱。

3. 貿易契約書的本文乃契約最重要的部分，通常由_____、_____及_____等三個項目所構成。

4. _____條款又稱偶發事故條款，係指人力所無法抗拒的強制力量，包括天災與人禍。

5. 基本條款是貿易契約中最基本且最主要的事項，包括商品名稱、_____、_____、_____、_____、_____及_____等條款。

四、解釋名詞

1. sales confirmation

2. definition clause

3. intellectual property right

4. force majeure

5. order

五、問答題

1. 說明貿易契約書的重要性。

2. 說明貿易契約書的簽立方式，並比較兩者優劣。

3. 何謂確認書？確認書是否可作為買賣契約書之用？為什麼？

4. 說明貿易契約書的內容結構。

5. 何謂基本條款？何謂一般條款？當基本條款與一般條款發生牴觸或矛盾時，應以什麼條款為優先？

實習

一、全達貿易公司擬向美國購買機械零件，但全達公司在向美國供應商發出訂單後，對方卻不予簽認，而改寄一份附有該公司銷售標準條款的確認書予買方，

全達公司雖對賣方所寄的確認書內容條款有一些不能同意之處，但雙方均未再就買賣條件協商確定，全達公司也請銀行開出信用狀給出口商，嗣後倘因交貨不符，發生貿易糾紛，究應以買方訂單條款、賣方銷售條款或信用狀條款爲準？

二、在船期不多的地區，如中南美洲及非洲經常發生如下情形：

貿易契約上規定於接到信用狀後若干天內裝船，然在該期限內，根本無船期或是船期最近班次在甫接信用狀時，下班船期則已超過有效裝船期限，貿易商不知何時將接到信用狀，接到信用狀時又恐無適當船期，不知交貨好，還是不交貨好，試問出口商該如何在契約上加上何條款以保護自己？

三、試依本書第八章實習第三題的報價單，擬具一份訂購單（order），並以賣方身分，對買方所發訂購單，擬具一份售貨確認書（sales confirmation）。

四、請依據下列甜心貿易公司（Sweet Heart Trading Co., Ltd.）與國外客戶往來的五封信函的內容，填製售貨確認書：

Mail 1

Dear Sirs,   June 20, 20XX

We acknowledge with many thanks the receipt of your letter dated June 15, 20XX.

As you requested, we are glad to enclose our latest catalogue along with quotation on CFR Dubai basis for your reference. Our products have been exporting to all over the world for more than 20 years, we got lots of orders from our customers every years. Therefore we believe that you are able to obtain more benefits from selling our valuable products. If you find any items interesting, please don't hesitate to contact us immediately, we assure you of our best service at all times.

We are looking forward to establishing business relationship with you in the near future and hoping to hear from you soon.

Sincerely yours,
Sweet Heart Trading Co., Ltd.

Mail 2

Dear Sirs,   July 2, 20XX

Your letter of June 20 has been received by us.

However, we regret to inform you that we are not in a position to accept your offer on these terms. We are obtaining the same quality through another channel at a price 10% less than you quoted us. If you can reduce the price to USD 8.00 /set for item no. AAA, it is possible for us to place an order for 2,000 sets of this item.

We are awaiting your early reply.

Yours faithfully,
Lovely Gift International

Mail 3

Dear Sirs,   July 8, 20XX

We regret to hear that you can not accept the price we quoted.

After we carefully checked your ideal price, we would specially reduce 5% for the trial order to express our sincerity.

As you know, the labor cost and ocean freight have been increased more than 10%, in fact, the price we requoted above is already our cost.

Please take this matter into your consideration and we look forward to hearing from you soon.

Best regards,
Sweet Heart Trading Co., Ltd.

Mail 4

Dear Sirs,   July 12, 20XX

Thank you very much for your letter of July 8. We accept your price and would like to place an order with you for 2,000 sets at USD 8.15 per set.

Please kindly send us your Proforma Invoice so that we can open an irrevocable L/C at sight to you. Meanwhile, we hope the shipment can be effected before Aug. 20 from Taiwan to Dubai. Concerning the shipping mark, please write LG(in Tri.)/Dubai/ No.1-up.

If this initial order turns out satisfactory, we shall be able to give you a large order in the near future.

Best Regards,
Lovely Gift International

Mail 5

Dear Sirs,   July 18, 20XX

Thank you for your order No. 135 for Gift Sets(# 123 Plush Toy and Chocolate), and we are pleased to confirm the order as per our enclosed Proforma Invoice No. 246 together with Sales Confirmation No. 642.

We will arrange the shipment according to your instruction upon of your L/C, please also note that the packing is 10 sets /ctn.

Looking forward to receiving your L/C very soon.

Sincerely yours,
Sweet Heart Trading Co., Ltd.

Sweet Heart Trading Co., Ltd.

Taipei, Taiwan

SALES CONFIRMATION

No. _____   Date: July 18, 20XX

Messrs: _____

We confirm the following sale to you on the terms and conditions set forth below and on the reverse hereof:

Item	Description and Specifications	Quantity	Unit Price	Amount

Say total US Dollars _____ only.

Packing:

Payment:

Shipment:

Insurance:

Shipping mark

Agreed and Accepted by: Sweet Heart Trading Co., Ltd.

_____   _____

Buyer Signature   Seller Signature

（Please return one to seller as soon as possible after your signature）

進口簽證

第一節 概 論

　　進口簽證（import licensing）係指進口廠商依規定向指定機構申請核發輸入許可證（Import Permit, Import Licence, I/P, I/L）而言。

　　實施貿易管制的國家，大多規定廠商進口貨物之前應先辦理進口簽證手續。就我國而言，為落實貿易自由化，對於貨物進出口的管理方式，係採取「原則准許，例外限制」的原則，即除表列貨品進口應申請簽證外，其餘貨品均可免證進口；簡言之，即原則免證，例外簽證，並持續開放不符國際規範的貨品管制措施，逐年增加免證進口貨品項目，目前須簽證進口貨品項目約1%，可免證進口貨品項目約99%。

第二節 限制輸入貨品表

　　依我國貿易法、貿易法施行細則及貨品輸入管理辦法的規定，我國的貨品輸入管理係採取原則准許，例外限制的方式，亦即原則上准許自由輸入，但因國際條約、貿易協定或基於國防、治安、文化、衛生、環境與生態保護或政策需要，得予以限制輸入。限制輸入的貨品名稱及其有關規定，由經濟部公告之，經公告的清單為「限制輸入貨品表」，即所謂「負面列表」，凡進口表內貨品者，應依規定申請進口簽證，而進口表外貨品者，則可免證進口。

一、限制輸入貨品表內貨品

依規定應取得輸入許可證，始得輸入。限制輸入貨品表又分為：

(一) 第一表

為管制輸入貨品。列入此表的貨品，非經國際貿易局專案核准發給輸入許可證，不得輸入。

(二) 第二表

為有條件准許輸入貨品。列入此表的貨品均有其一定的核准條件，進口人應依表內所載輸入規定（如須檢附主管機關同意文件等），經國際貿易局核發輸入許可證後，始得輸入。

二、限制輸入貨品表外貨品

非屬限制輸入，出進口廠商申請輸入時，可免除輸入許可證，逕向海關申請報關進口。其情況又可分為以下兩種：

(一) 海關協助查核輸入貨品表內貨品

雖可免證進口，但其他法令另有管理規定，須由有關主管機關核發許可文件或證照始得輸入者，另編訂「海關協助查核輸入貨品表」，列入此表內的貨品，應依表列輸入規定辦理，海關始准免證通關放行。

(二) 自由輸入貨品

海關逕准通關，自由輸入。

茲以表列上述各類貨品項數及占總貨品項數百分比（如表10-1）

表10-1

表別		2023年4月		理由
		CCC項數	%	
限制輸入貨品表 (輸入許可證項目)	表一 (管制輸入)	97	0.79	非經貿易局專案核准發給輸入許可證，不得輸入，一般而言，不准輸入。
	表二 (有條件准許輸入)	37	0.30	符合所載輸入規定即核發輸入許可證，憑證通關輸入。
	合計	134	1.09	
自由輸入 (免除輸入許可證項目)	海關協助查核輸入貨品表	2,244	18.27	其他國內管理法令與輸入有關之規定，委託海關協助查核，海關查核符合規定即准通關輸入。
	其他	9,906	80.64	海關逕准通關，自由輸入。
	合計	12,150	98.91	
總計		12,284	100.00	

資料來源：國際貿易局。

第三節　進口簽證的手續

一、進口簽證機構

　　目前辦理簽發輸入許可證的機構為經濟部國際貿易局或其委託的單位，此外，科技產業園區、科學園區、自由貿易港區或農業科技園區事業，得向各該管理處、局或管理機關申辦。

二、「應簽證」或「可免證」

1. 輸入限制輸入貨品表內之貨品，除其他法令另有規定或經貿易局公告免證者外，應依該表所列規定申請辦理簽證；未符合表列輸入規定者，非經貿易局專案核准，不得輸入。

2. 廠商、政府機關、公營事業及公私立學校輸入限制輸入貨品表外之貨品，免證輸入。

3. 廠商、政府機關、公營事業及公私立學校以外非以輸入為常業之進口人輸入貨品，應辦理簽證。以海運、空運或郵包寄遞進口限制輸入貨品表外之貨品，其FOB價格為USD20,000以下或等值者，得免證輸入。

三、其他規定

1. 進口人申請簽證輸入貨品時，應具備下列書件：
   (1) 輸入許可證申請書全份。
   (2) 依其他相關規定應附繳的文件。

2. 輸入許可證的有效期限及延期：
   (1) 輸入許可證有效期限為自簽證之日起六個月。
   (2) 輸入貨品應於輸入許可證有效期限屆滿前，自原起運口岸裝運，其裝運日期以提單所載日期為準，提單所載日期有疑問時，得由海關另行查證核定之。
   (3) 輸入貨品不能於輸入許可證有效期限內自國外起運者，除經貿易局公告指定的貨品應於期限內輸入不得延期外，申請人得於期限屆滿前一個月內申請延期，每次延期不得超過六個月，延期次數不得超過兩次。

3. 我國目前貨物進出口簽證已採電子作業方式辦理。

習題

一、是非題

1. (　　) 實施貿易管制的國家，對於進口貨物，多須經過簽證的手續。
2. (　　) 進口簽證制度仍為我國目前重要的貿易管理措施之一。
3. (　　) 我國目前進口簽證制度為「正面表列」方式。
4. (　　) 我國目前僅開放進口貨物可辦理電子簽證，出口貨物簽證尚未實施電子化。
5. (　　) 輸入許可證逾期不得申請展延，須註銷重新申請。

二、選擇題

1. (　　) 我國目前需簽證進口的貨品項目占全部貨物的百分比約為　(1)20%　(2)10%　(3)5%　(4)1%。
2. (　　) 輸入許可證有效期限自簽證之日起　(1)30天　(2)60天　(3)3個月　(4)6個月。
3. (　　) 輸入許可證有效期限為6個月，該6個月之截止日係指　(1)商業發票簽發日期　(2)提單所記載自原起運口岸之裝載貨物日期　(3)貨物運抵進口國的日期　(4)進口報關日期。
4. (　　) 以下何者不是我國目前辦理進口簽證的機構？　(1)國貿局　(2)科技產業園區管理局　(3)外貿協會　(4)科學園區管理局。
5. (　　) 限制輸入貨品表當中的「表一」，所列的貨物是屬於　(1)管制進口　(2)有條件允許進口　(3)由海關協助查核　(4)自由進出口。

三、填充題

1. 進口貨品應該於輸入許可證有效期限屆滿前，自原輸出口岸裝運，其裝運日期以_____所載日期為準。
2. 依據我國規定，貨物輸入許可證至多可申請延期_____次，每次延期期限不得超過_____個月。
3. 凡依規定限制輸入的貨品，國貿局應就其貨品名稱及其輸入規定，彙編_____，公告辦理。

四、解釋名詞

1. I/P
2. CCC Code

五、問答題

1. 何謂進口簽證？我國目前進口簽證的制度為何？
2. 我國辦理進口簽證的機構有哪些？
3. 請就學習時的情況，查詢資料，將各項數字填入下表。

表　別		項數	百分比
簽證進口項目	表一（管制進口）		
	表二（有條件准許進口）		
免證進口項目	委託查核輸入貨品表		
	其他		

＿＿＿＿年＿＿＿＿月

實習

請查出下列貨品是否需要簽證進口，以及其他的進口規定：

1. 工業用金剛石（鑽石），未加工或僅鋸、劈或磨邊者。
2. 牛肉骨，生鮮或冷藏。
3. 種植用蒜球。
4. 益智玩具。

貿易付款方式之一 ——商業信用狀

第一節　信用狀的定義

信用狀（Letter of Credit，簡稱L/C，又簡稱credit）係銀行（即開狀銀行）應顧客（即開狀申請人）的請求與指示，向第三人（即信用狀受益人）所簽發的一種文據，在該文據中，銀行向該第三人承諾，若該第三人能依該文據所定的條件履行義務，則銀行將對該第三人所簽發的匯票及（或）所提示的單據負兌付的責任。依「信用狀統一慣例」第2條所規定信用狀的定義：

> 信用狀意指任何安排，不論其名稱或措辭為何，其係不可撤銷且因而構成開狀銀行對符合之提示，須兌付之確定承諾。

由此可知，信用狀乃受益人憑以向銀行獲得款項的工具。其中，應注意者有：

1.雖然大部分的信用狀均要求受益人兌取信用狀款項時，必須簽發匯票，但也有規定只須提示單據即可兌款。

2.信用狀交易在本質上係屬於「單據的交易」（documentary transaction），亦即銀行係憑受益人所提示的單據付款。

3.開狀銀行對受益人支付款項的方式，可分為由開狀銀行本身辦理及授權另一銀行辦理兩種。

第二節　信用狀交易流程及其當事人

一、信用狀交易流程

信用狀交易流程，隨信用狀種類的不同而異，以下就作為付款工具的跟單信用狀交易流程說明如下：

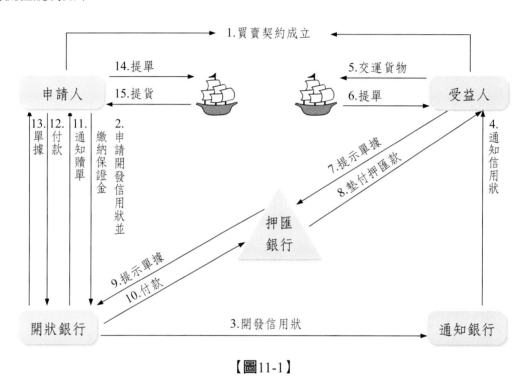

【圖11-1】

1.進口商（即申請人）與出口商（即受益人）簽立買賣契約。

2.進口商依約向銀行申請開出信用狀，銀行於審查並接受其申請後，由進口商繳納規定的保證金。

3.開狀銀行開出信用狀，請出口地的通知銀行代為通知信用狀。

4.通知銀行將信用狀通知受益人。

5.受益人於收到信用狀後，依契約及信用狀的規定，將貨物交給運送人。

6.運送人簽發提單給受益人。

7.受益人取得提單後，備齊信用狀所規定的單據，簽發匯票（或免簽），併同信用狀向押匯銀行提示申請辦理押匯。

8.銀行經審核無誤後，即將押匯金額扣除押匯費用與利息後的餘額墊付給受益人。

9. 押匯銀行將單據寄交開狀銀行。

10. 開狀銀行於審核無誤後，即將款項支付給押匯銀行。

11. 開狀銀行通知申請人前來贖單。

12. 申請人支付扣除保證金後的信用狀餘額及其利息。

13. 開狀銀行將單據交付申請人。

14.～15.申請人於取得單據後，即可憑提單向運送人辦理提貨。

二、信用狀的當事人

　　凡是參與信用狀交易的人，即為信用狀的當事人。依上述信用狀的交易流程看來，信用狀的當事人似乎僅有申請人、開狀銀行、通知銀行、受益人及押匯銀行五者，但事實上，由於信用狀條件的不同，尚有各種可能的其他當事人，不僅如此，上述的通知銀行與押匯銀行並非信用狀交易的必要當事人，也就是說，信用狀的基本當事人為申請人、開狀銀行及受益人，缺一便不成其為信用狀。茲將可能參與信用狀交易的當事人分述如下：

(一) 開狀申請人（applicant for the credit）

　　又稱為opener、accountee、accreditor或account party，即向銀行申請開出信用狀的人。就使用於貨物買賣的信用狀來說，開狀申請人通常就是買方或進口商。

(二) 開狀銀行（opening bank）

　　又稱為issuing bank、issuer或grantor，即依循開狀申請人的要求而開出信用狀的銀行。若買賣契約中未指定開狀銀行，申請人通常向其所在地的往來銀行申請開出信用狀。

(三) 受益人（beneficiary）

　　又稱為accreditee、addressee或favoree，即有權依信用狀條件開出匯票及（或）提示單據要求兌取信用狀款項的人，也就是有權利使用或享受信用狀利益的人。就使用於貨物買賣的信用狀來說，信用狀的受益人通常就是賣方或出口商。

(四) 通知銀行（advising bank）

　　又稱為notifying bank或transmitting bank，即受開狀銀行的委託，將信用狀通知受益人的銀行。開狀銀行通常委託其位於出口地的總分支行或往來銀行擔任通知銀行，但開狀銀行也可逕將信用狀寄給受益人，或將信用狀交由申請人轉交受益人，因此，通知銀行並非信用狀的必要當事人。此外，通知銀行也可再透過另一銀行通知信用狀，該另

一家銀行稱為「第二通知銀行」。

(五) 押匯銀行 （negotiating bank）

又稱為讓購銀行，即循受益人的請求，讓購信用狀項下匯票（或單據）的銀行。若信用狀未指定押匯銀行，則受益人通常選擇其本身的往來銀行辦理押匯。但受益人也可逕向開狀銀行請求付款，而不透過押匯銀行。

(六) 保兌銀行 （confirming bank）

指開狀銀行以外的銀行接受開狀銀行的委託，對於開狀銀行所開出的信用狀加以擔保兌付的銀行。當開狀銀行的信用不明確或開狀銀行所在地國家經濟、政治情況不穩定時，受益人常要求信用狀須經另一家信用卓著的銀行予以保兌。通常保兌銀行多由該信用狀的通知銀行擔任。

(七) 付款銀行 （paying bank）

即信用狀所規定擔任付款的銀行。付款銀行可能是開狀銀行，也可能是開狀銀行所委任的另一家銀行。

(八) 償付銀行 （reimbursing bank）

又稱為補償銀行或清償銀行，指經開狀銀行授權或指示，受理押匯銀行（或付款銀行）的求償，代開狀銀行償付押匯銀行（或付款銀行）墊（付）款的銀行。開狀銀行可能因資金調度或資金集中在國外某銀行，而在信用狀中指定由另一國外銀行代為償付押匯銀行（或付款銀行）墊（付）款，償付銀行與付款銀行所負責任不同，前者無審核單據的義務，故償付銀行依指示或授權償付求償銀行後，開狀銀行對償付銀行即負有無條件補償的責任；而付款銀行則負有審核單據的責任，當付款銀行付款後將單據送往開狀銀行，而開狀銀行發現單據有瑕疵，則開狀銀行得予拒絕，其後果由付款銀行自行承擔。

(九) 受讓人 （transferee）

即從可轉讓信用狀的受益人獲得信用狀的轉讓，而取得使用信用狀權利的人。在可轉讓信用狀，受益人可將信用狀全部或一部分轉讓給第三人，該第三人即為受讓人。受讓人在其受讓權利範圍內，享有簽發匯票（或免簽）請求開狀銀行付款的權利，故又稱為第二受益人（second beneficiary）。

第三節　信用狀的功能

信用狀是國際貿易上使用普遍的付款方式，現代國際貿易的順利進行，得力於信用狀的運用甚多。茲將信用狀在貿易中的功能分別說明如下。

一、從出口商立場言

(一) 信用擔保

信用狀為開狀銀行給予出口商的付款擔保，出口商只要將貨物交運，並提示信用狀所規定的單據，即可獲得開狀銀行的付款。所以，有了信用狀，出口商即不必顧慮進口商失信不付款。

(二) 資金融通

由於銀行的擔保付款，出口商只要依信用狀條件提示規定的單據，即可獲得銀行的付款，不必等進口商付款後才收回貨款，所以有了信用狀，出口商可獲得資金融通的便利。

(三) 提高輸出交易的確定性

買賣契約成立後，必須先由進口商申請開出信用狀，若信用狀已開到且是不可撤銷的，則不僅表示進口商有了履行契約的誠意，並且由於進口商不得片面地修改或撤銷信用狀，因此一旦出口商收到信用狀，則作為信用狀交易基礎的買賣契約也就不能輕易地修改或撤銷。

(四) 外匯保障

在外匯管制國家，原則上進口商必須先獲得外匯當局核准動用所需外匯後，開狀銀行才開出信用狀。因此，有了信用狀，出口商即可免除貨款因進口國外匯管制而被凍結的風險。

(五) 低廉資金的利用

出口商辦理出口貸款時，如有信用狀，則其所適用的利率比無信用狀者為低廉。

二、從進口商立場言

(一) 資金融通

進口商因申請開出信用狀而由銀行授與信用，故進口商僅須先繳納信用狀金額一定

成數的保證金，其餘由開狀銀行墊付，毋須預付全部貨款。

(二) 確定出口商履約時期

信用狀會規定貨物的裝運期限，出口商必須在該期限內裝運交貨，才能獲得付款，因此進口商可以大致確定出口商履行交貨的時期。

(三) 低廉資金的便利

在遠期信用狀的場合，遠期匯票經銀行承兌後，便成為銀行承兌匯票（banker's acceptance），在貼現市場上將可以較優惠的利率貼現，這種貼現息或由進口商負擔，或由出口商負擔而將其計入貨價中，不論如何，進口商均可享受到低利的資金融通，降低其進貨成本，並獲得較多的利潤。

(四) 信用保障

出口商請求付款時，開狀銀行必須對出口商所提供的各種單據詳予審核，符合信用狀條件才予付款，因此只要信用狀條件規定得適當，便可預防出口商以劣貨、假貨、假單據詐騙的風險。

三、信用狀付款的風險

綜上所述，可知信用狀對進出口商的益處甚多，但信用狀不可能解決所有的風險，以信用狀作為付款方式對進出口商而言，仍有以下的風險：

(一) 對出口商而言

出口商收到的信用狀可能有不符契約或在條款中預設圈套的風險、開狀銀行倒閉破產的風險、進口商藉口挑剔單據的瑕疵無理拒付或要求減價的風險、進口地發生政治危機或戰爭而無法收到貨款的風險等等。

(二) 對進口商而言

由於銀行係依據信用狀來讓購、兌付匯票，著重的是單據上的記載是否與信用狀所規定者相符，至於所交付的貨物實際上是否與單據記載相符，則不為所問，因此信用狀條款若規定得不適當，進口商可能遭到賣方以劣貨、假貨充數，或以假單據詐領貨款的風險，或出口商收到信用狀後仍拒不交貨的風險。

第四節　信用狀統一慣例

一、UCP

　　信用狀為國際貿易的重要付款方式，其使用普遍，並且已有相當的歷史，然而迄至目前為止，除了美國之外，幾乎沒有信用狀的國內立法。由於各國各地對於信用狀交易的處理方法未必一致，參與信用狀交易的人，常因而發生爭執。為謀求爭執糾紛減少到最低程度，以發揮信用狀制度的功能，國際商會乃制定了信用狀統一慣例（Uniform Customs and Practice for Documentary Credit，簡稱UCP），作為統一國際間對信用狀處理的方法、習慣、術語解釋，以及各當事人間義務與責任的準則。

　　信用狀統一慣例最早係於1933年制定，之後隨著國際貿易方式及運輸技術的改變，而經多次修訂，現行通用者即為2007年的修訂版，該修訂版由國際商會以第600號出版物公布。信用狀統一慣例目前已廣為全世界所採用，我國亦為採行該慣例的國家之一。

　　雖然信用狀統一慣例有信用狀法（Law of Letter of Credit）之稱，但是並不是國際法，故無強制力，必須在信用狀中載明適用該信用狀統一慣例，則該信用狀統一慣例方能拘束該信用狀各當事人。由於目前信用狀統一慣例的普遍被採用，因此絕大部分的信用狀均載明適用UCP。在此值得一提的是，由於信用狀統一慣例只是一種慣例，信用狀當事人如不欲適用統一慣例中的某些規定，可在信用狀內以加列條款的方式予以排除，加列條款的效力優先於信用狀統一慣例的規定。

二、UCP的補充規範

（一）eUCP

　　由於數位科技的發展，傳統貿易工具將無可避免的從紙本朝向紙本和數位化混合的方向發展，並且最終發展至僅有數位的電子紀錄，信用狀也是如此，目前在信用狀的申請、開發、通知、付款等流程，多數皆已電子化，在單據的提示方面，目前雖仍以紙本或紙本與電子混和的方式辦理，但是電子化的方向已是必然趨勢，因此，以規範紙本提示為主的UCP若應用到電子交易中，將受到一定程度的侷限。

　　為因應商務數位化的發展趨勢，國際商會於2002年制定「信用狀統一慣例補篇：電子提示」（Supplement to the Uniform Customs and Practice for Documentary Credits for Electronic Presentation），簡稱eUCP，補充UCP有關電子單據單獨提示或併同紙本單據提示的效力。目前最新的版本為eUCP 2.0。

關於eUCP的適用，應注意的是：

1. 當信用狀載明適用eUCP時，即使未載明適用UCP，亦同時適用UCP。

2. 當適用eUCP時，在其與適用UCP所產生的不同結果範圍內，應優先適用eUCP。

3. 當受益人：

    (1) 單獨提示電子單據：則適用eUCP與UCP

    (2) 單獨提示紙本單據：則適用UCP

    (3) 合併提示電子單據與紙本單據：則適用eUCP與UCP

(二) ISBP

依據UCP500第13條的規定：「銀行須以相當之注意審查信用狀規定之一切單據，藉以確定該等單據就表面所示與信用狀之條款是否相符。所規定之單據表面與信用狀條款之相符性，應由本慣例所反映之國際間標準銀行實務決定之……」。但是由於各當事人對於所謂「國際間標準銀行實務」認知以及解釋的錯誤或歧異，對於單據是否符合信用狀規定的相關爭議，仍時有所聞。有鑑於此，ICC銀行委員會（Banking Commission）遂於2002年公布「關於審核跟單信用狀項下單據的國際標準銀行實務」（International Standard Banking Practice for the Examination of Documents under Documentary Credits, ISBP），以清單的方式列舉各項信用狀下審核單據的銀行實務，補充UCP的規定。並於2013年修訂新版。

ISBP詳細且具體的規定了UCP所指的作為審單標準的國際標準銀行實務，以補充UCP未明確規定，但實際運作時十分容易產生爭議的部分，作為全球銀行審核信用狀項下單據的統一標準，對於從業人員正確理解和使用UCP，統一和規範信用狀單據的審核實務，進而減少不必要的糾紛等，具有實際指導的重要意義。

ISBP大部分的內容是UCP沒有直接規定的，因此就性質而言，ISBP並不是對UCP的修訂，而是對UCP的補充，解釋單據處理人員應如何應用UCP所反映的實務做法，兩者係相輔相成，單獨使用並不適當，因此開狀銀行並不需要在信用狀中載明適用ISBP，在UCP與ISBP有衝突牴觸時，仍以UCP的規定優先。

第五節　信用狀的種類

一、依信用狀是否要求應提供貨運性單據分類

信用狀依其是否要求應提供貨運性單據,可分為:

(一)跟單信用狀（documentary credit）

指規定向銀行請求付款、承兌或讓購時,必須同時提示貨運性單據的信用狀。所謂的貨運性單據通常係指代表貨物所有權的單據（例如:提單、倉單等）或證明貨物已發送的單據（例如:郵政包裹收據）。此種信用狀是以貨運性單據作為付款、承兌或讓購的擔保,可減低銀行的風險,目前多作為付款工具之用。

(二)無跟單信用狀（documentary clean credit）

又稱為house credit,指規定向銀行請求讓購或兌付時,不要求提供貨運性單據,只憑一張光票（clean bill）即可提示讓購或兌付的信用狀。但有些信用狀在要求匯票之外,尚要求提示一些非貨運性單據（例如:發票等）,此類信用狀亦屬於無跟單信用狀。無跟單信用狀主要係用於商品貨款以外交易的清算,或以擔保為目的而無須提示單據者,例如:擔保信用狀即為典型的無跟單信用狀。但無跟單信用狀也有使用在商品交易上的,由於此種信用狀缺乏貨運性單據的擔保（信用狀通常規定貨運性單據由出口商直接寄交進口商或其他指定對象）,因此開狀銀行的風險甚大,除非進口商有相當的信用基礎,否則銀行不會輕易接受這種信用狀的申請。另一方面,若進口商對出口商缺乏信心,也不會申請開發這種信用狀,因為出口商縱然未交貨或交出與規定不符的貨物,只要開出符合信用狀條件的匯票,開狀銀行即有付款義務,而進口商亦必須無條件補償開狀銀行的墊款。

二、依匯票的期限分類

信用狀依匯票的期限,可分為:

(一)即期信用狀（sight credit）

指規定受益人應開出即期匯票（sight bill; sight draft）,或在提示單據時即可取得款項的信用狀。在即期信用狀下,從受益人向押匯銀行押匯到開狀銀行付款,只要幾天的時間,因此押匯銀行也僅收取幾天的貼現息,對出口商而言,利息負擔並不重。

(二) 遠期信用狀（usance credit）

指規定受益人應開發遠期匯票〔usance bill (draft); time bill (draft)〕的信用狀。出口商根據這種信用狀簽發的遠期匯票，通常可持向押匯銀行請求貼現立即取得票款，押匯銀行再持向開狀銀行請求承兌匯票，押匯銀行於有資金周轉需求時，亦可將該承兌匯票在貼現市場中貼現，而進口商在匯票到期之前，無須向開狀銀行繳付贖票資金，故對買賣雙方均甚方便。

遠期信用狀中，如規定貼現息由賣方負擔者，稱為賣方遠期信用狀（seller's usance credit）；如規定由買方負擔者，稱為買方遠期信用狀（buyer's usance credit）；未做明確規定者，押匯銀行通常視為賣方遠期信用狀，於給付押匯款時，預扣遠期貼現息。

(三) 延期付款信用狀（deferred payment credit）

只要求提示規定單據，承諾於提示單據後一段期日付款，而不要求受益人簽發遠期匯票的信用狀。

【圖11-2】 即期、遠期與延期付款信用狀的區別

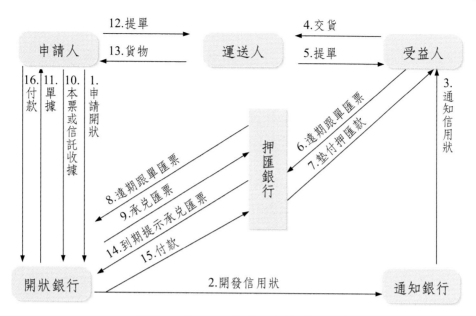

【圖11-3】 遠期信用狀流程圖

三、依信用狀是否經另一家銀行保兌分類

信用狀依其是否經另一家銀行保兌,可分為:

(一) 保兌信用狀（confirmed credit）

指一家銀行開出的信用狀,經另一家銀行加以擔保兌付受益人所簽發的匯票或單據,從而由兩家銀行雙重擔保付款責任的信用狀。由於保兌銀行多由信用卓著的銀行擔任,因此出口商在信用狀經保兌後,可不必再擔心開狀銀行能否履行其兌付責任。

保兌銀行所負的擔保責任不同於一般的保證（guarantee）,保證人通常只在被保證人不履行義務時才代為履行,而保兌銀行則直接向受益人負責,受益人不必先向開狀銀行要求付款遭拒後才找保兌銀行,可直接要求保兌銀行付款。正因為保兌銀行所負的責任,不論在型式或範圍上,均完全與開狀銀行相同,所以銀行為別家銀行就其所開信用狀加以保兌時,除考慮開狀銀行的資信外,有時尚要求開狀銀行提供適當的保證。以下舉一保兌的文句:

This credit bears our confirmation and we engage that drafts/documents presented in conformity with the terms of this credit will be duly honored.

(二) 無保兌信用狀（unconfirmed credit）

即未經其他銀行加以保兌,但仍由開狀銀行對受益人擔保付款的信用狀。

四、依信用狀可否讓購分類

信用狀依其可否讓購，可分爲：

(一) 讓購信用狀（negotiation credit）

即允許受益人將其匯票及單據持往讓購銀行請求讓購，而不必逕向付款銀行提示請求付款的信用狀。這種信用狀對受益人而言，較爲方便，因此目前貿易上使用的信用狀，屬於此類者較多。

(二) 直接信用狀（straight credit）

指規定受益人須將匯票及單據直接持往開狀銀行或其指定的付款銀行辦理兌付的信用狀。由於對受益人較不方便，故這種信用狀較少見，開狀銀行開出這種信用狀，多是由於開狀銀行在出口地頭寸充裕，或是由於信用狀條件較爲特別或複雜，開狀銀行希望由自己或其指定的銀行審查單據。

五、依讓購信用狀是否指定讓購銀行分類

讓購信用狀依其是否指定讓購銀行，可分爲：

(一) 一般信用狀（general或open或freely negotiable credit）

指未特別指定讓購銀行的信用狀。這種信用狀較受出口商的歡迎，因爲出口商可以選擇自己的往來銀行或匯率最佳的銀行請求讓購。

這類信用狀多表明：

This credit is available with any bank by negotiation.

(二) 限押信用狀（restricted或special credit）

指限定由某一銀行辦理讓購的信用狀。開狀銀行開出這種信用狀，多是基於營業政策，指定由其在出口地的總分支行辦理讓購，或是開狀銀行對於出口地某些銀行辦理讓購的能力缺乏信心，因而指定其認爲可靠的銀行爲讓購銀行。

這類信用狀多表明：

This credit is available with XXX bank by negotiation.

在我國，若信用狀指定的讓購銀行並非受益人的往來銀行，則受益人可以轉押匯（re-negotiation）的方式辦理，即由受益人逕向其往來銀行辦理押匯，然後再由該往來銀行向指定押匯銀行辦理轉押匯事宜。在此場合，該往來銀行稱爲第一押匯銀行

（first negotiating bank），而該指定的押匯銀行稱為第二押匯銀行（second negotiating bank），又稱為再押匯銀行（re-negotiationg bank）。

六、依信用狀可否轉讓分類

信用狀依其可否轉讓，可分為：

(一) 可轉讓信用狀（transferable credit）

指受益人（第一受益人）得請求指定銀行，或信用狀可在任何銀行使用的情形下，經特別授權辦理轉讓的銀行，使該信用狀的全部或一部分轉讓給一個或多個第三人（第二受益人）使用。依UCP第38條的規定，開狀銀行在信用狀上特別敘明其係「可轉讓」（transferable）時，該信用狀才可轉讓。此外，除非另有規定，信用狀的轉讓次數以一次為限。所謂「僅限轉讓一次」，並不與信用狀的分割轉讓相牴觸，當信用狀未禁止分批裝運時，信用狀即可分割轉讓給多個受讓人（transferee），例如：分割轉讓給甲、乙、丙各若干，但受讓人甲、乙、丙則不得再將其受讓的部分轉讓給其他人。

開出可轉讓信用狀的原因，大多是由於位居國內供應商與國外進口商之間的出口商，為期信用狀的付款擔保功能延伸到供應商，要求國外進口商申請開出可轉讓信用狀，出口商於收到信用狀後，可將信用狀轉讓給供應商，由供應商負責交運貨物，準備信用規定的單據，並辦理押匯事宜，亦即由供應商就其受讓的部分取得受益人的地位，在此場合，該出口商稱為第一受益人（first beneficiary），而供應商即稱為第二受益人（second beneficiary）。該信用狀則稱為「受讓信用狀」（transferre credit）。

(二) 不可轉讓信用狀（non-transferable credit）

即不可轉讓給他人使用的信用狀。凡信用狀上未明確表示該信用狀為「transferable」的，一律視為不可轉讓信用狀。

七、依信用狀傳遞的方式不同分類

信用狀依其傳遞的方式不同，可分為：

(一) 郵遞信用狀（mail credit）

即以郵遞方式將開出信用狀事宜通知受益人者。以郵遞方式開狀時，其傳遞的方式有三：(1)由開狀銀行委由通知銀行轉知受益人；(2)由開狀銀行將信用狀交給開狀申請人轉寄受益人；(3)由開狀銀行逕寄受益人。其中以第一種方式最為常用，因在第(2)、(3)方式下，受益人無法核對信用狀上的簽章真偽，缺乏保障，故甚少使用。

(二) 電傳信用狀（teletransmission credit）

即以環球財務通訊系統（SWIFT）等電傳方式將開出信用狀事宜通知受益人者。

由於現代通訊科技的發展，多數銀行均以電傳方式開出信用狀。

依UCP第11條的規定：經確認的電傳信用狀或修改書，將視為可憑使用的信用狀或可憑使用的修改書，且任何隨後的郵寄證實書應不予理會。

如電傳載明「明細後送」（或類似意旨的文句），或敘明郵寄證實書始為可憑使用的信用狀或可憑使用的修改書時，該項電傳將不視為可憑使用的信用狀或可憑使用的修改書，開狀銀行須隨後盡速簽發可憑使用的信用狀或可憑使用的修改書，其條款不得與該電傳有所牴觸。

八、轉開信用狀（back-to-back credit）

指出口商憑國外開來的信用狀，向本地銀行申請另開一張以他人為受益人的信用狀。這種信用狀多用於出口商並非貨物真正供應商的場合，當出口商不希望國外進口商知道自己並非供應商，或為避免進口商知道國內供應商的名稱地址而直接接觸時，便可向通知銀行或本地其他銀行憑國外開給自己的信用狀，申請另開一張轉開信用狀給供應商，這一轉開信用狀的金額通常較原信用狀小，有效期限也較原信用狀短，但貨物名稱與品質條件等則一致。供應商接到轉開信用狀後，即可依規定交運貨物，並將所需單據向轉開信用狀的開狀銀行提示請求付款，轉開信用狀的開狀銀行再通知出口商前來替換匯票及發票等，以便寄往國外向原信用狀的開狀銀行求償，同時就供應商與出口商匯票差額，扣除手續費後，將餘款付給出口商，此即為出口商所得的中間利潤。在名稱上，原信用狀稱為「original credit」、「master credit」或「primary credit」，而轉開信用狀又稱為「secondary credit」、「subsidary credit」或「ancillary credit」。

表11-1

	原信用狀	轉開信用狀
申請人	進口商	出口商
受益人	出口商	供應商
開狀銀行	進口地銀行	出口地銀行
信用狀金額	較大	較小
有效期限	較長	較短

　　轉開信用狀的作用與**可轉讓**信用狀很類似，都是將信用狀擔保付款的功能延伸給另一人，但不同的是轉開信用狀必須另申請開發一張信用狀，而可**轉讓**信用狀則直接就原信用狀轉讓即可，手續較為簡便，故當受益人無法取得可轉讓信用狀，或有其他考慮時，才會利用轉開信用狀。此外，轉開信用狀雖係依據原信用狀的內容而開發，但兩者互為獨立，轉開信用狀的受益人可獲得轉開信用狀開狀銀行的付款擔保，但對原信用狀的開狀銀行則無任何請求權可言。

　　茲將轉開信用狀的流程圖示如下：

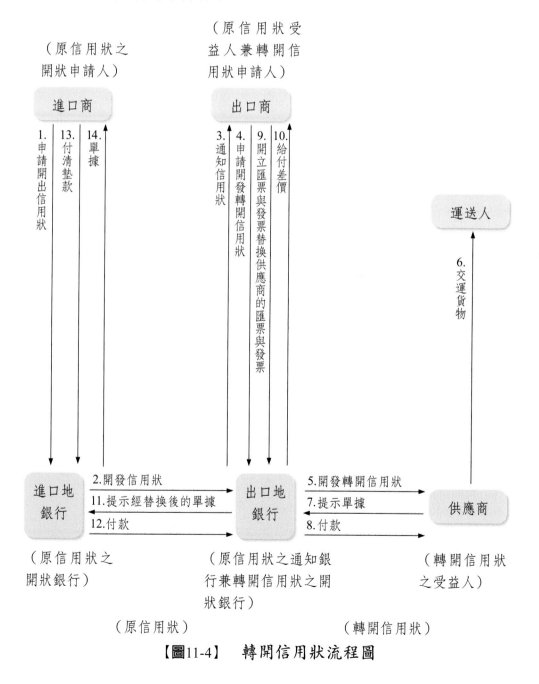

【圖11-4】　轉開信用狀流程圖

九、預支信用狀（anticipatory credit）

指允許受益人在備妥信用狀所規定單據之前，簽發匯票或收據向指定銀行預支一定
金額的信用狀。該指定銀行所墊支的款項，則於日後受益人辦理押匯時扣還，倘若受益
人未能提示單據辦理押匯，也不歸償墊款，則墊款銀行的損失可向開狀銀行要求補償。
由於開狀銀行必須承擔受益人存心詐領墊款的風險，因此開狀銀行於開發這類信用狀之
前，必將要求申請人提供擔保品或在開狀申請書中承諾補償開狀銀行因受益人不歸償墊
款所致的損失。

預支信用狀依其支款條件的不同而有不同的分類，其中最常見者稱爲紅條款信用
狀（red-clause credit），這種信用狀係淵源於過去美國對華的毛皮貿易，由於信用狀上
的預支條款當時係以紅字註明或紅墨水印刷，提醒當事人注意，故稱爲「紅條款信用
狀」，沿用至今。目前所謂的紅條款信用狀，未必眞有一紅色的條款。憑紅條款信用
狀，出口商可於裝運前製成匯票或收據（記載該墊款的用途是用來購買及裝運信用狀規
定的貨物）及承諾書（保證在信用狀到期前交付規定的單據給墊款銀行），向指定銀行
預支一部分款項，待受益人備妥單據向該銀行押匯時，才自押匯款中扣除墊款本息。若
受益人屆期未能償還該墊款，開狀銀行必須保證償還墊款本息。

第六節 信用狀實例

一、茲以所附SWIFT信用狀（見表11-2）說明該信用狀的內容

表11-2

(1)	**Issue of a Documentary Credit**				
(2)	**Received from ATOZ BANK, SINGAPORE**				
(3)	**Destination Bank :**			**(4) Message Type:**	MT700
	BANK OF TAIWAN, SUNGJIANG BRANCH				
(5)	**Sequence of Total**	**27**	1/1		
(6)	**Type of Documentary Credit**	**40A**	IRREVOCABLE		
(7)	**Letter of Credit Number**	**20**	24680		
(8)	**Date of Issue**	**31C**	230807		
(9)	**Date and Place of Expiry**	**31D**	231012 TAIWAN		
(10)	**Applicable Rules**	**40E**	UCP LATEST VERSION		
(11)	**Applicant**	**50**	RED TRADING CO., LTD. ROOM 2209, 22/FL., No. 3 ABC ROAD, SINGAPORE		

（續上表）

(12)	**Beneficiary**	**59**	YELLOW CORPORATION PO BOX 110, TAIPEI, TAIWAN
(13)	**Currency Code, Amount**	**32B**	USD 234,000.00
(14)	**Available with...by...**	**41D**	ANY BANK BY NEGOTIATION
(15)	**Drafts at**	**42C**	30 DAYS AFTER SIGHT FOR FULL INVOICE VALUE
(16)	**Drawee**	**42D**	ATOZ BANK, SINGAPORE BRANCH
(17)	**Partial Shipments**	**43P**	NOT ALLOWED
(18)	**Transhipment**	**43T**	NOT ALLOWED
(19)	**Port of Loading**	**44E**	KEELUNG
(20)	**Port of Discharge**	**44F**	SINGAPORE
(21)	**Latest Date of Shipment**	**44C**	231001
(22)	**Description of Goods or Services**	**45A**	FROZEN YELLOWFIN SOLE WHOLE ROUND (WITH WHITE BELLY) QUANTITY：500MT USD770/MT CIF SINGAPORE
(23)	**Documents Required**	**46A**	

- SIGNED COMMERCIAL INVOICE IN 5 COPIES.
- FULL SET OF CLEAN ON BOARD OCEAN BILLS OF LADING MADE OUT TO ORDER OF SHIPPER AND BLANK ENDORSED, MARKED "FREIGHT PREPAID" NOTIFYING MARK OCEAN FISHING CO., LTD.
- MARINE INSURANCE POLICY IN TWO ORIGINALS, FOR 110 PCT. OF THE INVOICE VALUE. COVERING INSTITUTE CARGO CLAUSES (A) AND INSTITUTE STRIKES CLAUSES (CARGO).
- PACKING LIST IN 4 COPIES INDICATING QUANTITY/GROSS AND NET WEIGHTS OF EACH PACKAGE

(24)	**Additional Instructions**	**47A**	

BOTH QUANTITY AND AMOUNT 10 PERCENT MORE OR LESS ARE ALLOWED.

(25)	**Charges**	**71B**	ALL BANKING CHARGES OUTSIDE THE OPENING BANK ARE FOR BENEFICIARY'S ACCOUNT.
(26)	**Period for Presentation**	**48**	DOCUMENTS MUST BE PRESENTED WITHIN 11 DAYS AFTER THE DATE OF SHIPMENT BUT WITHIN THE VALIDITY OF THE CREDIT.
(27)	**Confirmation Instructions**	**49**	WITHOUT
(28)	**Instructions to the Paying /Accepting/Negotiating Bank**	**78**	ALL DOCUMENTS TO BE FORWARDED IN ONE COVER.

(1) Issue of a Documentary Credit

Documentary Credit即「跟單信用狀」之意，表明本文件的性質為「跟單信用狀的開發」。由此可知：

★ 本信用狀為「跟單信用狀」。

(2) Received from ATOZ BANK, SINGAPORE

通常在SWIFT左上角註明於「received from」之後的銀行名稱即為開狀銀行，因此可知：

★ 本信用狀的開狀銀行為「位於新加坡的ATOZ BANK」。

(3) Destination Bank

從Destination Bank的字面意義「目的地銀行」，可知該銀行即為開狀銀行開出信用狀的收件銀行。由於銀行開狀時，多不會直接開給受益人，而是委請其位於受益人所在地的總分支行或往來銀行擔任通知銀行，故所謂「目的地銀行」即通知銀行。由此可知：

★ 本信用狀的通知銀行為「位於臺北的BANK OF TAIWAN, SUNGJIANG BRANCH（臺灣銀行松江分行）」。

(4) Message Type

SWIFT傳送信息分為很多類，其中MT700係指「跟單信用狀的開發」。由此可知：

★ 本信用狀為「跟單信用狀」。

(5) Sequence of Total

Sequence of Total表明信用狀的頁次順序，若為1/2，意即「共兩頁，此為第一頁」，本例為1/1，由此可知：

★ 本信用狀共有一頁。

(6) Type of Documentary Credit

意即「跟單信用狀的類型」，IRREVOCABLE則係「不可撤銷」之意。由此可知：

★ 本信用狀為「不可撤銷信用狀」。

(7) Letter of Credit Number

意即「信用狀號碼」，各銀行編碼方式都不相同。

★ 本信用狀號碼為「24680」。

(8) Date of Issue

意即「開狀日期」。SWIFT電文的日期表示為：YYMMDD（年月日），由此可知：

★ 本信用狀開狀日期為「2023年8月7日」。

(9) Date and Place of Expiry

意即「有效期限與地點」，即受益人可以使用信用狀的最後期限。為避免因各地時差造成當事人的爭議，有效期限除了註明日期外，通常還會載明係以何地時間為準，本例即是。由此可知：

★ 本信用狀有效日期為「2023年10月12日」，而且是以臺灣時間為準。

有效期限若遇銀行固定休業日（例如：國定假日），可順延至次一銀行營業日。但

若遇銀行因不可抗力事故（例如：颱風、罷工）而休業，則不得順延。

(10) Applicable Rules

意爲「適用規則」，以表明該信用狀所適用的規則。本例適用UCP Latest Version，這也是目前一般商業信用狀最常見的適用規則，由於本信用狀開狀日期爲2023年8月7日（UCP600開始實施日期）之後，由此可知：

★ 本信用狀的適用規則爲UCP600。

(11) Applicant

即「開狀申請人」。由此可知：

★ 本信用狀的申請人爲「位於新加坡的RED TRADING CO., LTD.」。

(12) Beneficiary

即「受益人」。由此可知：

★ 本信用狀受益人爲「位於臺北的YELLOW CORPORATION」。

(13) Currency Code, Amount

Currency Code乃「貨幣代號」之意。Amount乃「金額」之意。常用的貨幣代號有：USD（美元）；EUR（歐元）；JPY（日圓）；GBP（英鎊）等。由此可知：

★ 本信用狀的金額爲234,000.00美元。

(14) Available with...by...

即「信用狀可使用的方式」，Available with之後爲可受理使用該信用狀的銀行，by之後則爲信用狀的使用方式。信用狀的使用方式可分爲：

①付款（by payment）

②延期付款（by deferred payment）

③承兌（by acceptance）

④讓購（by negotiation）

本信用狀載明「Available with any bank by negotiation.」，由此可知：

★ 本信用狀可在任何銀行辦理讓購，屬「讓購信用狀」，且爲「自由讓購信用狀」（亦即「一般信用狀」）。

(15) Drafts at...

意指「匯票期限」。匯票依期限不同可分爲：

表11-3

匯票類別 特性	即期匯票 sight draft；sight bill； demand draft；demand bill	遠期匯票 usance draft；usance bill； time draft；time bill
付款時間	見票即付	未來特定時日付款
付款日的 規定方式	at sight	at xxx days after sight 見票後xxx天付款
		at xxx days after date 開立匯票日後xxx天付款
		at xxx days after B/L date 提單簽發日後xxx天付款
信用狀類別	即期信用狀（Sight L/C）	遠期信用狀（Usance L/C）

本例規定匯票期限爲「draft at 30 days after sight」，由此可知：

★ 本信用狀爲「遠期信用狀」，付款時間爲見票日（即承兌匯票之日）後30天。

FOR FULL INVOICE VALUE 意指匯票金額須與商業發票金額相同，若信用狀規定 FOR 60% INVOICE VALUE，則依商業發票金額的60%簽發匯票。若信用狀未規定匯票金額，依據ISBP，匯票金額應與商業發票金額相同。

(16) Drawee

意即「被發票人」，即匯票的付款人（payer）。信用狀通常係以開狀銀行爲匯票付款人，但也可能指定其他銀行爲付款人。

★ 本信用狀的被發票人（付款人）爲開狀銀行ATOZ BANK,SINGAPORE BRANCH。

(17) Partial Shipments

即「分批裝運」之意，通常本項僅簡單表示允許或禁止。「允許」的用語有 allowed、permitted；「禁止」的用語有prohibited、not allowed、not permitted。本例載明「not allowed」，由此可知：

★ 本信用狀禁止貨物分批裝運。

(18) Transhipment

Transhipment即「轉運」之意，通常本項僅簡單表示允許或禁止。允許或禁止的用語同上述，請參照。本例載明「not allowed」，由此可知：

★ 本信用狀禁止貨物轉運。

(19) Port of Loading

即「裝運港」，表明貨物裝船的港口。由此可知：

★ 本信用狀規定貨物的裝運港爲基隆（KEELUNG）。

(20) **Port of Discharge**

即「卸貨港」，表明卸下貨物的港口。由此可知：

★ 本信用狀規定貨物的卸貨港爲新加坡（SINGAPORE）。

(21) **Latest Date of Shipment**

即「最遲裝運日」或「裝運期限」之意，本例載明231001，由此可知：

★ 本信用狀規定貨物的裝運期限爲2023年10月1日。

本項爲非必要記載項目，若未載明，則以信用狀有效期限（代號31D Date and Place of Expiry）爲裝運期限。同時，不論因國定假日或因不可抗力事故，裝運期限皆不得順延。

(22) **Description of Goods or Services**

即「商品或服務的描述（或說明）」，由於信用狀所處理者爲單據，而非與該等單據可能有關的貨物、勞務或履約行爲，銀行並不檢查貨物，所以一般信用狀都只記載貨物的概略數量與名稱（有時還載明貨物單價），至於詳細的品質或規格則多不載入，以免徒生困擾。頂多在貨物數量與名稱之後加上類如「as per P/I No. xxx」（P/I 即預估發票Proforma Invoice的縮寫）或「as per P/O No. xxx」（P/O 即訂單Purchase Order的縮寫），以示交運貨物的品質規格須與預估發票、訂單或契約書所約定者一致。在本項目的最後，依習慣都會載明買賣雙方所約定的貿易條件。本例規定FROZEN YELLOWFIN SOLE WHOLE ROUND (WITH WHITE BELLY) QUANTITY: 500MT USD770/MT，CIF SINGAPORE。由此可知：

★ 本信用狀規定所應提示的單據須載明交運的貨物爲FROZEN YELLOWFIN SOLE WHOLE ROUND (WITH WHITE BELLY)，貨物數量爲500MT，而單價爲 USD770/MT。

(23) **Documents Required**

即「應提示的單據」，本項可說是信用狀最重要的項目，受益人須確實依據本項規定備妥單據辦理提示，方能獲得付款。一般的商業跟單信用狀多要求應提示商業發票（Commercial Invoice）、包裝單（Packing List）與提單（Bill of Lading），在CIF或CIP條件下，受益人還必須提示保險單（Insurance Policy）或保險證明書（Insurance Certificate）。有些信用狀還可能要求提示產地證明書（Certificate of Origin）、受益人證明書（Beneficiary's Certificate）、公證報告（Survey Report）、檢驗證明書（Inspection Certificate）、重量尺碼單（Weight /Measurement List）、領事發票（Consular Invoice）、海關發票（Customs Invoice）等，不一而足。應該提示哪些單據、各項單據應具備何種內容與份數，必須依個別信用狀的規定。本例要求應提示的單據如下：

表11-4

單據名稱		應具備內容	應提示份數
英文名稱	中文名稱		
COMMERCIAL INVOICE	商業發票	經簽署	5份
OCEAN BILLS OF LADING	海運提單	清潔、裝船、受貨人由託運人指示，以空白背書方式指示，註明運費預付，以MARK OCEAN FISHING CO., LTD.為被通知人	全套
MARINE INSURANCE POLICY	海運保險單	以發票金額的110%為保險金額，投保協會貨物條款(A)，加保協會罷工險條款	2份正本
PACKING LIST	包裝單	載明每件包裝的淨重、毛重與體積	4份

由此可知：

★ 本信用狀要求應提示的提單種類爲：清潔提單（clean B/L）、裝船提單（on board B/L）。此外，由於提單的受貨人須爲指示式，故爲可轉讓提單（negotiable B/L）。

單據份數有時係以文字表示。各份數的英文如下：

表11-5

二 份	三 份	四 份	五 份	六 份	七 份	八 份
duplicate	triplicate	quadruplicate	quintuplicate	sextuplicate	septuplicate	octuplicate

(24) **Additional Instructions**

即「其他指示」。本例的指示事項爲：

★ 裝運貨物的數量與金額得增或減10%。

關於貨物的數量與金額的寬容範圍，UCP600規定如下：

①信用狀有規定：

❶載明明確的寬容範圍：則依信用狀規定。

❷數量或金額之前冠上「about」（約）或「approximately」（大概）：可有增減10%的彈性。

②信用狀未規定：則依其數量單位不同而有別：

❶以包裝單位或個別件數爲數量單位者：這類數量單位可精確計算，例如：PC

（件）、SET（套）、DOZEN（打）等，故若未容許增減，即不得增減。

❷其他數量單位：這類數量單位無法精確計算，例如：重量、長度或容積單位等，雖未容許增減，亦得有增減5%的彈性。但應注意，所動支的總金額不得超過信用狀金額。

本例已載明數量與金額可增減10%，即依其規定。

(25) **Charges**

即「費用」，本項係規定與信用狀相關的銀行費用由申請人或受益人負擔。多數的信用狀都規定，凡進口地以外的銀行費用均由受益人負擔，本例亦同。由此可知：

★ 開狀銀行以外的銀行所收取的費用均由受益人承擔。

(26) **Period for Presentation**

即「提示期限」，本項係規定單據的提示期限。依UCP600，若信用狀未規定提示期限，則應於裝運日後21天內辦理提示，但絕不得遲於信用狀有效期限。本例規定單據應於裝運日後11天內提示，且不得超過信用狀有效期限（即2023年10月12日）。

★ 本信用狀裝運期限爲2023年10月1日，提示期限爲裝運日後11天內，而信用狀有效期限爲10月12日。故只要在10月1日之前裝運，並於裝運日後11天內提示，即不會超過10月12日。

提示期限若遇銀行固定休業日（例如：國定假日），可順延至次一銀行營業日。但若遇銀行因不可抗力事故（例如：罷工、地震）而休業，則不得順延。

(27) **Confirmation Instructions**

即「保兌的指示」，若申請人未於開狀申請書中要求信用狀須經開狀銀行以外的另一家銀行加以保兌，信用狀上即直接表明該信用狀無須保兌，本例載明「without」即是。由此可知：

★ 本信用狀屬「無保兌信用狀」。

(28) **Instructions to the Paying/Accepting/Negotiating Bank**

即「對付款銀行／承兌銀行／讓購銀行的指示」，通常是開狀銀行基於本身作業上的需要，對指定銀行所做的特別指示。本例的指示事項有：

★ 所有的單據須一次寄送，不可分批寄送。

(29) 其他信用狀未載明的要項

信用狀可否轉讓：依UCP600，信用狀須載明「transferable」，方得轉讓。本例未載明，由此可知：

★ 本信用狀爲「不可轉讓信用狀」。

二、茲以所附信用狀（見表11-6）說明該信用狀的內容

1. 開狀銀行：PHILIPPINE BANK OF COMMUNICATIONS。

2. 通知銀行：CITIBANK TAIPEI。

3. 信用狀種類：不可撤銷，可轉讓信用狀。

4. 信用狀號碼：84977。

5. 開狀日期：2023年7月1日。

6. 信用狀有效期限及地點：臺灣時間2023年8月30日。

7. 適用規則：最新版信用狀統一慣例。

8. 申請人：B INDUSTRIAL CORP。

9. 受益人：A INDUSTRIAL CORP。

10. 信用狀金額：42,400.00美元。

11. 信用狀的使用方式：限定於通知銀行辦理押匯。

12. 有關匯票的規定

   (1)匯票期限：由「drafts at SIGHT」得知匯票期限為即期。

   (2)匯票金額：與發票金額相同。

   (3)匯票付款人：開狀銀行。

13. 分批裝運：禁止。

14. 轉運：禁止。

15. 裝運地：TAIWAN。

16. 目的地：MANILA。

17. 裝運期限：2023年8月20日。

18. 貨物名稱、數量：100 MT HARD DRAWN STEEL WIRE。
   貿易條件：CFR MANILA。

19. 應提示單據名稱、份數

   (1)商業發票：三份，由受益人簽署。

   (2)包裝單：二份。

   (3)提單：全套清潔裝船提單，受貨人由開狀銀行指示，註明運費預付，以申請人為提單被通知人。

20. 所有單據上均應載明本信用狀號碼。

21. 銀行費用的分擔：包含償付費用在內的所有發生於菲律賓以外的銀行費用，均由受益人負擔。

22. 提示期限：應於裝運日後10天內提示單據，但絕不得逾本信用狀有效期限。

23. 保兌：不須附加保兌。

表11-6

MT 700 ISSUE OF A DOCUMENTARY CREDIT		
(1) Sender		PHILIPPINE BANK OF COMMUNICATIONS 214-216 JUAN LUNA ST. BINONDO, MANILA, PHILIPPINES
(2) Receiver		CITIBANK TAIPEI 52 SEC. 4 MIN SHENG EAST ROAD, TAIPEI, TAIWAN
Sequence of Total	27	1/1
(3) Form of Doc. Credit	40A	IRREVOCABLE TRANSFERABLE
(4) Doc. Credit Number	20	84977
(5) Date of Issue	31C	230701
(6) Date and Place of Expiry	31D	230830 TAIWAN
(7) Applicable Rules	40E	UCP LATEST VERSION
(8) Applicant	50	B INDUSTRIAL CORP. 245 SAN ROAD MANILA, PHILIPPINES
(9) Beneficiary	59	A INDUSTRIAL CORP. 5TH FL., NO.215 SEC.2 MIN CHUNG EAST ROAD, TAIPEI, TAIWAN
(10) Currency Code Amount	32B	USD42,400.00
(11) Available with/by	41D	ADVISING BANK BY NEGOTIATION
(12) Drafts at	42C	SIGHT FOR FULL INVOICE VALUE
(12) Drawee	42D	ISSUING BANK
(13) Partial Shipments	43P	PROHIBITED
(14) Transhipment	43T	PROHIBITED
(15) Loading on Board/Disp. Taking in Charge at/From	44A	TAIWAN
(16) For Transportation to...	44B	MANILA
(17) Latest Date of Shipment	44C	230820
(18) Description of Goods	45A	100 MT HARD DRAWN STEEL WIRE CFR MANILA
(19) Documents Required	46A	1. SIGNED COMMERCIAL INVOICE IN TRIPLICATE 2. PACKING LIST IN DUPLICATE 3. FULL SET OF CLEAN ON BOARD BILL OF LADING MADE OUT TO ORDER OF ISSUING BANK MARKED FREIGHT PREPAID AND NOTIFY APPLICANT
(20) Additional Conditions	47A	L/C NUMBER SHOULD BE MENTIONED IN ALL DOCUMENTS

（續上表）

(21) Details of Charges	71B	ALL BANKING CHARGES OUTSIDE PHILIPPINES INCLUDING REIMBURSEMENT CHARGES ARE FOR ACCOUNT OF BENEFICIARY.
(22) Presentation Period	48	DOCUMENTS MUST BE PRESENTED FOR NEGOTI-ATION WITHIN 10 DAYS AFTER THE DATE OF SHIPMENT BUT NOT LATER THAN THE VALIDITY OF THIS CREDIT.
(23) Confirmation Instruction	49	WITHOUT

第七節　信用狀的開發手續

當買賣契約中以信用狀作為付款方式時，進口商應於契約規定的開狀日期之前或在契約訂立後合理時間之內，向銀行提出開狀申請。以下即依申請人與開狀銀行兩方面說明信用狀的開發手續。

一、申請人提出開狀申請的手續

進口商申請開狀的手續，最主要的是填具或提出下列各項文件：

1.開發信用狀約定書（commercial L/C agreement）：為開狀銀行與開狀申請人約定彼此間權利義務的契約文件。其格式均由銀行印就，其內容雖因銀行而異，但主要部分則大致相同。實務上，開發信用狀約定書多與開發信用狀申請書印在同一份文件內。

2.開發信用狀申請書（application for opening L/C）：銀行均備有空白申請書的格式，進口商須自行填製。銀行開發信用狀時，係以開狀申請書的內容為依據，因此進口商於填製開狀申請書時，除應與買賣契約內容相配合外，更應將必要事項完全正確的記載清楚。

3.輸入許可證：若依規定進口貨物須申請簽證，則應先取得輸入許可證後，才能申請開發信用狀。

4.保險單據：在FOB或CFR條件下，開狀銀行為保障其融資債權的安全，通常會要求進口商提供以開狀銀行為受益人的預約保險單據，並由開狀銀行保管。

二、銀行開發信用狀的手續

銀行為客戶開發信用狀，係一種授信行為，因此，銀行於接獲進口商的開狀申請

時，多依以下步驟謹慎處理：

1.**調查進出口商的信用**：信用狀的開發是開狀銀行對開狀申請人的一種授信行為，因此開狀銀行必須格外注意進口商的信用情形，以決定是否接受其開狀申請。除了對進口商的信用調查外，開狀銀行於必要時還要考慮出口商的信用狀況，因為萬一進口商拒絕贖單或破產時，開狀銀行多會拍賣貨物以為補償，在此場合，縱然單據與信用狀條件完全相符，如果出口商信用不佳，則所裝運的貨物可能有品質不符或數量短缺的情況，致使開狀銀行蒙受損失，甚至進出口商也會以偽造單據的伎倆，合謀詐騙開狀銀行，因此開狀銀行不僅應重視對進口商的信用調查，對出口商的信用狀況也應有所了解。

2.**進口商提供擔保**：銀行與開狀申請人在條件上獲得協議後，銀行通常要求進口商必須提供保證人，萬一進口商無法償還票款及相關費用，即由保證人負責償還。此外，必須時還徵提擔保品，並要求繳交保證金（margin money），其多寡由銀行依進口商信用及交易內容決定。

3.**審查開狀申請書內容**：開狀申請書各項應填載內容是否均填載清楚，是否有相互矛盾之處，是否合乎國家法令、規章，最重要的是，信用狀條件是否可確保開狀銀行的債權。

4.**進口商繳納各項開狀費用後，由銀行依申請書開發信用狀**

第八節　信用狀的通知與接受

一、信用狀的通知

開狀銀行開發信用狀，多是委託其位於出口地的總分支行或通匯銀行擔任通知銀行，將信用狀通知受益人，通知銀行於接受信用狀後，如果是郵遞信用狀，首先應該核對信用狀上的簽字是否與留存的簽字樣本相符，如果是電傳信用狀，則應先核對押碼，經核對無誤後，繕解「信用狀通知書」（advice of credit）通知受益人。

通知銀行通知信用狀時，應注意以下事項：

1.**通知銀行負有迅速通知信用狀的義務**：若通知銀行因不當延誤通知，致受益人收到信用狀時，裝船期限已過，甚至押匯期限也已屆滿，通知銀行應負擔此種不當延誤的責任。

2.**通知銀行負有正確通知的義務**：自法律觀點言，通知銀行是開狀銀行的受任人或代理人，自應忠實地履行信用狀的通知，若通知銀行因過失或疏忽致發生錯誤情事，

以致受益人蒙受損失時，通知銀行可能要負侵權行爲的責任。

　　3.查對信用狀簽字或核對押碼的義務：依UCP第9條的規定：「通知銀行於通知信用狀或修改書時，即表示其確信信用狀或修改書外觀之眞實性，且該通知書正確反映所收到之信用狀或修改書之條款。」因此通知銀行對其所通知的信用狀，負有查對其簽字或押碼眞實與否的義務，若無法辨認時，應在通知書上註明類如「本信用狀簽字無法辨認，正請開狀銀行證實中」，或「本信用狀無押碼或押碼不符，正與開狀銀行聯繫中」，俟證實後，再告知受益人。如收到非通匯銀行所開出的信用狀，通知銀行通常有兩種處理辦法，一爲將信用狀退還開狀銀行，一爲將信用狀通知受益人，但在通知書上註明類如下列條款：

> We can not authenticate the signature (s) appearing on the credit.
>
> 或
>
> As this message has been received by unauthenticated telex, we are entirely not responsible for authenticity or correctness thereof.

以促請受益人注意。

　　4.通知銀行只負通知信用狀的義務，不受信用狀的拘束，即使開狀銀行授權或委託通知銀行付款、承兌或讓購時，通知銀行也得不負該等義務。

　　5.依UCP第35條的規定，銀行對信用狀訊息遞送中可能發生的遲延、殘缺或其他錯誤，銀行均不負責任。

　　6.依UCP第35條的規定，通知銀行有權將信用狀條件不經翻譯直接將信用狀通知受益人，對於專門術語翻譯或解釋的錯誤，通知銀行也不負責任與義務。

　　7.通知銀行也可以透過另一家銀行的服務，辦理信用狀的通知，該另一銀行稱爲「第二通知銀行」。

二、信用狀的接受

　　當出口商接到開狀銀行開來的信用狀，應即審查其內容，如發現有疑義，應即洽詢通知銀行請其釋疑，如需要修改，應逕向進口商要求修改，或經由通知銀行要求修改，使其成爲可接受的信用狀。出口商審查信用狀時，應注意以下各點：

　　1.信用狀內容是否與買賣契約內容相符：信用狀乃根據買賣契約而開出，所以其內容應與買賣契約相符。若發現兩者有所出入，應即向進口商要求修改信用狀。

　　2.開狀銀行是否信用可靠：信用狀雖是開狀銀行給予出口商的付款擔保，但是若開狀銀行信用不佳，出口商仍有可能因爲開狀銀行無履行付款的誠意或能力，甚至開狀銀行破產倒閉，而無法順利取得貨款，因此出口商於收到信用狀時，應即調查開狀銀行

的信用情形。

3.信用狀是否偽造：出口商應注意通知銀行是否在通知書上註明類如「本信用狀上簽字無法證實」或「本信用狀上無押碼」或「本信用狀上押碼不符」等條款，如有，應即洽請通知銀行向開狀銀行確認或澄清。

4.信用狀上是否註明遵照現行信用狀統一慣例：若未註明，出口商的權益即無法獲得合理的保障，對於這種信用狀，出口商不宜接受。

5.是否為正本有效的信用狀：判斷信用狀是否為正本信用狀的方法為：

(1) 郵遞信用狀：通常本身即為正本信用狀。

(2) 電傳信用狀：

　①電文中註明「明細後送」或「郵遞證實書才是正本」，則該電傳信用狀不能視為有效的正本信用狀，須以郵遞證實書為正本。

　②電文中未註明類如上述條款，則該電傳信用狀即可作為正本信用狀使用。

6.信用狀是否經保兌：如買賣契約中要求信用狀必須經保兌，則應檢查信用狀是否確已經另一家信用卓著的銀行保兌。

7.信用狀提示押匯、付款或承兌期間是否適當：信用狀中有關提示單據的期間，大多規定於裝運日後若干天，出口商必須留意該期間是否過短，是否有充裕時間準備單據辦理提示。

8.信用狀有效期限是否與契約規定者相符，或是否適當：應注意信用狀有效期限是否過短，是否與裝運期限相距過近，是否以出口地時間為準。

9.是否限制在某一銀行押匯：信用狀若指定押匯銀行，除非該指定銀行即為出口商的往來銀行，否則將造成出口商的不便，於此情況，出口商可要求取消此一條款。

10.信用狀條件是否有牴觸出口國外匯貿易法令：若有牴觸時，出口商將無法履行信用狀條件，故不宜接受。

11.是否載有限制信用狀效力的條款：例如：信用狀中規定「貨物須經進口商或其指定代理人檢驗，並且押匯時必須提示進口商或其代理人所簽發的檢驗證明」，由於決定權操在買方手中，這種信用狀已喪失保障出口商只要履行信用狀條件即可獲兌付的功能，出口商不可接受。

12.信用狀各條款間，是否有相互矛盾或牴觸的情形：例如：信用狀中規定貨物交由海運運送，又同時規定出口商應提供空運提單。這種彼此矛盾衝突的規定，出口商將無法履行。

13.出口商是否能保持對貨物的控制權：若信用狀中規定以進口商為受貨人（consignee）的直接提單（straight B/L），則依某些國家的法令規定，進口商不須向運送人提示提單，也可提領貨物，出口商將無法在開狀銀行付款之前，保持對貨物的控制

權,萬一遭拒付,無法順利取回貨物或將貨物另行處理,因此若信用狀中有此規定,除非對進口商有充分的信心,否則不宜接受。

第九節　信用狀的轉讓

信用狀的轉讓,於本章第五節「可轉讓信用狀」中已略有介紹,本節乃就信用狀轉讓的實務問題加以說明。

信用狀轉讓的種類因區分的標準不同,可為下列之分類。

一、依其是否全額轉讓分類

(一)全額轉讓(total transfer)

依UCP第38條規定,在信用狀禁止部分裝運時,將信用狀金額全部轉讓給一位受讓人,由該受讓人將貨物全部一次裝出。

(二)部分轉讓(partial transfer)

依UCP第38條規定,若部分裝運未被禁止,則信用狀金額可分別轉讓給數個受讓人,並任由個別受讓人分別裝運,分別押匯。

二、依轉讓是否經由銀行辦理分類

(一)銀行轉讓(banking transfer)

即由第一受益人向指定銀行,或信用狀在任何銀行使用的情況下,被特別授權辦理轉讓的銀行申請辦理。申請辦理信用狀轉讓時,應檢附下列文件:

1. 信用狀正本。若有修改書,亦應一併檢送。
2. 轉讓申請書(application for transfer)。
3. 申請人印鑑卡。

若是申請全額轉讓,銀行於審查無誤後,即繕製「全額轉讓通知書」(advice of total transfer of credit),並於原信用狀背面記載轉讓事宜,將通知書及信用狀正本交付受讓人。

若是申請部分轉讓,銀行於審查後,即繕製「部分轉讓通知書」(advice of partial transfer of credit),並於原信用狀背面記載轉讓事實及金額,將通知書及信用狀影本交付受讓人。原信用狀如尚有餘額,則發還原受益人,如已用完,則由銀行留存。

(二)私下轉讓（personal transfer）

即於辦理全額轉讓時，原受益人自行出具轉讓書（letter of transfer），連同信用狀正本交付受讓人，即完成轉讓手續。這種方式雖然簡便，不過對於受讓人而言，由於缺乏銀行代爲審查，風險較大，且有違UCP須由銀行辦理轉讓的規定。

三、依是否變更條件轉讓分類

(一)原條件轉讓

轉讓後的信用狀條件與原信用狀條件相同。

(二)變更條件轉讓

依UCP第48條的規定，信用狀得變更條件轉讓，但以變更以下條件的任何一項或全部爲限：

1. 金額：得以減少。
2. 單價：得以減少。
3. 有效期限：得以縮短。
4. 最後提示單據日：得以縮短。
5. 裝運期限：得以縮短。
6. 應投保百分比：得以增加，以配合原信用狀或本慣例中，有關應投保金額的規定。

四、依是否須經原受益人替換發票分類

(一)不替換發票的轉讓（non-substitution of invoice transfer）

又稱爲直接轉讓（straight transfer)，指原受益人將信用狀轉讓給受讓人後，即由受讓人裝運貨物，並自行備齊匯票及各項單據，直接以其自己的名義向銀行辦理押匯。一般信用狀的轉讓多屬這種。

(二)替換發票的轉讓（substitution of invoice transfer）

第一受益人爲中間商，而不願讓第二受益人（即供應商）與國外進口商知悉交易內容或有彼此接觸認識的機會時，第一受益人可要求銀行以這種方式辦理轉讓。其特點爲當第二受益人將貨物裝運出口，且以自己名義向銀行提示單據辦理押匯時，銀行即以第一受益人所繕製的發票替換第二受益人所提示的發票（除發票外，有時也同時替換匯票），第一受益人所提示的發票（及匯票）金額，通常比第二受益人所提出者爲大，其

差額即為第一受益人可得的中間利潤，此項利潤即由押匯銀行支付第一受益人，押匯銀行於押匯後，即將第一受益人提示的發票（及匯票）連同第二受益人提示的其他單據，一併寄往開狀銀行求償（如圖11-5）。

第十節　信用狀的修改

　　凡向開狀銀行申請變更一項或多項信用狀條款，即稱為信用狀的修改（amendment 或modification）。在程序上，信用狀的修改必須由開狀申請人填製「信用狀修改申請書」（application for amendment of letter of credit）後送開狀銀行；但實際上，信用狀修改的要求，多是由受益人提出，亦即由受益人商請開狀申請人向開狀銀行申請修改。

　　依UCP第10條規定，非經開狀銀行、保兌銀行（若有的話）及受益人的同意，不得修改或取消信用狀。一般人認為，當信用狀修改書發出後經過相當時間，未接到受益人的異議時，即推定受益人已同意；但依UCP第10條規定，受益人對信用狀修改的同意須經其向修改書通知銀行告知後，始可生效，受益人沉默不能視為同意修改。因此，為避免無謂的糾紛，受益人如不同意修改，應迅速以書面向通知銀行表明，以便其轉告開狀銀行。

　　此外，依UCP第10條的規定，修改書之部分接受者，不予容許，並將視其為對該修改書拒絕之知會。依此規定，在同一修改書內有多項修改事項時，受益人只能全部接受（同意）或全部拒絕（不同意），不能僅接受部分修改事項，如果只願接受部分修改事項，將視為對該修改書的拒絕。

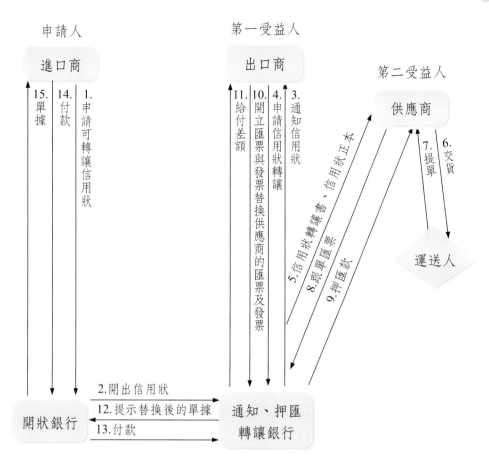

【圖11-5】 信用狀「替換發票的轉讓」流程圖

習題

一、是非題

1. （　）信用狀受益人又稱爲accountee。

2. （　）開狀銀行通常委託其位於出口地的總分支行或往來銀行擔任通知銀行。

3. （　）償付銀行負有審核單據的義務，付款銀行則無審核單據的義務。

4. （　）以信用狀作爲付款方式，對進出口商而言，可免除交易上的一切風險。

5. （　）信用狀只要求提示遠期匯票，未要求須同時提示單據者，稱爲延期付款信用狀。

6. （　）國際貿易上作爲貨款支付工具的信用狀多爲跟單信用狀。

7. （　）直接信用狀係指規定受益人須將匯票及單據，直接持向開狀申請人辦理兌付的信用狀。

8. （　）依UCP的規定，無論信用狀是否禁止分批裝運，均可分割轉讓給多個受讓人。

9. （　）依UCP的規定，通知銀行有權將信用狀條件不經翻譯直接將信用狀通知受益人，但對於專門術語翻譯及／或解釋的錯誤，通知銀行應負其責任。

10. （　）依UCP的規定，信用狀可變更任何條件轉讓。

二、選擇題

1. （　）當開狀銀行的信用不明確，或開狀銀行所在地國家經濟政治情況不穩定時，受益人常要求信用狀須經　(1)通知　(2)保兌　(3)轉讓　(4)修改。

2. （　）對進口商而言，以信用狀爲付款方式的最大風險爲　(1)信用狀僞造　(2)開狀銀行破產倒閉　(3)受益人僞造單據　(4)受益人挑剔單據瑕疵。

3. （　）依UCP的規定，信用狀若欲修改，不須何者同意？　(1)受益人　(2)押匯銀行　(3)保兌銀行　(4)開狀銀行。

4. （　）有關進口商申請開發信用狀的手續，下列敘述，何者不正確？　(1)銀行得依據對進口商的徵信結果，要求進口商繳納開狀保證金　(2)進口商通常於出口商交貨之後才申請開出信用狀　(3)倘進口應進口簽證的貨物，進口商必須於申請開狀前辦妥進口簽證手續　(4)進口商通常於簽訂貿易

契約之後才申請開出信用狀。

5. （　　）遠期信用狀中，如規定　(1)開狀費用　(2)押匯貼現息　(3)通知費用　(4)保兌費用　由賣方負擔者，稱為賣方遠期信用狀。

6. （　　）一般信用狀（general credit）係指未特別指定　(1)開狀銀行　(2)通知銀行　(3)押匯銀行　(4)償付銀行　的信用狀。

7. （　　）依UCP的規定，除非另有明示，信用狀的轉讓次數以　(1)一次　(2)二次　(3)三次　(4)四次　為限。

8. （　　）有關遠期信用狀之敘述，下列何者正確？　(1) 延期付款信用狀上規定受益人應提示遠期匯票　(2) 依UCP規定，若L/C未規定遠期利息由誰負擔時，由賣方支付　(3) 依UCP規定，若L/C未規定遠期利息由誰負擔時，由買方支付　(4) 所謂 buyer's usance credit係指匯票之貼現利息由出口商負擔，故對買方較為有利。

9. （　　）信用狀變更條件轉讓時，以下哪一種變更方式是不被准許的？　(1)金額予以減少　(2)有效期限予以縮短　(3)裝運期限予以縮短　(4)投保百分比予以減少。

10. （　　）依UCP的規定，若信用狀未規定押匯期限，則受益人最遲應於裝運日後　(1)20天　(2)21天　(3)22天　(4)23天　辦理押匯，但不得遲於信用狀有效期限。

三、填充題

1. 信用狀統一慣例係由_____所制定，現行通知者為_____年修訂版。

2. 信用狀的基本當事人為 _____ 、_____及_____，缺一便不成其為信用狀。

3. 凡信用狀上未明確表示該信用狀為_____（請填英文）的，一律視為不可轉讓信用狀。

4. ICC對UCP的補充規範有二，分別是_____與_____。

5. 轉開信用狀的金額通常較原信用狀_____，有效期限較原信用狀_____。轉開信用狀的功能與_____信用狀很類似，都是將信用狀擔保付款的功能延伸給另一人。

四、解釋名詞

1. UCP

2. reimbursing bank

3. documentary clean credit

4. confirmed L/C

5. negotiating bank

五、問答題

1. 試說明信用狀對出口商的優點及缺點。

2. 試以圖示說明遠期信用狀的交易流程。

3. 何謂轉開信用狀（back-to-back credit）？轉開信用狀與可轉讓信用狀有何相同及不同點？

4. 受益人於接獲信用狀時，應對信用狀做哪些審查，以確保自身權益？

5. 何謂替換發票的轉讓（substitution of invoice transfer）？請就其目的及程序分別說明之。

實習

一、請依表11-7信用狀，回答以下問題：

表11-7

MT S700		**Issue of a Documentary Credit**
SENDER: TRADEBANK, HONG KONG		
RECEIVER: TAIWAN COMMERCIAL BANK TAIPEI TW		
Sequence of Total	*27	: 1/1
Form of Doc. Credit	*40 A	: IRREVOCABLE
Doc. Credit Number	*20	: ABC123
Date of Issue	31 C	: 230929
Expiry	*31D	: DATE 231030 PLACE IN TAIWAN
Applicant	*50	: ORANGE CO., LTD. 88 LIN PAI ROAD, KWAI CHUNG N.T. HONG KONG
Beneficiary	*59	: GREEN TRADING CO., LTD. NO. 22, NEI HU RO., TAIPEI, TAIWAN
Amount	*32B	: CURRENCY USD AMOUNT #15,380.00#
Applicable Rules	40E	: UCP LATEST VERSION
Available with/by	*41D	: ANY BANK BY NEGOTIATION
Drafts at	42C	: SIGHT FOR 100 PCT INVOICE VALUE
Drawee	42A	: TRADEBANK, HONG KONG
Partial Shipments	43P	: PROHIBITED
Transshipment	43T	: PROHIBITED
Port of Loading	44E	: KEELUNG
Port of Discharge	44F	: SINGAPORE
Latest Date of Shipment	44C	: 231020
Shipment of Goods	45A	: 5,200 M OF FABRIC AS PER PROFORMA INVOICE NO. DEF456 C.I.F. SINGAPORE
Documents Required	46A	: · COMMERCIAL INVOICE IN DUPLICATE, DULY SIGNED · FULL SET CLEAN ON BOARD OCEAN B/L MADE OUT TO ORDER OF ISSUING BANK MARKED FREIGHT PREPAID NOTIFY APPLICANT · PACKING LIST IN TRIPLICATE

		· MARINE INSURANCE POLICY/CERTIFICATE IN TRIPLI- CATE FOR 110% INVOICE VALUE, COVERING INSTI- TUTE CARGO CLAUSES (A) AND INSTITUTE WAR CLAUSES (CARGO)
Additional Conditions	47A	: CONTAINER SHIPMENT REQUIRED
Details of Charges	71B	: ALL BANKING CHARGES OUTSIDE HONG KONG ARE FOR ACCOUNT OF BENEFICIARY
Presentation Period	48	: WITHIN 10 DAYS AFTER THE DATE OF SHIPMENT BUT WITHIN VALIDITY OF THIS CREDIT
Confirmation	*49	: WITHOUT

1.開狀銀行：＿＿＿＿＿＿＿＿＿＿＿＿＿＿＿＿＿＿＿＿＿＿＿＿＿＿

2.開狀日期：＿＿＿＿年＿＿＿＿月＿＿＿＿日

3.信用狀號碼：＿＿＿＿＿＿＿＿＿＿＿＿＿＿＿＿＿＿＿＿

4.通知銀行：＿＿＿＿＿＿＿＿＿＿＿＿＿＿＿＿＿＿＿＿＿＿＿＿＿＿

5.受益人：＿＿＿＿＿＿＿＿＿＿＿＿＿＿＿＿＿＿＿＿＿＿＿＿＿＿＿

6.申請人：＿＿＿＿＿＿＿＿＿＿＿＿＿＿＿＿＿＿＿＿＿＿＿＿＿＿＿

7.金額：＿＿＿＿＿＿＿＿＿＿＿＿＿＿＿＿＿＿＿＿

8.有效期限：＿＿＿＿＿年＿＿＿＿月＿＿＿＿日

　（遇假日可否順延？□可　□不可；遇不可抗力事故可否順延？□可　□不可）

9.匯票付款人：＿＿＿＿＿＿＿＿＿＿＿＿＿＿＿＿＿＿＿＿＿＿＿＿＿

10.匯票發票人：＿＿＿＿＿＿＿＿＿＿＿＿＿＿＿＿＿＿＿＿＿＿＿＿

11.匯票金額：＿＿＿＿＿＿＿＿＿＿＿＿＿＿＿＿＿＿＿

12.貨物名稱：＿＿＿＿＿＿＿＿＿＿＿＿＿＿＿＿＿＿＿＿＿＿＿＿＿

13.數量：＿＿＿＿＿可否增減　□可　□不可；彈性為上下各＿＿＿＿％

14.貿易條件：＿＿＿＿＿＿＿＿＿＿＿＿＿＿＿＿＿＿＿＿＿＿＿

15.起運地：＿＿＿＿＿＿＿＿＿＿＿＿＿＿＿＿＿＿＿

16.目的地：＿＿＿＿＿＿＿＿＿＿＿＿＿＿＿＿＿＿＿

17.裝運期限：＿＿＿＿＿年＿＿＿＿月＿＿＿＿日

　（遇假日可否順延？□可　□不可；遇不可抗力事故可否順延？□可　□不可）

18.可否分批裝運：□可　□不可

19.可否轉運：□可　□不可

20.押匯期限：＿＿＿＿＿＿＿＿＿＿＿＿＿＿＿＿＿＿＿＿＿＿＿＿＿＿

　（遇假日可否順延？□可　□不可；遇不可抗力事故可否順延？□可　□不可）

21.□可撤銷　□不可撤銷　信用狀

22.□即期　□遠期　信用狀

23.□讓購　□直接　信用狀

24.□跟單　□無跟單　信用狀

25.□一般　□限押　信用狀，限押者，限於＿＿＿＿＿＿＿＿＿＿押匯

26.費用負擔：開狀費用_____；押匯費用_____；通知費用_____
27.應提示單據：

名　稱	份　數	內　　　容

二、請依表11-8信用狀，回答與第一題相同的問題。

三、請依表11-9信用狀，回答所列問題。

四、甲開狀銀行開出一張L/C，金額為USD10,000，該L/C經由乙通知銀行保兌後（循開狀銀行的要求保兌）通知受益人，嗣甲循進口商的要求修改信用狀，增加金額USD5,000，並經由乙通知受益人。

　　▶討論：

　　1. 修改書並未要求保兌，則乙對該增加金額部分是否應負保兌責任？如乙將該修改書未加保兌而通知受益人時，受益人可否主張乙已負保兌責任？

　　2. 本案開狀銀行是否有疏忽之處？通知銀行呢？

五、A銀行開發一可撤銷信用狀，經由B銀行通知受益人C，受益人C曾前後根據該信用狀裝運貨物，均獲B銀行押匯付款，但於受益人C正要裝運第三批貨物之前，通知銀行B忽接開狀銀行A的通知，謂已撤銷信用狀，但通知銀行B竟未通知受益人C，致受益人C不知該信用狀已被撤銷，而仍然裝運第三批貨物，俟受益人C運妥貨物，要求通知銀行B押匯時，B銀行始告知受益人C信用狀已被撤銷，而拒絕押匯，受益人C認為通知銀行B明知信用狀已被撤銷，而故意未通知，致蒙受重大損失，乃訴請法院，要求通知銀行B賠償損失。

表11-8

27	Sequence of Total	1/1
52A	Issuing Bank	GLOBAL COMMERCIAL BANK, LONDON
57D	Advise Through Bank	GIGA BANK, MUMBAI, INDIA
40A	Form of Documentary Credit	IRREVOCABLE
20	Documentary Credit Number	54321
31C	Date of Issue	231201
40E	Applicable Rules	UCP LATEST VERSION
31D	Date and Place of Expiry	231231 IN LONDON
50	Applicant	GREEN COMPANY
59	Beneficiary	BLUE COMPANY
32B	Currency Code, Amount	USD20,500.00
41D	Available with…by	GIGA BANK, MUMBAI, INDIA BY NEGOTIATION
42C	Drafts at…	30 DAYS AFTER SIGHT FOR FULL INVOICE VALUE
42D	Drawee	GLOBAL COMMERCIAL BANK, LONDON
43P	Partial Shipments	PROHIBITED
43T	Transhipment	PERMITTED
44A	Place of Taking in Charge/ Dispatch from/ Place of Receipt	MUMBIA CONTAINER TERMINAL
44E	Port of Loading/Airport of Dep.	MUMBIA, INDIA
44F	Port of Discharge/Airport of Destination	LONDON, UK
44B	Place of Final Destination/for Transportation to/Place of Delivery	SOUTHAMPTON CONTAINER TERMINAL, UK
44C	Latest Date of Shipment	231221
45A	Description of Goods	100 SETS NOTEBOOK COMPUTERS MODEL K-99T, CIP MUMBAI
46A	Documents Required	

+ SIGNED COMMERCIAL INVOICE IN FIVE (5) COPIES INDICATING THE BUYER'S PURCHASE ORDER NO. PP-876 DATED SEP. 10, 2023

+ PACKING LIST IN FIVE (5) COPIES

+ FULL SET CLEAN ON BOARD OCEAN BILL OF LADING, PLUS TWO (2)

NON-NEGOTIABLE COPIES, ISSUED TO ORDER OF GLOBAL COMMERCIAL BANK,

LONDON, NOTIFY APPLICANT, MARKED FREIGHT PREPAID, DATED LATEST 231221

+ INSURANCE POLICY IN DUPLICATE FOR 110% CIP VALUE COVERING INSTITUTE

CARGO CLAUSES (A), INSTITUTE WAR CLAUSES (CARGO) AND INSTITUTE STRIKE

CLAUSES (CARGO), EVIDENCING THAT CLAIMS ARE PAYABLE IN LONDON

47A	Additional Conditions	DRAFT(S) DRAWN UNDER THIS CREDIT MUST BE MARKED "DRAWN UNDER DOCUMENTARY CREDIT NO. 54321 OF GLOBAL COMMERCIAL BANK, LONDON DATED DEC. 01, 2023"
48	Period of Presentation	DOCUMENTS MUST BE PRESENTED WITHIN 10 DAYS AFTER THE DATE OF SHIPMENT.
49	Confirmation Instructions	WITHOUT
71B	Charges	ALL CHARGES OUTSIDE THE IMPORT-COUNTRY ARE ON BENEFICIARY'S ACCOUNT

1. 開狀銀行：＿＿＿＿＿＿＿＿＿＿＿＿＿＿＿＿＿＿＿＿＿＿＿＿

2. 開狀日期：＿＿＿＿＿年＿＿＿＿＿月＿＿＿＿＿日

3. 信用狀號碼：＿＿＿＿＿＿＿＿＿＿＿＿＿＿＿＿＿＿＿＿＿＿

4. 通知銀行：＿＿＿＿＿＿＿＿＿＿＿＿＿＿＿＿＿＿＿＿＿＿＿＿

5. 受益人：＿＿＿＿＿＿＿＿＿＿＿＿＿＿＿＿＿＿＿＿＿＿＿＿＿

6. 申請人：＿＿＿＿＿＿＿＿＿＿＿＿＿＿＿＿＿＿＿＿＿＿＿＿＿

7. 金額：＿＿＿＿＿＿＿＿＿＿＿＿＿＿＿＿＿＿＿＿＿＿＿＿

8. 有效期限：＿＿＿＿＿年＿＿＿＿＿月＿＿＿＿＿日

（遇假日可否順延？□可　□不可；遇不可抗力事故可否順延？□可　□不可）

9. 匯票付款人：＿＿＿＿＿＿＿＿＿＿＿＿＿＿＿＿＿＿＿＿＿＿

10. 匯票發票人：＿＿＿＿＿＿＿＿＿＿＿＿＿＿＿＿＿＿＿＿＿＿

11. 匯票金額：＿＿＿＿＿＿＿＿＿＿＿＿＿＿＿＿＿＿＿＿＿＿＿

12. 貨物名稱：＿＿＿＿＿＿＿＿＿＿＿＿＿＿＿＿＿＿＿＿＿＿＿

13. 數量：＿＿＿＿＿＿＿＿可否增減　□可　□不可；彈性為上下各＿＿＿＿＿％

14. 貿易條件：＿＿＿＿＿＿＿＿＿＿＿＿＿＿＿＿＿＿＿＿＿＿＿

15. 收貨地：＿＿＿＿＿＿＿＿＿＿＿＿＿＿＿＿＿＿＿＿＿＿＿＿

16.裝貨港：＿＿＿＿＿＿＿＿＿＿＿＿＿＿＿＿＿＿＿＿

17.卸貨港：＿＿＿＿＿＿＿＿＿＿＿＿＿＿＿＿＿＿＿＿

18.目的地：＿＿＿＿＿＿＿＿＿＿＿＿＿＿＿＿＿＿＿＿

19.裝運期限：＿＿＿＿年＿＿＿月＿＿日

（遇假日可否順延？□可　□不可；遇不可抗力事故可否順延？□可　□不可）

20.可否分批裝運：□可　□不可

21.可否轉運：□可　□不可

22.押匯期限：

（遇假日可否順延？□可　□不可；遇不可抗力事故可否順延？□可　□不可）

23.□ 即期　　□遠期　　信用狀

24.□ 讓購　　□ 直接　　信用狀

25.□ 跟單　　□ 無跟單　信用狀

26.□ 一般　　□ 限押　　信用狀，限押者，限於＿＿＿＿＿＿＿＿＿＿＿押匯

27.費用負擔：開狀費用　　□申請人　　□受益人

　　　　　　押匯費用　　□申請人　　□受益人

　　　　　　通知費用　　□申請人　　□受益人

28.應提示單據：

名　　稱	份　　數	內　　　　容

表11-9

ISSUE OF A DOCUMENTARY CREDIT		
SENDER	BBB COMMERCIAL BANK JOHANNESBURG	
RECEIVER	AAA COMMERCIAL BANK TAIPEI	
Sequence of Total	27	1/1
Form of Doc. Credit	40A	IRREVOCABLE TRANSFERABLE
Doc. Credit Number	20	AAA-5678
Date of Issue	31C	230620
Date and Place of Expiry	31D	230817 TAIWAN
Applicable Rules	40E	UCP LATEST VERSION

Applicant	50	DDD TRADING CO., LTD.P.O. BOX 123 JOHANNESBURG REPUBLIC OF SOUTH AFRICA
Beneficiary	59	EEE CO., LTD.NO.10 FU-KANG STREET TAIPEI, TAIWAN
Currency Code Amount	32B	USD8,852.25
Percentage Credit Amount Tolerance	39A	03/05
Available with/by	41D	ADVISING BANK BY DEFERRED PAYMENT
Partial Shipments	43P	ALLOWED
Transhipment	43T	ALLOWED
Port of Loading	44E	KEELUNG OR ANY TAIWANESE HARBOUR
Port of Discharge	44F	CAPE TOWN
Latest Date of Shipment	44C	230810
Description of Goods	45A	5,000 kgs BEEF AS PER S/C NO.123456
Documents Required	46A	1.MANUALLY SIGNED COMMERCIAL INVOICE IN TRIPLICATE SHOWING F.O.B. VALUE SEPARATELY 2.PACKING LIST IN 2 ORIGINALS AND 2 COPIES. 3.2/3 SET CLEAN ON BOARD BILL OF LADING MADE OUT TO ORDER BLANK ENDORSED MARKED FREIGHT PREPAID AND NOTIFY APPLICANT 4.CERTIFICATE OF ORIGIN IN 2 ORIGINALS AND 2 COPIES. 5.INSURANCE POLICIES/CERTIFICATES IN DUPLICATE FOR 110% CIF VALUE ENDORSED IN BLANK COVERING ICC(A) AND INSTITUTE STRIKES CLAUSES (CARGO).
Additional Conditions	47A	1.PAYING BANK MUST FORWARD ALL DOCUMENTS TO US IN TWO LOTS BY REGISTERED AIRMAIL LATEST 4 WORKING DAYS AFTER PRESENTATION 2.UPON PAYMENT, WE AUTHORIZE YOU TO CLAIM REIMBURSEMENT ON OUR ACCOUNT WITH CCC BANK, HONG KONG
Details of Charges	71B	ALL BANKING CHARGES OUTSIDE SOUTH AFRICA ARE FOR ACCOUNT OF BENEFICIARY.
Presentation Period	48	DOCUMENTS MUST BE PRESENTED WITHIN 7 DAYS AFTER DATE OF SHIPMENT BUT NOT LATER THAN THE VALIDITY OF THIS CREDIT.
Confirmation Instruction	49	PLEASE ADD YOUR CONFIRMATION, CONFIRMATION COST FOR BENEFICIARY'S ACCOUNT
Reimbursement Bank	53A	CCC BANK, HONG KONG
Instructions	78	CREDIT AVAILABLE WITH ADVISING BANK BY DEFERRED PAYMENT AT 30 DAYS FROM B/L DATE

信用狀當事人		
付款銀行		
償付銀行		
信用狀種類		
是否為即期信用狀	☐是	☐否
是否為可轉讓信用狀	☐是	☐否
信用狀相關期限		
如提單日為2023年8月6日，則付款日為		____年____月____日
如提單日為2023年8月10日，則受益人提示單據期限為		____年____月____日
提示單據種類、份數與內容		
商業發票	1.份數：____	2.簽署方式：
提單	1.份數：____	2.背書方式：
保險單／保險證明書	1.份數：____	2.保險種類
其他規定		
依本信用狀內容，貿易條件為		
最高押匯金額		

▶討論：

1. 通知銀行明知信用狀已被撤銷，竟然未通知受益人C，致其蒙受重大損失，在法律上應否負責？

2. 設通知銀行B於12月5日接獲開狀銀行A撤銷信用狀的通知，但已於12月4日予以押匯時，可否向開狀銀行A主張其押匯有效？受益人C與通知銀行B無往來關係，而於12月4日持向其所往來的D銀行押匯時，將發生怎樣的後果？

3. 設受益人C於12月6日要求B銀行押匯，而遭拒絕以後，改向D銀行押匯，D銀行不知信用狀已被撤銷而予以押匯時，開狀銀行A對D銀行有無補償義務？

4. 設開狀銀行A撤銷信用狀，而未通知B銀行，致通知銀行B因不知信用狀已被撤銷而予以押匯時，可否主張其撤銷對B銀行無效？

六、試根據下列Sales Confirmation 與補充資料，填製開發信用狀申請書（表11-10）。

ABC Co., Ltd.

100 Wall Street, New York, N.Y., U.S.A.

XYZ Trading Co., Ltd.

100 Chang Ane Road, Taipei, Taiwan

Tel: 23234545   Fax: 24246868

Dear Sirs,

This is to confirm our PURCHASE from you as SELLER, and your sale to us as BUYER, of the undermentioned merchandise subject to the following terms and conditions:

COMMODITY: Wheat Flour

SPECIFICATION: Moisture14%max ash0.66% wet gluten33%

QUANTITY: 50,000 kgs

PRICE: Unit price USD0.85 per kg CIF Keelung

TOTAL PRICE: USD42,500.00

PAYMENT: By L/C at sight

SHIPMENT: Shipment from New York to Keelung on or before Nov. 30, 23   , Partial Shipment and Transshipment not allowed.

PACKING: Usual Export Packing

INSURANCE: To be covering Institute Cargo Clauses (A) for CIF invoice value plus 10%

Yours faithfully,

ABC Co., Ltd.

Angelina Jolie

Manager

▶補充資料：

1. 以全文電報方式開發信用狀，開狀申請日期：Oct. 12, 23

2. 信用狀有效期限：Nov. 30, 23

3. 應提供以下單據：

    (1) 商業發票三份

    (2) 包裝單四份

    (3) 全套清潔裝船海運提單，受貨人由託運人指示，註明運費預付，以開狀
       申請人為提單被通知人

    (4) 保險單或保險證明書兩份，以空白背書方式轉讓，保險賠款於臺灣支
       付，賠款幣別與匯票幣別相同

4. 國外發生的銀行費用由受益人負擔

5. 押匯期限：裝運日後10天內辦理押匯

6. 無須保兌

7. 無限制押匯銀行

8. 保證金成數10%

表11-10

THE SHANGHAI COMMERCIAL & SAVINGS BANK LTD

上海商業儲蓄銀行   台鑒

TO：THE SHANGHAI COMMERCIAL & SAVINGS BANK, LTD.

開發信用狀申請書
APPLICATION FOR DOCUMENTARY
LETTER OF CREDIT

L/C to be issued by ☒FULL CABLE
☐AIRMAIL
☐BRIEF CABLE

茲依本申請書所約定條款,申請開發不可撤銷信用狀,其內容如下： In accordance with the terms and conditions on the application hereof, I/we hereby request you to issue an irrevocable documentary credit with the following terms and conditions. （It is agreed and understood that this credit is subject to the Uniform Customs and Practice for Documentary Credits, 2007 Revision , ICC Publication No600.） The opening of this Back to back L/C is subject to the terms and conditions as set forth in the master L/C No.＿＿ Issued by ＿＿and Dated ＿＿, which is enclosed. Advising Bank　通知銀行（如有需要指定銀行時請填上）	【31C】 Date　日期（y/m/d）： 【20】 Credit No.　信用狀號碼：（由銀行填寫） 【50】 Applicant　申請人（英文名稱及地址） Name： ID No： Address： Tel No：　　　　Fax No.：
【59】 Beneficiary 受益人 Name： Address：	【32B】 Amount in figures（小寫）： Amount in words（大寫） 【31D】 Expiry date 有效期限（y/m/d）：

【41】 Available with ☐Any Bank /☐Advising Bank /☐Issuing Bank
　　by Negotiation /Payment /Acceptance /Deferred Payment
　　☒Back to back L/C with final payment clause is only available with the issuing bank.(若不同意此條款請勿選取)

【42】 at ＿＿ **sight** ☒with beneficiary's draft drawn on issuing bank bearing the credit number of the issuing bank.

【43P】分批裝運 Partial shipments ☐准許 permitted /☐不准許 prohibited
【43T】轉運 Transhipments ☐准許 permitted /☐不准許 prohibited
【44A】收貨地 Place of Receipt：
【44E】裝載港、起運地 Port of Loading/Airport of Departure：＿＿
【44F】卸貨港、目的地 Port of Discharge/Airport of Destination：＿＿
【44B】交貨地 Place of Final Destination/Delivery：＿＿
【44C】最後裝運日 Latest date of shipment：（y/m/d）＿＿
【45A】貨品名稱 Description of goods：

　　　貿易條件 Prices terms ☐FCA ☐FOB ☐CFR ☐CIF ☐＿＿

【46A】 Documents required：（marked with X）
　　☐1、以貴行或指定人爲受貨人並註明以申請人或指定人爲被通知人之海/空運提貨單/貨單,註明運費
　　　待收/付迄及信用狀號碼（依下列指示）
　　　　☐Full Set /☐**2/3** of ocean bills of lading made out to order of ☐issuing bank/☐＿＿
　　　　showing ☐applicant/☐＿＿as notify party marked freight ☐collect /☐prepaid ☐and this L/C
　　　　number.
　　　　☐Air waybills consigned to ☐issuing bank/☐＿＿ showing ☐applicant/☐＿＿ as notify party
　　　　marked freight ☐collect /☐prepaid ☐and this L/C number.
　　　　☐Cargo receipt issued by ＿＿ ☐and showing ＿＿
　　☐2、發票並標明信用狀號碼
　　　Signed commercial invoice in **triplicate** indicating number of this credit
　　☐3、投保海/空/兵險/全險之保險單
　　　Insurance policy or certificates in **duplicate**, endorsed in blank for **110%** of invoice value, covering
　　　　☐Institute Cargo Clauses ☐ A ☐ B ☐ C ☐ AIR
　　　　☐Institute War Clauses (Cargo / Air Cargo)
　　　　☐Institute Strikes Clauses (Cargo / Air Cargo)
　　　　☐
　　☐4、包裝單
　　　Packing List in **triplicate**

（續上表）

☐5、受益人證明書
Beneficiary's certificate certifying that ☐1/3 original B/L and ☐one complete set of non-negotiable documents have been ☐faxed to ☐and sent to _____ within ___day after shipment by ☐airmail / ☐courier ☐and the relative receipt must be presented for negotiation.

☐6、其他 Others：

【47A】特別條款 Special Instructions：

☐1、Shipping company's certificate certifying that the carrying vessel is ISM code certified and whose owners or operators do hold a current ISM code Document of Compliance as required under the SOLAS Convention 1974 as amended.

☐2、Acceptance commission is for beneficiary's account.（for seller's usance L/C only）

☐3、(For back to back L/C only) Payment under this credit is subject to final payment of the master L/C's issuing bank.

☐4、(For back to back L/C only) All banking charges arising from master L/C are for beneficiary's account.

☐5、_____

【71B】All banking charges other than issuing charges are for ☒beneficiary's / ☐applicant's account.

【48】Documents to be presented within ___ days after date of shipment.

【49】☐Confirming Bank is required and
【71B】Confirming charges are for ☐beneficiary's / ☐applicant's account.

【53S】☐Reimbursing bank is required.

申請人茲向　貴行申請開發信用狀，信用狀性質、結匯成數及申請以購料放款用以沖償信用狀項下之債務等，約定如後，敬請惠予承做： 一、信用狀性質：☐買方遠期 ☐賣方遠期 ☐即期 　　　　　　　　☐Back to Back ☐其他_____ 二、結匯成數：已結匯金額_____（_____%） 三、☐茲申請本筆信用狀項下之債務，以向貴行申請購料放款沖償之，條件如後： 　1.墊借期限：☐自押匯日起算第_____天止。（買方遠期適用） 　　　　　　☐自承兌之到期日起算第_____天止。（賣方遠期適用） 　2.墊借利息： 　　按押匯日 ☐貴行牌告外幣放款利率加 _____%計息。 　　　　　　☐其他（請詳述）：_____ 　　☐固定利率。　　☐機動利率，每 月 21 日調整乙次。 　3.還款方式：☐利息按月計付，本金到期一次清償。 　　　　　　☐到期本金利息一次清償。 四、扣款帳戶：申請人指定以申請人設於貴行之_____號帳戶為扣款帳戶，貴行得逕自該帳戶內支取各項費用、本息、違約金及授信契約約定之其他費用。 （ ※ 如有任何疑問，歡迎洽本行人員協助。）	申請人茲此簽署本申請書，並確認申請人確已收到、瞭解並同意　貴行與本交易相關一切之文件及資料(包括但不限於貴行標準申請書及申請書下之一般附加條款編號：LC200705)。By signing this Application, I/we acknowledge that I/we have received, understood and agreed to the terms and conditions of all documents/materials provided by you that may be applicable to the transactions contemplated herein. (Including but not limited to your standard application forms for the relevant transactions and the appended Terms and Conditions No. LC200705). Applicant 申請人簽章 _____ （請蓋原留印鑑之公司及負責人章）

以下由本行填寫			分行		作業中心		
各項費用及適用匯率@			驗印	業務人員	外匯專員	資深專員	外匯主管
保證金		承兌費					
手續費		郵電費					
各項費用合計							

貿易付款方式之二 —— 匯付搭配擔保工具

第一節 國際貿易付款方式的變革

　　在1985～1990年之前，由於國與國之間的資訊傳遞速度慢，且內容不夠充分，基於信用風險與資金融通的考量，國際貿易的付款方式，多數都是使用上一章所述的商業信用狀。但是以商業信用狀付款，往往因為有多家銀行介入服務，相關的銀行費用較高，而且從信用狀的開立、通知、讓購、單據審查到付款贖單，需耗費相當時日，其作業方式較缺乏效率；非但如此，信用狀雖具有信用擔保的功能，但事實上並無法使進出口雙方完全避免信用風險，除了出口商可能會面臨開狀銀行倒閉破產的風險之外，倘若進口商存心違約，即有可能挑剔單據瑕疵，無理拒付或要求減價，致使出口商蒙受損失；而若出口商缺乏交易的誠信，即使以信用狀付款，仍有可能以劣貨、假貨充數，或以假單據詐領貨款，使進口商遭受損失。

　　尤其90年代之後，國際商業環境有了重大的變革，由於跨國企業的興起，具有規模的大採購商為掌握貨源，降低成本，紛紛至產地設立採購據點，而生產業者亦積極前往各主要出口國設立發貨倉庫，扮演進口商的角色。加上近年來，在全球化風潮的引領之下，許多產業的工廠外移，或者將工作外包或委託給其他國家的業者，這些當事人之間的交易，或基於母子公司（或母子廠）之間的自家人關係，而無信用風險，或由於通訊科技的發達，貿易對手之間交易頻繁，彼此了解信用狀況，或由於上下游業者或貿易業者之間相互投資、融資或委託代工等情形普遍，因此選擇付款方式時，即不再以信用風險為主要或絕對的考量因素；相反地，在考慮現金流量、財務操作為

前提之下，已有愈來愈多的業者捨棄傳統的商業信用狀，而改採預付貨款（Payment in Advance, PIA）、記帳（Open Account, O/A）或寄售（consignment）等透過銀行匯付（Remittance）的交易方式。

此外，國際市場競爭日益激烈，有時出口商雖不甚了解國外買主的信用狀況，但為了爭取訂單，必須提供較優惠的交易條件，因此不得不冒險採用「先交貨後付款」的方式與國外買主交易；就進口商而言，當擬購買的商品供不應求時，為爭取供貨，也只好接受賣方所提「先付款後交貨」的不利條件。不論是先付款後交貨的PIA方式，或是先交貨後付款的O/A或consignment方式，當事人難免須承擔無法掌握的信用風險，以及資金周轉的壓力，有鑑於此，市場紛紛推出具有信用擔保與／或融資功能的金融商品供貿易商選用，例如：擔保函證、應收帳款承購、中長期出口票據貼現、輸出保險等，除了輸出保險將於本書第十五章說明之外，本章將介紹這些輔助性的貿易金融工具，並說明廠商在以匯付方式付款時，應如何適切的搭配使用這些金融商品。

第二節　擔保函證

一、擔保信用狀（standby credit）

(一) 意義

為保證債務人履行其債務內容，而以債權人為受益人所開出的信用狀。這種信用狀主要是以擔保債務的清償、工程的完成或各項契約的履行為目的，與一般的商業跟單信用狀是以清償貨物價款為目的者有別。

(二) 用途

擔保信用狀的用途甚多，茲就其主要者說明如下：

1.借款保證：假設本國商人A擬向國外商人B借款，B為防止A屆期不還款，要求A必須提出擔保信用狀作為保證，在此情形下，A（即開狀申請人）即可向本國銀行申請開出以B為受益人的擔保信用狀，該信用狀中規定，如A不於規定日期償還借款本息時，B即可就其本息開出匯票及聲明書（表明A未按約償還本息）向開狀銀行求償。

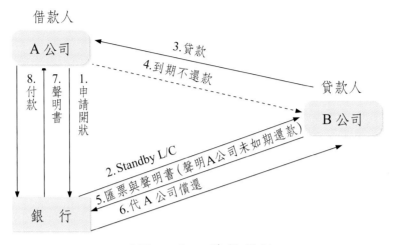

【圖12-1】 借款保證

2.押標保證或履約保證：購貨人A（招標人）於招標採購貨物時，為防投標人B中途撤銷報價，或得標後拒絕簽約，或簽約後不按約履行，要求B於報價時提供保證，B可洽請銀行開出以A為受益人的擔保信用狀，用以取代押標金（bid bond）或履約保證金（performance bond），這種信用狀要求的單據通常也只有受益人所出具的聲明書而已。

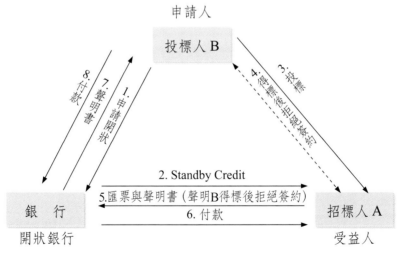

【圖12-2】 押標保證或履約保證

3.賒購保證：進出口商約定以O/A方式交易時，出口商為避免因交貨後進口商不付款而遭受損失，可於交貨前請進口商向銀行申請開出以出口商為受益人的擔保信用狀，作為履約的保證。在consignment之下，出口商也可以要求受託人提供擔保信用狀，以

防寄售的貨物交付給受託人後，屆期收不到貨款。

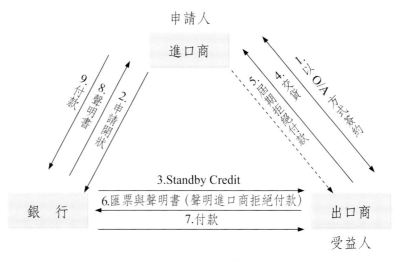

【圖12-3】　賒購保證

　　4.預收貨款保證：進出口商約定以PIA方式交易時，進口商為避免預付貨款之後，出口商不依約交貨而遭受損失，可於付款前請出口商向銀行申請開出以進口商為受益人的擔保信用狀，作為履約的保證。若屆期預收貨款的出口商不交貨，進口商即可憑standby L/C向銀行索賠。在此場合，信用狀的受益人為進口商，而申請人則為出口商，其角色與一般商業信用狀完全相反，這是因為此處的信用狀並非充作付款的工具，而是履約的擔保，而且只有當申請人不履行基礎契約時，受益人才會使用擔保信用狀請銀行付款。

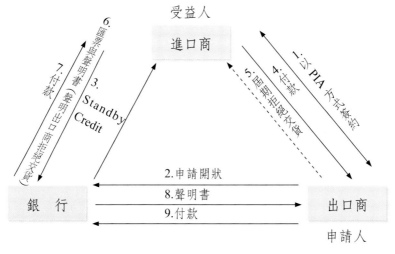

【圖12-4】　預收貨款保證

　　由此可知，擔保信用狀雖經開出，但不一定會被使用到，因此擔保信用狀又稱為「備用信用狀」。

　　現代的國際貿易，已逐漸捨棄以商業跟單信用狀方式付款，而改以匯付方式來清償貨款，最主要的原因乃是信用狀的成本較高（銀行所收取的各項相關費用名目既多，且金額又高）。相對地，匯付的作業成本較低，且付款速度較快，但無論是交貨前匯款（例如：PIA），或是交貨後匯款（例如：O/A），因缺乏銀行的信用擔保，當事人的一方必須自行承擔交易對手的信用風險。當然，倘若進出口雙方之間不存在信用風險，或信用風險極低，則尚不成問題。但如果雙方之間仍存有信用風險，廠商為節省成本，或為提升競爭條件而採用PIA、O/A或consignment方式付款，同時又希望能降低信用風險，則可如上述藉由擔保信用狀來達成目的。

(三) 特性

　　1.**備用性質**：當開狀申請人無法履行其與受益人之間的契約內容時（例如：借款人不於規定日期償還借款本息，或投標人得標後拒絕簽約，或賒購貨物的買方不依約付款等），開狀銀行才有代申請人履行的義務。換言之，若開狀申請人已確實履約，則受益人即不會使用擔保信用狀。

　　2.**受益人僅需提示聲明書**：擔保信用狀之下，開狀銀行要求受益人提示的單據通常僅為一種表明開狀申請人違約或未能履約的聲明書（statement），這種聲明書與一般跟單信用狀所要求的有關貨物交易的各項貨運單據不同。

　　3.**費用較低**：由於standby L/C只是備用性質，因此其作業成本較一般商業信用狀為低（正常狀況下，standby L/C不會被使用，因此不會有押匯、承兌或贖單等費用）。

　　4.**期限較長、金額較大**：由於擔保信用狀可使用於一段期間內的多次交易，因此可以預期累積的交易金額作為開狀金額，信用狀期限往往超過一年。

　　因此，以standby L/C來輔助PIA、O/A或consignment等付款方式，實不失為一理想的做法（既節省費用又可免信用風險）。近年來擔保信用狀的使用率已凌駕商業信用狀，足證市場的趨勢。

表12-1

	跟單信用狀	擔保信用狀
目的	清償貨物價款	保證各項契約的履行
使用機會	受益人交貨後，請求銀行付款，正常情況下會使用	備用性質，正常情況下係備而不用

（續上表）

	跟單信用狀	擔保信用狀
應提示單據	貨運性單據	申請人未履約的聲明書
作業成本	較高	較低
貿易上用途	付款工具	輔助其他付款方式
受UCP規範	是	是（也可適用ISP或URDG）
提貨速度	贖單後才可提貨	提貨速度快

目前擔保信用狀的發展已多元化，除上述各種擔保用途之外，另有一種「直接付款擔保信用狀」（Direct Pay Standby Letter of Credit），主要用於擔保企業發行債券或訂立債務契約時的到期支付本息義務，受益人於到期時，直接向開狀銀行請求支付本金和利息，不論申請人到期是否違約。這種直接付款擔保信用狀已經突破了擔保信用狀備而不用的擔保性質。

(四) 國際慣例

擔保信用狀雖然在單據種類或使用場合等方面與商業跟單信用狀有所不同，但由於擔保信用狀仍具信用狀憑單據求償的特性，因此也可適用UCP。

UCP雖然也適用擔保信用狀，但畢竟UCP係針對商品買賣的信用狀而設計，某些屬於擔保信用狀的重要概念，UCP並未納入，甚至部分條文並無法適用於擔保信用狀（例如：擔保信用狀一般均須較長的擔保期間，往往需要在到期時自動展延，但UCP中並沒有自動展延的相關規定，又例如：UCP有相當多關於提單、商業發票、保險單等貨運單據的規定，可是擔保信用狀通常只要求匯票以及違約聲明書，並不須提示提單、商業發票、保險單等相關文件）。因此，UCP對於擔保信用狀的規範，在實際應用上多少存在著不適當性。

近年來擔保信用狀的使用金額已遠超過商業信用狀，因此實有必要針對包括銀行保證函（下節將詳述）與擔保信用狀在內的國際擔保函證量身訂作一套新的規則，因此「國際商會」遂聯合「國際銀行法律與實務學會」（Institute of International Banking Law & Practice, INC.）共同研擬「國際擔保函慣例」，於1998年通過，1999年起實施。自ISP98生效之後，銀行開發擔保信用狀，除仍可選擇適用UCP外，也可選擇適用ISP98。

由於擔保信用狀與下述的銀行保證函實質上均屬於國際擔保函證，因此國際商會針對銀行保證函所制定的「即付保證函統一慣例」（Uniform Rules for Demand Guarantee,

URDG NO.758），擔保信用狀也可適用。

(五)例示：茲舉一擔保信用狀實例如下

Sequence of Total	27	1/1
Form of Documentary Credit	40A	IRREVOCABLE STANDBY
Documentary Credit Number	20	12345
Date of Issue	31C	230807
Applicable Rules	40E	ISP98
Date and Place of Expiry	31D	231011 IN VIENNA
Applicant Bank	51A	GOOD COMMERCIAL BANK
Applicant	50	ABC CO.
Beneficiary – Name & Address	59	DEF CO.
Currency Code, Amount	32B	CURRENCY : USD (US DOLLAR) AMOUNT : 10,000.00
Max. Credit Amount	39B	NOT EXCEEDING
Available with... By...	41A	GOOD COMMERCIAL BANK BY PAYMENT .
Description of Goods &/or Services	45A	FULFILLMENT OF CONTRACT NO. 67890
Documents Required	46A	*BENEFICIARY 'S SIGNED STATEMENT TO READ AS FOLLOWS : WE CONFIRM THAT ALL CONTRACTUAL OBLIGATIONS FROM OURSELVES TOWARDS THE APPLICANT HAVE BEEN FULFILLED AND THAT THE AMOUNT DRAWN REPRESENTS THE INDEBTENESS OF THE APPLICANT PERSUANT TO THE CONTRACT NO. 67890 WHICH IS NOW DUE AND REMAINS UNPAID *BENEFICIARY'S DRAFT DRAWN AT SIGHT ON APPLICANT, MARKED "DRAWN UNDER STAND BY LETTER OF CREDIT NO.12345 DATED 230807 OF GOOD COMMERCIAL BANK
Additional Conditions	47A	*THE NUMBER AND THE DATE OF THIS SBLC MUST BE QUOTED ON ALL DRAWINGS

*PARTIAL DRAWING(S) IS NOT ALLOWED.

*NEGOTIATION OF DOCUMENTS WITH DISCREPANCIES OR INCOMPLETE DOCUMENTS IS STRICTLY PROHIBITED.

*IT IS A CONDITION OF THIS STAND BY LETTER OF CREDIT THAT A DEMAND FOR PAYMENT BY PRESENTATION OF THE DOCUMENTS AND DRAFT SHOULD NOT BE MADE PRIOR TO 15 DAYS (CLOSE TO DATE OF EXPIRATION OF SBLC) BUT IN ANY EVENT WITHIN THE VALIDITY OF THIS STAND BY LETTER OF CREDIT.

*ALL DOCUMENTS TO BE SENT TO US IN ONE LOT BY COURIER SERVICE.

Charges	**71B**	ALL CHARGES, EXPENSES AND COMMISSIONS IN CONNECTION WITH THIS SBLC, OUTSIDE OF AUSTRIA TO THE DEBIT OF BENEFICIARY.
Confirmation Instructions	**49**	WITHOUT
Instra to Payg / Accptg / Negotg Bank	**78**	AFTER RECEIPT OF DOCUMENTS, IN STRICT COMPLIANCE WITH THE TERMS AND CONDITIOS OF THIS SBLC, AT OUR COUNTERS IN VIENNA, WE ENGAGE OURSELVES TO EFFECT PAYMENT AS PER INSTRUCTIONS OF NEGOTIATING BANK VALUE 2 BANK WORKING DAYS (AUSTRIA) LATER.

二、銀行保證函（bank guarantee）

(一) 意義

　　銀行應委託人的申請向受益人開立的一種書面憑證，保證委託人按規定履行契約，否則由銀行負責償付債款。銀行保證函有三個主要當事人，即保證人（也就是銀行）（guarantor）、委託人（principle）與受益人（beneficiary），其中，委託人與受

益人是某項契約的當事人，受益人為確保委託人能依照契約的約定履行義務，要求委託人須向銀行申請開立保證函，當委託人不履約或履約不完全時，受益人即可憑銀行保證函向銀行請求付款。【註：銀行保證函有獨立性和從屬性之分，本章所述的銀行保證函，係指銀行承擔獨立償付責任（independent payment obligation）的獨立保證函，而非銀行承擔從屬債務責任的從屬性保證函（這種保證函之下，銀行的保證責任為一般民法的保證）。】

(二) 用途

銀行保證函依其用途不同可分為很多種，常見的有：

1. 投標保證函（tender guarantee）：銀行（保證人）根據投標人（委託人）的申請向招標人（受益人）開立的保證函，保證投標人在開標前，不中途撤銷投標或片面修改投標條件，得標後不拒絕簽約、不拒絕交付履約保證金，否則銀行負責賠償招標人的損失。這種保證函適用於採購大宗物資、器材、設備、承建工程項目，或勘探、採礦等方面的招標投標業務。

2. 履約保證函（performance guarantee）：銀行（保證人）根據貨物買賣、勞務合作或其他商務契約的一方當事人（委託人）的申請，向契約的另一方當事人（受益人）開立的保證函，保證委託人承擔付款、簽約和履約的責任。這種保證函適用的範圍很廣，舉凡一般貨物的進出口、國際租賃以及承建工程等契約都可使用。其特點是比較靈活，銀行可為契約當事人的任一方提供擔保，例如：在進出口交易中，銀行可以受進口商的委託開立以出口商為受益人的保證函，當出口商依約履行交貨義務，而進口商拒絕付款或未能按期付款，則由銀行負責償付；如果銀行開立的是出口保證函，當出口商未能按契約規定的條件交貨時，則由銀行負責向進口商賠償損失。

3. 還款保證函（repayment guarantee）：銀行（保證人）根據貨物買賣、勞務合作、資金借貸或其他商務契約的一方當事人（委託人）的申請，向契約的另一方當事人（受益人）開立的保證函，保證在委託人不按契約規定將受益人預付、支付或貸放給委託人的任何金額款項退還或還款時，則由銀行退還該款項。這類保證函常用於融資業務，也用於貨物買賣、勞務合作、技術貿易等方面。

(三) 特性

銀行保證函因使用「保證」二字，故極易與一般民法上的保證觀念相混淆，產生誤解。實際上這兩者頗有不同，民法上的保證係屬有因行為，是一種從屬的保證（accessory guarantee）；但銀行保證函的保證是一種無因的行為，是獨立的保證（independent guarantee），亦即銀行的付款義務為「一經請求即須付款」（payment on first demand），不得援用委託人與受益人間原始法律關係的抗辯，銀行既不介入委託人與受益人雙方的契約糾紛，也不探究其糾紛的是非曲直，只依保證函所載條款，一經請求即予付款，原則上並不適用民法保證的規定。實務上，受益人只要聲明保證的事故已發生，銀行不必查究受益人的聲明是否屬實，也無須徵求委託人的意見，僅憑單純的主張即予付款。

由此可見，銀行保證函與擔保信用狀相當類似，在用途方面，兩者都可適用於各種契約的保證；在性質方面，銀行保證函所要求的單據，除匯票外，也多只有受益人所簽發的聲明書（statement），聲明申請人未依約履行義務，銀行付款時也是「一經請求即須付款」，所以與擔保信用狀同樣，均具備無因性，兩者在實質上並無不同，都是銀行保證，只不過擔保信用狀是以信用狀的型式呈現。

(四) 國際慣例

在適用的國際規範方面，銀行保證函多載明適用ISP98或URDG758。

(五) 契約條款舉例

契約中約定賒購的買方須提供擔保函或擔保信用狀：

To the extent that the parties have agreed that payment is to be backed by a bank guarantee or standby letter of credit , the Buyer is to provide, at least 30 days before the agreed date of delivery or at least 30 days before the earliest date within the agreed delivery period, a first demand bank guarantee or standby letter of credit subject to the International Standby Practice published by the International Chamber of Commerce.

第三節　應收帳款承購

一、意義

國際應收帳款承購（factoring）又稱為國際應收帳款收買或帳務代理，係指承購商（factor，主要是銀行和金融公司）購入出口商對進口商的應收帳款債權，於進出口商雙方無商業糾紛的情況下，承擔進口商的信用風險，並提供帳務管理、應收帳款收取、貿易融資等多項服務為一體的整合性金融業務。在中國大陸，factoring稱為保理。

二、功能

factoring在歐美先進國家已行之有年，近年來，在國際貿易競爭日趨激烈以及貿易流程便捷化的潮流推動之下，O/A等有利於進口商的賒銷付款方式已成為市場主流，而Factoring因具有下列功能而備受出口商的青睞，並在全球快速成長：

1.由承購商承擔進口商屆期不付款的信用風險，而且factoring多為無追索權，出口商可有效轉嫁信用風險。

2.承購商預付部分貨款給出口商，出口商可獲得資金的融通，並可即時規避可能的匯率風險。

3.承購商協助出口商進行帳務管理及催款服務。

4.透過承購商的融資，出口商可將應收帳款轉換成現金，提高應收帳款的周轉數，具有美化財務報表的效果。

5.廠商可節省帳務管理、收款與催款等人事支出。

三、流程

目前國內金融機構所承作的factoring，多屬雙承購商型（two-factor service），其方式為位於出口國的出口承購商（export factor）承購出口商的應收帳款，並負責對出口商進行融資及帳戶管理等工作，位於進口國的進口承購商（import factor）則負責對進口商進行信用評估、審核信用額度、承擔進口商的信用風險，並且負責向進口商收款，收到款項後再支付給出口承購商。茲以two-factor service說明factoring的作業流程：

假設位於臺灣的出口商與位於美國的進口商約定以O/A方式付款，出口商對進口商的信用存有疑慮，此外，出口商因有資金調度的需求，希望能先獲得資金的融通，故決定向國內的金融機構辦理factoring：

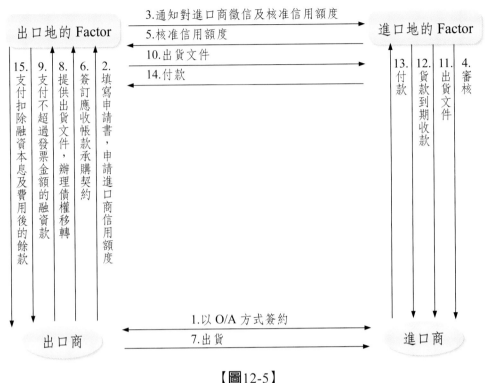

【圖12-5】

(四)融資額度

通常至多為發票金額的80%，融資幣別與發票幣別相同。

(五)期限

多為180天以下的應收帳款。

(六)費用

1.手續費：factor對進口商徵信的費用。

2.承購管理費：依發票金額固定比例計收，若出口商辦理的是有追索權的 factoring，則費用較低。

3.融資利息：按 LIBOR（London Interbank Offer Rate，倫敦銀行同業拆放利率）或 SIBOR（Singapore Interbank Offer Rate，新加坡銀行同業拆放利率）相近天期利率加碼計收。

上述費率或利率並無固定標準，悉依個案而定，factor通常是依據進口商的信用評等、出口商的平均銷貨金額、輸出商品的穩定度與付款條件等因素核定，或與出口商議定。

(七) 風險

factor承擔因進口商破產、重整、不履行債務、經營不善、政治風險、戰爭或天災等因素而無法收回貨款的風險。但起因於進出口商之間的商業糾紛而導致的拒付風險，則排除在外，亦即，Factor雖承擔進口商的信用風險，但若進出口商發生債權糾紛，由於Factor無從裁決，因此不負責賠償，出口商須自行承擔解決糾紛的責任。

(八) 應備文件

出口商辦理factoring業務應檢附下列文件：

1. 買賣契約（contract）。
2. 訂單（purchase order）。
3. 商業發票（commercial invoice）。
4. 海運提單（bill of lading）或空運提單（airway bill）。
5. 包裝單（packing list）。

Factoring雖具有避險與融資的功能，但必須支付相關的費用與利息，故出口商應衡量進口商的信用、交易金額、交易條件、本身的融資需求以及factoring的費用高低等因素，決定是否辦理。

第四節 中長期出口票據貼現（Forfaiting）

金融機構對短期應收帳款（半年以下）的服務，常用上述的factoring業務，至於中長期的應收帳款（半年～七年），則多採用forfaiting。

一、意義

貼現商（forfaitor）在無追索權的基礎上，以固定利率貼現方式買進銀行保證的付款票據（匯票或本票），並於預扣利息後將款項付給出口商的一種中長期融資業務。

二、方式

常見的forfaiting辦理方式有：

1. 進口商以中長期賒購或分期付款方式向出口商購入貨物，由進口商開立一張或多張本票，並請銀行對本票加以保證，以這些本票支付出口商。當出口商有資金需求時，即可向金融機構申辦forfaiting業務，以這些本票向forfaitor貼現。

2. 進口商以中長期賒購或分期付款方式向出口商購入貨物，由出口商開立一張或多

張以進口商為付款人的匯票，由進口商承兌匯票（若forfaitor對進口商的信用風險有疑慮時，會要求須由銀行對匯票加以保證）。當出口商有資金需求時，即可憑該承兌匯票向金融機構申辦forfaiting業務，以這些匯票向forfaitor貼現。

3.進口商以遠期信用狀向出口商購入貨物，押匯銀行若對開狀銀行的信用或開狀銀行所在國家或地區的政經情況缺乏信心，擔心開狀銀行到期無法付款，通常不願對出口商提示的遠期跟單匯票辦理押匯，在此情況下，出口商可藉由forfaiting業務的申辦，將遠期跟單匯票交付forfaitor，forfaitor於開狀銀行審查單據無誤並承兌匯票後，即買斷該承兌匯票，付款給出口商。出口商可藉此轉嫁開狀銀行的信用風險與進口國的政治風險，並獲得融資的便利。這種在遠期信用狀之下辦理的forfaiting業務又稱為「遠期信用狀賣斷」。

三、功能

1.由貼現商承擔進口商或開狀銀行的信用風險，以及進口國或開狀銀行所在國的政治風險，而且forfaiting多為無追索權，出口商可有效轉嫁風險。

2.融資期間長，長期交易可獲得資金融通，改善出口商的資金周轉。

3.應收帳款立即變現金，可改善財務報表。

4.不占用銀行的授信額度。

5.出口商可放心的提供進口商中長期延後付款的信用交易方式，增加出口競爭力。

6.節省出口商收款與催款的管理費用支出。

7.貼現利率固定且先行融資，出口商可規避利率與匯率風險。

四、流程

茲以遠期信用狀之下的forfaiting業務，說明其流程：

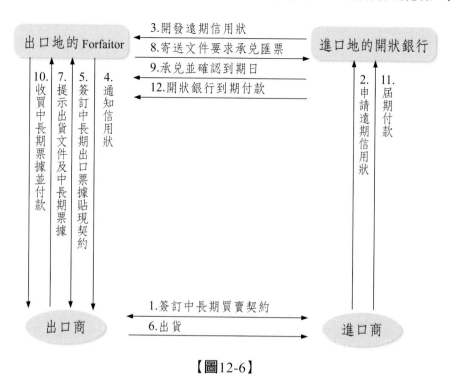

【圖12-6】

五、融資額度

100%貼現，但須扣減相關費用之後付款。

六、期限

多為半年～七年的應收帳款。

七、費用

包括手續費與融資利息，由forfaitor依據貼現金額、期限與風險評估加以核定或與客戶議定。

八、風險

forfaitor承擔開狀銀行、保證／承兌銀行或進口商於票據到期時不付款的信用風險與政治風險。但起因於進出口商之間的商業糾紛而導致的拒付風險，則排除在外。

我國的出口商在先交貨後付款的交易條件之下，也可以利用中國輸出入銀行承辦的各類輸出保險來規避進口商的信用風險與進口國的政治風險。不過，一般而言，輸出保險只提供避險的功能，並不對出口商先行融資，出口商若有資金周轉的需求，需自行憑輸出保單向金融機構辦理融資。關於輸出保險，將於第十五章詳述。

習題

一、是非題

1. （　）凡以賒銷方式出口的出口商，均應利用各種擔保工具以移轉信用風險。
2. （　）擔保信用狀係屬備用性質，若開狀申請人已確實履約，受益人即不會使用擔保信用狀。
3. （　）現代的國際貿易，已逐漸捨棄以商業跟單信用狀方式付款，而改以匯付方式來清償貨款。
4. （　）擔保信用狀不可適用UCP600。
5. （　）銀行保證函的保證是一種無因的行為，是獨立的保證，銀行的付款義務為「一經請求即須付款」，銀行不得援用委託人與受益人間原始法律關係的抗辯，也不介入委託人與受益人雙方的契約糾紛。
6. （　）我國銀行承做的factoring多具有追索權。
7. （　）factoring的承購商承擔進口商的信用風險，包括起因於進出口商之間的商業糾紛而導致的拒付風險。
8. （　）中國輸出入銀行承做的各類輸出保險的功能與factoring類似，皆兼具信用擔保與融資的雙重功能。
9. （　）forfaiting之下所貼現的票據，包括出口商所簽發的本票與進口商所簽發的匯票。
10. （　）factoring 雖擔保應收帳款的收取，但是多無法先行提供全額的融資；Forfaiting的融資則為100%。

二、選擇題

1. （　）關於stand-by L/C，下列哪一項敘述是錯誤的？　(1)為備用性質　(2)主要是以擔保契約的履行為目的　(3)受益人通常僅需提示聲明書　(4)具融資性質。
2. （　）以O/A方式付款，搭配擔保信用狀，該擔保信用狀的受益人通常是(1)進口商　(2)出口商　(3)進口地銀行　(4)出口地銀行。
3. （　）forfaiting在信用狀之下使用時，係使用於哪一種信用狀的票據貼現？(1)擔保信用狀　(2)遠期信用狀　(3)保兌信用狀　(4)可轉讓信用狀。

4. （　）出口商在下列何種情況下，最適合採用O/A的付款條件？　(1)新客戶的訂單　(2)老客戶頻繁的訂單　(3)透過中間商的訂單　(4)進口國政經狀況不穩時。

5. （　）factoring之下，factor不承擔哪一項風險？　(1)進口商破產　(2)進口國發生內亂革命　(3)買賣雙方關於契約的商業糾紛　(4)進口商重整。

6. （　）賣方將買賣交易所產生之應收帳款，售予應收帳款承購商，此種貿易融資業務稱為　(1)factoring　(2)forfaiting　(3)collection　(4)franchise。

7. （　）貿易融資業務中所稱之forfaiting，係指下列何者？　(1)中長期出口票據貼現　(2)即期信用狀買斷　(3)出口應收帳款承購　(4)進口應收帳款承兌。

8. （　）擔保信用狀不適用下列哪一項國際規則？　(1)UCP　(2)ISP　(3)INCOTERMS　(4)URDG。

9. （　）關於bank guarantee的敘述，何者有誤？　(1)與民法的保證性質相同　(2)可適用ISP　(3)其性質與standby letter of credit類似　(4)銀行不涉入當事人間基礎契約的糾紛。

10. （　）以下關於factoring對出口商的優點的敘述，何者不恰當？　(1)承購商承擔進口商的信用風險　(2)承購商協助出口商進行帳務管理及催款服務　(3)提高應收帳款的周轉數，具有美化財務報表的效果　(4)100%融資。

三、填充題

1. 擔保信用狀之下，開狀銀行要求受益人提示的單據，通常僅為一種表明開狀申請人違約或未能履約的_____。

2. factoring係指銀行購入出口商對進口商的_____，於進出口商雙方無商業糾紛的情況下，承擔進口商的_____風險，並提供_____、_____、_____等多項服務為一體的整合性金融業務。

3. factoring所承做的，多是期限不超過_____天的應收帳款。

4. forfaitng係指銀行以固定_____貼現方式買進銀行保證的付款_____，並於預扣利息後將款項付給出口商的一種中長期融資業務。

5. 以預付貨款方式交易，若搭配使用擔保信用狀以降低信用風險，則信用狀的申請人為買賣契約的_____（買方或賣方）；受益人為買賣契約的_____（買方或賣方）。

四、解釋名詞

1. standby L/C
2. bank guarantee
3. factoring
4. forfaiting
5. ISP98

五、問答題

1. 國際間目前最常使用的付款方式是匯付，而非傳統的信用狀，為什麼？我國的情況又是如何？請以具體數據加以說明。

2. 擔保信用狀與商業信用狀有何不同？（請依表填入適當內容）

	擔保信用狀	商業信用狀
與基礎契約關係		
銀行付款的條件		
單據種類		
使用的場合		
性　　質		
適用UCP？		
UCP的合適度		

3. 擔保信用狀如何應用在國際間的商品交易上？

4. factoring對出口商的優點為何？國內銀行或金融公司辦理這項業務的情形如何？收費標準為何？請依據學習當時的情況，以實際數據加以說明。

5. 何謂forfaiting？forfaiting對出口商有哪些功能？

實習

一、臺灣母公司向其海外子公司採購產品，其付款安排通常會就母公司與子公司的
財務操作、取得銀行授信能力以及融資方式等因素加以考量。請以子公司能否
取得當地銀行融資之觀點，分析臺灣母公司採取PIA或O/A付款方式之緣由。

二、進口商A與出口商B約定以O/A方式交易，約定於交貨後90天付款，並由進口
商提供擔保信用狀作為到期付款的保證，然而B聽同業提及，A以往曾有簽發
不實聲明書請求銀行付款的不良紀錄，為避免糾紛，進口商應於買賣契約中如
何約定，以防出口商任意求償？

備貨、出口檢驗及公證

第十三章

第一節　出口貨物的準備

　　買賣契約一經簽訂，賣方即負有依照契約，履行交付貨物的義務。國際貿易的賣方，可能是自己擁有生產製造部門，並且自營出口的廠家，也可能是自國內供應廠家買進貨物轉售國外，賺取中間利潤的出口商。在備貨工作方面，兩者有異，以下即分別就其在貨物準備的程序及應注意事項等方面加以說明。

一、自營出口廠家的備貨

　　生產廠家與國外客戶簽訂買賣契約之後，如國外買方信用良好，即可通知生產部門開始生產，以便裝運出口，如對國外買方無信心，則謹慎的廠家實際上往往在收到信用狀之後，才通知生產。

　　當業務部門向生產部門發出製造通知單，指示其開始生產製造的同時，為控制交貨作業的進度，另宜製作「交貨控制表」（shipping control sheet），以便承辦人員得以適時掌握備貨、驗貨、洽訂運輸艙位、出口簽證、出口檢驗以及投保等工作的進行，準時地在交貨期限之前，將貨物裝運出口。

二、出口貿易商的備貨

　　出口貿易商出口的貨物並非自己生產製造，而是另覓國內廠家供應，因此，就出口貿易商而言，貨物的準備，也就是貨物的購進。購進的方式，常見的有兩種：

(一) 預約購進

出口貿易商在向國外進口商報價之前,先行請國內供應商報價,然後再以此報價作為基礎,向國外進口商報價,經國外進口商接受後,即根據供應商原先提出的報價,與供應商簽訂購貨契約(purchase contract)。

(二) 臨時購進

出口貿易商與國外進口商簽立契約後,再臨時向國內供應商購進或訂製貨物。以此方式購貨,出口貿易商可能會有臨時找不到可提供貨物的廠家,或買到高價貨物的風險,因此除非該類貨物供應廠家眾多,貨源充裕,且售價穩定,否則不宜草率使用這種方式。

不論是預約購進或臨時購進,出口貿易商購貨時,應注意下列事項:

(一) 慎選供應廠家

出口貿易商應選擇信用可靠、品管嚴格並且能準時交貨的供應廠家。若出口貨物須有配額(quota)者,除非出口貿易商自己擁有配額,否則,應選擇持有配額的廠家。

(二) 購貨契約條件必須完整明確

為期供應商能確實履行交貨義務,出口貿易商與供應商所訂的買賣契約,其內容應包括貨物名稱、品質規格、數量、價格、包裝、交貨、付款、檢驗等條件,除了必須明確而完整外,而且各條件應與輸出契約中所訂者相配合。

(三) 適時向供應商催貨

國內供應廠家多是中小型家族工廠,對國際貿易的特性缺乏概念,對生產作業的安排不夠周全,雖然接獲貿易商的製造通知單,但往往未能如期開工,交貨期迫近時才急忙趕工,結果不是無法如期交貨,就是貨物品質粗糙。因此,出口貿易商應在發出製造通知單後,製作交貨控制表,並於適當時期,向工廠催貨,早日生產,如有錯誤,得以早日發現更正,並能有充裕的時間辦理驗貨工作。

(四) 確實執行驗貨

如何使國外客戶對收到的貨物感到滿意,不僅是貿易商應盡的責任,也是取得國外客戶信任,爭取後續訂單的必要條件。因此,供應商出貨之前,出口貿易商應派專人前往工廠驗貨,驗貨員除了必須對該產品有充分的知識及了解外,更要為人盡職負責、公正,而且有不怕得罪人的勇氣,如此才能確保貨物的品質,維護貿易商對外的信譽。

第二節　出口檢驗

本節所述的出口檢驗，指的是依出口國法規規定的強制性（mandatory）貨物出口檢驗。茲就我國的情形說明如下。

一、出口檢驗的目的

依我國商品檢驗的規定：「為促使商品符合安全、衛生、環保及其他技術法規或標準，保護消費者權益，促使經濟正常發展，特制定本法。」可見貨物出口檢驗的主要目的，在於確保出口貨物的一定品質水準，維護我國出口產品的形象。

二、應施檢驗品目

依商品檢驗法規定，經主管機關指定公告種類、品目或輸往地區的農工礦商品，應依法執行檢驗。

至於廠商輸出的貨品是否屬於公告應施檢驗品目，可向標準檢驗局或其所屬各分局查詢，或上標準檢驗局網站（網址：www.bsmi.gov.tw）查詢。由於我國輸出的商品已擺脫粗製濫造的形象，且國際間對於貿易貨品的檢驗，普遍由進口國執行，因此我國目前輸出貨品均不須辦理出口檢驗，亦即應施出口檢驗的品目為零。然廠商仍可依規定，申請辦理自願性的特約出口檢驗。

至於動植物及其產品的出口檢疫，輸出人應依規定向農業部申請辦理。

三、特約檢驗

1. 意義：標準檢驗局應買賣雙方或任何一方之申請，依約定規範檢驗者，為特約檢驗。

2. 受理範圍：僅限國內輸出的商品。

3. 程序：特約檢驗應由申請人檢具訂貨文件向檢驗機關（構）申請，經檢驗機關（構）審核後通知辦理。特約檢驗除得於檢驗機關（構）執行外，並得派員臨場監督生產廠場檢驗。

4. 方式

   (1) 成品取樣檢驗。

   (2) 生產過程檢驗，包括產製計畫、原料、產製過程中的半成品及其他有關紀錄的查核。

5. 檢驗標準：依申請人提出或買賣雙方約定之規範及檢驗方法檢驗，其規範、檢驗方法不明或檢驗機關（構）無檢驗設備者，檢驗機關得建議適當的規範或檢驗方法，

經申請人同意後辦理。

　　6. 發證

　　　(1) 符合規範者：特約檢驗商品經檢驗符合規範者，由檢驗機關發給特約檢驗證
　　　　 書或證明，註明符合規範及檢驗結果。

　　　(2) 不符規範者：發給不符規範報告。

第三節　公　證

一、公證的意義

　　公證（survey）乃指獨立公正的第三者，即公證人（surveyor）在兩方之間，對於
某種標的做鑑定或檢驗。公證，依其性質，可分為海事公證（marine survey）、保險
公證（insurance survey）及貨物公證（cargo survey）等。本節乃以貨物公證的說明為
主，至於其他兩種公證，則不在討論之列。

　　公證在目前的國際貿易上使用甚為普遍，專門從事公證業務者稱為公證人或鑑定人
（surveyor）或公證行或公證公司。由於公證行不得基於自身的利益，或接受利害關係
人的委託而執行公證業務，因此通常又稱為獨立公證行（independent surveyor），其所
出具的報告稱為公證報告（survey report; surveyor's report; surveyor's certificate），由
於公證行地位超然，其所出具的報告，都能使當事人信服（表13-1為公證報告）。

二、公證的目的

　　買賣雙方於簽立貿易契約之後，不論契約中品質條件如何約定，賣方所供應貨物
的品質，必須與契約條件相符。不過由於國際貿易的買賣雙方相隔兩地，彼此多互不認
識，一切都靠單據文件往來進行交易，在以信用狀作為付款方式的場合，只要賣方提出
的單據符合信用狀條件的規定，銀行即須付款、銀行審查單據時，只要求單據文件與信
用狀條件相符，至於單據上所記載的內容，諸如品質規格、數量等是否符合買賣契約，
則不為所問。買方倘於提領貨物發現貨物內容與契約規定不符，只能憑買賣契約要求賣
方負責，無權要求開狀銀行歸還已繳付的款項。然而若賣方存心違約，貨款既已取得，
要求其賠償，實非易事，於是買方為確保權益，乃要求賣方於貨物裝運之前，必須經信
用良好的公證行先行檢驗，取得公證行出具的公證報告，並且規定憑信用狀要求銀行付
款時，必須提示公證報告，如此，賣方便不易在貨物上有作假或違約情事。另一方面，
買方於收到貨物後，發現貨物品質不符或數量不足等，也可請公證行做成公證報告，作
為日後索賠的依據。

表13-1

ORIGINAL
Page 1/1

Code N. **840333**

Date   May 06, 2010

BV n°   BVVN/RIZ/10/47-001

CERTIFICAT D'INSPECTION
INSPECTION CERTIFICATE

VILAS 392

CERTIFICATE OF QUALITY AND QUANTITY

Shipper	:	████ CO., LTD.
		THANH XUAN, HANOI, VIETNAM
		TEL: (+84) 4 35███ FAX: (+84) ████ 173
		EMAIL: SALES@███-VN.COM
Description of goods	:	130MT WHITE RICE 5% BROKEN IN 25KG PP BAGS.
Vessel's name	:	WARNOW BELUGA 1006 B/L No.: 551137369
Port of loading	:	SGN PORT
Port of discharge	:	LUANDA

I N S P E C T I O N   R E S U L T S

Sampling	:	Rice was sampled at random for bags unit weight checks and quality analysis which gave results as follows:
Quality	:	The result of test was found as under:

		The specifications of rice	Result
Broken (Basis ¾)	:	5 % Max	4.20 PCT
Moisture	:	14 % Max	14.00 PCT
Crop	:	Winter Spring 2010	Winter Spring 2010
Foreign Matter	:	0.1 % Max	0.08 PCT
Damaged Kernels	:	0.5 % Max	0.49 PCT
Glutinous	:	0.3 % Max	0.26 PCT
Average Length Of Grain	:	6.2 Mm Min	6.24 Mm
Milling Degree	:	Well Milled And Double Polished	Well Milled And Double Polished
Red and Streaked Kernels	:	0.5 % Max	0.50PCT
Yellow Kernels	:	0.5 % Max	0.24 PCT
Chalky Kernels	:	5 % Max (Basis ¾)	5.00PCT
Immature Kernels	:	Nil	Nil
Paddy (Grains / Kg)	:	10 Grains/ Kg Max	10 Grains/ Kg
Live insect	:	Nil	Nil

Packing	:	In 25KG bag
Weight	:	The average weight of rice in each bag:

Gross weight of bags	:	25.08 kgs
Tare weight of bags	:	0.08 kg
Net weight of bags	:	25.00 kgs

Which in turn compiled with B/L quantities gave following global figures:

Number of bags	:	5,200 BAGS
Total Gross weight	:	130.416MT
Total Net weight	:	130.000MT

Date of Inspection	:	From May 04, 2010 to May 05,2010
Conclusion	:	This inspection certificate is not issued in the scope of any BUREAU VERITAS assignment by a government. Banks are advised that this inspection certificate is not a "Constancia" or "Clean Report of Findings" or "Attestation de Verification".

We now certify that the above inspection has been carried out according to Bureau Veritas General conditions. The issuance of this inspection certificate does not release the contractual parties from their own responsibilities and the fulfillment of their obligations.

VIAS 014

BUREAU VERITAS VIETNAM

NGUYEN TUYET NGA

Cette inspection a été effectuée dans le cadre des conditions générales du Bureau Veritas (voir au dos), elle ne dégage pas le vendeur de ses obligations contractuelles envers l'acheteur.

三、辦理貨物公證應注意事項

(一) 慎選公證行

若國外進口商或進口國政府未指定公證行，則出口商可以自行選擇任一公證行辦理出口公證檢驗。一般而言，選擇公證行時，應考慮下列各項：

1. 信譽：應選擇信用佳，風評良好的公證行。
2. 專長：各公證行各有其專長，選擇時應以其專長與所需公證貨物相符者為優先考慮對象。
3. 地點：公證行營業地點最好與廠商及裝運地相距不遠，以方便公證作業的進行。
4. 收費：在以上三項都差不多的情況下，以收費較低或較合理者為選用的對象。

(二) 時間的配合

出口公證的執行除某些貨物須在裝運時證明其裝運數量，而必須在碼頭（機場）倉庫或船（機）邊公證者外，一般都在產地或製造廠所在地進行。因此，需要辦理公證的外銷商品，出口商應配合船期或交運日期，儘早聯絡公證行辦理檢驗，產品檢驗如有不合格者，才有充裕的時間著手改進，或由公證行電告進口商取得其許可。

(三) 備齊公證應檢附的文件

1. 信用狀影（副）本。
2. 包裝單影（副）本。
3. 訂單（或買賣契約書或售貨確認書）影（副）本。

如國外進口商指示公證行依廠商的產品目錄（catalog）內某項產品檢驗時，廠商尚須提供該產品的規格。

四、公證報告

公證檢驗一般係採抽驗方式，並非整批貨物檢驗，因此公證行所出具的公證報告，並不能擔保全部的貨物均符合契約的規定，況且，公證檢驗的項目係依委託人的指示或申請者的申請，貨物不符規格之處，若未列入檢驗項目內，公證報告也無法保證貨物能符合買賣契約所定的一切規格，因此，公證報告只具有推定的效力，並不具絕對的效力。出口廠商的產品雖經公證行檢驗合格，但如於檢驗時未發現的瑕疵，或其不符規格之處並未列入檢驗項目，則出口商仍須對進口商負責，不能以為產品一經檢驗合格後，出口商即可免其責任。

由於公證報告僅具推定的效力，因此除非經證實公證行出具不實的報告，必須負偽

造文書的法律責任外，公證行對買賣雙方並不負任何賠償的責任。

五、裝運前檢驗

裝運前檢驗（Pre-Shipment Inspection，簡稱PSI）係指貨物進口國（大部分為開發中國家，例如：孟加拉、莫三比克、菲律賓、烏茲別克等）因本身的海關制度尚未十分健全，無法承擔貨物通關的相關作業，並且進口國政府為防止商業詐欺、逃避關稅等情況產生，要求貨物裝運出口前，必須經進口國政府指定的公證公司實施品質、數量、價格、關稅分類及估價等檢查、檢驗作業，並取得該公證公司簽發的無瑕疵檢驗報告（Clean Report of Findings，簡稱CRF），才得以通關進口的制度。

由於PSI係由進口國政府所指定，因此PSI費用多約定由買方負擔。

雖然PSI對進口國有其重要性，但相對地亦造成出口商的不便，例如：阻礙出口作業，增加出口商人力與費用負擔及影響出口意願等，因此PSI普遍被認為是一項貿易障礙，許多有關PSI的爭議及糾紛也因而產生。WTO商品貿易協定的「PSI協定」中，規範會員國於委託執行PSI時，應符合不歧視、透明化、保護商業機密及避免不合理延遲等要求，並設置獨立的審查程序，以解決出口人與檢驗機構的爭端，期能使各相關國家有所遵循，減少糾紛。

為管理監督我國執行PSI機構的業務，並有效調解我國出口人與檢驗機構在執行檢驗業務過程中發生的爭議，我國制定有「裝運前檢驗監督管理辦法」。

習題

一、是非題

1. （ 　）生產廠家與國外客戶簽訂買賣契約之後，如對國外買方無信心，則謹慎的廠家往往在收到信用狀之後，才通知生產部門開始生產。

2. （ 　）出口貿易商以預約購進貨物的方式準備貨物，風險較以臨時購進的方式為大。

3. （ 　）若出口貨物須有配額，則除非出口貿易商自己擁有配額，否則，應選擇持有配額的廠家供貨。

4. （ 　）驗貨員的工作只是對廠家提供的貨物做最後的確認，因此驗貨員對產品的認識及驗貨的經驗並不是重要的條件。

5. （ 　）我國商品檢驗的主管機關爲財政部關務署。

6. （ 　）我國目前應施出口檢驗的商品僅有食品，其餘商品均不須實施出口檢驗。

7. （ 　）只有依法應施出口檢驗的商品，才可以申請特約檢驗。

8. （ 　）WTO會員於委託執行PSI時，應符合不歧視、透明化、保護商業機密及避免不合理延遲等要求。

9. （ 　）一般而言，公證報告具有絕對的效力，出口商只要能提出公證報告，即可免除有關貨物的一切責任。

10. （ 　）除非經證實公證行出具不實的報告，必須負僞造文書的法律責任外，公證行對買賣雙方並不負任何賠償的責任。

二、選擇題

1. （ 　）(1)shipping control sheet　(2)purchase contract　(3)certificate of export inspection　(4)survey report　乃爲控制交貨作業進度的文件。

2. （ 　）若進口商要求出口商交貨時需提供surveyor's report，則出口商應提供下列何者所出具的報告？　(1)出口國海關　(2)製造商　(3)公證行　(4)保險公司。

3. （ 　）出口商對外簽定買賣契約時，應儘量避免約定貨物品質符合證明文件由下列何者提供？　(1)進口商所指定位於出口國的代理人　(2)進口商所指

定位於出口國的公證行　(3)出口國官方檢驗機構　(4)出口商本人。

4. （　）我國目前實施的特約檢驗，其受理對象僅限　(1)出口貨品　(2)進口貨品　(3)內銷貨品　(4)無限制。

5. （　）進口商為防止出口商交付不符契約要求的貨物，往往於契約或信用狀中規定出口商應於貨物出口之前辦妥　(1)出口公證　(2)出口簽證　(3)輸出保險　(4)裝運通知。

6. （　）有關我國商品出口特約檢驗的敘述，何者正確？　(1)應依國家標準執行檢驗　(2)係依法應施行的強制性檢驗　(3)受理範圍僅限國內輸出之商品　(4)不合格者不發給報告。

7. （　）PSI係何者要求實施的檢驗？　(1)出口國政府　(2)進口國政府　(3)WTO　(4)公證行。

8. （　）以下何者不是選擇公證行時應考慮的因素？　(1)地點　(2)專長　(3)規模　(4)信譽。

9. （　）出口貨物公證一般都在　(1)公證行　(2)產地或製造廠　(3)檢驗機關　(4)進口商　所在地進行。

10. （　）對進出口商而言，以下何種公證較切身有關？　(1)海事公證　(2)保險公證　(3)貨物公證　(4)法院公證。

三、填充題

1. 出口貿易商向國內供貨廠家購進貨物的方式，可分為_____與_____兩種。

2. WTO的PSI協定規範會員國，於委託執行PSI時，應符合_____、_____、保護_____及避免不合理_____等要求。

3. PSI係由_____國政府所指定，因此PSI費用應由_____負擔。

4. 由於公證行不得基於自身的利益，或接受利害關係人的委託而執行公證業務，因此通常又稱為_____，其所出具的報告稱為_____。

5. 廠商自行選擇公證行時，應考慮_____、_____、_____與_____等因素。

四、解釋名詞

1. survey report

2. PSI

3. independent surveyor

五、問答題

1. 請說明出口貿易商備貨時，應注意事項。
2. 何謂出口特約檢驗？
3. 何謂公證？出口貨物公證與出口檢驗有何不同？
4. 請說明出口商辦理貨物公證時，應注意事項。
5. 何謂公證報告？其效力如何？又，公證人的責任為何？

實習

一、某出口商於6月20日接獲國外客戶訂購10,000雙橡皮手套的訂單，交貨期限為同年7月20日，該出口商經向國內供應商詢價，並確定國內供應廠家產能無虞後，即接下該筆訂單。

在國內多家橡皮手套的供應廠家中：

甲供應商：其生產的貨物品質優良，價格合理，但經常無法準時交貨。

乙供應商：交貨準時，報價較甲供應商低，但貨物品管不佳，且時有以劣品混充情事。

丙供應商：該廠甫設立不久，信用情況不明，為爭取訂貨，報價較前兩廠家為低，其提供的貨物樣品品質尚可，但工廠規模不大，是否能準時交貨不無疑問，工廠位處偏遠，出口商驗貨頗為不便。

請問該出口商應選擇哪一供應廠家供貨為宜？理由為何？

二、香港商A貿易公司於7月1日與臺灣B紡織廠簽訂一筆男襯衫買賣契約，契約中除載明每件襯衫為US$10.00 FOB Keelung外，關於貨品規格、品質、瑕疵率等，應經A隨時檢驗，全部貨品應於11月30日前交付。

A曾於B交運貨物前，指派其職員來臺檢查貨物品質，該職員於驗貨報告上載明「Presume it can pass」，B紡織廠即予交運，貨物運抵目的地，經A公司委請公證公司檢驗後，發現瑕疵率高達40%，不符契約規格，即據此要求減少價金，但B卻主張該批襯衫既經A公司代表檢驗結果，認為並無不可接受的瑕疵，可以交運，則不得於交運後，再任意檢驗，指該批貨有40%的瑕疵，況且該公證報告上所載有40%瑕疵的襯衫，是否即為B所交運的襯衫，A公司也未能舉證，因此，B認為A的要求無理，A仍應支付全部價金。

▶討論：

1. A公司指派的職員於驗貨報告上所載「Presume it can pass」應做何解釋？

2. 本案中，裝船檢驗報告與卸貨檢驗報告的內容互有不同，應如何認定？

3. A公司的主張對呢？還是B公司的主張對呢？理由爲何？

4. 你認爲一個稱職的驗貨員應具備哪些條件？

出口簽證、報關與裝運

第一節　出口簽證

一、出口簽證的意義

出口簽證（export licensing）係指出口廠商依規定向指定機構申請核發輸出許可證（export permit, export licence, E/P, E/L）而言。

實施貿易管制的國家，大多規定廠商出口貨物之前應先辦理出口簽證手續。我國目前貿易管理係採「原則自由，例外管制」，除表列貨品出口應申請簽證外，其餘貨品均可免證出口。亦即原則免證，例外簽證，目前須簽證出口的貨品項目已不到5%，可免證出口貨品項目已逾95%。

二、限制輸出貨品表

我國的貨品輸出管理係採取原則准許，例外限制的方式，亦即原則上准許自由輸出，但因國際條約、貿易協定或基於國防、治安、文化、衛生、環境與生態保護或政策需要，得予以限制輸出。限制輸出的貨品名稱及其有關規定，由經濟部公告之，經公告的清單為「限制輸出貨品表」，即所謂「負面列表」，凡出口表內貨品者，應依規定申請出口簽證，而出口表外貨品者，則可免證出口。

(一)限制輸出貨品表內貨品

依規定應取得輸出許可證，始得輸出。限制輸出貨品表又分為：

1.第一表：為管制輸出貨品。列入此表的貨品，非經國際貿易局專案核准發給輸出許可證，不得輸出。

2.第二表：為有條件准許輸出貨品。列入此表的貨品均有其一定的核准條件，出口人應依表內所載輸出規定（如須檢附主管機關同意文件等），經國際貿易局核發輸出許可證後，始得輸出。

(二) 限制輸出貨品表外貨品

非屬限制輸出，出進口廠商申請輸出時，可免除輸出許可證，逕向海關申請報關出口。其情況又可分為以下兩種：

1.海關協助查核輸出貨品表內貨品：雖可免證出口，但其他法令另有管理規定，須由有關主管機關核發許可文件或證照始得輸出者，另編訂「海關協助查核輸出貨品表」，列入此表內的貨品，應依表列輸出規定辦理，海關始准免證通關放行。

2.自由輸出貨品：海關逕准通關，自由輸出。

茲以表列上述各類貨品項數及占總貨品項數百分比，見表14-1。

三、出口簽證手續

(一) 簽證機構

受理出口人申請簽發輸出許可證的主管機關為貿易局，貿易局亦得委託其他機構辦理；此外，科技產業園區、科學園區、自由貿易港區或農業科技園區事業，得向各該管理處、局或管理機關申辦。

(二) 相關規定

1.輸出許可證有效期限為自簽證之日起三十日。

2.輸出許可證不得申請延期；未能於有效期間內出口者，申請重簽時，應將原輸出許可證申請註銷。

表14-1

表　別		2023年4月		理　由
		CCC項數	%	
（輸出許可證及原產地證明書）限制輸出貨品表	表一（管制輸出）	32	0.26	非經貿易局專案核准發給輸出許可證，不得輸出，一般而言，不准輸出。
	表二（有條件准許輸出）／國貿局簽證	23	0.19	符合所載輸出規定即核發輸出許可證，憑證通關輸出。
	國貿局委託／委任簽證	552	4.49	出口或再出口至北韓（輸出規定S01）或伊朗（輸出規定S03, S04）計391項；及出口目的國為歐盟者，應檢附台灣鋼鐵工業同業公會簽發以我國為原產地之原產地證明書（輸出規定132）計158項，憑證通關輸出。
	合計	607	4.94	
（免除輸出許可證項目）自由輸出	海關協助查核輸出貨品表	1,048	8.53	其他國內管理法令與輸出有關之規定，委託海關協助查核，海關查核符合規定即准通關輸出。
	其他	10,629	86.53	海關逕准通關，自由輸出。
	合計	11,677	95.06	
總計		12,284	100.00	

資料來源：國際貿易局。

第二節　出口報關與裝船

出口通關（export customs clearance）係指依出口海關（customs house）規定的程序，辦理通關裝船或裝機，將貨物輸出國境的手續。貨物的出口通關，一般多委託報關

行（customs house broker, customs broker）辦理，因為報關行對各種報關文件的製作及通關的手續較為熟悉。

一、報關前的準備事宜

(一) 洽訂艙位

1. 以海運方式出口者

出口商應依船公司發布的期表，預向船公司或船務代理洽訂艙位並取得裝貨單（Shipping Order, S/O）。

2. 以空運方式出口者

出口商應預先向航空公司洽訂艙位並取得託運單（shipper's letter of instruction或 instruction for despatch of goods 或cargo shipping application）。

(二) 貨物進倉

於輪船或飛機的開航日期前，在海關規定時間內，將貨物運往碼頭（或貨櫃場）倉庫或航空貨運站倉庫，以便報關裝運。

(三) 準備報關文件

貨物出口報關若屬應審核書面文件者（即下述C2及C3通關方式），應準備出口報關文件，出口報關文件可分為一般文件及特殊文件兩種：

1. 一般文件

　(1) 出口報單（Application for Export）。

　(2) 裝貨單（S/O）。

　(3) 包裝單（Packing List）。

　(4) 商業發票（Commercial Invoice）。

　(5) 輸出許可證（免證者免附）。

　(6) 貨物進倉證明（倉儲業者以電腦傳輸海關者，免附）。

　(7) 委任書（出口貨物委託報關行報關者，應檢附）。

2. 特殊文件

例如：中西成藥檢附行政院衛生福利部核發的「藥品輸出證明」，無線電器材應附交通部核發的「出口憑證」。

二、貨物通關自動化

(一) 貨物通關自動化的概念

所謂「貨物通關自動化」（Cargo Clearance Automatic），是利用電腦與通信科技，經由通關網路，將貨物進出口有關的政府機構（包括海關、國際貿易局、科學園區管理局、各簽審機關、民航局、航港局等）與民間業者（包括進出口業、航運業、倉儲業、報關業及銀行業）多向串聯，彼此交換貨物資訊與共享資訊，以加速貨物通關，我國目前貨物進出口報關的連線作業比率，幾乎已達百分之百。

為配合全球貿易電子化發展的趨勢，我國近年已建置「關港貿單一窗口」（CPT Single Window）（CPT即Customs，Port and Trade）平臺，整合財政部「海關通關系統」、交通部「航港單一窗口服務平臺」及經濟部「便捷貿e網」三大資訊系統，透過電子化程序，簡化進出口作業流程，建立與國際接軌的經貿單一窗口。舉凡關務、航港、貿易簽審、檢驗及檢疫等相關業務，業者皆可藉由與機關電腦連線或以電子傳輸資料等方式，在「關港貿單一窗口」系統進行作業，獲得「一處申辦，全程服務」的一站式便捷服務。並將與其他國家進行跨境資訊交換，逐步將此系統擴展成為國際貿易及物流產業間電子商務之訊息平臺。

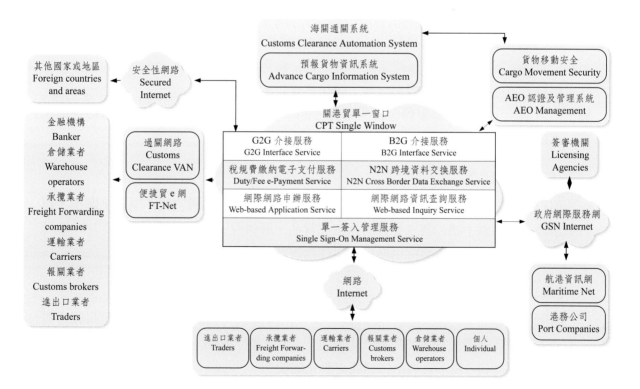

【圖14-1】

三、出口通關流程

(一) 收單

業者將報關資料，透過網路傳至海關，貨棧業者於貨物進倉後，將貨物進倉訊息傳至海關，海關收到上列訊息之後，便執行邏輯檢查及比對，比對無誤，即完成收單；若比對有誤，即以訊息回應給報關行，待報關行更正輸入後，再予以收單。

(二) 確定通關方式

完成收單程序的報關資料，即進入海關電腦主機中的專家系統，由電腦依出進口廠商的等級、貨物進出口國家、貨物性質及報關行等篩選條件，決定貨物應以C1、C2或C3方式通關。

1. C1（免審免驗）：即免審書面文件，免查驗貨物放行。（註：書面文件係指主管機關的許可、核准、同意、證明或合格文件而言。）
2. C2（文件審核）：審核書面文件後才放行。
3. C3（貨物查驗）：須審核書面文件並查驗貨物後才放行。C3又分為C3M（人工查驗）與C3X（儀器查驗）兩種。

(三) 查驗

在C3通關方式下，由報關行會同海關驗貨關員到貨物現場抽檢查驗。貨物查驗係海關對貨物進行實際查核，以確定貨物的名稱、數量、重量、價值、產地等與報單申報是否相符，防止廠商虛報或匿報作業。防止將管制品、仿冒品私運出口，防止逃漏稅或假出口真退稅。若是屬倉庫驗放或船邊驗放的「先估後驗」C3貨物，則先辦理分類估價，再辦理查驗步驟。

(四) 分類估價

出口貨物原則上係依FOB價格（即離岸價格）估算。輸出貨物雖不須課徵關稅，但仍須辦理分類估價手續，其主要目的是確認貨名，審核稅則號列分類、應附文件、統計方式與貨物標示，以及核算FOB價格，以作為統計管理與核退稅費之用。

(五) 放行

海關傳送放行訊息至報關行及倉儲業者，由報關人持相關放行通知，連同裝貨單（海運），或託運單（空運）向船公司或航空公司申請裝船或裝機。

茲以下頁圖14-2表示貨物出口通關自動化的流程：

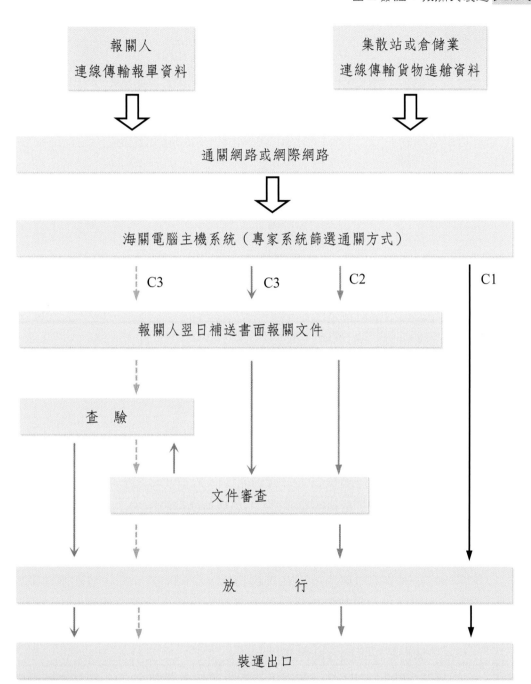

C1：免審免驗通關。

C2：文件審核通關。

C3：貨物查驗通關。

      - - ▶ 一般先查驗後書審流程

      —▶ 船邊或倉庫驗放流程

【圖14-2】

習題

一、是非題

1. （　）出口簽證係指申請輸出許可證。
2. （　）我國目前的出口簽證制度為「正面列表」方式。
3. （　）廠商輸出貨品其簽證有效期間，自簽證之日起三個月，不得申請展期。
4. （　）凡列入「海關協助查核輸出貨品表」的貨物，均須申請出口簽證。
5. （　）出口通關的手續，原則上不得由貨主自行辦理。
6. （　）各國海關對於出口貨物係依據CIF價格估算。
7. （　）我國目前進出口貨物報關自動化的實施比率，幾乎已達百分之百。
8. （　）目前通關網路，有關貿網路與汎宇電商兩家業者。
9. （　）由於我國目前對出口貨物並不課徵關稅，因此出口貨物通關時，不須辦理稅則分類手續。
10. （　）就貨物通關速度來區分，C1通關方式最快。

二、選擇題

1. （　）依據我國「貨品輸出入管理辦法」，所謂「免證」係指　(1)免除報單　(2)免除艙單　(3)免除許可證　(4)免除檢驗證明。
2. （　）有關出口簽證之敘述，下列何者為錯誤？　(1)出口簽證係指出口廠商在輸出貨品前，依政府規定向指定機構申請核發輸出許可證　(2)輸出許可證有效期間為自簽證之日起30日，不得申請展期，逾期應註銷重簽　(3)目前出口簽證制度為「負面表列」方式，大部分貨物的出口均可免申辦出口簽證　(4)我國政府目前規定所有貨物之出口，均須申辦簽證，取得輸出許可證後，方得通關出口。
3. （　）關於我國的CPT單一窗口，下列敘述何者錯誤？　(1)中文為關港貿單一窗口　(2)整合財政部、交通部與經濟部的資訊系統　(3)目的為加強監管貨物出口，嚴控出口各項步驟　(4)可查詢貨物的稅則、沖退稅資料和貨櫃動態等。
4. （　）貨物通關自動化與下列哪一單位無關？　(1)國際貿易局　(2)海關　(3)入出境管理局　(4)科學園區管理局。

5. （　）我國通關自動化的作業時間是　(1)全日24小時　(2)上午9:00至下午5:00　(3)上午8:00至下午5:00　(4)上午6:00至下午6:00。

6. （　）以下何者是免驗應審的通關方式？　(1)C1　(2)C2　(3)C3。

7. （　）以下何者不是出口通關的步驟？　(1)收單　(2)分類估價　(3)徵稅　(4)驗貨。

8. （　）以下何者不是出口通關自動化的優點？　(1)加速通關　(2)提升通關品質　(3)可先稅後放　(4)減少關員人士介入。

9. （　）以下何者是我國海關規定貨物辦理出口通關的文件？　(1)S/O　(2)B/L　(3)D/O　(4)E/P。

10. （　）下列何種出口通關方式，係由儀器進行貨物的查驗？　(1)C1　(2)C2　(3)C3M　(4)C3X。

三、填充題

1. 為配合全球貿易電子化發展的趨勢，我國近年已建置「＿＿＿＿單一窗口」，透過電子化程序，簡化進出口作業流程。

2. 依據我國貿易法的規定，貨品應准許自由輸出入。但因＿＿＿＿、＿＿＿＿或基於＿＿＿＿、＿＿＿＿、＿＿＿＿、＿＿＿＿、＿＿＿＿與＿＿＿＿保護或＿＿＿＿需要，得予限制。

3. 各國海關對出口貨物的價格，係依貨物的＿＿＿＿（請填貿易條件）價格估算，又稱為＿＿＿＿價格。

4. 以海關立場而言，出口通關流程為＿＿＿＿、＿＿＿＿、＿＿＿＿、＿＿＿＿及＿＿＿＿。

5. 列入「海關協助查核輸出貨品表」表內的貨物，須經＿＿＿＿查核符合規定後，才可通關出口。

四、解釋名詞

1. E/P
2. export customs clearance
3. customs house broker
4. cargo clearance automation

五、問答題

1. 何謂出口簽證？我國辦理貨物出口簽證的機構有哪些？
2. 請依學習時的情況，將下表的各項數據重新填入。

表　別			＿＿年＿＿月	
			CCC項數	％
限制輸出貨品表（輸出許可證及原產地證明）	表一（管制輸出）			
	表二（有條件准許輸出）	國貿局簽證		
		國貿局委託／委任簽證		
	合計			
自由輸出（免除輸出許可證項目）	海關協助查核輸出貨品表			
	其他			
	合計			
總計				

3. 何謂貨物通關自動化？我國目前實施情形如何？
4. 何謂關港貿單一窗口？
5. 請以圖示貨物出口通關的流程。

實習

請查出下列貨品是否需要簽證出口，以及是否有相關的出口規定：
1. 牛仔布。
2. 鑄鐵廢料及碎屑。
3. 馬兜鈴。
4. 半精煉石油，包括蒸餘之原油在內。
5. 冷凍鯨鯊。

國際貿易相關保險

第一節　貨物運輸保險的概念

　　國際貿易貨物運送路程遙遠，運輸途中的風險本就比較大，再加上貨物的運送人往往為儘量減少其對承運貨物的責任，而在運送單據中規定各種貨運免責條款，無形中更加重了貨主所承擔的風險。當貨物於運輸途中發生毀損或滅失，而無法獲得運送人補償時，則運送單據的持有人必將蒙受損失。因此，國際貿易貨物均應投保適當的貨物運輸保險，萬一貨物遭受損失時，可獲得保險人的補償。

　　有關貨物在運輸途中的風險，應由買賣雙方的哪一方承擔，投保的工作由何方負責，應視所使用貿易條件（trade terms）而定。例如：在FOB條件下，海上貨物運輸風險由買方承擔，投保的工作也是由買方自行負責；在CIF條件下，海上貨物的運輸風險雖然也是由買方承擔，但賣方必須代買方投保，並支付保險費用。因此，無論進口商或出口商，均應明瞭貨物運輸保險的相關規定，並熟諳投保及索賠實務，使進出口貨物得以獲得最適當的保障。

　　貨主於投保時應注意，被保險人（insured; assured）對所投保貨物必須享有保險利益（insurable interest），所謂保險利益，係指被保險人基於其對保險標的的某種權利而得享有的經濟利益（包括現存的或可期待的利益），由於享有保險利益，當被保事故發生致被保人遭受損害時，被保人可據以獲得保險的賠償。基於國際貿易的特有性質，在貨物運輸保險中，通常僅要求被保險人在保險標的發生損失時，必須具有保險利益，而在訂立保險契約時，則不一定須享有保險利益。

　　而當保險標的物因危險發生而受損時，被保險人能否要求保險人賠償，端視該項風險是否在保險單所承保範圍之內，以及被保險標的遭受的損害是否為保險單所承保的損

害種類。若是，則保險人應予賠償；反之，若該項風險並不在保險單的承保範圍之內，或雖是保險單所承保的風險項目，但並未因此導致損害，或損害的種類不在保險單承保之列，均無法獲得保險人的賠償。有關危險的種類及損害的種類，將於本章第二、三節中分別說明。

　　現代國際貿易貨物的主要運輸方式有海運、空運及陸運等，其中，海運為主幹，故本章將以海上貨物運輸保險（俗稱水險）的說明為主，另分別就航空貨物運輸保險及郵政包裹保險做簡要介紹。

第二節　海上危險的種類

　　航海運送中可能發生的危險事故種類繁多，保險人對於這些危險，依其過去的損失經驗以及配合貿易的需求，有的願意承保，有的特約限制承保，有的則不予承保。其中，保險人願意承保的，稱為基本危險（basic perils）；特約限制投保的，稱為特殊危險（extraneous perils）；而不論如何一定不承保的，稱為除外危險（excluded perils），茲分述如下。

一、基本危險

　　基本危險為海上貨物保險基本保險單所承保的危險，其種類有：

(一) 海難（perils of the seas）

　　指海上偶發的意外事故或災難，但海上正常的風浪，並不包括在內。一般公認屬於海難的意外事故有擱淺（stranding）、觸礁（touch and go）、碰撞（collision）、沉沒（sinking）、船破（shipwreck）、船舶失蹤（missing ship）、暴風雨（heavy weather）及海水損害（seawater damage）等。

(二) 火災（fire）

　　凡起因於天災、船長船員或第三者的過失、船東惡意行為、爆炸等原因的火災所致的損害，均可獲保險人賠償。但由於戰爭、罷工、騷擾及暴動所引起的火災，不在基本保險單承保範圍之內。此外，因標的物本身自燃引起的火災，保險人可以不賠償。

(三) 暴力盜竊（thieves）

　　乃專指使用暴力的攻擊性盜竊，此處所指的暴力，並不一定要施加於人，只要是以暴力手段盜取貨品均屬之；但暗中偷竊，或船員旅客的偷竊，並不包括在內。

(四) 投棄（jettison）

乃指當船舶行駛海上遇緊急事故，船舶及承載貨物均處於危急狀態下，船長爲保全船貨的共同安全，故意將一部分船舶屬具或承載貨物，拋棄海中所致的損失。這種損失乃最典型的共同海損犧牲（general average sacrifice）。但若非航運習慣或非經特約，而係貨主自願裝載於甲板上的貨物，以及危險品或腐敗品的被投棄，保險人均不予賠償。

(五) 船長和船員惡意行爲（barratry of the master and mariners）

指船長或船員故意損害保險標的物的非法行爲，例如：船長或船員遺棄船舶、縱火、故意擱淺、盜賣船貨、從事走私等。若該項行爲係由船舶所有人所縱容、共謀或授意者，不構成惡意行爲，保險人對於其損害不予賠償。

(六) 其他一切危險（all other perils）

指與基本保險單中所列舉各種危險相類似的危險而言，並非依字面意思泛指一切其他危險。

二、特殊危險

除以上所述各項基本危險外，有時尚因貨物性質、運往地區而有各種特殊的危險，對於這些特殊危險，保險人往往須先審查其危險特性，再決定是否同意承保並加收保險費。常見的特殊危險有：

1. 偷竊及挖竊（theft and pilferage）。
2. 短少及遺失（short-delivery and non-delivery）。
3. 越站未卸（over-carriage）。
4. 受其他貨物損害（damage by other cargo）。
5. 發霉或霉腐（mould & mildew）。
6. 生鏽及起斑（rust and pitting）。
7. 油汙或泥汙（crease, oil or mud）。
8. 淡水、雨水、氾濫、洪水（fresh water, rain, innundation flood）。
9. 接觸酸類（acid）。
10. 水蒸汽（steam）。
11. 結塊（blocking）。
12. 破包或袋口裂開（bursting of bags or mouth bursting）。
13. 鉤損及提吊（hook and sling）。

14. 戰爭（war）。

15. 甲板上載貨（deck cargo）。

16. 罷工、暴動與民眾騷擾（strikes, riots and civil commotions）。

三、除外危險

保險人對於無可避免的危險或被保險人故意行為的結果，均不予承保，這類危險稱為除外危險，其損失的形成，常與貨物本身固有性質、經常性的損耗、市場的變動或被保險人蓄意等因素有密切相關。常見的除外危險有：

1. 被保險人之故意或過失。

2. 保險標的物正常的滲漏、失重或耗損。

3. 保險標的物之固有瑕疵或性質。

4. 保險標的物包裝不當。

5. 延遲。

6. 船舶營運人破產或債務不履行。

7. 使用原子、核子武器。

8. 船舶不適航及不適運。

第三節　海上損害的種類

海上損害係指因海上危險發生，對承保標的物所造成的損害與費用。海上損害依其損害程度不同，可分為以下各種類。

一、全損（total loss）

全損即保險標的物全部損失，全損又可分為：

(一) 實際全損（actual total loss）

又稱為絕對全損（absolute total loss）。可視為實際全損的情形有：

1. 保險標的物已毀滅：例如：貨物被火焚毀。

2. 保險標的物毀損至不復為被保險的原物：例如：奶粉遭海水浸溼成塊狀。

3. 保險標的物喪失後不能復歸被保險人：例如：貨物遭扣押，或已被沒收等均是。

4. 船舶失蹤經相當時間而無音訊：所謂「相當時間」究指若干時日，依個別情況而定。這項損失，依我國海商法規定，屬於推定全損而非實際全損。

(二) 推定全損 (constructive total loss)

保險標的物遭受損害，程度上雖未達全部滅失，但是實際全損已無可避免，或欲防止實際全損，其費用將超過標的物保全後的價值者，即視為推定全損。可視為推定全損的情形有三：

1. 被保險人對保險標的物的占有權，因承保危險發生而喪失，回復似無可能者：例如：船舶觸礁，又值強風浪季節，則船破或沉沒勢難避免，船長宣布棄船，裝載船上的貨物即可視為推定全損。

2. 被保險人對保險標的物的占有權，因承保危險發生而喪失，其回復費用將超過標的物回復後的價值者：例如：船舶遇難沉沒，搶救船貨的費用估計需要100萬元，但被救回的船貨僅值80萬元，這種情況可視為推定全損。

3. 保險標的物受損後，其修復及繼續運往目的地的費用，將超過標的物運達後的價值者：例如：一部機器由日本運往臺灣，途中遇風暴，機器受損不能使用，須加以修復，但修復費用及再運到臺灣的運費，將超過該部機器到達臺灣後的價值，這種情形即可視為推定全損。

由於推定全損並非保險標的物實際全部滅失，標的物仍有部分殘值，或日後仍有回復的可能，因此英國海上保險法規定：「當發生推定全損時，被保險人得視為分損處理，或將保險標的物委付予保險人，而比照實際全損處理」。可知在發生合乎推定全損條件的損失時，被保險人若有意要求保險人按全損賠償，必須先辦妥適當的委付手續，否則就只能按分損索賠。所謂委付 (abandonment)，係指被保險人將保險標的物的一切權利移轉於保險人。委付經保險人接受或經裁決確定後，保險人即應按全損賠償保險金額。

二、分損 (average)

分損即保險標的物部分損失，分損又可分為：

(一) 共同海損 (general average)

在海上發生緊急危難時，船長為了船舶、貨物及其他財產的共同安全，故意且合理地對船舶或貨物所做緊急處分而直接發生的犧牲或費用。例如：船舶傾斜，為了減輕貨載免於翻覆而投棄部分貨物，該項被投棄貨物的損失即為共同海損犧牲 (general average sacrifice)，又例如：船舶擱淺，為便船舶重浮而發生的費用即為共同海損費用 (general average expenditure)，由於共同海損犧牲或費用是基於共同利益而發生，故應由因此項損失而獲得保全的船舶、貨物及未付運費，依價值比例共同分擔，各利害關係人 (船東、貨主及運送人) 應負擔的部分，稱為共同海損分擔 (general average contribution）。

(二) 單獨海損（particular average）

單獨海損係指保險標的物因承保危險所致的非屬共同海損的部分損失。簡言之，無共同海損性質的分損即為單獨海損。單獨海損並非由共同航海的財產共同分擔，而是由遭受損害的各財產所有人單獨負擔。

在保險實務上，保險人對於單獨海損賠償的責任限度，端視保險單上的條款而定，其條款的約定方式不外以下五種：

1. 對單獨海損的賠償，無限額規定（Irrespective of Percentage，簡稱IOP）。

2. 對單獨海損絕對不賠償（Free from Particular Average Absolutely，簡稱FPAA）：多使用於船舶保險，海上貨物保險很少見。

3. 僅對特定危險所致的單獨海損負責賠償（Free from Particular Average，簡稱FPA）：詳見本章第四節。

4. 對單獨海損負責賠償，但單獨海損未達到約定百分比者不賠，已達或超過約定百分比者，全部賠償（With Particular Average，簡稱WPA），該項約定的百分比稱為免賠額（franchise）。

5. 對單獨海損負責賠償，但單獨海損未超過約定金額者不賠，損失超過約定金額者，僅賠償超過部分。該項約定金額稱為自負額（excess; deductible），這種規定多使用於船舶保險。

三、費用

(一) 損害防止費用（sue and labour charges）

當承保危險發生時，被保險人或其代理人或其受讓人，因採取營救措施，以避免或減輕損害程度而支出的費用，即為損害防止費用。被保險人等只要是意圖防止或減輕損害，則無論成功與否，保險人均應予補償，並且應賠償金額與貨物損害賠償金額合計，縱然超過保險金額，也應予賠付。

(二) 施救費用（salvage charge）

船貨在海上遭遇危險事故時，經由第三人（不包括被救財產所有人，其代理人或受僱人）非契約性自願救助而獲救，該第三人依法可獲得的報酬稱為施救費用。這種施救費用應由船東及貨主比例分擔，被保險人所負擔的施救費用，保險人應負責賠償，但應賠償金額與貨物損害賠償金額合計，不得超過保險金額。

(三) 單獨費用（particular charges）

船貨在海上遭遇承保危險事故時，被保險人或其代理人為保護保險標的物的安全，所支付的非屬於共同海損費用或施救費用的費用，也就是因單獨海損而引起的從屬費用，例如：在中途港對已受損害貨物的臨時倉儲費。當單獨海損索賠成立時，其單獨費用方可獲得賠償。

(四) 額外費用（extra charges）

亦即上述費用以外的其他費用，例如：查勘費、公證費、理算師費等均屬額外費用。此項費用也是一種從屬費用，當被保險人的索賠成立時，保險人才對這些與索賠有關的費用負責賠償。

第四節　海上貨物保險的種類

如第二、三節所述，海上危險及損害的種類繁多，而不同的被保險人對於保險範圍的需求也都不盡相同，若是由保險人與被保險人於訂定保險契約時自行約定保險範圍，固無不可，但卻可能因此為雙方帶來相當的不便，為解決這種不方便，保險人均備有現成不同保險範圍的規格化保險種類，提供被保險人選用。目前常用的保險種類有新、舊兩種，即新協會貨物條款及舊協會貨物條款，並且依其承擔責任的大小加以劃分，各可分為三種基本險及其他附加險，茲分述如下。

一、基本險

(一) 協會貨物條款A條款〔Institute Cargo Clauses (A)，簡稱ICC (A)〕

為倫敦保險協會所制定的海上貨物保險條款，與舊條款的全險（All Risks，簡稱 A. R.）條款類似。A條款承保保險標的物毀損或滅失的一切危險，但下列各條所列者除外：

1. 不適航與不適運。
2. 兵險。
3. 罷工暴動險。
4. (1) 可諉因於被保險人故意不當行為所致的毀損、滅失或費用。
   (2) 保險標的物的正常滲漏、正常重量或體積減少，或正常耗損。

(3) 由於保險標的物包裝或配備不足或不當所致的毀損、滅失或費用。

(4) 由於保險標的物固有瑕疵或本質所致的毀損、滅失或費用。

(5) 由遲延所直接導致的毀損、滅失或費用，雖該遲延係由承保危險所致者亦同（但因共同海損所生的費用例外）。

(6) 由於船舶所有人、經理人、傭船人或營運人的無力清償，或財務背信所致的毀損、滅失或費用。

(7) 由於使用原子或核子武器或其他類似武器所致的毀損、滅失或費用。

　　至於舊協會貨物條款全險條款（Institute Cargo Clauses, All Risks, 簡稱A. R.）的承保範圍則與A條款大致相當，不再贅述。

(二) 協會貨物條款B條款〔Institute Cargo Clauses (B)，簡稱ICC (B)〕

　　為新海上貨物保險條款，其承保範圍較A條款的承保範圍小，茲將其承保範圍概述如下：

1. 可合理諉因於下列事故所致保險標的物的毀損或滅失：

(1) 火災或爆炸。

(2) 船舶或駁船的擱淺、觸礁、沉沒或傾覆。

(3) 陸上運輸工具的傾覆或出軌。

(4) 船舶或駁船或運輸工具與除水以外的任何外在物體的碰撞或觸撞。

(5) 在避難港卸貨。

(6) 地震、火山爆發或閃電。

2. 因下列事故所致的保險標的物的毀損或滅失：

(1) 共同海損犧牲。

(2) 投棄或海浪沖落。

(3) 海水、湖水或河水進入船舶、駁船、船艙或運輸工具、貨櫃或儲存處所。

3. 在船舶、駁船裝卸貨物時，任一包裝貨物自船上落海或掉落的整件滅失。

　　本條款與舊條款的「單獨海損賠償」（Institute Cargo Clauses with Particular Average，簡稱W. P. A.或W. A.）（俗稱水漬險）的承保範圍類似。

(三) 協會貨物條款C條款〔Institute Cargo Clauses (C)，簡稱ICC (C)〕

　　為新海上貨物保險條款，其承保範圍較B條款的承保範圍小，茲將其承保範圍略述如下：

1. 同ICC (B)的1.(1)～(5)。

2. 因下列事故所致的保險標的物毀損或滅失：

(1) 共同海損犧牲。

(2) 投棄。

本條款與舊條款的「單獨海損不賠」（Institute Cargo Clauses; Free of Particular Average，簡稱F. P. A.）（俗稱平安險）的承保範圍類似。

協會貨物保險A條款爲概括式條款，除了所列出的除外不保危險外，承保所有危險；而B條款及C條款則採列舉式承保，將所承保的危險逐項明列，未列明者，即不在承保範圍。

茲將A條款、B條款和C條款的承保範圍，列表如下：

表15-1

保險標的物（貨物）因下列原因所致之毀損、滅失或費用	A	B	C
火災或爆炸	○	○	○
船舶或駁船之擱淺、觸礁、沉沒、或傾覆	○	○	○
陸上運輸工具之傾覆或出軌	○	○	○
船舶或駁船或其他運輸工具與水以外之外界任何物體之碰撞或觸撞	○	○	○
在避難港卸貨	○	○	○
承保危險所致之共同海損之犧牲	○	○	○
投棄	○	○	○
因承保危險所致之共同海損分擔與施救費用	○	○	○
船舶雙方過失碰撞	○	○	○
地震、火山爆發或雷閃	○	○	
波浪捲落	○	○	
海水、湖水或河水進入船舶、駁船封閉式運輸工具、貨櫃或儲存處所	○	○	
任何一件貨物於裝卸船舶或駁船時落海或掉落之整件滅失	○	○	
第三人惡意行為或惡意破壞所致者	○		
偷竊、短少（賣方短裝者除外）、未送達、破損	○		
彎曲、凹損、刮損、汙染	○		
海上劫掠	○		
第三人不法行為或蓄意行為所致	○		
得歸責於被保險人之故意不當行為			
正常滲漏、失重、失量或正常損耗			
不良或不當包裝或配置所致者			

（續上表）

保險標的物（貨物）因下列原因所致之毀損、滅失或費用	A	B	C
保險標的物之固有瑕疵或本質所致者			
得歸因於延滯所致者			
由於船舶之船東、經理人、租船人、營運人之財務不健全或債務糾紛所致者			
任何使用原子或核子武器或其類似之武器或裝置的使用直接或間接所致者			
船舶、舶船不適航或不適運，或貨櫃、貨箱或運輸工具不適運，且為被保險人所知情者			
兵險條款承保者（本項可另加保）			
罷工險條款承保者（本項可另加保）			

　　從表15-1可以發現，與A條款類似的舊協會貨物條款「全險」（A. R.），雖名為全險，但並非承保全部的危險；而與C條款類似的舊協會貨物條款「單獨海損不賠」（F. P. A.），並不是對所有的單獨海損均不賠償，新協會貨物條款以A、B、C命名，即不會產生誤解。

二、附加險

　　貨主於投保海上貨物保險時，可就前述基本險類中任選一種投保，如貨主需要特殊的危險保障，則可多付保費另加保附加險，以獲充分的保障。茲將常用的附加險介紹如下：

(一) 協會貨物保險兵險條款〔Institute War Clauses (cargo)〕

　　前述的ICC (A)、(B)、(C)均不承保兵險（War Risk，簡稱W. R.），被保險人如有需要，可多付保費增列本條款。

　　本條款承保因下列危險事故引起保險標的物的毀損或滅失：

　　1.因戰爭、內亂、革命、叛亂、顛覆，或其引起的內亂，或任何由於交戰或對抗交戰國武力的敵對行為。

　　2.因上述危險引起的捕獲、扣押、拘管、禁制或扣留。

　　3.水雷、魚雷、炸彈或其他兵器。

　　4.為避免上述各項危險或與危險有關的損失，所產生的共同海損及施救費用。

(二) 協會貨物保險罷工險條款〔Institute Strikes Clauses (cargo)〕

前述各類基本險均不承保罷工險，被保險人如有需要，可多付保費添附本條款於保險單上。

本條款承保因下列危險事故引起保險標的物的毀損或滅失：

1.罷工者、雇主拒納的工人、參與勞工擾亂、暴動或民眾騷擾。

2.任何代表人或有關組織因採取以武力或暴力方式，藉以直接推翻或影響不論是否合法成立的任何政府組織的任何恐怖主義行為所致者。

3.任何具政治、意識形態或宗教動機所為之任何人所引起者。

4.為避免上述各項危險或與危險有關的損失，所產生的共同海損及施救費用。

第五節　海上貨物保險單的種類

海上貨物運輸保險單依船名是否確定，可以分為如下兩類：

一、確定保險單（definite policy）

又稱船舶確定保險單（specified or named policy），指當貨物數量、金額、裝運船舶名稱及開航日期等都已確定時，由保險人所簽發的保險單，為一般常見的保險單。

二、未確定保險單（indefinite policy）

又稱船舶未確定保險單（unamed policy），指當貨物數量、金額、裝運船舶名稱及開航日期等尚未確定而先行投保時，由保險人所簽發的保險單，稱為未確定保險單，這種保險單通常不被視為正式保險單，無法辦理押匯，必須俟上述各事項確定後，由保險人憑被保險人的起運通知書（declaration）另簽發確定保險單或保險證明書（certificate of insurance），方可視為正式的保險單。

通常買方負責保險時，多以預保的方式先與保險人預定保險契約，由保險人簽發預保單（to be declared policy，簡稱TBD policy）：或是出口商為免逐批貨運個別投保的麻煩，以預約方式與保險人簽訂持續性的長期保險契約，由保險人簽發流動保險單（floating policy）或預約保險單（open policy or open cover），一次承保未來多批貨運，這些都是目前保險市場上常見的未確定保險單。

第六節　海上貨物保險投保實務

一、誰有保險利益

　　保險利益（insurable interest）是指要保人或被保險人對保險標的具有法律所承認的權益或利害關係。即在保險事故發生時，可能遭受的損失或失去的利益。依我國保險法規定，要保人或被保險人，對於保險標的物無保險利益者，保險契約失其效力。

　　國際貨物運輸保險的保險利益歸屬，決定於運輸風險的承擔。例如：以FOB條件交易，賣方將符合契約的貨物於裝船港裝上船舶，即視為已完成交貨責任，貨物的危險負擔即移轉給買方，因此，賣方在交貨之前，具有對貨物的保險利益，而買方則於交貨之後具有保險利益。

二、由誰負責投保

(一) FAS、FOB、CFR、FCA或CPT條件

　　這些條件下，賣方在出口地交貨，貨物在運至出口港船邊（FAS）、裝上船舶（FOB、CFR）或在起運地交付運送人（FCA、CPT）之後的風險由買方承擔，交貨後的貨物運輸風險亦由買方自行投保，買方應投保從交貨地點倉庫至目的地的保險。另一方面，由於賣方須承擔自賣方倉庫到交貨地點的風險，因此，賣方應自行辦理這段區間的投保事宜。

(二) DAP、DPU或DDP條件

　　這些條件下，賣方在進口地交貨，賣方須承擔貨物運至目的地前的風險，交貨前的貨物運輸風險亦由賣方自行投保，賣方應投保從賣方倉庫至目的地的保險。倘若從目的地之後仍有運輸途程，買方應自行辦理這段區間的投保事宜。

　　在(一)與(二)的條件之下，由於雙方都是為自己的風險與利益而投保，因此，有關投保範圍或保險金額等內容，由雙方各自決定即可，與另一方無涉，貨物若因承保事故而遭受毀損滅失，也是由投保的一方自行向其保險人索賠。

(三) CIF或CIP條件

　　這些條件下，賣方在出口地交貨，貨物在裝上船舶（CIF）或在起運地交付運送人（CIP）之後的風險由買方承擔，但賣方應負責投保貨物運到指定目的港（CIF）或指定目的地（CIP）的運輸保險。因此賣方應投保從賣方倉庫到指定目的港（CIF）或指定目的地（CIP）的運輸保險。

　　茲以圖示不同條件之下，風險的承擔與保險責任的劃分，以及應如何規劃投保區間，以獲得完整的保障：

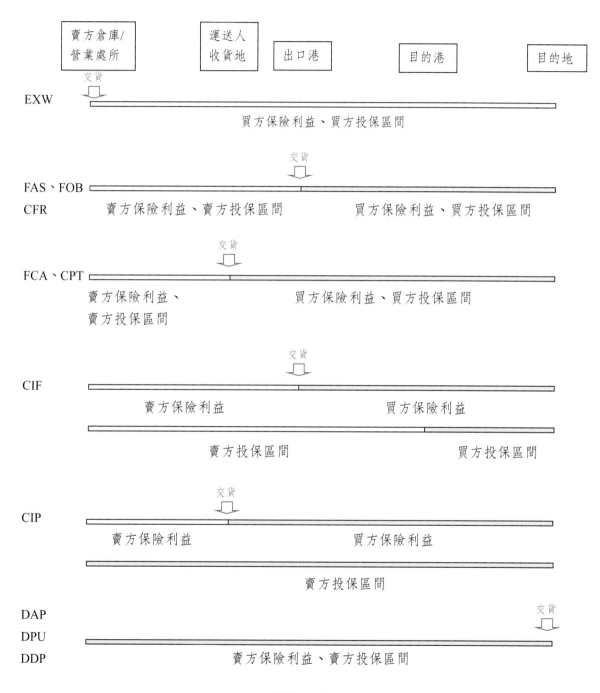

【圖15-1】

三、投保時間

投保海上貨物運輸保險的目的，在於保障貨物在運輸途中遭遇意外危險而受有損失時，可自保險人獲得補償，海上貨物運輸保險雖然是航程保險，但是投保的時間應在貨物進入危險範圍之前，才能獲得充分的保障。在國際貿易實務上，貨主多於貨物裝運之前或裝運時即辦理投保，依信用狀統一慣例的規定：「除保險單據顯示其承保自不遲於裝運日之當日起生效外，保險單據日期需不遲於裝運日期。」因此，以CIF條件出口時，出口商所提供的保險單據，其簽發日期必須在提單裝船日期之前，或已由保險公司在保險單上註明保險生效日期在貨物交運日期之前，銀行才接受，如以FOB或CFR條件進口時，進口商也應於貨物裝運前辦妥預保手續，以獲得完整的保障。

四、保險種類

投保時，應依據貨物的種類與性質，選擇適當的保險種類。

國際貿易所買賣的貨物種類繁多，性質各異，其遭受損害的敏感度也互不相同。就貨物遭受損害的原因不同，可分為自發性損害及外來事故損害兩類，前者包含貨物的固有性質及瑕疵、習慣上的短少、自然變質等，後者則指由於各種外來意外事故肇致的損害。

貨物由於外來事故導致的損害，多涵蓋於一般保險單承保範圍之內，但是貨物性質不同，對外界環境的適應力也互有差異，貿易業者應視貨物的性質、包裝情況、氣候變化、港口設施及治安情況、運送途程等各項因素，選用適當的保險條件。

至於自發性的損害，有些可以加保的方式獲得保障，例如：發熱、醱酵、生鏽、發霉等由於物質本性容易發生的損害，保險人通常願意加保；但是有些損害，例如：通常耗損、包裝不良所致損害等，一般保險公司多不願承擔賠償責任。有關這類損害，貿易業者必須自行承擔，為避免損失，貿易業者可依以往交易經驗估算貨物在運輸途中可能發生的損害比率，預先將其攤入交易價格中或在貿易契約中訂定彌補辦法；此外，由於保險人不賠償因貨物包裝不良所致的損害，貿易業者必須特別注意貨物的包裝，以確保貨物於運送途中的安全。

CIF或CIP條件之下，由於賣方應以買方的利益投保交貨之後的運輸保險，因此若契約中有約定，則依契約約定，若契約中未約定，在CIF條件下，賣方至少應投保協會貨物(C)條款或任何類似的保險條款；在CIP條件下，賣方應投保協會貨物(A)條款或任何類似的保險條款。

五、保險金額

保險金額方面，一般慣例係依據契約價金的110%投保，CIF或CIP條件之下，若契

約另有約定，則依之，若契約中未約定，賣方至少應投保CIF或CIP金額的110%。

保險幣別方面，為避免匯率變動風險，一般均按買賣契約的幣別投保。

保險費率係由核保人員依據貨物種類、航程、包裝與保險條件等因素核定，其中航程並不單純只考量距離遠近，港口的裝卸設施及安全管制等也是重要依據。因此，保險費率應事先洽詢保險公司，切勿自行推斷，以免造成無謂的不便與損失。

六、保險區間

海上貨物保險為航程保險，其保險責任的起訖以約定兩地間的運送過程為準（運送期間雖無時間限制，但必須是正常運送過程），依協會貨物條款的規定，保險區間為「Warehouse to Warehouse」，即自被保險標的物為立即裝上或裝進運送車輛或其他運輸工具，而於保險契約所載倉庫或儲存處所開始移動時開始，於下列四種情況下終止（以下四種情形，任何一種先發生，保險單之效力即行終止）：

1. 於保險契約所載目的地最終倉庫或儲存處所，自運送車輛或其他運輸工具完全卸載。

2. 被保險人或其員工為正常運輸過程以外的儲存、分配或分送，所選擇的任何其他倉庫或儲存處所，無論該倉庫或儲存處所是否於保險契約所載目的地或之前，自運送車輛或其他運輸工具上完成卸載。

3. 被保險人或其員工使用任何運輸車輛、其他運輸工具或任何貨櫃作為一般運送過程以外儲放之用。

4. 保險標的物於最終卸貨港完成卸載後屆滿六十天。

由此可知，海運保險的保險區間，並非僅限於海上運輸途程，係以保險單上所記載的起運地開始，至保險單上所記載的目的地為止，可延伸至內陸運輸途程。

以信用狀付款時，若延伸保險區間，保險單上的啟運地與目的地將有可能與信用狀的規定不一致，是否將因而遭銀行以單據瑕疵為由拒付？依信用狀統一慣例的規定：「保險單據須表明所承保之危險至少涵蓋自信用狀所敘明之接管地或裝運地與卸貨地或最終目的地之範圍。」因此，保險區間必須等於或大於信用狀規定的運輸區間，該保險單才不視為瑕疵。

七、要保書的填製

投保人申請投保時，均須填具一份水險要保書（marine insurance application），由保險公司核保單位審核內容，並依據要保條件計算保險費後，再繕製保險單。倘貨主因裝船急迫，未及填送要保書，可以口頭、電話或電子郵件將要保內容告知保險公司，茲以所附要保書為例，說明其填製方法：

(1)出口範例

國泰世紀產物保險股份有限公司
Cathay Century Insurance Co., Ltd.

總　公　司：台北市仁愛路四段296號　　電話：02-27551299
查閱本公司資訊公開說明文件網址：www.cathayholdings.com/insurance　　免費服務電話：0800-036-599

106.1.16 國產字第1060100017號函送保險商品資料庫
本商品經本公司合格簽署人員檢視其內容業已符合保險精算原則及保險法令，惟為確保權益，基於保險業與消費者
衡平對等原則，消費者仍應詳加閱讀保險單條款與相關文件，審慎選擇保險商品。本商品如有虛偽或違法情事，應
由本公司及負責人依法負責。

保單正本　份 抄本　　份 With　　Copy(ies)	國泰產物貨物運輸保險要保書 **MARINE CARGO APPLICATION**	保單號碼 Policy No.	
		開狀日期 Date	

| 被保險人
Assured | ABC Co., Ltd. | 商品
貨幣
Currency | □美元US$或等值外幣　□新台幣NT$
※本契約各欄位之金額除特別註明
者外均以商品貨幣為計價單位，且本
公司將按該貨幣收取保險費及給付
各項金額。 |
| 受益人
Beneficiary | ABC Co., Ltd. | | |

| 發票金額
Invoice Value | USD 50,000.00　Plus 10 % | 保　額
Insured Amount | USD 55,000.00 |

| 運輸工具
Conveyance | S/S　WAN HAI 162 V-110
(G/T　　　　Built　　　　Flag　　) | 開航日期
Sailing on/about | 2021/12/01 | CLASS |

| 航　程
Voyage | 自 At and From TWKEE
KEELUNG, TAIWAN　到 To | | HKHKG
HONG KONG |
| 轉　運
Transhipment | 於 At
轉入 Into S/S | 賠款收付地
Claim Payable | |

| 貨　物
Cargo | FABRICS | 發票號碼 or 嘜頭
Invoice Nos. or Marks
ABC-211201 |
| 數　量：100,000 YDS　　包　裝：50 ROLLS | | 貨　櫃 ☑ Closed
Container □ Others |

| 信用狀號碼 L/C No. | 進口證號碼 I/L No. |

保　險　條　件 Condition：
Institute Cargo Clauses：

☑ Clause（A）　　□ All Risks
□ Clause（B）　　□ W.A.
□ Clause（C）　　□ F.P.A.
☑ War Clause　　□ S.R.C.C.
□ Strike Clause　□ Clause（Air）

	費率 Rate%	保險費 Premium	簽單保費 Written Premium	要保人 ABC Co., LTD.
水險 Marine				地　址 No. 100 Changchun Rd., Taipei, Taiwan
兵險 War				電話/手機 02-23234545　負責/代表人 Sam Tseng
逾齡加費 s/c				傳真號碼　　　　　　　電子信箱
合計 Total				統一編號/身分證字號 12345678　出生年月日
			(本公司填)	要保人與被保險人之關係

△△△ CIF 出口，務請依照 L/C 開列條件原樣抄錄以符銀行要求。
△要保金額如高於發票金額 10% 以上者，請特別聲明。
△保險標的物除非特別聲明，如裝艙面必須特別聲明，一律視為新品。

收費地址：
其餘寄：
保單正本及收據副本送：

※商品貨幣約定為美元US$或等值外幣者，要保人應瞭解款項之收付方式，可能產生的匯率差價、匯款手續費、郵電費及其他費用，以及需承擔收付幣別與約定幣別不一致之匯率風險，請於購買本
保險前，詳閱「以外幣收付之保險商品重要事項告知書(含匯率風險告知)」之內容。

※要保人聲明事項：
(1)本人已審閱並瞭解 貴公司所提供之「投保須知」，另依「產險業履行個人資料保護法告知義務內容」，本人已瞭解 貴公司蒐集、處理及利用本人個人資料之目的及用途。
(2)本人知悉 貴公司得依「個人資料保護法」之相關規定，於特定目的之範圍內對要保人或被保險人之個人資料，有蒐集、處理及利用之權利。

要保人簽章：＿＿＿＿＿＿＿＿

產險業務員親簽： 產險業務員證號： 轄　區　代　號： 換 P.C. □是□否 業務來源代號： 通　路　別： 備　註：	保經代通路專用 保經代簽署章： 保經代業務員親簽： 保經代業務員證號： 保經代代號： 產險服務人員： 業務來源：　　轄區：	核定	初核	經辦

(2)進口範例

國泰世紀產物保險股份有限公司
Cathay Century Insurance Co., Ltd.

總　公　司：台北市仁愛路四段296號　　　電話：02-27551299
查閱本公司資訊公開說明文件網址：www.cathayholdings.com/insurance　　　免費服務電話：0800-036-599

106.1.16國產字第1060100017號函送保險商品資料庫
本商品經本公司合格簽署人員檢視其內容業已符合保險精算原則及保險法令，惟為確保權益，基於保險業與消費者衡平對等原則，消費者仍應詳加閱讀保險單條款與相關文件，審慎選擇保險商品。本商品如有虛偽或違法情事，應由本公司及負責人依法負責。

保單正本　　份	**國泰產物貨物運輸保險要保書**	保單號碼 Policy No.	
抄本　　　份 With　　Copy(ies)	**MARINE CARGO APPLICATION**	開狀日期 Date	2021/10/15

△要保金額如高於發票金額10%以上者，請特別聲明。

△CIF出口，務請依照L/C開列條件原樣抄錄以符銀行要求。

△茲經約定要保貨物均安裝艙內，如裝艙面必須特別聲明，一律視為新品。

被保險人 Assured	ABC CO., LTD.	商品貨幣 Currency	☑美元US$或等值外幣 □新台幣NT$ 本契約各欄位之金額除特別註明者外均以商品貨幣為計價單位，且本公司將按該貨幣收取保險費及給付各項金額。	收費地址：	其餘寄：	保單正本及收據副本送：
受益人 Beneficiary	BANK OF TAIWAN, CHANGCHUN BRANCH					

發票金額 Invoice Value	USD 50,000.00	Plus	10 %	保　額 Insured Amount	USD 55,000.00

運輸工具 Conveyance	S/S WAN HAI 102 V-512 (G/T　　　　Built　　　　Flag	開航日期 Sailing on/about	2021/12/20)	CLASS

航程 Voyage	自 At and From HKHKG HONG KONG	到 To	TWKEE KEELUNG, TAIWAN

轉運 Transhipment	於 At 轉入 Into S/S	賠款收付地 Claim Payable	

貨物 Cargo	FABRICS	發票號碼 or 嘜頭 Invoice Nos. or Marks XYZ-211220

數量：100,000 YDS	包裝：50 ROLLS	貨櫃 ☑ Closed Container □ Others

信用狀號碼 L/C No.	24680	進口證號碼 I/L No.	

保險條件 Condition: Institute Cargo Clauses:		要保人	ABC Co., LTD.

☑Clause（A）　□All Risks
□Clause（B）　□W.A.
□Clause（C）　□F.P.A.
☑War Clause　　□S.R.C.C.
□Strike Clause　□Clause（Air）

	費率 Rate%	保險費 Premium	簽單保費 Written Premium	要保人	ABC Co., LTD.
水險 Marine				地址	No. 100 Changchun Rd., Taipei, Taiwan
兵險 War				電話/手機	02-23234545 　負責代表人 Sam Tseng
逾齡加費 S/C				傳真號碼	電子信箱
合計 Total				統一編號/身分證字號	12345678　出生年月日
			(本公司填)	要保人與被保險人之關係	

※商品貨幣約定為美元US$或等值外幣者，要保人應瞭解款項之收付方式，可能產生的匯率差價、匯款手續費、郵電費及其他費用，以及需承擔收付幣別與約定幣別不一致之匯率風險。請於購買本保險前，詳閱「以外幣收付之保險商品重要事項告知書(含匯率風險告知)」之內容。

※要保人應聲明事項：
(1)本人已審閱並瞭解 貴公司所提供之「投保須知」，另依「產險業履行個人資料保護法告知義務內容」，本人已瞭解 貴公司蒐集、處理及利用本人個人資料之目的及用途。
(2)本人知悉 貴公司得依「個人資料保護法」之相關規定，於特定目的範圍內對要保人或被保險人之個人資料，有蒐集、處理及利用之權利。

要保人簽署：_____

產險業務員親簽： 產險業務員證號： 轄區代號： 換P.C. □是□否： 業務來源代號： 通路別： 備註：	保經代通路專用 保經代簽署章： 保經代業務員親簽： 保經代業務員證號： 保經代代號： 產險服務人員： 業務來源：　　　轄區：	核定	初核	經辦

1. 保單號碼（Policy No.）：由保險公司填寫。

2. 被保險人（Assured）：以CIF或CIP條件出口時，被保險人爲出口商；若以FOB或CFR條件進口時，則以進口商爲被保險人。

3. 受益人（Beneficiary）：即爲保險事故發生時，享有保險理賠金請求權的人，由出口商負責投保時，出口商應依契約或信用狀規定填列保險受益人，由進口商投保時，若涉及銀行授信（例如：在信用狀交易下），則以銀行爲受益人。

4. 發票金額（Invoice Value）：據實填入，且須標明幣別。

5. 保額（Insured Amount）：依契約或信用狀規定投保，未規定時，習慣上以發票金額加10%爲保額，投保幣別通常與契約或信用狀幣別相同。

6. 運輸工具（Conveyance）：出口時，由出口商將承載貨物的船名及航次填入，若是進口商負責投保，而以TBD保單方式預保時，由於進口商無法事先獲知船名，可暫不申報，只填上「to be declared」字樣，待獲知船名航次後再通知保險公司。

7. 開航日期（Sailing on / about）：出口時，如未能確定，可以填入結關日期。

8. 航程（Voyage）：依契約或信用狀規定填入裝貨港／起運地，以及目的地。

9. 轉運（Transhipment）：貨物如須在中途轉運，應填入轉運港口及船名。

10. 包括內陸運輸（Including Inland Transit）：若保險範圍須包含裝船之前的內陸運輸，或／以及卸船之後的內陸運輸，亦須詳細填入。

11. 賠款地（Claims Payable at）：依契約或信用狀規定，未規定時，通常以貨物運輸的最終目的地爲賠款地點。

12. 貨物（Cargo）：依契約或信用狀填入貨物名稱。

13. 數量（Quantity）：填入實際裝運數量，應與商業發票、提單上所記載一致。

14. 包裝（Package）：貨物的包裝與運輸安全有密切關係，應詳填。例如：以紙箱包裝（in carton）、散裝貨物（bulk cargo）等。

15. 發票號碼或裝運標誌（Invoice No. or Marks）：裝運標誌須與提單、發票和包裝單一致。

16. 貨櫃（Container）：若爲一般貨櫃，勾選「Closed」，若爲特殊貨櫃，則勾選「Other」，並註明貨櫃種類。

17. 信用狀號碼：非以信用狀爲付款方式者，免填。

18. 輸入許可證號碼：可免證進口者，免填。

19. 保險條件（Conditions）：依信用狀或契約規定保險種類投保，若未規定，應投保該貨物通常應保的保險類別。

20. 費率（Rate）及保費（Premium）：由保險公司填寫。

21. 匯率（Exch.@）：由保險公司填寫。

22. 要保人：投保人填列聯絡電話及地址，以便保險公司聯絡，簽章後將要保書送保險公司。

第七節　海上貨物保險單的製作方法

茲以所附保險單（見表15-2），說明海上貨物保險單的內容及製作方法：

1. 保險單號碼：由保險人編列。

2. 被保險人名稱：將被保險人公司名稱填入。

3. 發票號碼：依要保書上的記載填入。

4. 保險金額：依要保書所填保險金額，須同時記載小寫及大寫金額。

5. 船名：將承運船舶名稱、航次及啟航日期填入，其內容應與提單上所載者相同，但啟航日期一般均以「sailing on or about」字樣表示，因此保單上的啟航日期縱與提單上的啟航日期相差幾天，也不會有問題。

6. 航程：應與要保書所列者一致，貨物有轉運者，應同時註明轉運港口。

7. 賠款支付地點及幣別：依要保書所載填列。

8. 保險標的物：依要保書記載填入投保貨物名稱、數量及包裝件數，其內容應與商業發票及其他單據上所載者一致。

9. 保險種類：應與要保書所載者一致。

10. 保險單簽發地點及日期：保險單日期通常即為保險公司承擔危險開始的日期，故該日期不應遲於運送單據上所示貨物裝船、發送或接管之日，以免遭銀行拒付。

11. 保險單份數：即保險單正本的簽發份數，本例為兩份。

12. 保險單簽字：應由保險公司負責人簽署，否則保險單不生效。

表15-2

MARINE CARGO POLICY
NIPPONKOA INSURANCE CO., LTD.

HEAD OFFICE : 3-7-3 Kasumigaseki, Chiyoda-ku,Tokyo 100-0013 Fax:81-3-3231-3526 E-mail:exportcim@nipponkoa.co.jp Cable:NIPPONKOA

印紙税申告納
付につき麹町
税務署承認済

ORIGINAL

Assured(s), etc.
LITA LTD.

Invoice No. ▓▓▓▓

(Prov.No.   )(O/P.No. OP.104   )

Policy No. NGY40▓▓▓▓

Assured Code
11063H0▓▓ ▓▓▓ I

Amount insured ▓▓▓ ▓ ▓▓▓ ▓▓

Claim, if any, payable at/In by
DAR-ES-SALAAM

TOPLIS AND HARDING
(AGENT OF W.K. WEBSTER & CO., LONDON)
P.O. BOX: 799
TANZANIA
PHONE: 255-22-2114559, 255-22-2139881
FAX: 255-22-2113372

Conditions:
ALL RISKS
EXCLUDING SCRATCH/CHIPPING, BENT/DENT, RUST
UNLESS CAUSED BY INSURED PERILS

Local Vessel or Conveyance | From(Interior port or place of loading)

Ship or Vessel called the
LIBRA LEADER

at and from
NAGOYA

Sailing on or about
MAR. 20, 2005

arrived at/transhipped at
DAR ES SALAAM,
TANZANIA

thence to

Goods and Merchandises
1 UNIT

TOYOTA LAND CRUISER PRADE EX

CHASSIS # ▓▓▓▓-▓▓▓-▓▓▓

Including risks of War and Strikes, Riots & Civil Commotions.

Subject to the following clauses printed on the back hereof:
INSTITUTE CARGO CLAUSES or other clauses specified above
INSTITUTE WAR CLAUSES (CARGO)
INSTITUTE WAR CLAUSES For the insurance of sendings by Post (applying sendings by Post)
INSTITUTE STRIKES RIOTS AND CIVIL COMMOTION CLAUSES
INSTITUTE THEFT PILFERAGE AND NON-DELIVERY (INSURED VALUE) CLAUSE (applicable when this Policy covers these risks)
INSTITUTE REPLACEMENT CLAUSE (applying to Machinery)
INSTITUTE DANGEROUS DRUGS CLAUSES
INSTITUTE RADIOACTIVE CONTAMINATION, CHEMICAL, BIOLOGICAL, BIO-CHEMICAL AND ELECTROMAGNETIC WEAPONS EXCLUSION CLAUSE
WILD FAUNA AND FLORA CLAUSES
MAIL AND PARCEL POST CLAUSES (applying to sendings by Post)
LABEL CLAUSE (applying to Labelled goods)
DUTY CLAUSE (applicable when Duty is separately assured under this Policy)
CARGO ISM ENDORSEMENT
ELECTRONIC DATE RECOGNITION EXCLUSION CLAUSE
TERMINATION OF TRANSIT CLAUSE (TERRORISM)

IN CASE OF THE INTEREST HEREBY INSURED BEING PACKED IN CONTAINER(S) (EXCEPT OPEN TOP &/OR FLAT RACK CONTAINER AND THE LIKE), SHIPPED UNDER DECK &/OR ON DECK
Marks and Numbers as per Invoice No.specified above or otherwise specified herein. Valued at the same as Amount insured.

Place and Date signed in
NAGOYA   MAR. 17, 2005

No.of Policies issued
TWO

Grounding or stranding in the Suez, Panama or other canals, harbours or tidal rivers not to be deemed a stranding under the terms of the policy, but to pay any damage or loss which may be proved to have directly resulted therefrom.

This Insurance does not cover any loss or damage to the property which at the time of the happening of such loss or damage is insured by or would but for the existence of this Policy be insured by any fire or other insurance policy or policies except in respect of any excess beyond the amount which would have been payable under the fire or other insurance policy or policies had this insurance not been effected.

☞ In the event of loss or damage which may involve a claim under this insurance, no claim shall be paid unless immediate notice of such loss or damage has been given to and a Survey Report obtained from this Company's Office or Agents specified in this policy.

In case of loss or damage, please refer to the "IMPORTANT" clause printed on the back hereof and act accordingly.

Notice to holders of polices : No claim for loss by theft &/or pilferage shall be paid hereunder unless notice of survey has been given to the Agents specified in this Policy within 10 days of expiry of this Insurance.

"Co-Insurance Clause (applicable in case of Co-Insurance)"
NIPPONKOA INSURANCE CO., LTD. shall be in respect of this Co-insurance on behalf of the Co-Insurers who, each for itself and not one for the others, are severally and independently liable for their own respective proportions specified in this policy.

Be it known, That Assured(s) as nominated as above
as well in his or their own Name, as for and in the Name and Names of all and every other Person or Persons to whom the same doth, may, or shall appertain, in part or in all, do make Insurance, and hereby cause himself or themselves and them and every of them, to be Insured, lost or not lost, at and from the port of specified as above upon Goods and Merchandises, or Treasure, of and in the good Ship or Vessel called the specified as above whereof is Master, for this present Voyage specified as above or whosoever else shall go for Master in the said Vessel, or by whatsoever other Name or Names the said Vessel, or the Master thereof, is or shall be named or called:- BEGINNING the Adventure upon the said Goods and Merchandises from the loading thereof on board the said Ship, and so to continue and endure, until the said Goods and Merchandises shall have arrived at specified as above and until the same be there discharged and safely landed. And it shall be lawful for the said Vessel, in this Voyage, to proceed and sail to, and touch and stay at any Ports or Places whatsoever, (within the limits of the above Voyage) for necessary Provisions, Assistance or Repairs, without prejudice to this Insurance: the said Goods and Merchandises laden thereon for so much as concerns the Assured, are and shall be specified as above
Touching the Adventures and Perils which the said NIPPONKOA INSURANCE CO., LTD. themselves are content to bear, and to take upon them in this Voyage; they are of the Seas, Men-of-War, Fire, Enemies, Pirates, Rovers, Thieves, Jettisons, Letters of Mart and Counter-Mart, Surprisals, Takings at Sea, Arrests, Restraints and Detainments of all Kings, Princes, and People, of what Nation, Condition, or Quality soever, Barratry of the Master and Mariners, and of all other Perils, Losses, and Misfortunes that have or shall come to the Hurt, Detriment, or Damage of the said Goods and Merchandises, or any part thereof; and in case of any Loss or Misfortune, it shall be lawful for the Assured, his or their Factors, Servants, or Assigns, to sue, labour, and travel for, in and about the Defence, Safeguard and Recovery of the said Goods and Merchandises, or any part thereof, without prejudice to this Insurance; to the Charges whereof the said Company will contribute. It is expressly declared and agreed that no acts of the Insurer or Insured in recovering saving, or preserving the property insured, shall be considered as a waiver or acceptance of abandonment. AND it is agreed that this Writing or Policy of Insurance made in LONDON. And so the said NIPPONKOA INSURANCE CO., LTD. are contented, and do hereby promise and bind themselves to the Assured, his or their Executors, Administrators, or Assigns, for the true Performance of the Premises ; confessing themselves paid the Consideration due unto them for this Insurance, at and after the rate of

as arranged   Per Cent.

✷ Corn, Fish, Salt, Fruit, Flour and Seed are warranted free from Average, unless General, or the Ship be stranded, sunk or burnt; Sugar, Tobacco, Hemp, Flax, Hides and Skins are warranted free from Average under Five per cent., and all other Goods are warranted free from Average under Three per cent., unless General, or the Ship be stranded, sunk or burnt.

This insurance is understood and agreed to be subject to English law and usage as to liability for and settlement of any and all claims.

1. Warranted free of capture, seizure, arrest, restraint, or detainment, and the consequences thereof or of any attempt thereat; also from the consequences of hostilities or warlike operations, whether there be a declaration of war or not ; but this warranty shall not exclude collision, contact with any fixed or floating object (other than a mine or torpedo), stranding, heavy weather or fire unless caused directly (and independently of the nature of the voyage or service which the vessel concerned or, in the case of a collision, any other vessel involved therein, is performing) by a hostile act by or against a belligerent power ; and for the purpose of this warranty 'power' includes any authority maintaining naval, military or air forces in association with a power.

Further warranted free from the consequences of civil war, revolution, rebellion, insurrection, or civil strife arising therefrom or piracy.

2. Warranted free of loss or damage
(a) caused by strikers, locked-out workmen, or persons taking part in labour disturbances, riots or civil commotions ;
(b) resulting from strikes, lock-outs, labour disturbances, riots or civil commotions.

In witness whereof, I the Undersigned of NIPPONKOA INSURANCE CO.,LTD. on behalf of the said Company have subscribed Name in specified as above to Policies specified as above of the same tenor and date, one of which being accomplished, the others to be void, as of the date specified as above

For **NIPPONKOA INSURANCE CO., LTD.**

AUTHORIZED SIGNATORY ....

▓▓▓ O-12   2004.10. 100.000(52017)

第八節　航空貨物保險

航空貨物保險

　　由於貨物空運業務的發展較海運為晚，因此航空貨物保險的發展也較遲，最早的航空保險單乃由倫敦Lloyd's公司所簽發。近年來，隨著貨物航空運輸的普及，航空保險事業也逐漸受重視，但由於航空事業本身具有高度的複雜性，致使航空貨物保險迄今未能形成一獨立的體系，目前空運保險實際上仍採用海上貨物保險條款。

　　目前保險公司使用的航空貨物保險條款有：

　　1.協會貨物保險航空險條款〔Institute Cargo Clauses（Air Cargo）（excluding sendings by post）〕。

　　2.協會貨物保險航空兵險條款〔Institute War Clauses（Air Cargo）（excluding sendings by post）〕。

　　3.協會貨物保險航空罷工險條款〔Institute Strikes Clauses（Air Cargo）〕。

　　航空貨物協會條款並無A、B、C條款的區分，協會貨物保險航空險條款與海運的協會貨物條款(A)內容相近。至於空運貨物保險的承保航程，除在目的地卸機後的最大有效期間由海運的60天改為30天外，其餘與海運承保航程的規範大致相同。

第九節　輸出保險

一、輸出保險的概念

　　如前所述，國際貿易比國內貿易存在著更多的危險，出口商將貨物運出口後，至貨款收回前，通常可能遭遇的風險，除了貨物在運送途中因運輸危險事故發生造成貨物或多或少的損失外，尚有國外進口商破產、違約不付貨款的信用危險（credit risk）或進口國外匯短缺、目的地發生戰爭、內亂或革命等事故，致使進口商無法履約付款的政治危險（political risk）存在。關於前者（指運輸危險），出口商可利用投保貨物運輸險，以防不測；至於後者（指信用危險及政治危險），其發生的原因，既非出口商所能預知或控制，又非一般商業保險（如貨物運輸險）所願承保。在此情況下，出口商可利用政策性的輸出保險（export credit insurance），以化解上述各種信用上及政治上的危險。

　　輸出保險係國家政策性的保險，不以營利爲目的，旨在鼓勵發展輸出貿易，並保障輸出廠商因輸出所致的損失，使本國出口廠商能在國際市場中，與他國出口商立於同等的競爭地位。詳言之，輸出保險的功能如下：有助於(1)減少出口商風險，從而擴大貿易；(2)申辦融資；(3)研判風險：投保前，信用調查；(4)轉向進口商索賠：保險單位在理賠之前後，可協助出口商催促進口商付款。

　　輸出保險通常係以出口商爲要保人與被保險人，以貨款爲保險標的，補償出口商在輸出貿易上，因信用危險或政治危險發生，致無法收回貨款的損失之一種政策性保險制度。

　　此外，本國公司從事海外投資時，涉及許多危險，諸如作爲投資的股份被沒收、徵用、國有化，或因戰爭、革命內亂、暴動或民衆騷擾，致不能繼續經營。凡此危險，均非一般商業保險所願承保，但輸出保險卻可予以承保。

　　輸出保險是政府爲促進外銷及國外投資而設立的一種政策性保險制度，其設立並不以營利爲目的，一般多由政府經營或委由公營機構辦理。我國目前是由中國輸出入銀行辦理。該行目前辦理的輸出保險種類共有：

　　1.託收方式（D/P、D/A）輸出綜合保險。
　　2.中長期延付輸出保險。
　　3.海外投資保險。
　　4.海外工程保險。
　　5.記帳方式（O/A）輸出綜合保險。
　　6.信用狀出口保險。
　　7.中小企業安心出口保險。
　　8.國際應收帳款輸出信用保險。
　　9.全球通帳款保險。

　　出口廠商或投資廠商爲保障貨款或投資的安全，可視需要選擇其中一種投保。不過，須注意者，各種險類的保險金額，均有其限額，而不能依照貨物價值或投資金額全額投保，因此出口或投資廠商仍須承擔部分危險，這與貨物運輸險截然不同。

習題

一、是非題

1. （　）在CFR條件下，海上貨物運輸風險由買方承擔，但賣方必須代買方投保，並支付保險費用。

2. （　）海上貨物運輸保險俗稱水險。

3. （　）海難、火災及偷竊等，係屬於海上貨物保險的基本危險。

4. （　）保險標的物遭受損害，程度上雖未達全部滅失，但是實際全損已無可避免，或欲防止實際全損，其費用將超過標的物保全後的價值者，即視為推定全損。

5. （　）目前市場上採用的航空貨物運輸保險條款，與海上貨物運輸保險的ICC(C)條款類似。

6. （　）新協會貨物條款A條款，與舊協會條款的平安險（F. P. A.）條款類似。

7. （　）FOB條件下，買方可以在收到賣方的交貨通知之後，再從容的投保。

8. （　）依協會貨物條款的規定，海上貨物運輸保險的保險區間為Warehouse to Warehouse。

9. （　）輸出保險在我國為政策性的保險，以營利為目的。

10. （　）輸出保險主要承保的風險是信用風險與政治風險。

二、選擇題

1. （　）以下何者屬於海上保險的特殊危險？　(1)船長、船員惡意行為　(2)暴力盜竊　(3)戰爭　(4)貨物固有瑕疵。

2. （　）以下何種條件對單獨海損的賠償無限額規定？　(1)FPAA　(2)F. P. A.　(3)IOP　(4)W. P. A.。

3. （　）船貨在海上遭遇危險事故時，經由第三人非契約性自願救助而獲救，該第三人依法可獲得的報酬稱為　(1)損害防止費用　(2)施救費用　(3)單獨費用　(4)額外費用。

4. （　）以下何者的承保範圍最大？　(1)ICC(A)　(2)ICC(B)　(3)ICC(C)。

5. （　）ICC (B)的承保範圍，與舊協會條款的哪一條款類似？　(1)A. R.　(2)F. P. A.　(3)W. P. A.　(4)S. R. & C. C.。

6.（　）以下何者不是未確定保險單？　(1)TBD policy　(2)floating policy
(3)open policy　(4)certificate of insurance。

7.（　）依Incoterms 2020規定，在CIF條件下，買賣雙方未約定保險種類時，
賣方至少應投保何種保險？　(1)ICC(A)　(2)ICC(B)　(3)ICC(C)
(4)ICC(D)。

8.（　）以CIF條件出口時，出口商所提供的保險單據，其簽發日期必須在
(1)發票簽發日期　(2)匯票簽發日期　(3)提單裝船日期　(4)信用狀開狀
日期　之前。

9.（　）以下何者為海上貨物運輸保險常見的除外不保危險？　(1)暴力盜竊
(2)擱淺　(3)遲延　(4)火災。

10.（　）下列敘述，何者不正確？　(1)輸出保險是一種政策性保險，目的在鼓勵
出口貿易　(2)對於因進口商破產所導致貨款無法收回之損失，並非一般
貨物運輸保險的承保範圍　(3)輸出保險亦可承保因海外投資可能發生的
投資資本被地主國沒收的損失　(4)輸出保險承保任何有關輸出業務之風
險，因此已投保輸出保險者，就不必再投保任何運輸保險。

三、填充題

1._____即保險標的物全部損失，又可分為_____與_____，_____即保
險標的物部分損失，又可分為_____與_____。

2.舊協會貨物條款基本險類，依其承保範圍的大小，分別為_____、_____與
_____。（由大至小）

3.輸出保險通常係以_____為要保人及被保險人，以_____為保險標的，補償
出口商在輸出貿易上，因_____危險或_____危險發生，致無法收回貨款損
失的一種政策性保險制度。

4.依Incoterms規定，在CIF條件下，賣方應依買賣契約的規定投保，契約中若未約
定，則賣方至少應投保_____或類似保險種類，保險金額至少為契約價金加__
_____，並儘量按_____的幣別投保。

5.我國辦理輸出保險的機構為_____。

四、解釋名詞

1. constructive total loss
2. abandonment

3. general average

4. ICC(W.R.)

5. export credit insurance

五、問答題

1. 試述何謂除外危險（excluded perils）？海上貨物運輸中，常見的除外危險有哪些？

2. 何謂推定全損？可視為推定全損的情形有哪些？

3. 何謂未確定保險單？未確定保險單可否當作正式保險單使用？為什麼？

4. 試述海上貨物運輸保險的保險區間為何？

5. 我國目前辦理的輸出保險種類有哪些？

實習

一、表15-3為一般貨物的海上保險費率，表15-4為特定貨物的海上保險費率，試依據表15-2及15-3，回答下列問題：

1. C公司擬出口一批紡織品至巴基斯坦，交易條件為CIF，信用狀金額為USD4,500，該批貨物投保全險加保兵險，投保金額按慣例，試計算該出口商應付的保費（以臺幣表示），W. R. 費率0.05%，匯率USD1=NTD30。

2. D公司擬出口一批木製組合家具（K. D. Wooden Furniture）至美國，交易條件為CIF，信用狀金額為USD6,300，該批貨物投保協會貨物保險C條款，投保金額依慣例，試計算該出口商應付的保費（以臺幣表示），匯率USD1=NTD30。

3. 試求一般貨物至下列地區的保險費率：

地　　　區	保險種類	保險費率
香　　　港	F. P. A.	(1)
馬 來 西 亞	W. A.	(2)
美　　　國	Cls. (C)	(3)
法　　　國	A. R.	(4)
紐 西 蘭	Cls. (A)	(5)

地　　　區	保險種類	保險費率
南　　　非	F. P. A.	(6)
智　　　利	A. R.	(7)
日　　　本	Cls. (B)	(8)
沙烏地阿拉伯	W. A.	(9)

表15-3

To	Cls. (C)/F. P. A.	Cls. (B)/W. A.	Cls. (A)/A. R.
1.North East Asia	0.125%	0.163%	0.03%
2.Hong Kong	0.130%	0.130%	0.28%
3.South East Asia	0.125%	0.163%	0.50%
4.Indian Peninsula & Arabian Peninsula	0.150%	0.195%	0.80%
5.Africa	0.200%	0.195%	1.50%
6.South Africa	0.180%	0.234%	1.46%
7.Europe	0.150%	0.195%	0.40%
8.U. S. A. & Canada	0.150%	0.195%	0.40%
9.South & Central America	0.200%	0.260%	1.20%
10.Australia & New Zealand	0.150%	0.195%	0.40%

表15-4

Cargo	Packing	From/To (Port to port)	Cls. (A)	Cls. (B)	Cls. (C)
Frozen Food (Excluding Frozen Meat)	Carton or Bag	Any ports	1.20%	0.26%	0.35%
Frozen Meat	Carton or Bag	Any ports	0.5%	0.26%	0.35%
Furniture (Non-Knock Down)	Export Standare Packing	Any ports	2.85%	0.75%	0.62%
Furniture (Knock Down)	Export Standare Packing	Any ports	0.85%	0.15%	0.18%

二、請根據下列資料，填製一份水險投保單：

　　1. 投保日期：本年5月31日

　　2. 投保人：臺灣貿易公司（住址從略）

貨物運輸險要保書
MARINE CARGO APPLICATION

保單正本　　份
抄本　　　　份
With　　Copy(ies)

保單號碼 Policy No.	
開狀日期 Date	

△ CIF 出口，務請依照 L/C 開列條件原樣抄錄以符銀行要求。

△ 要保金額如高於發票金額 10%以上者，請特別聲明。

△ 茲經約定要保貨物均受裝輸內，如裝體面必須特別聲明。

△ 保險標的物除非特別聲明，一律視為新品。

□送□其餘寄：　□保單正本及收據副本

被保險人 Assured			
受益人 Beneficiary			
發票金額 Invoice Value	Plus　　%	保額 Insured Amount	
運輸工具 Conveyance	S/S　　　　　　　　　　　　　　　　　開航日期 Sailing on/about　　(G/T　　　　　Built　　　　　Flag　　　　　)		CLASS
航程 Voyage	自 At and From □□□□□　　　　□□□□□　　到 To		
轉運 Transhipment	於 At 轉入 Into S/S	賠款收付地 Claim Payable	
包括內陸運輸 Including Inland transit	裝船前 Before Shipment From 自............ To 到............	卸船後 After Discharge(Landing) From 自............ To 到............	
貨物 Cargo		□□□ 發票號碼 or 嘜頭 Invoice Nos. or Marks	
數量： Quantity	包裝： Package	貨櫃 □ Closed □□ Container □ Others	
信用狀號碼 L/C No.		進口證號碼 I/L No.	

保險條件 Condition：
Institute Cargo Clauses：

□Clause（A）　　□All Risks
□Clause（B）　　□W.A.
□Clause（C）　　□F.P.A.
□War Clause　　□S.R.C.C.
□Strike Clause　□Clause（Air）

費率 Rate%	外幣保費 Premium	外匯比率 Exch.@	要保人：..................
水險 Marine		@	地址：..................
兵險 War			統一編號： 電話號碼：
逾齡加費 s/c		NT$	傳真號碼：　　　　簽章 E-mail
合計 Total			Signature

※要保人聲明事項：
（1）特聲明本要保書所填各項，均屬詳實無訛，絕無隱匿或偽報情事，足為與　貴公司訂立正式保險契約之依據，要保人並願接受各項條款及規定約束。如有虛偽、不實或不盡之情事者，願依保險法第六十四條之規定，接受　貴公司解除契約，絕無異議。
（2）本人同意貴公司得依「電腦處理個人資料保護法」之相關規定，對要保人或被保險人之個人資料，有為蒐集、電腦處理、國際傳遞及利用之權利。
※共同行銷之人資料使用聲明：於契約關係存續期間，立約人 □ 同意 □ 不同意（未勾選者視為同意），提供 □ 基本資料 □ 帳務、信用、投資、保險等資料（請將不同意之項目於□打X刪除並簽名於後_____，未打X者視為同意）作為　貴公司與國泰金融控股公司及其子公司間，因進行共同行銷業務而為建檔、揭露、轉介、交互運用等方式之使用。立約人得隨時通知　貴公司（免付費電話 0800-212880）停止前項資料之交互運用。立約人明瞭若未同意提供個人資料進行共同行銷者，將可能無法享有　貴公司因共同行銷所得提供之各項優惠或饋贈。

核保		科長		業務來源代號：	轄區代號：
				經紀(代理)人：	介紹人 ID：
經辦		分保		業務員姓名：	姓名：
				登錄證字號：	電話：

3. 受益人：新加坡貿易公司（住址從略）

4. 船名及航次：O. AMBASSADOR V-935

5. 開航日期：約本年6月2日

6. 裝運港口：基隆

7. 卸貨港口：新加坡

8. 發票號碼：123

9. 開狀日期：本年4月10日

10. 信用狀號碼：45678

11. 保險金額：5萬美元（發票金額）加1成

12. 貨物及數量：吹風機1,000件

13. 包裝：100紙箱

14. 裝運標誌：SGT Singapore C/N. 1-100

15. 投保種類：A款險附加兵險及罷工險

16. 賠款地點：新加坡

17. 賠款幣別：美元

三、泰國某製紙工廠以CIF Bangkok條件，向臺灣某化工廠購買硫酸鉛一批，出口商某化工廠乃向保險公司投保All Risks，保單載明from Keelung to Bangkok。該批貨物運抵曼谷卸貨時，曾由代理商做初步公證，但損失輕微。之後，由卡車運至距曼谷30公里的某製紙工廠，發現因紙袋破裂，散失甚多，乃做第二次公證，取得公證報告。

請問：

如貨主向保險公司索賠，保險公司應否理賠？為什麼？

四、某飼料廠自美國穀類出口商採購玉米1萬公噸，交易資料如下：

Price: FOB Houston, USD1,200,000

Freight: from Houston to Kaohsiung, USD120 per M/T

Insurance：依FOB Houston價投保F. P. A. plus War Risk

保險事故：

A：貨船在太平洋途中遭遇暴風雨，玉米被雨水淋溼，開始腐爛，貨主獲報，急電夏威夷友人，委託他於船舶進港補給時，代為僱工卸下玉米烘乾後再裝上船，計耗費USD100,000。

B：貨船自夏威夷駛出，繼續航行鄰近琉球海面，遭遇大霧，視線不明，不幸觸礁沉沒，玉米全損。

請問：

1. 飼料廠可否自保險公司獲賠？

2. 如果可以，可向保險公司索賠若干金額？

國際貨物海洋運輸

第一節　海運經營的型態

　　現代海運經營型態可分為定期船運輸（liner service）與不定期船運輸（tramp service）兩類，兩者所承運的貨物、服務的對象、運送人與託運人間的關係，以及託運手續等，都有很大的不同。定期船運輸其船期、航線、停靠港埠均固定，由貨主依各船公司發布的船期表（sailing schedule）向船公司或船務代理行洽訂艙位（shipping space），承運的貨物多為一般雜貨。不定期運輸則船期、航線、停靠港埠等均不固定，由貨主以包船方式向船公司洽運。有關啟航時間、航線及停靠港埠等，均由船公司配合貨主的需要加以安排，其承運貨物多為散裝貨物（bulk cargo）或大宗物資，例如：礦砂、木材、石油、穀物等，故以專用散裝船為主要運輸工具。

　　本章第二節至第六節，以定期船各項內容說明為主，至於不定期船運輸，則於第七節中有詳細介紹。

第二節　定期船運輸

　　定期船（liner）係指在固定航線上的港口間，依預先排定的船期往復航行，接受零星雜貨或貨櫃貨運的船隻而言。世界各重要航業國家都擁有規模龐大、航線眾多的公私營定期船隊。

一、定期船運輸的特徵

1.船期事先排定，航線及停靠港口固定。

2.運送人以公共運送人（common carrier）身分承攬貨載，其服務對象為大眾託運人（shipper）。

3.以提單（Bill of Lading，簡稱B/L）作為運送契約，有關船貨雙方的權利義務，悉依提單所載條款。

4.運費表對外公開，並受政府的監督與認可，不得任意變更。

5.運送責任區間為from tackle to tackle（也就是自貨物從船邊吊起至吊卸船邊為止），貨櫃運輸時，則為from terminal to terminal（即自起運地點的貨櫃集散站至目的地的貨櫃集散站），故通常貨物裝卸、理貨、丈量等，均由船方負責，裝卸時間也由船方控制。

6.為便於管理船舶、控制船期、承攬貨載，其有一定的規模及組織，並在固定航線的港口設立分支機構或委託長期性的代理行，有些尚有專用碼頭及倉庫等。

7.託運人可直接向運送人洽運，也可透過貨運承攬人（forwarder; freight forwarder）接洽託運。

二、貨物委由定期船運輸的優缺點

(一) 優點

1.船期及停靠港口事先排定，且航次頻仍，船期準確，有利於貿易商備貨生產工作的安排。

2.託運貨物數量不予限制，少量貨物也承運。

3.船舶設備完善，對貨物的照顧周到。

4.運價穩定，且計算簡單，有助於貿易商對外報價及控制成本。

5.以碼頭條件（berth term，又稱定期船條件liner term）為裝卸條件，貨物裝、卸及檢量費用多由船方負擔。

(二) 缺點

1.定期船運輸，船貨雙方以提單作為運送契約，但提單格式多由船公司事先印就，為一種定型化契約，其條款多有利於船方，而不利於貨方。

2.貨主託運時，由船方簽發裝貨單（Shipping Order，簡稱S/O）憑以裝船，少數信用不佳的船公司會超賣艙位，導致貨主雖有S/O卻無艙位可裝，依據市場慣例，貨主通常無法向船公司追究責任。

3.航運同盟所訂運價多較市場應有競爭價格高，若洽同盟船隻承運，貨主須支付較高運價。

目前行駛定期航線的船舶有傳統船（conventional vessel）與貨櫃船（container vessel），前者乃直接將散件貨物堆放於船艙內，其裝卸速度慢，且貨物毀損率較高；後者則是先將貨物裝進貨櫃中，再以特殊搬運設備將貨櫃裝上貨櫃船，這種運輸方式不僅省時、省錢，而且安全，因此目前貨櫃船已承載絕大部分定期船貨量。有關貨櫃運輸的詳細說明，請參閱本書第十七章。

第三節　定期船的託運手續

貿易商以定期船託運貨物，其程序大致如下。

一、選定運送人

若買賣雙方約定的貿易條件為CFR、CIF、DPU或DAP時，應由出口商負責安排運輸，出口商於貨物備妥後，即依據船公司所發布的船期表，選擇適當船公司，向其洽訂艙位。出口商於選擇船公司時，應考慮以下因素：

1.船期：船期應在買賣契約或信用狀規定的裝船期限之前。

2.航線：該船必須停靠貨物目的港；此外，若契約或信用狀禁止轉運，應洽直達船舶；而彎靠港口不宜過多，以免航程拖長，延誤商機。

3.船公司信用：船公司營運狀況及信用，規模大小，是否參加航運同盟。

4.運費：同盟船公司所報運費皆一致，非同盟船公司則各家報價不一，貨主應多方詢價比較。

5.船隻性能：船隻設備、航速、船齡等，亦可作為選船的參考，因其不僅關係到貨物運送途中的安全，也間接與貨物保險費的高低有關。

二、洽訂艙位

選定船公司後，即可向該公司洽訂艙位，由船公司簽發裝貨單（見表16-1），裝貨單是船方核配艙位給貨主的憑證，也是貨主憑以出口報關及裝船的文件。

目前各大船公司或船務代理多有提供客戶線上訂艙（e-booking）的服務。

表16-1

藍 海 國 際 股 份 有 限 公 司 **BLUE SEA INTERNATIONAL CORPORATION**	SHIPPING ORDER (B/L INSTRUCTION)	
Shipper:（發票如需另列抬頭人請註明） HAPPY CO., ITD. 5F NO. 100, NANKING EAST ROAD, TAIPEI, TAIWAN 發票抬頭： 快樂貿易股份有限公司 統一編號：12345678　提單傳真號碼(02)23234545	Please receive for shipment the under mentioned goods subject to your published regulations and conditions (including those as to liability)	S/O NO.
Consignee: TO ORDER OF ABC COMMERCIAL BANK, SOUEL, KOREA	SPECIAL NOTE: 1. 副本＿＿＿＿份　　2. 運費證明＿＿＿＿份 3. 電報放貨＿＿＿＿　4. 危險品＿＿＿＿ 5. 其他＿＿＿＿	
Notify Party:(Full name and address) GOOD CO., LTD. 2/F KANGNAM BLDG., 100, SHINSA-DONG, KANGNAM, SOUEL, KOREA	填表請注意： 1. 危險品請註明 UN NO. IMO CLASS 與燃點，並附上 Shipper's Certificate。（吉達地區請另附 Packing list 兩份）。 2. 內容若有變更，請圈劃出，並於結關當天前傳真或送底至本公司。 3. 如超過十行，請以附表繕打，俾便提單製作。	
Also Notify:	洽訂船位之廠商:快樂貿易股份有限公司 電話/聯絡人：(02)23234546 報關行：一品報關股份有限公司 電話/聯絡人：(02)24246868	
	Final destination (On Merchant's Account and Risk)	

Ocean Vessel 船名 BLUESEA	Voy. No. 航次 2468	
Place of Receipt 收貨地 KEELUNG	Port of Loading 裝貨港 KEELUNG	Freight to be: 付費方式： □Prepaid 預付　　☒Collect 到付
Port of Discharge 卸貨港 BUSAN	Place of Delivery 交貨地 BUSAN	領提單處：　☒臺北　□臺中　□臺中港　□高雄

Marks and Numbers/ Container No. and Seal No.	Quantity and Unit	Description of Goods （請詳實註明，如僅為"GENERAL MERCHANDISE"恕無法接受）	Gross Weight (KGS)	Measurement (M3)
GOOD (IN DIA.) BUSAN C/N. 1-160 MADE IN TAIWAN R. O. C.	160 BALES	100 PERCENT POLYESTER SOLID FLEECEWEIGHT 380G/YD. WIDTH 60"	1,280	14.4
			櫃型／櫃數 普通櫃：＿1＿×20'/＿×40' 冷凍櫃：＿×20'/＿×40' HQ：＿×40' 超重櫃：＿×20' 貨主自有櫃：＿＿＿＿ 其他特殊櫃：＿＿＿＿ SERVICE REQUIRED ☒1. .FCL/FCL 整櫃／整櫃 □2. LCL/LCL 併裝／併裝 □3. FCL/LCL 整櫃／併裝 □4. LCL/FCL 併裝／整櫃		

FORM NO.CSDEP1-I-113-04

三、報關裝貨

出口商領取裝貨單後，即可依船期向海關辦理報關手續，並將貨物運到指定碼頭倉庫（傳統船運輸時）或貨櫃集散場（貨櫃船運輸時），由船方會同貨方檢量貨物以為核計運費的依據，貨物辦妥報關手續，由海關在裝貨單加蓋關印後，即可辦理裝運貨物或貨櫃。

四、領取大副收貨單（或倉棧收貨單）

若為傳統船運輸，則裝船完畢後，即由船上大副或其他負責人簽發大副收貨單（Mate's Receipt，簡稱M/R），作為船上收到貨物的收據。在貨櫃運輸的場合，因為不是由貨主辦理裝船工作，所以船方並不簽給貨主大副收貨單，而是在貨物或貨櫃送到貨櫃集散場時，簽發倉棧收貨單（Dock Receipt或Godown Receipt），以為貨主向船公司換領提單的憑證。

五、支付運費

若貿易條件為CFR、CIF、DPU或DAP時，運費由出口商負擔，出口商領取提單之前，必須付清運費，運送人即在提單上註明運費已付（freight prepaid或freight paid）；若貿易條件為FAS或FOB時，運費由進口商於貨物到達目的地時才支付，則提單上註明運費待付或運費到付（freight collect或freight to collect）。

六、領取提單

出口商憑大副收貨單（傳統運輸時）或倉棧收貨單（貨櫃運輸時），向船公司換領提單，憑以辦理出口押匯。領取提單時，應注意提單上的記載是否有誤，發現錯誤，即請其更正，以免遭拒絕押匯。

不過有時由於出口商備貨不及，以致裝船時間過晚，提單上所載裝船日期已超過契約或信用狀所訂最後裝運期限；或由於貨物本身或包裝有瑕疵，船公司在提單上記載瑕疵，使提單成為不清潔提單（unclean B/L）；或由於簽發提單時，船公司尚未接獲已裝船通知，所簽發的提單為未註明貨物已裝船的備運提單（received for shipment B/L）。因為大部分的信用狀都規定出口商應提供的是清潔、裝船提單（clean, on board B/L），且裝船日期不得逾信用狀規定裝船期限，所以上述提單都將遭買方或銀行拒收，若情況不是很嚴重，託運人往往徵得船公司同意，由託運人簽具認賠書（letter of indemnity，簡稱L/I; back letter; counter letter）（見表16-2），請船公司更改提單上的記載，例如：將裝船日期提前（back date，亦即俗稱的倒填提單），或刪除瑕疵註記，或先行簽發裝船提單（亦即俗稱的借領提單），託運人於認賠書上聲明願承擔船方因此而導致的任何

損失及責任，不過，認賠書的效力一般認為只存在於託運人與運送人之間，而不及於第三人。

茲以圖示海運託運手續：

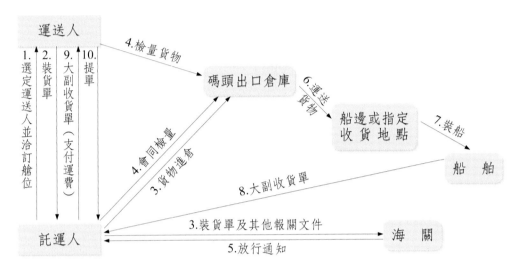

【圖16-1】 傳統運輸

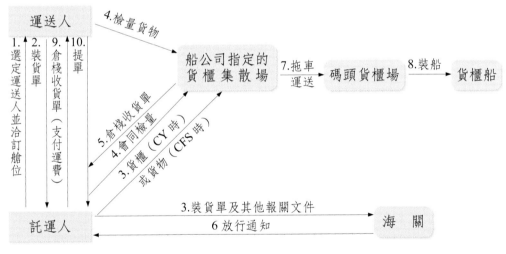

【圖16-2】 貨櫃運輸

表16-2

Form No. 116R

NYK LINE
NIPPON YUSEN KAISHA

To the Owners and/or Agents and/or Charterers and/or Master of the S.S./M.V. ....

In consideration of your releasing for delivery to us or to our order the undermentioned goods of which we claim to be the rightful owners, without production of the relevant bill(s) of lading (not as yet in our possession),

WE HEREBY undertake and agree to indemnify you fully against all consequences and/or liabilities of any kind whatsoever directly or indirectly arising from or relating to the said delivery, and immediately on demand against all payments made by you in respect of such consequences and/or liabilities, including costs between solicitor and client and all or any sums demanded by you for the defence of any proceedings brought against you by reason of the delivery aforesaid:

And we further undertake and agree upon demand to pay any freight and/or charges and/or General Average Contribution due on the goods aforesaid (it being expressly agreed and understood that all liens shall subsist and be unaffected by the terms hereof).

And we further undertake and agree that immediately the bill(s) of lading is/are received by us we will deliver the same to you duly endorsed.

Shipper	Ocean Vessel Voy. No.	Place of Receipt (Port of Loading)	Place of Delivery (Port of Discharge)	Marks & Numbers	No. of P'kgs. or Units	Kind of Packages or Units; Description of Goods

Forwarding Agent:	B L. No.:
	Cargo Value:

INDEMNITIES WITH LIMITED GUARANTEES OR BEARING ANY QUALIFYING REMARKS WHATSOEVER CANNOT BE ACCEPTED.

Date ....

We join in the above Indemnity and Guarantee.

Shippers' or Consignees' Signature

Banker's Signature

Printed in Japan.

第四節　海運運費的計算及實例

一、運費計價單位

運費計價單位為船公司計收運費的主要依據，船公司於制定各種貨物的計價單位時，除考慮貨物種類及性質外，政府或同盟的規定、運送習慣，以及船公司成本與收入的關係等，都是重要的考量因素。一般的計價單位，約有以下數種：

(一) 重量噸（weight ton）

多使用於重貨（heavy cargo; weight cargo），亦即每一立方公尺（Cubic Meter，簡稱CBM）體積的重量大於一公噸（Metric Ton，簡稱M/T）的貨物，例如：鋼鐵、磁磚、罐頭等，船公司都以重量噸為計算運費的單位，目前大多數的船公司都以每一公噸為一單位，有些則以每一長噸（Long Ton，簡稱L/T，等於2,240磅）為一計價單位。貨物如以重量噸計算運費，費率表中以「W」表示。

(二) 體積噸（measurement ton）

多使用於輕貨（light cargo），亦即每一立方公尺體積的重量小於一公噸的貨物，例如：毛衣、紙杯等，船公司都以體積噸（或稱尺碼噸或才積噸）為計算運費的單位。目前大多數船公司都以每一立方公尺為一計價單位，有些則以每四十立方呎（Cubic Foot，簡稱CFT，本地俗稱為「材」）為一單位。貨物如以體積噸計算運費，費率表中以「M」表示。

(三) 重量噸或體積噸（weight ton or measurement ton）

由船公司按貨物的重量噸計算出來的運費，以及按體積噸計算出來的運費，選擇較高者，這種計價方式，即一般所稱的「運費噸」（revenue ton），運費表中以「W/M」表示。

(四) 特殊計價單位

1.價值：高價、貴重的貨物，例如：珠寶、骨董、貴金屬等，貨主於託運時都會申報其價值，以期於發生毀損或滅失時，船公司能照價賠償，不必受船公司賠償限額規定的限制，但運費係依所報價值1%至5%計收，費率表中以「value」表示。

2.件：適用於有特殊習慣，而無法依一般計價方式計算運費的貨物，例如：車輛按輛、液體貨物按桶等，費率表中以「unit」表示。

3.頭：多使用於動物，例如：牛、馬、羊等，運費表中以「head」表示。

4.櫃：以整櫃（CY）方式託運的貨物，以每櫃若干計算運費。

二、運費的種類

無論運費是由航運同盟制定供各會員公司共同遵守，或是由非同盟船公司自行制定，通常都製成運費表（tariff）公開發行。定期船的運費率種類有以下三種：

(一)基本運費率（basic rate）

1.**個別商品運費率**（commodity rate）：即在特定航線運費表中，列舉貨物名稱（約一百至數百種），分別規定其運費率、計價單位及運送條件。

2.**雜貨運費率**（general cargo rate）：在個別商品外，許多無法一一列舉的貨物，予以統一規定運價，這種貨物又稱未列名貨物（cargo not otherwise specified，簡稱 cargo N. O. S.）。

3.**分等運費率**（class rate）：在運費表中將貨物依其價值、性質及政府政策等，分為若干等級，並按級別收取運費。

(二)特別運費率（special rate）

1.**冷藏貨運費率**（refrigerated cargo rate）：適用於水果、蔬菜等易腐爛貨物，因須特殊冷藏設備，其運輸成本較高，故運費率也較高。

2.**危險品運費率**（dangerous cargo rate）：適用於性質危險、易危害船貨及人命的貨物，由於船艙須特殊裝置，並須特別照料，故其運費率較一般商品高出甚多。

3.**從價運費率**（ad valorem rates）：託運人申報價值的高價貨物，如珠寶、骨董等，若發生毀損或滅失，船公司須照價賠償，故運費依貨物價值1%至5%收取。

4.**包裹運費率**（parcel rate）：適用於體積小、件數少，且價值在規定金額以內的樣品、禮品及其他零星物品等，這類貨物不裝入貨艙，交由船長保管，船公司往往另訂包裹運費率，依每件或每張提單若干收費。

5.**計件運費率**（package rate）：適用於因習慣或須特別照料而無法依一般方式計費的貨物，如車輛、動物、船隻等，以每件或每頭若干計收運費。

6.**甲板貨運費率**（on deck cargo rate）：船公司對甲板貨多不負損害賠償責任，且該類貨物不占艙位，故其運費率較一般貨物為低。

7.**自由運費率**（open rate）：在競爭較激烈的航線，船公司對某些重要貨源不規定運費，以自由洽訂方式決定，以便攬取貨物。

8.**聯運運費率**（transhipment cargo rate）：適用於運輸途中須經兩艘以上船舶轉運的貨物，由於轉運須增加裝卸及倉棧等費用，故船公司有時也另訂運費率。

9.**最低運費率**（minimum rate）：貨物的重量或體積未達船公司所訂的最低標準（多為半噸或20立方呎）時，多依所訂的最低運費計收，也有按每張提單或每件貨物若干運費計收者。

(三) 附加運費（surcharge）

船公司除依規定或約定的運費率計收運費外，往往在貨物情況特殊，或託運人有特殊要求時，另收附加運費，常見的附加運費有：

1.**貨櫃場作業費**（terminal handling charge）：簡稱THC，包含從貨櫃船到貨櫃場或貨櫃場到貨櫃船之間與貨櫃處理有關的費用，例如：貨櫃裝卸費、碼頭過磅費、拖車使用費、底盤車費等。

2.**超重附加運費**（surcharge on heavy lifts）：為方便裝卸，船公司對於每件貨物的重量都訂有最高上限（多在3至5公噸，但貨櫃貨物除外），若貨物重量超過所訂標準，須另收附加運費。

3.**超長超大附加運費**（surcharge on bulky or lengthy cargo）：船公司對於每件貨物的長度及體積也都訂有上限（多為30呎與40立方呎，貨櫃貨物除外），若貨物長度或體積超過所訂標準，往往造成處理上的不便，因此也要另收附加運費。

4.**選擇卸貨港附加運費**（additional freight rate for optional port of discharge）：船方必須將選擇卸貨港貨物裝於託運人所選擇的數個港口中任何一港口均能卸貨的艙位，往往會造成艙位的浪費，並於卸貨時翻動其他貨物而增加費用與時間，故須另收附加運費，且選擇港口愈多，附加運費愈多。

5.**內陸轉運附加運費**（surcharges of local freight or O. C. P.）：適用於以local或O. C. P. 方式（詳見第十七章）轉運美國內陸的貨物，由於轉運內陸增加的裝卸費、倉租等，由船公司估定，故以附加運費方式收取。

6.**港口壅塞附加運費**（surcharges for port congestion）：港口由於戰爭、罷工，或由於設施不敷使用，造成船舶裝卸緩慢或延誤船期，船公司對於這類損失，多以附加運費方式向貨主收取，以資補償。

7.**燃料附加運費**（bunker surcharge）：若燃料價格上漲，船公司往往以增收附加運費的方式，以彌補其成本的損失，大多數的船公司都訂定一定百分比，於運費算出後，再依此百分比增收燃料附加運費，此項百分比即稱為燃料調整因數（Bunker Adjustment Factor，簡稱BAF）。有些船公司則依貨物噸數，計收燃料附加費。

8.**幣值附加運費**（currency surcharge）：因計收運費的貨幣貶值所造成的船公司

收入減少損失，也多以幣值調整因數（Currency Adjustment Factor，簡稱CAF）的方式，臨時訂定一百分比，以為計算附加運費的依據。

此外，尚有旺季附加費、板架使用費、巴拿馬運河附加費、蘇彝士運河附加費、內陸燃料附加費、文件製作費等。

三、運費計算方法及實例

貨主應於託運前，向船公司詢問運價，依以下方法計算運費後，選擇報價合理的船公司託運。詢價時，應說明託運貨物名稱及性質、目的地以及貨物包裝方式等，以便船公司報價。

運費計算方法如下：

海運費率×運費噸數基本運費
基本運費 + 各項附加費 = 應付運費

茲舉例說明運費的計算：

某出口商擬出口電算機至英國Liverpool，該批電算機以紙箱裝運，每一紙箱體積為45cm×70cm×60cm，重量為20kgs，共裝18箱，向船公司詢問運價，船公司報價如下：

基本運費率：W/M USD90.00　W = 1,000kgs, M = $1m^3$

BAF：20%

CAF：12%

運費計算如下：
該批電算機體積共：$0.45m×0.7m×0.6m×18 = 3.402m^3$
　　　　重量共：20kgs×18 = 360kgs = 0.36M/T
因體積噸數較重量噸數大，故船公司選擇以體積噸為計價單位
⇨　基本運費 = USD90.00×3.402 = USD306.18
　　另BAF = USD306.18×20% = USD61.24
　　CAF = USD306.18×12% = USD36.74
⇨　應付運費 = USD306.18 + 61.24 + 36.74
　　　　　　 = USD404.16
　　該出口商應支付總運費為USD404.16

　　以上所述乃常見的運費計算方式，不過由於各家船公司計算運費的方式不盡相同，貨主於詢價時，最好同時問清楚船公司的計價方式，以免日後發生無謂的糾紛。

第五節　海運提單

一、提單的意義

　　提單（Bill of Lading，簡稱B/L）乃運送人或其代理人所發行交與託運人的運送貨物收據，承諾將該項貨物自一地運送至另一地，並將託運貨物於目的地交給提單持有人的有價證券。提單在我國海商法稱為「載貨證券」，但一般習慣上仍稱為提單，在國際海運實務上，提單的用途甚廣，但多不直接用於提貨，必須憑提單換取提貨單（Delivery Order，簡稱D/O，俗稱小提單），才能憑提貨單報關提貨。有人將提單稱為提貨單，是錯誤的用法。

二、提單的功能

　　提單的功能，約如下列敘述：

　　1.運送人收到託運貨物的收據（receipt of the goods）：為運送人於收到貨物或貨物裝船後所簽發給託運人，承認收到託運貨物的正式收據。

　　2.運送契約的證據（evidence of contract of affreightment）：為運送人與託運人間，有關運送權利與義務的契約證據。

　　3.憑單提貨的物權證書（document of title）：提單乃表彰貨物所有權的文件，為受貨人或提單持有人，憑以向運送人辦理提貨的憑證，提單持有人對提單所載貨物有法律上使用、轉移、占有、處分的權利，提單經合法背書轉讓，即構成貨物所有權的移轉。

三、提單的種類

(一)依簽發提單時，貨物是否已裝船分類

　　1.裝船提單（on board B/L or shipped B/L）：即貨物確已全部裝船後所簽發的提單，提單上必須填具船名及裝船日期，在國際貿易上，這種提單較易為買方、銀行及保險公司所接受，一般的信用狀也都要求受益人應提供裝船提單。

　　2.備運提單（received for shipment B/L）：乃貨物交給運送人後，在尚未裝上船之前所簽發的提單。這類提單多係運送人在船未抵埠前所洽攬的貨物，已存入倉棧後，

應託運人的要求而簽發的，多不註明裝船日期及船名，並註明僅為備運提單，無法保證日後一定確實裝船，故在國際貿易上多不為買方、銀行及保險公司所接受。當貨物實際裝上船後，可由運送人於備運提單上加註「on board」字樣，註明船名及裝船日期，並由運送人簽署，即與裝船提單有相同效力。

(二) 依提單上有無瑕疵批註分類

1.**清潔提單**（clean B/L）：即未註明所承運貨物外觀或其包裝有任何缺陷或瑕疵的提單，運送人須負責將提單所載貨物，完整且良好交付受貨人。一般信用狀多要求受益人應提供清潔提單。

2.**不清潔提單**（unclean B/L; foul B/L; dirty B/L）：即註明所承運貨物外觀或其包裝有瑕疵的提單，例如：包裝不同、舊包裝或貨物變質、鏽腐等。運送人於接受貨物時，必須檢查其外觀情況是否與託運人所報者相符，若有瑕疵或不符時，應載入提單中，以為運送人免責之用，這種不清潔提單多不被買方或銀行所接受，託運人可以出具認賠書（Letter of Indemnity，簡稱L/I）的方式，保證承擔一切損害賠償責任，要求運送人改簽發清潔提單，但是以認賠書換取清潔提單，易引起糾紛，應儘量避免。

(三) 依能否流通轉讓分類

1.**可轉讓提單**（negotiable B/L）：又稱為指示式提單（order B/L），指可經由背書，而將提單所表彰的貨物所有權，轉讓給他人的提單。這種提單在受貨人（consignee）一欄內，多以「to order」字樣起頭，例如：「to order of shipper」表受貨人由託運人指示，提貨人必須提示經託運人背書的提單，才能向運送人請求提貨，因此託運人可控制貨物。此外，常見的記載方式尚有「to order of issuing bank」（受貨人由開狀銀行指示）、「to order of negotiating bank」（受貨人由押匯銀行指示）、「to order」（受貨人待指示：多指由託運人指示）等。可轉讓提單為代表貨物所有權的流通證券，其持有人即可控制貨物，故為良好的擔保品。

2.**不可轉讓提單**（non-negotiable B/L）：又稱為記名提單或直接提單（straight B/L），即在提單上直接指定受貨人的提單。這種提單在受貨人欄內多以「unto」或「consigned to」字樣起頭，例如：「unto buyer」（以購貨人為受貨人）、「unto issuing bank」（以開狀銀行為受貨人）等，貨物運到目的地時，受貨人辦理提貨，運送人只要能確定其為受貨人，即可交貨，而無論受貨人是否持有提單。因此這種提單並非代表貨物所有權的流通證券，其持有人不能控制貨物，也不能充作擔保品。

(四) 依條款詳略分類

1.詳式提單（long form B/L）：又稱為full term B/L，指背面印有詳細的有關託運人、運送人與受貨人權利義務的運送條款的提單，一般的提單多為詳式提單。

2.簡式提單（short form B/L）：又稱為背面空白提單（blank back B/L）或B式提單（model B B/L），指背面未印有運送條款的提單。簡式提單的正面記載事項與詳式提單相同，不同的是背面並無印定的運送條款，僅印有「All the terms of the carrier long form of bill of lading are incorporated with like force and effected as if they were written at length herein」的條款，意為「詳式提單上的印定條款，如同印在本提單上一樣，適用於本提單」，如此，則其效力與詳式提單相同，依信用狀統一慣例的規定，除信用狀另有規定，銀行將不拒絕接受簡式提單。

(五) 依承運方式不同分類

1.直達提單（direct B/L）：指由同一運送人以同一船舶，將貨物由裝船港運到目的港的提單。這種提單其收貨及交貨的運送人為同一船公司，由於其責任明確，貨損較少，故一般信用狀多要求應提供直達提單。

2.聯運提單（through B/L）：貨物由兩個以上的運送人以相同或不同的運送方式，自裝貨地運至目的地，由第一個運送人所簽發涵蓋全部運送過程的提單，稱為聯運提單。第一運送人簽發提單後，其他運送人即依此提單履行運送義務而不另簽發提單，但第一運送人只承擔他所承運區段的貨物損失賠償責任，對於其他運送人承運區段的貨物損失則不負責任，須由託運人自行向其他運送人索賠。

3.複合運送提單（combined transport B/L; multimodal transport B/L; intermodal transport B/L）：為複合運送單據（combined transport documents）的一種，指貨物經由兩種以上運送方式（海運、空運、公路或鐵路），自裝貨地運至目的地，由運送人或其代理人，或貨運承攬人所簽發，涵蓋全部運送過程的提單。複合運送提單的簽發人，必須對全部運送過程中的貨物損毀，負賠償責任，並且可以由貨運承攬人擔任簽發人，此乃複合運送提單與聯運提單的不同點。有關複合運送單據，詳細說明請參閱第十七章。

(六) 其他種類提單

1.第三者提單（third party B/L）：又稱neutral party B/L，係指由信用狀受益人以外的第三者擔任託運人的提單。所謂第三者通常為報關行，或為虛構的行號，也有以開狀申請人（即中間商或進口商）為託運人者。在貨物須經轉賣，且欲以背書轉讓方式將提單轉售買主由其提貨時，為防買主由提單上記載得知出口商或供應商名稱與地址，而與其直接聯繫採購，進口商或中間人經常要求受益人（即出口商或供應商）提供第三者

提單。依信用狀統一慣例規定，除信用狀另有規定，銀行將接受第三者提單。

2. 陳舊提單（stale B/L）：指簽發後未能於規定期間內向銀行辦理提示的提單，故又稱過期提單。為防止信用狀受益人遲延提示單據，導致單據無法在貨物到達前及時交給受貨人辦理提貨，造成受貨人商機的延誤及倉租的負擔，信用狀統一慣例規定受益人應於信用狀規定的期限內辦理單據的提示，若信用狀未規定，受益人也應於裝運日後二十一天內（且不得逾信用狀有效期限）向銀行提示單據；若受益人在超過上述期限才辦理單據提示，該項提單即稱為陳舊提單，這種提單將遭銀行拒絕接受。

3. 併裝提單（groupage B/L）：又稱為主提單（master B/L），貨運承攬人（forwarding agent; freight forwarder）或併裝業者（consolidator）將各出口商託運的零星貨物集合成一大批貨物交由船公司運送時，由船公司以貨運承攬人或併裝業者為託運人所簽發的提單，即稱為併裝提單。這種提單乃運送人與承攬人或併裝業者之間的運送契約，各出口商無法以之向運送人提出任何主張。承攬人或併裝業者，依併裝提單再分別簽給各出口商的提單，稱為分提單（house B/L）、貨運承攬人提單（forwarder's B/L）或貨運承攬人收據（Forwarder's Cargo Receipt，簡稱FCR）。依信用狀統一慣例第19條規定，由貨運承攬人所簽發的運送單據，只要符合以下條件，均可接受：

> 表明運送人的名稱且由下列人員簽署：
> ・運送人或代替或代表運送人之標名代理人，或
> ・船長或代替或代表船長之標名代理人

4. 貨櫃提單（container B/L）：即貨物託由船公司以貨櫃方式運送時所簽發的提單，這種提單是目前定期船運輸中使用得最為普遍的一種，其與傳統船運輸提單的不同點在於貨櫃提單上除會載明貨櫃的運輸方式外，若貨物是以整櫃（CY）方式出口時，船公司往往在提單上加註如下列條款：

> 「Shipper's load and count」（託運人自行裝貨與點數）
> 「Shipper's pack and seal」（託運人自行裝櫃與封櫃）

以表明運送人對貨物裝櫃方式是否恰當，以及貨櫃內的貨物件數等不負責任。依信用狀統一慣例的規定，除信用狀另有規定者外，銀行將不拒絕有上述批註或條款的提單。

有關貨櫃運送方式，請參閱第十七章。

5. 海運貨單（sea waybill）：又稱為ocean waybill或liner waybill。由海上運送人簽發給託運人，用以代替海運提單（ocean B/L）的海上運送文件，其特性有：(1)兼具貨物收據與運送契約的功能；(2)受貨人一欄採記名式，只有記名受貨人才有權提貨，因此本質上是一種不可轉讓的運送單據，與一般海運提單係屬於物權證書者不同；(3)一

般多為短式（short form），未載有詳細貨運條款，但載有一條款可援用承運船公司的海運提單所載貨運條款。

海運提貨單的採用始於1977年，乃為海運運送高速化下的產物，由於現代船速的提高，貨物得以很快運達目的地，進口商如須等到提單到達後，才能向船公司提貨，恐耽擱提貨時間，因此仿照航空提單（air waybill）制度，產生了sea waybill。買賣雙方若不是以信用狀作為付款方式，則託運人僅須將運送人簽發的海運貨單寄送或傳真給受貨人，受貨人憑身分證明文件並填具切結書（表16-3）即可辦理提貨，故實務上，海運貨單只發行一份正本。

然而，由於國際海運實務上，運送人多以電報放貨（貨主交貨之後，船公司並不簽發提單，而係直接通知進口地船公司於貨物運抵目的地時，將貨物交付指定收貨人）的方式取代簽發sea waybill，省卻簽發運送單據的麻煩，導致sea waybill在使用上並不普遍。

表16-3

SEA WAYBILL 放貨切結書

本公司進口貨物　　　批，承裝於　貴公司（或代理）之船隻

船名：　　　　　　　　　　航次：

提單號碼：

　　茲因本貨物係於國外發放 SEA WAYBILL，故憑此切結書向　貴公司換領小提單。若因上述情事致使　貴公司遭受任何損害時，本公司願無條件負擔一切損害賠償責任（包括但不限於訴訟費用及律師費用），並償還　貴公司所支付之費用及其利息，且自願放棄先訴抗辯權。

　　除本切結書有特別約定外，攸關運送契約之權利及義務，本公司同意概以　貴公司 SEA WAYBILL 條款規定為依據。

此致

　　長榮國際股份有限公司

立切結書人：　　　　　　　　（公司章）

法定代理人：　　　　　　　　（簽章）

地　　　址：

電　　　話：

請報關行加註電話以利聯絡，謝謝！

中華民國　　　　　　年　　　　　月　　　　　日

項　　目	Sea waybill	Ocean B/L
運送契約	○	○
貨物收據	○	○
受貨人	記名式	多為指示式
憑單提貨的物權證書	×	○（受貨人為指示式時）
正本份數	多簽發一份	多為一套三份

第六節　海運提單的內容

　　海運提單的格式通常都由船公司自行印定，其格式或有不同，但其內容則大同小異。海運提單的正面多為船公司的記載事項，至於提單背面則多為船公司的印定條款。

一、提單正面記載項目

　　提單的正面記載事項，為船公司依託運人指示及貨物實際裝運情況所填製，因此對託運人而言，有關提單的正面記載事項，必須與買賣契約或信用狀的規定相符。茲依表16-1的S/O製作B/L（表16-4），並就提單的各重要記載事項，分述如下：

　　1.託運人（Shipper）：又稱consignor，指將貨物交付運送人運送的人，在一般情況下，提單上的託運人為出口商，但有時也可能是進口商或其他的第三人。

　　2.受貨人（Consignee）：又稱收貨人，係指有權受領貨物的人，亦即有權憑提單要求運送人交付貨物的人。受貨人的記載方式可為指示式或記名式，究應如何記載，應配合信用狀或契約的規定。

　　3.被通知人（Notify Party）：又稱受通知人或到貨聯絡人，乃當貨物運抵目的地時，船公司通知貨已運到的人。被通知人僅是一被通知的對象，並無提貨的權利，也不必承擔任何義務。因為在正常情況下，多由進口商辦理提貨，所以提單上的被通知人，通常是進口商或進口商指定的報關行。

　　信用狀通常都會規定提單上的被通知人，因此應依據信用狀的規定載明，若信用狀未規定，則該欄可空白。

　　4.船名；航次（Ocean Vessel; Voyage Number）：船名乃提單必要記載事項，至於航次則並不一定，但一般定期船提單均有記載。

　　5.收貨地（Place of Receipt）：在以貨櫃運輸或複合運輸方式之下，運送人接受託運人的貨物或裝滿貨物的貨櫃地點。在place of receipt一欄內，除收貨地的地名外，

表16-4

BLUE SEA INTERNATIONAL CORPORATION	PORT-TO-PORT OR COMBINED TRANSPORT BILL OF LADING (ORIGINAL)	
Shipper: HAPPY CO., ITD. (1) 5F NO. 100, NANKING EAST ROAD, TAIPEI, TAIWAN	Booking No. 54321	B/L No. 54321
	Export References	

Consignee: TO ORDER OF ABC COMMERCIAL BANK, (2) SOUEL, KOREA	Forwarding Agent (Name and Address References)
Notify Party:(Full name and address) GOOD CO., LTD. 2/F KANGNAM BLDG., 100, (3) SHINSADONG, KANGNAM, SOUEL, KOREA	Point and Country of Origin (for the Merchant's References Only)
Also Notify: (3)	Final destination (On Merchant's Account and Risk)
Ocean Vessel (4) BLUESEA	Voy. No. 2468 (4)	Number of Origin B/L (12) THREE(3)
Place of Receipt (5) KEELUNG (CY)	Port of Loading (6) KEELUNG	
Port of Discharge (7) BUSAN	Place of Delivery (8) BUSAN (CY)	

PARTICULARS AS DECLARED BY SHIPPER – BUT WITHOUT REPRESENTATION AND NOT ACKONWL-EDGED BY CARRIER

Marks and Numbers/Container No. and Seal No.	Description of Goods	Gross Weight (KGS)	Measurement (M³)
(9) GOOD (IN DIA.) BUSAN C/N. 1-160 MADE IN TAIWAN R. O. C. TTHY8364758(CY/CY) SEAL NO : E4567	SAID TO CONTAINED: (10) 160 BALES OF 100 PERCENT POLYESTER SOLID FLEECE WEIGHT 380G/YD. WIDTH 60" SHIPPER'S LOAD AND COUNT	1,280 (10)	14.4 (10)

Freight and Charges FREIGHT COLLECT (11)	Total Number of Containers or Packages by the Carrier (in Words) ONE TWENTY FOOTER CONTAINER ONLY
	Shipped on Board Date OCT. 15, 2009 (13)
	Place and Date of Issue TAIPEI OCT. 15, 2009 (13)
	In Witness whereof the number of Original Bills of Lading stated above has been issued, all of the same tenor and date, one of which has being accompl-ished, the others to stand void, Singed for the Carrier FOREVER INTERNA-TIONAL CORPORATION
	By _William Bradley Pitt_ (14) Agent for the carrier

通常尚載有「CFS」或「CY」字樣，以表示接受的方式是接受託運人交來的貨物，再由運送人裝入貨櫃內（即CFS方式），或是由託運人自行在其工廠或倉庫內裝櫃，再拖至貨櫃場交給運送人（即CY方式）。

6. **裝貨港**（Loading Port; Port of Loading）：必須符合信用狀規定。

7. **卸貨港**（Port of Discharge）**與目的港**（Port of Destination）：就直達提單而言，卸貨港就是目的港，但若是聯運提單或轉船提單，卸貨港是轉運港（port of transhipment），貨物的最終卸貨港為其目的港。有關卸貨港與目的港的記載，應與信用狀規定相符。

8. **交貨地**（Place of Delivery）：在以貨櫃運輸或複合運輸方式之下，運送人將貨物交付收貨人的地點。在place of delivery一欄內，除交付地的地名外，通常尚載有「CFS」或「CY」字樣，以表示交付的方式是由運送人負責拆櫃後，由收貨人到貨櫃場提貨（即CFS方式），或是由收貨人到貨櫃場提領貨櫃拖回工廠或倉庫自行拆櫃（即CY方式）。

9. **嘜頭及件數**（Marks and Number）：應與貨物外包裝的記載一致。

10. **貨物記述**（Description of Goods）：提單上應記載有關貨物名稱、品質、數量、重量及體積等，有關貨物名稱及品質的記載並不一定要與信用狀規定完全相同，僅須以普通名稱（general name）記載，或者與信用狀規定者不相矛盾即可。由於運送人對包裝內的貨品內容與品質等並無檢查的義務，為免除其對貨品記述的責任，運送人經常於貨品名稱前冠上「said to contain」或「S.T. C.」等，以表貨品名稱及內容乃依託運人所稱，運送人不負其責任。

11. **運費**（Freight）：當貿易條件為CFR或CIF時，運費由出口商支付，故提單上應註明「freight prepaid」或「freight paid」。至於運費金額是否填載，則不一定，若託運人要求保密，則往往僅註明「as arranged」；當貿易條件為FAS、FOB時，運費由進口商負擔，提單上須註明「freight collect」，為方便進口商繳付運費，提單上必須註明運費金額及其明細。

12. **提單份數**（Number of B/L）：提單正本一般以發行三份為一套者最常見，也有兩份為一套者，但不多見。正本提單的每一份均有提貨的效力，且一份經提貨後，其餘即失去效力，因此信用狀經常要求必須提供全套提單（full set B/L），這全套即以船公司簽發的份數為準。

13. **提單簽發日期**（Issuing Date）**與裝船日期**（Shipped on Board Date）：若簽發時該提單為裝船提單，則提單簽發日與裝船日為同一日期；若簽發時該提單為備運提單，則簽發日為船公司收到貨物的日期，裝船日期必須於貨物實際裝船後，才由船公司另行批註（notation）。提單的裝船日期為銀行與進口商判斷出口商是否遲延裝運的重

要依據。

14. 運送人（Carrier）簽名：提單應有運送人或其代理人的正式簽署，才能生效。

二、提單背面記載項目

海運提單的背面多為船公司的印定條款，這類條款或有不利於託運人之處，但託運人多無權要求船公司修改，常見的印定條款有：

1. 管轄條款（paramount clause）：規定管轄法院及適用的法律。

2. 危險除外條款（perils of the sea clause and acts of god）：因天災、海難、戰爭或第三者行為等危險導致的損害，運送人不負責。

3. 責任除外條款（exception clause）：因疏忽、隱藏瑕疵或變更航程等原因導致的貨物損害，船公司不負責。

4. 貨物內容不詳條款（unknown clause）：船方對於包裝內的貨品內容、數量、品質與價值等不負責。

5. 損害條款（damage clause）：船公司對於因貨物瑕疵變質，易於損害及因託運人的過失所導致的損害，不負責任。

6. 危險品條款（dangerous cargo clause）：託運人託運危險物品，而未在裝船前，將貨物內容及性質告知運送人，船長將該貨物起卸或拋棄所導致的損害，船公司不負責。

7. 高價品條款（special or valuable cargo clause）：託運人託運高價品時，若未預先聲明其性質及價格，則運送人不負照價賠償之責。

8. 索賠條款（claim clause）：規定有關索賠提出時限、損害賠償限額及賠償價格的估算等。

9. 轉運條款（transhipment clause）：運送人有隨時隨地代理託運人將貨物轉運的權利。

10. 甲板貨條款（on deck cargo clause）：貨物裝於甲板上如為航運習慣或法律規定所允許，且經託運人同意而記載於提單上，則運送人對於因貨物裝於甲板上而導致的損害不負責。

11. 包裝標誌條款（packing and marks clause）：託運人應向運送人保證包裝及標誌正確無誤，否則託運人應負一切損害及費用責任。

12. 散裝貨條款（bulk cargo clause）：運送人對散裝貨物的數量與重量不負責任。

13. 留置權條款（liens clause or cesser clause）：運送人為保證應收運費及其他費用的獲得，必要時得留置貨物以為抵償。

14. 其他條款

第七節　不定期船運輸

一、不定期船運輸的特質

所謂不定期船運輸是以經營無固定船期、航線、停靠港埠、運價的海運業務而言，其主要特質為：

1.不定期船運輸以散裝貨運為主，可為個別託運人做特定貨運及航線服務，其船期、航線及停靠港口等均不固定。

2.以專用散裝船為主要運輸工具，如礦砂船、木材船、油輪等，以租傭船方式營運。

3.每筆貨物託運須簽訂特定契約，託運人與運送人雙方權利義務以該傭船契約為依據。

4.傭船契約多由經紀人（ship broker or chartering broker）或傭船代理（chartering agent）居間媒介促成。

5.不定期船運輸並無一定運費率，多由船貨雙方按當時航運市場行情洽商議定。

二、傭船契約的種類

在船舶租傭的業務中，船舶所有人稱為船東（owner）；與船東簽訂傭船契約，租傭船舶艙位者，稱為傭船人（charterer）。傭船契約一般可分為下列三種：

(一)論程傭船契約（voyage or trip charter party）

為不定期船運輸最常見的約定方式，船貨雙方約定由船東以約定的條件及運費，將船艙的全部或一部分供傭船人裝運指定貨物，由一個或數個港口裝運貨物運往約定港口。除裝卸費用及若干費用由雙方協議外，一切的船舶營運變動費用及船舶固定費用均由船東負擔，船長及船員也是由船東派用。

(二)論時傭船契約（time charter party）

雙方約定由船東在約定時間內，將船艙全部交由傭船人營運使用，由傭船人在約定範圍內自行選擇航線及貨運，船東僅按期收取租金作為報酬。船長及船員須由船東派用，船東應將一切船舶屬具配備齊全，並負擔船員薪伙、物料、修理、折舊等費用，傭船人員則應負擔燃料、港務費、引水等航行變動費用。這種傭船契約的傭船人大多為大企業，用以自運貨物；或為航運業者間租傭船時所採用。

(三) 空船傭船契約（bareboat charter party）

雙方約定由船東將未配置船員及供應品的空船交由傭船人自行營運使用，傭船人須負擔所有為航行及營運船舶所發生的變動及固定費用，船東僅保留船舶所有權，並按期收取租金為報酬，這種傭船契約以航運業者間租傭船舶時使用。

三、不定期船的託運手續──以論程傭船為例

以論程傭船為例，不定期船的託運手續如下：

1.洽租不定期船：在CFR、CIF或DAP貿易條件下，應由賣方於貨物備妥後，透過經紀人向船方洽租適當船隻，經紀人即向船方詢價；在FAS或FOB條件下，則由買方透過經紀人洽訂運輸。

2.簽訂傭船契約：船方於接獲詢價後，若有適合貨主所開條件的船隻可以派運，即提出報價，報價經接受，或貨主所提出的反報價經船方接受後，契約即成立，由船貨雙方簽訂傭船契約書。

3.領取裝貨單：傭船契約簽訂後，船方即簽發裝貨單給貨主，憑以辦理報關裝貨手續。

4.簽收裝貨準備完成通知書：船方於船隻抵達裝貨港，且裝貨準備工作均完成時，即簽發裝貨準備完成通知書（notice of readiness）送請貨主簽收，並由貨主委託公證行上船查看貨艙及有關設備，同時測量船舶水呎（即船舶吃水深度）。

5.裝貨：貨主於簽收裝貨準備完成通知書後，即應迅速裝貨，在裝貨過程中，船方應逐日記載裝貨作業時間，於裝船完畢後，編製成裝船時間計算表（laytime statement），由貨主、船方及公證行共同簽署，憑以核計快速費（despatch money）或延滯費（demurrage），並由公證行會同船方再次測量水呎，憑以計算所裝貨物噸數。

6.領取大副收貨單：裝貨完畢後，即由船上大副或其他工作人員簽發收貨單，交由貨主憑以換領提單。

7.支付運費：在CFR、CIF或DAP貿易條件下，應由出口商向船公司付清運費後，才能領取提單，提單上註明「freight prepaid」或「freight paid」。

8.領取提單：貨主憑大副收貨單向船公司換領提單。有關傭船提單，本節最後有詳細說明。

四、傭船契約的重要條款

前曾述及，傭船契約的種類有三，其中以論程傭船契約使用得最為普遍，以下即就論程傭船契約的重要條款加以說明。

一般論程傭船契約所須約定的內容條款非常多，為免逐項討論造成不便，多採用標

準的契約格式，雙方僅須約定船名、貨名、運費、裝卸港、裝卸條件、裝卸期間、延滯費及快速費等條件，不必約定其他細節及例常性的條款。目前航運市場中較爲通用的格式有Gencon、Centrocon等數十種。

若與定期船運輸契約比較，則傭船契約中較爲特殊的條款有：

(一) 裝卸條件

即約定裝卸費用應由船東負擔或傭船人負擔，其約定的方式有：

1.**裝貨船方免責**（Free In，簡稱F. I.）：即裝貨費用由貨方負擔，卸貨費用由船方負擔，亦即船方收取的運費中，包含卸貨費用，但不包含裝貨費用。

2.**卸貨船方免責**（Free Out，簡稱F. O.）：即卸貨費用由貨方負擔，裝貨費用由船方負擔，亦即船方收取的運費中，含裝貨費但不含卸貨費。

3.**裝卸貨船方免責**（Free In and Out，簡稱F. I. O.）：即裝卸費用均由貨方負擔，運費中不含裝貨及卸貨費用。

4.**裝卸貨船方負責**（Berth Term）：即裝卸貨費用均由船方負擔，運費中含有裝貨及卸貨費用。這種條件多用於定期船運輸，故又稱爲定期船條件（liner term）。

以上乃四種較爲常見的裝卸條件，貨主究應與船方以何種條件約定，須依買賣契約的內容爲準。例如：雙方約定以FOB爲貿易條件，則裝貨費用由賣方負擔，自以約定F. I. 或F. I. O. 條件爲宜；若爲FAS貿易條件，則採用F. O. 或Berth Term爲裝卸條件，才不致與貿易條件相衝突。

(二) 裝卸期間（laytime; laydays）

裝卸期間乃貨物在裝卸港口裝卸所需的時間。船東爲保障其營運利益，避免傭船人因裝卸遲緩造成船方船期延滯的損失，都會在契約中與傭船人約定裝卸期間，傭船人如無法在該期間內裝卸完畢，則因超時裝卸所導致船方的損失，應由傭船人支付延滯費以爲彌補；相反地，傭船人如提前完成裝卸工作，則因縮短裝卸時間而爲船方節省的費用，應由船方支付傭船人相當的快速費作爲報酬。

裝卸期間的約定方式有：

1.**連續日**（running days; consecutive days）：自約定裝卸貨開始日起至屆滿日，以連續日計算，除船方的因素（如機械故障）外，無論假日或天候不良，均計算在內。這種條件對貨方較爲不利，所以使用得不多，通常僅用於裝運不怕雨淋的貨物，如礦砂、原木等。

2.**工作日**（working days）：按各港口實際工作時間計算，不含星期例假日在內，

其工作時數則以各港口習慣爲準。這種條件對船貨雙方較爲公平。

　　3.天候良好工作日（Weather Working Days，簡稱W. W. D.）：以工作日爲計算標準，但扣除天候不良的時間，例如：下雨、下雪、颱風等，由於每一種貨物適宜裝卸的天候情況都不盡相同，因此對於天候不良的定義，多由雙方依實際情況協商，以杜糾紛。這種計算方式是目前最爲通用的一種。

　　4.習慣速度（Customary Quick Despatch，簡稱C. Q. D.）：即依港口習慣速度裝卸。以此計算方式，通常對於裝卸期間即不予規定，但由於各港口習慣不同，裝卸速率無法預計，不訂明裝卸期間，極易導致糾紛，因此目前已少有採用這種方式者。

(三)快速費與延滯費（despatch and demurrage）

　　傭船契約中應訂明快速費與延滯費的標準及其計算方式，以爲支付的依據。通常延滯費是按船舶每日的固定成本乘以所延滯的天數計收，且無論以何種方式計算裝卸期間，其延滯時間均以連續日計算，而快速費多爲延滯費的二分之一。

(四)運費

　　傭船運費通常是以貨物重量噸爲計算單位，而運費原則上爲預付，且多在領取提單時支付，但也有採到付的。爲免日後爭議，有關付款地點、幣別及匯率等也須在契約中訂明。

五、傭船提單（charter party B/L）

　　傭船提單乃船方於貨物裝船完竣後，依傭船契約所簽發的提單。傭船提單與定期船提單相同的是，它是船方收到貨物的收據，也是代表貨物所有權的物權證書，但不同的是，它並不是船貨雙方的運送契約。由於傭船契約中有許多特殊規定，而且契約中通常載明若提單條款與契約條款衝突，以契約條款優先，故提單持有人的權益較無保障。依信用狀統一慣例規定，只有在信用狀中規定或允許受益人提供傭船提單時，銀行才會接受傭船提單，並且縱使信用狀要求傭船提單外，尚要求必須提供相關的傭船契約證明書，銀行也將不審核該傭船契約書的內容，而只照單接收所提供的傭船契約書，銀行對此不負任何責任。

習題

一、是非題

1. （　）定期船承運的貨物，多為散裝貨物或大宗物資，故以專用散裝船為主要運輸工具。

2. （　）定期船以提單作為運送契約，有關船貨雙方的權利義務，悉依提單所載條款。

3. （　）定期船運輸多以碼頭條件（berth term）為裝卸條件，貨物裝卸及檢量費用多由貨方負擔。

4. （　）貨主於洽訂艙位時，由船方簽發裝貨單（S/O），憑以辦理出口報關裝船手續。

5. （　）當買賣雙方約定以FOB條件交易，且貨物以定期船方式運送時，出口商大都委託進口商代為辦理洽訂運輸的手續。

6. （　）不清潔提單是指未載明「clean」的提單。

7. （　）實務上，提單多不直接用於提貨，必須憑提單換取小提單，才能憑以報關提貨。

8. （　）一般的信用狀大都要求受益人應提供備運提單。

9. （　）提單上若有加註「shipper's load and count」或「shipper's pack and seal」等類似條款時，將被銀行視為不清潔提單而拒絕接受。

10. （　）不定期船運輸並無一定運費率，多由船貨雙方按當時航運市場行情，洽商議定。

二、選擇題

1. （　）有關定期船與不定期船的比較，下列何者不正確？　(1)不定期船須個別洽訂傭船契約　(2)定期船業務之洽訂，大多經由經紀人所促成　(3)定期船運費之收取標準訂有運價表　(4)不定期船之載運以大宗貨物為主。

2. （　）以下何者為貨物出口報關的應備文件？　(1)S/O　(2)M/R　(3)B/L　(4)D/O。

3. （　）買賣雙方以何種貿易條件訂約，賣方所提供的提單上將載明「freight collect」？　(1)FAS　(2)CFR　(3)CIP　(4)DAP。

4. （　）在定期船運費結構的附加費中，CAF係指下列何種費用？　(1)旺季附加費　(2)燃料調整附加費　(3)幣值調整附加費　(4)稅捐附加費。

5. （　）若一個包裝單位的淨重為270公克，包裝重量為45公克，又其整個包件的長寬高為20cm×30cm×40cm時，若運費計價單位為「W/M」時，每一個包件相當於多少個運費噸？　(1) 0.010　(2) 0.214　(3) 0.315　(4) 0.417。

6. （　）依信用狀統一慣例的規定，銀行將拒絕接受以下何種性質的提單？　(1)不可轉讓提單　(2)簡式提單　(3)複合運送提單　(4)陳舊提單。

7. （　）船公司以貨運承攬人或併裝業者為託運人所簽發的提單，稱為　(1)複合運送提單　(2)併裝提單　(3)分提單　(4)貨運承攬人提單。

8. （　）第三者提單係指以　(1)信用狀申請人　(2)信用狀受益人　(3)開狀銀行　(4)押匯銀行　以外的第三者擔任託運人的提單。

9. （　）若海運提單的受貨人（Consignee）欄位記載為「To order of shipper」，則對此提單下列之敘述何者正確？　(1)不可轉讓　(2)並非良好擔保品　(3)經由運送人背書後可將貨物所有權轉讓　(4)託運人可以控制貨物的所有權。

10. （　）下列關於傭船提單的敘述，何者不正確？　(1)是運送人收到託運貨物的收據　(2)是船貨雙方的運送契約　(3)是表彰貨物所有權的物權證書　(4)依UCP 600規定，銀行原則上不接受傭船提單。

三、填充題

1. 提單在我國海商法稱為_____，一般以發行_____份正本為一套的最為常見。

2. 可轉讓提單又稱為_____式提單，這種提單多在_____一欄內以「to order」字樣起頭，例如：「to order of shipper」，表示必須經託運人_____的提單才能向運送人請求提貨。

3. 傭船契約一般可分為_____、_____與_____三種，其中以_____最為常見。

4. 以不定期船方式運輸，在裝貨過程中，_____應逐日記載裝貨作業時間，於裝船完畢後，編製成_____，憑以核計_____或_____。

5. 常見的裝卸條件有_____、_____、_____與_____四種，如果買賣雙方約定以FOB為貿易條件，則買方於簽訂傭船契約時，宜以_____或_____為裝卸條件。

四、解釋名詞

1. clean B/L
2. CAF
3. on board B/L
4. notify party
5. berth term

五、問答題

1. 何謂定期船運輸（liner service）？其主要特徵爲何？
2. 試說明貨主於選擇船公司時，應考慮的因素。
3. 何謂附加運費（surcharge）？常見的附加運費有哪些？
4. 試說明定期船運輸的託運手續。
5. 何謂傭船提單？其與定期船提單有何相同及不同之處？信用狀統一慣例有關傭船提單的規定爲何？

實習

一、臺灣某出口商擬出口手提袋到中東的JEDDAH，試依據以下資料，計算該批貨物的應付運費：

    1. 共500打，每打裝1箱，每箱體積2'×2'6"×1'8"，每箱毛重8kgs

    2. 基本運費率請查閱所附運費表（表16-5）

    3. CAF：15%

二、臺灣某出口商接獲Los Angeles客戶訂購機械零件10,000pcs. L/C乙紙，該L/C規定最後裝船期限爲3月31日，裝運港高雄，目的港Los Angeles，禁止轉運，請自行查詢資料選擇合適的船公司及船期，並說明選擇船公司及航次的要點。

三、試根據下列資料填製S/O（表16-6）：

    1. 出口商：Taiwan Trading Co., Ltd.

    2. 受貨人：由紐約美國銀行指示（to order of Bank of America, New York）

    3. 被通知人：New York City Brother & Co. 100 Wall St. NewYork, N.Y.1004

    4. 裝船港：高雄

5. 目的港：紐約

6. 船名：HOEGH DUKE

7. 航次：0923

8. 件數：200紙箱

9. 嘜頭及件號：

NEW YORK

NO. 1-200

10. 商品：羊毛套頭毛衣

11. 重量：每箱淨重10磅

　　　　　每箱毛重11磅

12. 體積：每箱體積3'×3'×2'4"

13. 裝運方式：CFS/CFS

14. 運費：預付

15. 領提單處：臺北

表16-5

U. A. S. C./ TAIWAN/RED SEA FREIGHT RATES

COMMODITY	FREIGHT RATE	
	JEDDAH/AOABA	HODEIDAII
ALLUMINIUM WARE	USD 75.00	USD 84.00
ATTACHE CASE	68.00	78.00
BABY WALKER	68.00	76.00
BAMBOO WARE	73.00	80.00
BATTERY	77.00	90.00
BICYCLE & PARTS	68.00	76.00
BUILDING MATERIAL N. O. S.	68.00	70.00
CABLE	79.00	80.00
CANNED GOODS	67.00	80.00
CARGO N. O. S.	78.00	86.00
CARVED DOOR	79.00	80.00
ELECTRIC GOODS	74.00	82.00
ELECTRONIC & PARTS	82.00	90.00
FOOTWEAR	68.00	78.00
FURNITURE	72.00	78.00
GARMENT	73.00	82.00
GLASS SHEETS	65.00	74.00
GLASS WARE	68.00	78.00
HAND BAG	70.00	78.00
HARDWARE	68.00	75.00
KITCHEN WARE	68.00	78.00
MACHINERY	74.00	82.00
MOBILE PARTS	70.00	88.00
NAIL, NUT & SCREW	65.00	75.00
PAPER	70.00	78.00
PIECE GOODS	71.00	80.00
PVC GOODS	68.00	76.00
PIPE/PIPE FITTING	65.00	80.00
PLYWOOD	79.00	80.00
PORCELAIN	68.00	78.00
RATTAN WARE	73.00	80.00
RUBBER GOODS	67.00	74.00
SANITARY WARE	73.00	82.00
SEWING MACHINE	74.00	84.00
SPORTING GOODS	72.00	78.00
STEEL BAR	60.00	65.00
STEEL SHEET	60.00	68.00
SUNGLASS	82.00	90.00
TEA	72.00	78.00
TIRE	73.00	76.00
TILE	68.00	75.00
TOYS	70.00	80.00
UMBRELLA	72.00	82.00
WOODEN WARE N. O. S.	70.00	78.00
YARN(COTTON)	75.00	80.00
MINIMUM CHARGE PER B/L	75.00	80.00

REMARKS:
1. PALLETIZED COST USDOL 8.00. PER CBM OR PER 1,000 KGS WILL BE LRVIED FOR BREAK BULK CARGO TO JEDDAH.
2. CONTAINER RATE: JEDDAH..1,800/20' 3,500/40'.
                 AOABA...2,000/20' 3,900/40'.
                 HODEYDAH..2,300/20' 4,500/40'.

表16-6

Shipper /Exporter		**ABC LINE**		
Consignee		**SHIPPING ORDER**		
Notify Party（full name and address）		**Container Type Required**		**Service Mode**
		☐ Dry Cargo ___×20´/___×40´		☐ CY-CY
		☐ Refrigerated ___×20´/___×40´		☐ CY-CFS
		☐ High Cube ___×20´/___×40´		☐ CFS-CY
		☐ Other		☐ CFS-CFS
Place of Receipt	Port of Loading	Freight to be		領提單處
		☐ Prepaid		☐ 臺北
Ocean vessel	Voy. No.	☐ Collect		☐ 臺中
		☐ Payable at _____		☐ 高雄
Port of Discharge	Place of Delivery			

Marks & No.	No. of Pkgs. or Containers	Kind of package, Description of goods	Gross Weight	Measurement

四、試依所附提單（表16-7），回答以下問題：

  1. 該提單為可轉讓提單？或不可轉讓提單？

  2. 該提單為裝船提單？或備運提單？

  3. 該提單為清潔提單？或不清潔提單？

  4. 該提單為定期船提單？或不定期船提單？

  5. 該提單為運費預付提單？或運費到付提單？

  6. 該提單是否為貨櫃提單？

  7. 該提單是否為轉船提單？

表16-7

Shipper /Exporter HOPE CO.,LTD. 100 CHUNG SHANG S. ROAD, TAIPEI, TAIWAN		B/L No. 22335		
		Booking Reference		
Consignee TO ORDER OF SHIPPER		Forwarding Agent Reference		
		Point and Country of Origin		
Notify Party（full name and address） TRADING CO.,LTD.4480 COUSENS VILLE ST- LAURENT, QUEBEC, CANADA				
		Also Notify Party（full name and address）		
Place of Receipt KEELUNG（CFS）	Port of Loading KEELUNG	Number of Original B/L THREE（3）		
Ocean vessel MOONSTAR	Voy. No. 112233			
Port of Discharge MONTREAL	Place of Delivery MONTREAL (CFS)			
Marks & No.	Kind of package, Description of goods		Gross Weight	Measurement
WISH （IN TRI.） MONTREAL C/No. 1-250 MADE IN TAIWAN	SAID TO CONTAIN FURNITURE FREIGHT COLLECT		1,000 KGS.	21.25 CBM
Freight & Charges	Total Number of Containers or Packages Received by the Carrier TWO HUNDRED AND FIFTY (250) CARTONS ONLY			
	Shipped on Board Date JAN. 20, 2017			
	Place & Date of Issue TAIPEI JAN. 20, 2017			
	ABC LINE LTD. *Jennifer Wang* Agent of the Carrier			

貨櫃運輸與複合運輸

貨櫃（container）是一種用以裝載貨物的單位化運輸設備，其外形為一長方體的貨箱，可將包裝大小不一的零碎散件貨（break-bulk cargo）裝入其內，具有耐久的特質和足夠的強度，適合反覆使用，並附有特殊設計，有利於各種搬運機械的裝卸操作，可配合各種海、陸、空運輸工具的聯運。因此，貨櫃運輸（container shipment）的發明被稱為是「運輸革命」。

第一節　貨櫃與貨櫃船的種類

一、貨櫃的種類

(一) 依尺寸大小的不同分類

1.40呎貨櫃：其規格為寬8呎、高8呎、長40呎，這種規格貨櫃的載運能量稱為40呎等量單位（Forty-foot Equipment Unit，簡稱FEU）。

2.20呎貨櫃：其規格為寬8呎、高8呎、長20呎，這種規格貨櫃的載運能量稱為20呎等量單位（Twenty-foot Equipment Unit，簡稱TEU）。

以上兩種乃是標準的貨櫃尺寸，但目前使用較為普遍的是寬同為8呎、長40呎或20呎，但高為8.5呎。另外，也有高9.5呎的高櫃（high cube container），但不如8.5呎櫃普遍。

(二) 依用途及構造的不同分類

1.密封貨櫃（rigid container）：又稱為乾貨貨櫃（dry cargo container），長方體

不能折疊具防水設備的貨櫃，多用以裝載乾貨類貨物，為最常見的貨櫃種類。

2.開頂貨櫃（open top container）：頂部敞開，一端設門，或其上另設帆布蓋以遮蔽風雨的貨櫃。這種貨櫃多用以裝運機器、玻璃或粗重大件的貨物，裝卸時將櫃頂掀開，以起重機從上面裝卸貨物。

3.通風貨櫃（ventilated container）：與密封貨櫃類似，但有通風裝置，用以裝載須通風的貨物。

4.框架貨櫃（rack container）：主要結構為底板及四角支柱，四周及櫃頂設有板條，形成框架，裝載小型車輛時，可以平板分隔為兩層，以上下分裝，增加運用率。

5.平床貨櫃（flat bed container）：僅有底板及兩端端牆，無蓋頂及邊牆，多用以裝載大件不易毀損或遭竊的貨物，例如：汽車、鋼鐵材料、木材、電纜、鋼纜等。目前多數的平床貨櫃兩端擋板可以折疊收起，適用於單程運輸，回程時可節省船舶艙位。

6.冷藏貨櫃（refrigerated container）：形狀與密封貨櫃同，但櫃體有隔熱功能，且具有冷凍機的設備，用以裝載需冷凍或冷藏的貨物。

7.保溫貨櫃（insulated container）：與冷藏貨櫃相同，但無冷凍機的裝置，使用前先將貨櫃預冷至所需溫度後，再裝載貨物，保溫時間約為一週，多用以裝載短程運輸的蔬果。

8.液體貨櫃（tank container）：主要結構為底板及四角支柱，其上裝有橢圓形液櫃，固定於底板上，用以裝運油脂、化學品等液態貨物。

(三)依其材料的不同分類

1.鋁質貨櫃（aluminum container）：以鋁合金為主要材料，其優點為質輕壽命長，但缺點為造價及修理費均較高。

2.鋼質貨櫃（steel container）：以高張力鋼為主要材料，其優點為造價低、堅固耐用、修理費低，但缺點為保養費較高。

二、貨櫃船的種類

(一)依裝卸貨櫃的方法不同分類

1.吊上吊下型貨櫃船（lift on/lift off vessel）：又稱細胞式貨櫃船（cellular container ship），貨櫃依垂直方向裝卸，船上的貨艙以角鐵依貨櫃尺寸，分隔成有如細胞型的貨櫃框格，貨櫃經由船上或岸上的起重機吊起，沿艙格的範圍垂直放下，固定於艙格內，貨櫃船到達目的港後，再以相反的程序將貨櫃卸下。

2.駛進駛出型貨櫃船（roll on/roll off vessel）：這種型式的貨櫃船於船尾或船首開一艙門，以供拖車駛進駛出，艙門開啟時，即有一鋼製跳板伸出，架於艙門與岸肩之

間，拖車即由此門駛進駛出，甲板上亦可同時裝載貨櫃。

3.駁進駁出型貨櫃船（float on/float off vessel）：又稱子母船（Lighter Aboard Ship，簡稱 LASH），每一艘母船（LASH ship）可承載數十艘子船（LASH lighter），每一子船相當於一大型的貨櫃，母船到港後，可利用船上起重機裝卸子船，或將母船下沉將船尾門打開，所載的子船即可駁進駁出。由於裝卸子船時，母船無須停靠碼頭，係由拖船將子船拖至碼頭卸貨，或將子船拖至母船停泊處裝入母船，因此這種類型的船舶不受港口擁擠的影響，可提高航運的效率。

(二)依貨櫃化程度不同分類

1.全貨櫃船（full container ship或all container ship）：全部的船艙都可裝載貨櫃，乃貨櫃運輸發展後新設計製造的船舶，這類型的貨櫃船僅能做貨櫃運輸之用。

2.半貨櫃船（semi container ship或partial container ship）：部分船艙或甲板用以裝載貨櫃，其餘船艙則用以裝載一般雜貨，這類型的貨櫃船多是由傳統貨輪改造而來。

3.可變貨櫃船（convertible container ship）：船艙可用以裝載貨櫃，也可以裝載一般雜貨，這種船舶是經特殊設計，具有特殊性能，可視攬貨情形，變換船舶用途。

第二節　貨櫃運輸的優缺點

一、貨櫃運輸的優點

(一)對運送人而言

1.裝卸快速：貨櫃運輸的裝卸效率較傳統貨船高出甚多，可加速船舶的營運周轉，增加運量及運費收益，此外，由於裝卸貨物簡化，且雨天可照常裝卸，因此船舶停泊碼頭的時間縮短，可降低裝卸成本。

2.運輸安全：貨櫃可保護貨物，減低貨物毀損、遭竊的危險，並可減少貨物在運輸途中的裝卸次數，使貨物安全運達，減少理賠的事故。

3.降低運輸成本：由於貨櫃裝卸機械化，可節省工資的支出，降低成本；另外，由於貨櫃船停港時間縮短，可節省港口費用，貨物運輸安全，可減少理賠金額。

(二)對貨主而言

1.節省貨運費用：貨櫃具保護性，可節省貨物包裝費用；貨物搬運及轉運次數減少，可節省裝卸及倉儲費用；貨物運輸安全性提高，可節省保險費用；運輸作業簡化，

可節省各種手續費用。

2.貨物運送安全：由於裝卸簡化，包裝科學化，可減少貨物搬運破損及汙染情事。

3.縮短航運時間：船舶航運時間較傳統貨船短，易於配合市場的緊急需要。

二、貨櫃運輸的缺點

(一) 對運送人而言

1.貨櫃船因構造特殊、航速快，故造價昂貴，船公司投資成本高，資金壓力大。

2.貨櫃船艙內無法利用的艙位約占15%，且貨櫃本身的重量又耗占船舶載重噸量，造成艙位使用的限制。

3.貨櫃基地須廣大集散場地，特種拖車及裝卸設備，船公司無論是自行興建或長期租用，均須高額投資。

4.各國有關貨櫃的驗關程序規定並不一致，形成迅速聯運的障礙。

5.貨櫃到埠卸下後，若以陸運續運至內陸目的地拆櫃，則當發現貨物受損時，很難求證損害究係發生於海運或陸運階段，對運送人責任的劃分將產生困擾。

(二) 對貨主而言

1.有些越洋貨櫃船只彎靠基本港口，其他港口的貨櫃必須以小型近海貨櫃船（稱為飼給船feeder）轉船至越洋貨櫃船，往往造成貨主時間上的耽擱。

2.貨主若以整櫃方式託運貨物，而未事先向船公司聲明貨櫃內裝運貨物的件數，則當發生運送索賠事故時，船方經常視整艘貨櫃為一件貨物，適用每件賠償限額，貨主吃虧很大。

第三節　貨櫃運輸的作業方式

貨櫃運輸係一聯運系統，其作業設施除包含貨櫃、貨櫃船、貨櫃車架及各式起重機外，貨櫃基地〔container base，又稱為貨櫃終點站（container terminal）〕的設置也非常重要。貨櫃基地係指在貨櫃運輸過程中，不同的運輸單位相連接之處，也就是陸上貨櫃運輸與海上貨櫃運輸相會合之處，一般多設於港區，以便一方面能使貨櫃船泊靠，另一方面能使陸上貨櫃車停靠，貨主直接在貨櫃基地進行交貨、提貨、交櫃及取櫃，海關查驗也是在各貨櫃基地執行。貨櫃基地的設施包括貨櫃船席（container berth）、貨櫃堆積場（marshall yard）、貨櫃儲存場（container yard）、貨櫃貨物集散站（container freight station）及控制塔（control tower）等。

　　貨櫃運輸是一種海陸（有時尚包含空運）聯合運輸作業，目前整個作業系統是以達到門至門（door to door）的運輸服務爲終極目標，並已由初期設在港區附近的貨櫃集散場站，改進到目前分布內陸各地的貨櫃基地，可使貨櫃只經由貨櫃港，直接運入各內陸貨櫃基地，或由各內陸貨櫃基地直接運往貨櫃港出口，海關查驗也在各貨櫃基地辦理，船公司得以進一步接辦內陸聯運，提供眞正運輸到家的服務。

　　貨櫃貨物依其裝櫃情形，可分爲整櫃裝載（Full Container Load，簡稱FCL）與併櫃裝載（Less than Container Load，簡稱LCL），前者係指整個貨櫃中的貨物屬於同一貨主，而後者則指將數個貨主的貨物併裝於同一貨櫃。由於貨櫃在起運地有整櫃交運與併櫃交運的不同裝載作業，在目的地有整櫃交付與拆櫃交付的不同卸載作業，因此，貨櫃運輸作業方式可分爲下列四種型態，貨主於辦理貨物託運時，即須指明選用何種型態。

(一) 整裝／整拆（FCL/FCL; CY/CY）

　　貨物由託運人在其工廠或倉庫自行裝櫃，送到起運地的貨櫃場（Container Yard，簡稱CY）交給船公司後，由船公司運到目的地的貨櫃場，再由受貨人至目的地的貨櫃場提櫃，自行運回其工廠或倉庫拆櫃卸貨。在這種裝運方式下，貨櫃內的貨物通常是屬於同一個託運人及同一個受貨人，在起運地的裝櫃作業由託運人負責，在目的地的拆櫃作業由受貨人負責。由於運送人是將貨櫃自起運地的貨櫃場（CY），運到目的地的貨櫃場（CY），因此，一般稱這種方式爲CY/CY，但在歐洲地區則習慣稱爲FCL/FCL。

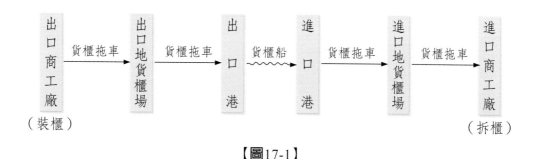

出口商工廠
（裝櫃）
→ 貨櫃拖車 →
出口地貨櫃場
→ 貨櫃拖車 →
出口港
→ 貨櫃船 →
進口港
→ 貨櫃拖車 →
進口地貨櫃場
→ 貨櫃拖車 →
進口商工廠
（拆櫃）

【圖17-1】

(二) 整裝／分拆（FCL/LCL; CY/CFS）

　　貨物由託運人在其工廠或倉庫自行裝櫃，送到起運地的貨櫃場交給船公司後，由船公司運到目的地的貨櫃貨物集散站（Container Freight Station，簡稱CFS）拆櫃卸貨，再交付給各個受貨人。在這種裝運方式下，貨櫃內的貨物通常是屬於同一個託運人，但

在目的地是屬於多個不同的受貨人，在起運地的裝櫃作業由託運人自行負責，而目的地的拆櫃作業由船公司負責。由於運送人是將貨櫃自起運地的貨櫃場（CY）運到目的地的貨櫃貨物集散站（CFS），因此一般稱這種方式為CY/CFS，但在歐洲地區則習慣稱為FCL/LCL。

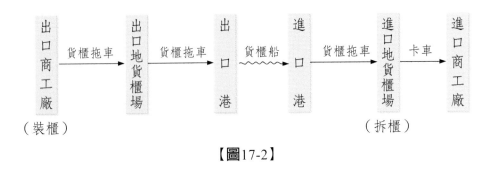

（裝櫃）　　　　　　　　　　　　　　　　　（拆櫃）

【圖17-2】

(三) 併裝／整拆（LCL/FCL; CFS/CY）

託運人將貨物自行運到起運地的貨櫃貨物集散站後，由船公司將各個託運人所交付的貨物裝入貨櫃中，運到目的地的貨櫃場，再由受貨人至目的地的貨櫃場提櫃，自行運回其工廠或倉庫拆櫃卸貨。在這種裝運方式下，貨櫃內的貨物在起運地是屬於多個不同的託運人，而在目的地則是屬於同一個受貨人，在起運地的裝櫃作業由船公司負責，而目的地的拆櫃作業由受貨人自行負責。由於運送人是將貨櫃自起運地的貨櫃貨物集散站（CFS）運到目的地的貨櫃場（CY），因此一般稱這種方式為CFS/CY，但在歐洲地區則習慣稱為LCL/FCL。

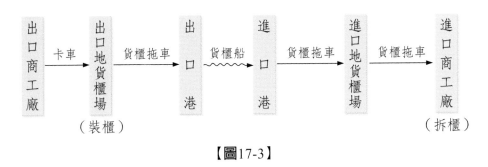

（裝櫃）　　　　　　　　　　　　　　　　　　　　（拆櫃）

【圖17-3】

(四) 併裝／分拆（LCL/LCL; CFS/CFS）

託運人將貨物自行運到起運地的貨櫃貨物集散站後，由船公司將各個託運人所交付的貨物裝入貨櫃中，運到目的地的貨櫃貨物集散站拆櫃卸貨，再交付給各個受貨人。在

這種裝運方式下，貨櫃內的貨物通常是屬於多數個不同託運人及多數個不同受貨人，在起運地的裝櫃作業及在目的地的拆櫃作業均由船公司負責。由於運送人是將貨櫃自起運地的貨櫃貨物集散站（CFS）運到目的地的貨櫃貨物集散站（CFS），因此一般稱這種方式為CFS/CFS，但在歐洲則習慣稱為LCL/LCL。

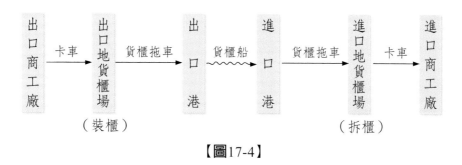

【圖17-4】

貨櫃場（CY）與貨櫃貨物集散站（CFS）在作業內容上有所不同，前者乃為專供集散貨櫃之用，船公司在此處接受已由託運人自行裝妥等待出口的貨櫃或由受貨人送還的空貨櫃，並在此處將進口貨櫃交給受貨人自行拖回拆櫃取貨，或將空貨櫃交給託運人拖回自行裝櫃。後者則專供集散利用貨櫃裝運的貨物，並辦理裝櫃及拆櫃之用，船公司在此處接受待裝運的貨物，經整理及驗關完稅後，依其目的地分別裝入貨櫃，並在此處將進口貨櫃拆開取出貨物，經報關繳稅後由受貨人自行提領運回。但在我國，並無此分別，我國的貨櫃貨物集散站多兼具CY與CFS兩種功能。

第四節　貨櫃運輸的託運手續

貨物以貨櫃運輸的託運手續，與傳統定期船運輸的託運手續大致相同。

一、選定運送人

託運人依據船公司或船務代理所發布的船期預定表，針對船期、航線、船公司信用及運費等因素做一考慮後，選定適當的船公司。

二、洽訂艙位

選定運送人後，即由託運人向運送人或其代理行預訂艙位，取得運送人或其代理行簽發的裝貨單（S/O）。貨櫃裝貨單的格式內容與傳統定期船運輸裝貨單並無太大不同，主要不同點在於貨櫃裝貨單上載有貨櫃運送條件即CY或CFS（或FCL或LCL），但

由於目前國際海運絕大多數都是以貨櫃運輸，因此特別為傳統運輸設計一不同格式裝貨單者已不多見，多數船公司的裝貨單格式均只有一種（格式請參閱第十六章第三節表16-1），其上已印有貨櫃運送條件，託運人只須勾選即可。領取裝貨單後，託運人即可憑以向海關申請進倉及報關驗貨。

三、裝　櫃

託運人裝櫃的手續，依貨櫃運送條件的不同而不同，茲分述如下：

(一) 整櫃貨物（CY cargo）時

託運人先向船公司取得設備交接單（equipment dispatch order），再到貨櫃存放場（CY）借領空貨櫃，在自己的營業場所、工廠或倉庫將貨物裝入貨櫃，再將貨櫃運到船公司指定的貨櫃場（CY）後，即由貨櫃場簽發收貨單，經海關人員查驗封櫃（C3的通關方式下）後，將貨櫃運到貨櫃碼頭裝船。

(二) 併櫃貨物（CFS cargo）時

由託運人自行以卡車將貨物運至貨櫃貨物集散站（CFS），貨櫃場於核對貨物無誤後，即簽發收貨單予託運人，經海關駐站關員查驗無訛後（C3的通關方式之下），再由貨櫃場管理人員丈量體積噸位，審視貨物性質和運送目的地，和其他託運人的貨物，在駐站關員的監視下，併裝入貨櫃，封櫃後，以拖車將貨櫃運到碼頭貨櫃場裝船。

四、換領提單

貨櫃裝船後，託運人即可憑貨櫃場簽發的收貨單，至船公司換領提單。

第五節　複合運送

一、複合運送的意義

複合運送（combined transport; multimodal transport; intermodal transport）係指依複合運送契約，以至少兩種以上的不同運送方式（鐵路、公路、海上、內河或航空等），由複合運送人（Combined Transport Operator，簡稱CTO或Multimodal Transport Operator，簡稱MTO）將貨物自一國境內接管貨物的地點運至另一國境內的指定交付貨物的地點，並且全部的運送途程均涵蓋於一張提單內的運送方式。

如前所述，貨櫃貨物具有便於不同運輸工具間裝卸及搬運的特性，因此，貨櫃運輸

可與卡車、火車、貨櫃船及飛機聯合起來，做複合式連貫性的運輸。近年來，由於貨櫃運輸的蓬勃快速發展，為實施門至門（door to door）的一貫運輸，利用貨櫃的複合運送已有代替傳統的單一運送方式（single modal transport），而成為今後國際貨運主流的趨勢。

為配合國際複合運送的發展。聯合國於1980年通過「聯合國國際貨物複合運送公約」（United Nations Convention on International Multimodal Transport of Goods），1975年國際商會複合運送單據統一規則（Uniform Rules for a Combined Transport Document, 1975）；或是以聯合國國際貿易與發展委員會以及國際商會在1991年所共同擬定之複合運送單據規則（UNCTAD/ICC Rules for Multimodal Transport Documents, 1991）等，為目前有關國際貨物複合運送的運送規範。

二、複合運送的種類

目前常用的貨櫃複合運送方式有下列四種：

(一) 陸橋作業（land-bridge service）

為海運與陸運的複合運送，利用大陸為中間橋梁，將貨櫃以貨櫃船運到大陸的某一港口後，以火車接運橫越大陸至另一港口，再以貨櫃船運至目的港，以節省海運繞道路程。

全球主要的陸橋有二，兩者均為聯繫亞洲太平洋地區與歐洲地區之間的貨物運送：

1. 北美陸橋：例如自台灣、日本或香港等亞洲地區運送貨物到歐洲，若利用北美洲陸橋，其方式為先將貨物以海運運到美國或加拿大西岸港口，卸下貨物後，改以鐵路運到東岸的大西洋海岸港口，再轉海運至歐洲。

2. 歐亞陸橋：

(1) 傳統的西伯利亞陸橋：利用俄羅斯西伯利亞鐵路作為陸地橋梁，運輸路線東自海參威港，橫貫歐亞大陸，運至莫斯科之後，第一種路線是從莫斯科至波羅的海沿岸的港口，再轉運往西歐或北歐；第二種路線是從莫斯科到俄羅斯西部轉歐洲其他國家鐵路（公路）直運歐洲各國；第三種路線是從莫斯科運往黑海沿岸，再轉運往中東、地中海沿岸港口，可連結太平洋遠東地區與波羅的海、黑海以及西歐大西洋等口岸。

(2) 新歐亞陸橋：東起中國的連雲港，西至荷蘭鹿特丹港或比利時的安特衛普港，主要是利用歐亞大陸的鐵路，連結太平洋與大西洋的貨物運輸，這是目前新崛起的歐亞陸橋。由於這條路線是經過古代的「絲綢之路」，所以又被稱為「現代絲綢之路」。

(二) 小型陸橋作業（Mini-Land-Bridge service，簡稱MLB）

又稱為迷你陸橋作業，亦為海運與陸運的複合運送，將貨櫃以貨櫃船運到大陸的某一港口後，以陸運接運橫越大陸至對岸的目的港，而不再轉接海運。由於只利用陸橋作業的前半段，故稱為小型或迷你陸橋作業。例如：貨物自遠東地區運到北美洲東岸，其方式為先將貨物以海運運到北美洲西岸港口，卸下貨物後，以鐵路接運到北美洲東岸港區的貨櫃場，再經由內陸貨運公司分別運至內陸各地。

(三) 微陸橋作業（Micro-Bridge Service，簡稱MBS）

又稱為一貫運輸（Interior Point Intermodal，簡稱IPI），即貨物先利用貨櫃船自遠東地區運到美國西岸卸下後，由船公司辦理通關手續，並負責安排以火車或內陸運輸公司，直接運到內陸城市交櫃的複合運送方式。利用微陸橋作業方式，可較利用小型陸橋作業方式提早收到貨物。

【圖17-5】 歐亞陸橋作業

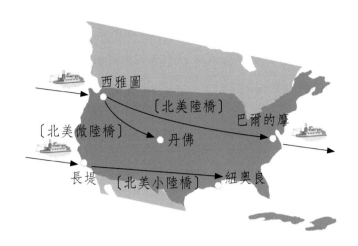

【圖17-6】 北美陸橋、小型陸橋與微陸橋（例）

(四) 門至門捷運作業（door step service）

由美國總統輪船公司於1981年首創的複合運送服務，其方式是在美國幾個內陸的大城市設立貨櫃的集散中心，再由這些中心將貨物分送到其周圍小城市的受貨人倉庫門前。這種運輸方式乃複合運送的極致理想。

此外，另有一種與微陸橋作業相當類似的運送方式，稱為陸路共同地點作業（Overland Common Point service，簡稱OCP service），係源於美國西部開發後。行駛美西的船公司及鐵路公司為爭攬美國中部North Dakota、South Dakota、Nabraska、Colorado和New Mexico以東地區的貨運能利用西部的港口及運輸設備，於是聯合營運，若貨主利用OCP service，可適用較優惠的運費率OCP rate。貨物自遠東地區輸往上述美國地區或加拿大Manitoba及以東地區時，出口商將貨物交給船公司運到美國太平洋沿岸港口卸貨，再由承辦聯運的鐵路公司依進口商或其代理人的指示，將貨物轉運到內陸目的地。由於OCP service之下，海運部分與陸運部分係分別由海運運送人及陸運運送人各自簽發提單，而不是涵蓋在同一張提單之內，因此，這種方式並非複合運送方式，不可混為一談。

三、複合運送單據

依聯合國國際貨物複合運送公約的定義，複合運送單據（Combined Transport document，簡稱CT document）係指證明複合運送契約及證明複合運送人接管貨物，並負責依契約條款交付貨物的單據。由此可知複合運送單據與一般的海運提單，有以下不同之處：

1. 複合運送單據涵蓋兩種以上的運送方式，而一般海運提單只涵蓋海運一種運送方式。

2. 複合運送人多為運送過程中第一階段的運送人，但也可由貨運承攬人擔任，複合運送人不論是否真正參與運送，都應該為貨主安排全程的運輸，並對整個複合運送過程中，任何階段所發生貨物的滅失或毀損負責，亦即無論貨物的損失發生於哪一運送階段，皆由複合運送人直接對貨主負責，而一般海運提單的發行人，通常並不為貨主安排其他運輸工具，其所負責的範圍，也以自己承運的運送階段所發生的滅失或毀損為限。

3. 貨主將貨物交付複合運送人接管時，即由複合運送人簽發複合運送單據，故複合運送單據乃是一種「備運」（received for shipment）性質的單據；而一般海運提單多於貨物實際裝船後才發行，是一種「裝運」（on board）性質的運輸文件。

有關複合運送單據，國際商會制定「複合運送單據統一規則」（Uniform Rules for a Combined Transport Document），以供有關各方遵守。

最後附帶一提的，貨物若是以貨櫃複合運送方式運送，有關運輸費用的計算與一般的海運方式有所差別，除海運費外，尚有裝卸費用、裝拆費用及接運費用等額外費用，買賣雙方若是採用FOB、CFR或CIF等傳統貿易條件，易發生上述各項費用的分擔問題，因此，最好改用FCA、CPT或CIP等專為複合運送設計的貿易條件。

實務上，運送人所簽發的運送單據，在格式上並不特地區分「港至港海運提單」（port-to-port B/L）、「複合運送提單」（Combined/Multimodal Transport B/L）或聯運提單（Through Transport B/L），大多使用同一格式（如前一章的表16-4）。應就提單實際的內容記載以為判斷，例如：就收貨地（place of receipt）、裝貨港（port of loading）、卸貨港（port of discharge）與交貨地（place of delivery）等各項地點的記載，判別其是否包含兩種以上運送方式。只要提單的記載合乎信用狀的規定，不論提單在格式上是否載有（或印有）「Combined Transport B/L」或「Multimodal Transport B/L」，銀行都應該接受。即使信用狀規定應提示Combined/Multimodal Transport B/L，只要所提示的提單內容與信用狀規定相符，提示一般格式的海運提單，銀行也不得拒絕（ISBP 第69條）。

表17-1

MULTIMODAL BILL OF LADING EXAMPLE	
SHIPPER: TAKATA SHIPPING AND TRADING LLC THE FREEMEN BUILDINGS SUITE 106, 2501 COPPERSIDE ROAD, WILMINGTON DE 16800, USA	**BILL OF LADING PORT TO PORT OR COMBINED TRANSPORT**
CONSIGNEE: THE BANK OF TOKYO-MITSUBISHI UFJ, LTD.	**BILL OF LADING NO:** FSCU130320180000IZM150 **NUMBER OF ORIGINALS:** 1/3
NOTIFY: KEN&RYU TRADING CO., LTD. 1-2-3 KAWAHARA, HIRAKATA, OSAKA	**FAST STARS LINE SHIPPING COMPANY S.A.**

VESSEL AND VOYAGE: MSC SEATTLE - NL739R	PLACE OF RECEIPT: BATON ROUGE, LOUISIANA,USA	PORT OF LOADING: THE NEW ORLEANS PORT, USA
BOOKING REFERENCE: 082MERI1020030	PORT OF DISCHARGE: PORT OF OSAKA, JAPAN	PLACE OF DELIVERY:

CONTAINER NOS	DESCRIPTION OF GOODS AND PACKAGES	GROSS WEIGHT
SEGU5175079/40HC	SOYBEAN IN BULK FREIGHT PREPAID. LETTER OF CREDIT NO: EXP180253 SHIPPED ON BOARD AT THE NEW ORLEANS PORT, USA ON VESSEL MSC SEATTLE - NL739R ON 13.MARCH.2018. PRE-CARRIAGE BY TRUCK.	21000,000KGS

| RECEIVED by the Carrier from the Shipper in apparent good order and condition unless otherwise indicated herein, the Goods, or package(s) said to contain the Goods, to be carried subject to all the terms and conditions herein. Delivery of the Goods to the Carrier for Carriage hereunder constitutes the Merchant's acceptance of all the stipulations, exceptions, terms and conditions of this Bill as fully as if signed by him, any contrary local custom or privilege notwithstanding. This Bill supersedes all prior agreements or freight engagements for the Goods. In witness whereof, the undersigned, on behalf of the Carrier, has signed the number of Bills stated hereunder, all of this tenor and date. Where issued as a Bill of Lading, delivery may be made against only one original Bill in which case, the others shall stand void. | **SHIPPED ON BOARD DATE:** 13.MARCH.2018

PLACE OF ISSUE: NEW ORLEANS, USA

AS CARRIER
FAST STARS LINE SHIPPING COMPANY S.A.
(Signature) |

習題

一、是非題

1. （　　）貨櫃運輸已成目前定期船運輸的主流。

2. （　　）貨櫃最常見的長度尺寸爲30呎及40呎。

3. （　　）平床貨櫃多用以裝載大件不易毀損或遭竊的貨物，例如：木材、電纜等。

4. （　　）駛進駛出型貨櫃船又稱爲子母船。

5. （　　）貨櫃運輸的裝卸效率較傳統貨船高，可加速船舶的營運周轉。

6. （　　）海運提單上註明「shipper's load, count & seal」時，該提單將被視爲不清潔提單。

7. （　　）貨櫃基地一般多設於港區，以便一方面能使貨櫃船泊靠，另一方面能使陸上貨櫃車停靠，但目前也有設於內陸地區的貨櫃基地。

8. （　　）在CY/CY的裝運方式之下，貨櫃內的貨物通常是屬於多個不同的託運人及多個不同的受貨人。

9. （　　）一般而言，以北美陸橋方式運輸，較以通過巴拿馬運河的全海運運輸節省時間。

10. （　　）若信用狀要求受益人應提示Combined Transport Bill of Lading，而受益人提示的提單名稱爲Bill of Lading，未冠以「Combined Transport」，則開狀銀行將拒絕該提單。

二、選擇題

1. （　　）目前貨櫃最普遍的高度爲　(1)8呎　(2)8.5呎　(3)9呎　(4)9.5呎。

2. （　　）以下何者適用於貨櫃運輸中，裝載於貨櫃中的貨物屬於同一shipper，而不同consignee時？　(1)CY/CY　(2)CY/CFS　(3)CFS/CY　(4)CFS/CFS。

3. （　　）CY/CFS又稱爲　(1)FCL/FCL　(2)FCL/LCL　(3)LCL/FCL　(4)LCL/LCL。

4. （　　）在LCL/LCL作業方式之下，在起運地的裝櫃作業及在目的地的拆櫃作業均由　(1)出口商　(2)船公司　(3)進口商　(4)海關　負責。

5. （　）Multimodal Transport係指下列何者？　(1)至少兩種貨物混合一起運送　(2)至少兩種以上不同運輸方式運送貨物　(3)至少由兩個以上運送人負責運輸的運輸方式　(4)整櫃加併櫃的運送方式。

6. （　）以下何者不是複合運送方式？　(1)陸橋作業　(2)小型陸橋作業　(3)微陸橋作業　(4)陸路共同地點作業。

7. （　）陸橋作業係海運與　(1)海運　(2)陸運　(3)空運　的複合運送。

8. （　）以下有關複合運送單據的敘述，何者錯誤？　(1)為一種證明運送契約成立的文件　(2)由複合運送人所簽發　(3)為一種「裝運」性質的單據　(4)涵蓋兩種以上的運送方式。

9. （　）以下有關複合運送人的敘述，何者錯誤？　(1)多為運送過程中第一階段的運送人　(2)可由貨運承攬人擔任　(3)負責為貨主安排全程運輸　(4)僅對自己承運的運送階段所發生的滅失或毀損負責。

10. （　）以下哪一種貿易條件係專為複合運送所設計？　(1)CFR　(2)CPT　(3)CIF　(4)FAS。

三、填充題

1. 貨櫃最常使用的製造材料為_____與_____。
2. 貨櫃船依其裝卸貨櫃的方法不同，可分為_____、_____與_____，又依其貨櫃化程度的不同，可分為_____、_____與_____。
3. 貨櫃貨物依其裝櫃情形，可分為_____與_____兩種，前者係指整個貨櫃中的貨物屬於同一貨主，而後者則指將數個貨主的貨物併裝於同一貨櫃。
4. 在複合運送，負責簽發_____的，稱為複合運送人，複合運送人多為運送過程中第_____階段的運送人，但也可由_____擔任。
5. 陸橋作業為_____與_____的複合運送，利用_____為中間橋梁。

四、解釋名詞

1. FEU
2. LASH
3. FCL/LCL
4. CY
5. MLB

五、問答題

1. 試分別說明以貨櫃方式運輸，對運送人及貨主的優點。

2. 請說明以貨櫃運輸的託運手續。

3. 試述貨櫃運輸作業的四種型態。

4. 何謂複合運送？目前常用的貨櫃複合運送方式有哪四種？

5. 何謂複合運送單據？複合運送單據與一般海運提單有何不同？

實習

一、臺北A出口商擬出口一批紫外線燈管給日本的B進口商，出口港為基隆，目
　　的港是日本橫濱，該批貨物共裝80箱，每箱體積100cm×50cm×60cm，每箱
　　毛重15kgs，運送人報價：CY: USD750/20' OR CFS: USD45/M3，貨主應選擇
　　以整櫃或併櫃出口較節省海運費？（20'貨櫃內容量長590cm、寬235cm、高
　　240cm，最大載重21.63M/T）

二、請依據上題的結果，再配合以下資料，填於下頁空白S/O表格（如表16-1）：

　　1. 受貨人：由C銀行指示

　　2. 被通知人：B公司

　　3. 船名：BLUEMOUNTAIN

　　4. 航次：66666

　　5. 裝運標誌：BB

　　6. YOKOHAMA

　　7. C/No.1-80

　　8. 領提單處：臺北

三、由任課教師安排帶領參觀貨櫃場，並於參觀後，撰寫心得報告。

Shipper /Exporter		**ABC LINE**	

SHIPPING ORDER

Consignee			

Container Type Required

☐ Dry Cargo ___ × /___ ×

☐ Refrigerated ___ × /___ ×

☐ High Cube ___ × /___ ×

☐ Other

Freight to be

☐ Prepaid

☐ Collect

☐ Payable at _____

Service Mode

☐ CY-CY

☐ CY-CFS

☐ CFS-CY

☐ CFS-CFS

領提單處

☐ 臺北

☐ 臺中

☐ 高雄

Notify Party（full name and address）			

Place of Receipt	Port of Loading

Ocean vessel	Voy. No.

Port of Discharge	Place of Delivery

Marks & No.	No. of Pkgs. or Containers	Kind of package, Description of goods	Gross Weight	Measurement

國際貨物航空運輸

　　航空運輸（air transportation）乃指一切以飛機為運輸工具的運輸方法。其主要的優點為快速安全，但缺點為運費較昂貴，因此一般以載運體積小、重量輕的高價品，或生鮮食品、花卉、活動物、雜誌期刊等須快速送達以爭取時效的商品為主。

　　近年來由於航空運輸事業的競爭，使得航空貨運費率逐漸降低，加以飛機性能及載運能量的大幅提高，進出口貨物利用航空運輸的比例已有明顯增加，空運在國際貿易上的重要性也與日俱增。

第一節　空運的託運手續

　　貨主將貨物交由航空運送的託運方式有二：

一、直接向航空公司或其代理人洽訂艙位

　　貨主填製貨物託運申請書（shipper's letter of instructions，又稱託運單）後，送交航空公司或其代理人，經航空公司或其代理人接受後，即可依約定時間將貨物運至機場貨倉，報關放行後，向航空公司或其代理人領取空運提單（air waybill）。以此方式託運的貨物稱為直接交運貨物（direct cargo）。

二、委託航空貨運承攬業者洽訂艙位

　　由貨主填製航空貨運承攬業者（air freight forwarder）的空運貨物委託書（instructions for dispatch of goods by air），將貨物委託承攬業者或併裝業者（consolidator）向航空公司或其代理人辦理託運，貨物通關放行後，由航空公司或其代理人，以承攬業者或併裝業者為託運人，簽發主提單（Master Air Waybill，簡稱MAWB），再由承攬業者或併裝業者依

據主提單另行簽發以貨主為託運人的分提單（House Air Waybill，簡稱HAWB）。貨物運抵目的地後，由承攬業者或併裝業者在進口地的代理人收取貨物，再通知受貨人辦理報關提貨手續，以此方式託運的貨物稱為併裝貨物（consolidated cargo）。

　　航空貨運承攬業者或併裝業者，係指介於運送人與託運人之間，受託運人委託，以自己名義代為處理貨物託運事宜為業者。這類業者大部分都未經航空公司的正式授權或指定，而是利用「託運貨物數量愈多，運費率愈低」的原則，自不同的託運人收取運往同一目的地的貨物，併裝成整批（或整櫃），以整批交運賺取佣金或運費差價。空運承攬業者或併裝業者，通常是以「航空貨運公司」（air cargo company）為名，在市場上承攬貨載，當出口商委託某航空貨運公司代辦託運手續，則從派車將貨物載至機場、交運、報關，直至將空運提單交出口商，全部手續均可由該航空貨運公司一手包辦，可為出口商節省託運的時間，並減少手續上的不便。因此在我國，大多數的空運貨物都是由承攬業者或併裝業者代為辦理託運事宜。

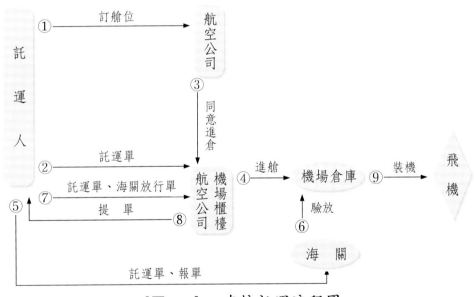

【圖18-1】　直接託運流程圖

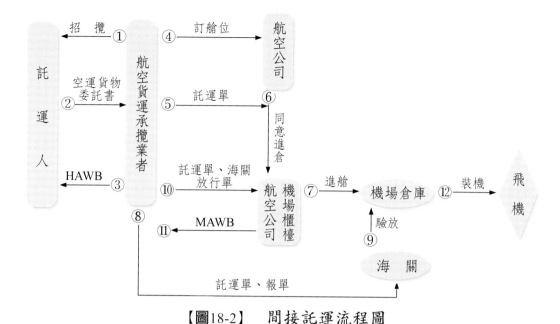

【圖18-2】 間接託運流程圖

第二節 空運運費的計算方式及實例

國際航空運輸協會（International Air Transport Association，簡稱IATA）訂有航空貨運運費表（air cargo tariff），會員公司必須依協會所訂費率計收運費，至於非會員公司雖無遵行的義務，但也多參照IATA所制定的費率表計算運費。茲將空運運費的計價基準及其費率種類說明如下，並就運費計算方式舉一實例。

一、計價基準

空運費均以重量為計價基準，但由於機艙可容納的空間有限，在計算重量時，除須將貨物實際毛重（actual gross weight）算出外，若貨物體積大而重量輕，則須再算出其「體積重量」（volume weight），亦即將貨物的體積以標準公式換算出來的重量，其換算公式為：

公制：1公斤 ＝ 6,000立方公分
英制：1公斤 ＝ 366立方吋，或
　　　 1磅 ＝ 166立方吋

比較實際重量與體積重量,若實際重量較重,則依實際重量計價,若體積重量較重,則依體積重量計算運費。例如:某批貨物每件毛重爲10kgs,體積爲60cm×45cm×40cm,將體積換算成重量:60cm×45cm×40cm = 108,000cm³

$$108,000cm^3 \div 6,000 = 18kgs$$

體積重量18kgs較實際重量10kgs重,故以體積重量爲計價重量。

需注意的是,在計算實際重量或體積重量時,凡≦0.5公斤者,以0.5公斤計,凡＞0.5公斤者,以1公斤計。例如:若計算得出的重量爲50.3 kgs,則以50.5 kgs計,若計算得出的重量爲50.7 kgs,則以51 kgs計。

二、運費率種類

(一)一般商品運費率(General Cargo Rate,簡稱GCR)

又稱基礎商品運費率,即對一般雜貨所訂的一種總括性的運費率,依所交運貨物量的多寡,又分爲以下不同費率級距:

1.**正常運費率**(normal rate):適用於總交運重量低於45公斤或100磅的貨物,等級代號爲「N」。

2.**數量運費率**(quantity rate):又稱高貨量運費率,適用於總交運重量高於45公斤的貨物,依貨物種類與貨量多寡,又分爲各種不同級距,例如:45公斤～100公斤、100公斤～200公斤、200公斤～300公斤、300公斤～400公斤、400公斤～500公斤以及500公斤以上等不同費率級距,總交運重量愈多者,其適用的運費率愈低,此乃航空公司爭取大宗貨源的方式之一,其等級代號爲「Q」,部分航空公司費率級距只有三級或四級,並不一定。

在試算過總運費之後,貨主可以選擇以級距內的運價計費,也可以選擇以較高級距的運價計費,若以較高級距計算出的運費較便宜,貨主通常會選擇跳一級,適用較高級距。

(二)特定商品運費率(Specific Commodity Rate,簡稱SCR)

又稱特殊商品運費率(particular commodity rate),爲航空公司選定其經常承運的某些貨物品類,依商品類別所訂定的運費率,這種運費率通常都較一般商品運費率爲低,乃航空公司爲穩定貨源,給予特定商品的優待,在運費表中列舉特定商品的名稱,分別規定其運費率,貨主可於託運時查閱或詢問,其等級代號爲「C」。

(三)商品分級運費率(commodity classification rate,簡稱class rate)

航空公司對於部分不歸類爲特定商品的特殊貨物,例如:活動物、報紙、雜誌、期

刊、旅客後送行李、人類屍體、高價品、家具、機動車輛等，依貨物的性質、包裝及重量等情況所訂定的運費率，這種運費率多按GCR的某個百分比計收，有較GCR低的，但也有較GCR高的，其等級代號為「R」。

(四) 併裝運費率 （consolidation rate; consolidated rate）

航空貨運承攬業者或併裝業者將各個貨主所託運的小件貨物，依航空公司所訂的規格，裝入貨櫃或貨箱內，或固定於墊板上，將此併裝貨物整批交付航空公司承運時所適用的優惠運費率，承攬業者或併裝業者以其本身為託運人，除賺取運費差額外，也分享部分費率差額給貨主。

(五) 貨櫃運費率 （container & unitized load device rate，簡稱container & ULD rate）

航空貨櫃一般通稱為單位裝載用具（Unit Load Device，簡稱ULD），貨櫃運費率即適用於以貨櫃裝運的貨物，其運費率較為優惠。

(六) 最低運費 （minimum charges）

當託運貨物依費率計算未達最低運費時，即按航空公司所訂最低運費計算。其等級代號為「M」。

(七) 聯運運費率 （combined rate）

航空公司對其營運地區任何兩點間（無論直達或轉機）所訂定的運費率。若兩點之間未訂有聯運費率時，只須分段相加即可。

(八) 報值費 （valuation charge）

實務上航空公司對於承運貨物所遭受損害的賠償最高限額為每公斤20美元，貨主若希望運送人能照價賠償，必須於託運時，事先申報貨物價值，運送人對於超值部分（20美元以上部分）將加收報值費，報值費（以新臺幣計）的計算公式為：（申報價值－20）×計費公斤數×報值費率×美元對臺幣匯率。

航空公司依費率表所收取的運費僅為運送費，並不包含代辦通關費、倉租、墊付費用、轉運費、傳輸費、稅捐及罰款等費用，因此貨主支付航空運費時，應另加付以上各項可能的費用。

$$應付航空運費 = （計價重量×運費率）+ 報值費 + 服務費及有關費用$$

三、運費計算實例

某進口商擬由荷蘭阿姆斯特丹（Amsterdam）進口一批植物種籽，交易條件為FOB，貨物體積為$58\frac{3}{4}"\times45\frac{1}{2}"\times30\frac{1}{2}"$，重量為160kgs，運費率如表18-1，託運人報值每公斤USD150，報值費率0.5%（USD：TWD＝1：33）該批貨物的服務費及其他費用共計新臺幣1,000元，該批貨物應付運費計算如下：

該批貨物實際重量：160kgs

表18-1

貨物重量	最低運費	小於45kg	大於等於 45kg	大於等於 100kg	大於等於 250kg	大於等於 500kg
運費（TWD）	2,415	390/kg	292/kg	170/kg	150/kg	135/kg

$$體積重量：58\frac{3}{4}"\times45\frac{1}{2}"\times30\frac{1}{2}"$$
$$=81,530.31cu.in.$$
$$81,530.31cu.in\div366=222.76kgs\fallingdotseq223$$

體積重量較重，依體積重量223kg計價。

依表18-1的運費表，每kg運費率TWD170，應付運費為：

NTD170×223＝TWD37,910

貨主若選擇以較高級距250kgs計費，則運費＝TWD150×250＝TWD37,500

TWD37,500較TWD37,910低，故貨主將選擇以250kgs計費

亦即，該批貨物雖為223 kgs，但貨主自願以250 kgs為計費重量，除運費外，其他相關空運費用（例如：報值費）也以250 kgs計算。

報值費＝TWD（150－20）×250×0.5%×33＝TWD5,362

總運費＝TWD37,500＋TWD5,362＋TWD1,000＝TWD43,862

第三節　空運提單

一、意義

　　空運提單（Air Waybill; Airway Bil，簡稱AWB）又稱航空託運單（Air Consignment Note，簡稱ACN）或航空貨運單（air freight note），乃託運人將貨物交給航空運送人託運時，由航空運送人發給託運人證明收到貨物的憑證，也是航空運送人與託運人間運送契約的證明文件。

　　由航空公司或其代理人所簽發的提單，稱為空運主提單（Master Air Waybill，簡稱MAWB）（見表18-2），由航空貨運承攬業者或併裝業者所簽發的，稱為空運分提單（House Air Waybill，簡稱HAWB）（見表18-3）。

二、功能

　　空運提單具有如下的功能：

　　1.為收到特定貨物的收據：運送人於收到貨物之後，簽發提單給託運人，作為承認收到託運貨物的書面收據。

　　2.為運送契約的憑證：運送人與託運人之間有關雙方權利義務及運送條件等，即以提單為憑證。

　　3.為貨物通關文件之一：航空運輸並不像海運以裝貨單（S/O）及提貨單（D/O）為貨物出口及進口的通關文件，而是憑空運提單辦理通關手續。

　　4.為運費帳單（freight bill）的證明：空運提單上詳細載明運費費率、收費重量、各種應付的服務費及其他費用，故可作為運費的明細單。

　　空運提單與海運提單同具有貨物收據（cargo receipt）及運送契約憑證（evidence of contract of carriage）的功能，但空運提單並不是憑單交貨的物權證書（document of title），其受貨人多為記名式，故不能流通轉讓（not negotiable; non-transferable），受貨人提貨時，只要能證明其為提單上的受貨人即可，並不須出示提單，這點與海運提單有很大不同。

三、提單的份數

　　實務上，託運人於交運貨物時，即由航空公司或其代理依託運人填具的shipper's letter of instructions製發提單正本三份及副本若干份，提單正本三份各有不同的用途：

表18-2

| 160 | 35782305 | | 160- 35782305 |

Shipper's Name and Address	Shipper's Account Number	Not negotiable	
NANTAI ENTERPRISE CO., LTD. 3F IMB BLDG. 2 TUN HWA S. RD. SEC. 1 TAIPEI TAIWAN R.O.C. TEL: (02)7768641 FAX: (02)7723991		**AIR WAYBILL**	CATHAY PACIFIC

ISSUED BY Cathay Pacific Airways Limited
Swire House, 9 Connaught Road, C., Hong Kong

Copies 1, 2 and 3 of this Air Waybill are originals and have the same validity

Consignee's Name and Address	Consignee's Account Number
NIPPON EXPRESS CO., LTD. NARITA AIRPORT BRANCH NO.154-4 FURUGOME AZA KOMAE, NARITA. CHIBA. TEL:(0476)32-8033 FAX:00281-476-3229 -56	

It is agreed that the goods described herein are accepted in apparent good order and condition (except as noted) for carriage SUBJECT TO THE CONDITIONS OF CONTRACT ON THE REVERSE HEREOF. ALL GOODS MAY BE CARRIED BY ANY OTHER MEANS INCLUDING ROAD OR ANY OTHER CARRIER UNLESS SPECIFIC CONTRARY INSTRUCTIONS ARE GIVEN HEREON BY THE SHIPPER, AND SHIPPER AGREES THAT THE SHIPMENT MAY BE CARRIED VIA INTERMEDIATE STOPPING PLACES WHICH THE CARRIER DEEMS APPROPRIATE. THE SHIPPER'S ATTENTION IS DRAWN TO THE NOTICE CONCERNING CARRIER'S LIMITATION OF LIABILITY. Shipper may increase such limitation of liability by declaring a higher value for carriage and paying a supplemental charge if required.

Telephone:

Issuing Carrier's Agent Name and City	Accounting Information
GOLDEN EAGLE EXPRESS CO.,LTD.	"FREIGHT PREPAID"

Agent's IATA Code	Account No.
3400788	

Airport of Departure (Addr. of First Carrier) and Requested Routing
TAOYUAN CKS AIRPORT TPE/TYO

To	By First Carrier Routing and Destination	To	By	To	By	Currency	CHGS Code	WT/VAL PPD COLL	Other PPD COLL	Declared Value for Carriage	Declared Value for Customs
TYO	CX006/23					TWD		PP	PP	NVD	NCV

Airport of Destination	Flight/Date For Carrier Use only	Flight/Date	Amount of Insurance	INSURANCE - If Carrier offers insurance, and such insurance is requested in accordance with conditions on reverse hereof, indicate amount to be insured in figures in box marked 'Amount of Insurance'.
TOKYO JAPAN			NIL	

Handling Information

HAWB & MANIFEST ATT'D   NTE-067324,067351

SCI

No of Pieces RCP	Gross Weight	kg lb	Rate Class / Commodity Item No.	Chargeable Weight	Rate / Charge	Total	Nature and Quantity of Goods (incl. Dimensions or Volume)
5	226.0k			v.236.0k	77.00	TWD18,172.00	CONSOLIDATED SHIPMENT AS PER MANIFEST ATT'D SIZE; 58x56x71x2 59x72x89x2 53x52x72x1

Prepaid	Weight Charge	Collect	Other Charges
TWD18,172.00			
	Valuation Charge		
	Tax		
	Total Other Charges Due Agent		Shipper certifies that the particulars on the face hereof are correct and that insofar as any part of the consignment contains dangerous goods, such part is properly described by name and is in proper condition for carriage by air according to the applicable Dangerous Goods Regulations.
	Total Other Charges Due Carrier		

Signature of Shipper or his Agent

Total Prepaid	Total Collect	
TWD18,172.00		APR.23,1997 TAIPEI
Currency Conversion Rates	CC Charges in Dest. Currency	Executed on (Date) at (Place) Signature of Issuing Carrier or its Agent
	Charges at Destination	Total collect Charges
For Carrier's Use only at Destination		

160- 35782305

8. — FOR AGENT   B

表18-3

全 達 運 通 股 份 有 限 公 司

台北市民權東路六〇一號九樓　　TEL 7163124　　TLX 12712　　FAX 886 2 7173098

MAWB NR. ──────────────────────

CARRIER/FLT NR. ──────────────────

NOT NEGOTIABLE
AIR WAYBILL　**RIL-** 040001
(AIR CONSIGNMENT NOTE)
ISSUED BY

Realco Intercontinental Ltd.

Member of ASG AB　(ASG)

Shipper s Name and Address	Shipper's Account Number
ADI CORPORATION	

Copies 1, 2 and 3 of this Air Waybill are originals and have the same validity.

It is agreed that the goods described herein are accepted in apparent good order and condition (except as noted) for carriage SUBJECT TO THE CONDITIONS OF CONTRACT ON THE REVERSE HEREOF. THE SHIPPER'S ATTENTION IS DRAWN TO THE NOTICE CONCERNING CARRIERS' LIMITATION OF LIABILITY. Shipper may increase such limitation of liability by declaring a higher value for carriage and paying a supplemental charge if required.

Consignee s Name and Address	Consignee's Account Number
ALTRO GMBH MÖMMSENGASSE 31 A-1040 VIENNA / AUSTRIA	

Issuing Carrier's Agent Name and City	Accounting Information
REALCO INTERCONTINENTAL LTD.	SAME AS CINSIGNEE

Agent's IATA Code	Account No.

Airport of Departure (Addr. of First Carrier) and Requested Routing
CKS AIRPORT TAIWAN

to	By First Carrier	Routing and Destination	to	by	to	by	Currency	CHGS Code	WT/VAL PPD COLL	Other PPD COLL	Declared Value for Carriage	Declared Value for Customs
SIN	SQ028/0001		VIE	SQ828/0002			USD	CC	XX	XX		

Airport of Destination	Flight/Date	For Carrier Use only	Flight/Date	Amount of Insurance	INSURANCE - If Carrier offers insurance, and such insurance is requested in accordance with conditions on reverse hereof, indicate amount to be insured in figures in box marked 'amount of insurance'.
VIENNA					

Handling Information

DOC. ATTD.

(For USA only) These commodities licensed by U.S. for ultimate destination.................................... Diversion contrary to U.S. law is prohibited.

No. of Pieces RCP	Gross Weight	kg lb	Rate Class / Commodity Item No.	Chargeable Weight	Rate / Charge	Total	Nature and Quantity of Goods (incl. Dimensions or Volume)
	1,590KGS		2.50CBM	1590KGS	AS ARRANGED		MONITOR AND CARDS ACCORDING TO ORDER NO. /90 #DM-2214/2/N00 MONITOR
			ALTRO P/NO.1-9 MADE IN TAIWAN R.O.C.				TOTAL:100SETS

173

Prepaid	Weight Charge AS ARRANGED	Collect	Other Charges
	Valuation Charge		
	Tax		
	Total Other Charges Due Agent		

Shipper certifies that the particulars on the face hereof are correct and that insofar as any part of the consignment contains dangerous goods, such part is properly described by name and is in proper condition for carriage by air according to the applicable Dangerous Goods Regulations.

	Total Other Charges Due Carrier	

_____
Signature of Shipper or his Agent

Total Prepaid	Total Collect AS ARRANGED
Currency Conversion Rates	cc Charges in Dest. Currency

APR. 18. 1990
Executed on (Date) at (Place)

_____
Signature of Issuing Carrier or its Agent

For Carriers Use Only at Destination	Charges at Destination	Total Collect Charges

RIL- 040001

9. COPY (FOR AGENT)

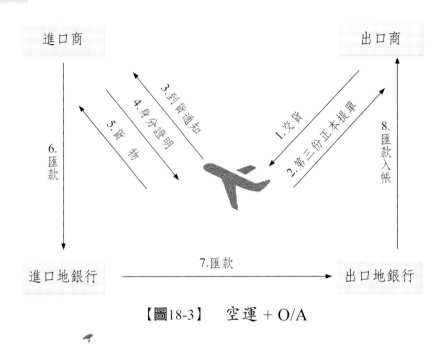

【圖18-3】 空運＋O/A

第一份正本（original 1）：由託運人簽交運送人留存。

第二份正本（original 2）：由託運人和運送人共同簽名後，與貨物隨機一同送往目的地交受貨人。

第三份正本（original 3）：由航空公司簽名後交給託運人，憑以辦理出口押匯。

由於空貨物多須爭取時效，故空運提單的受貨人係採記名式，一般情況下多以進口商為受貨人，當貨物運抵進口地，空運提單第二聯亦隨貨到達，運送人即直接通知受貨人辦理提貨。

不過，在信用狀付款方式之下，空運提單多以信用狀的開狀銀行為受貨人，藉以確保開狀銀行對該項貨物的控制權。當第二份正本與貨物隨機一同到達目的地後，運送人即依提單上被通知人（notify party）一欄的記載（多為進口商）通知進口商，由進口商向銀行填具委任申請書，請銀行出具委任書，委任進口商向運送人領取提單，進口商向開狀銀行結清貨款，經開狀銀行在提單上背書轉讓（這種背書不同於一般海運提單的背書轉讓，而係背書授權，讓渡受貨人的權利）後，即可憑以辦理報關提貨，進口商不必等到押匯銀行將押匯文件寄達後才辦理提貨，可以符合貨主對空運貨物「快速送達，立即提貨」的要求。由於開狀銀行已先收齊貨款，因此當押匯銀行將包含第三份正本提單在內的押匯文件寄達後，開狀銀行即將款項支付押匯銀行。

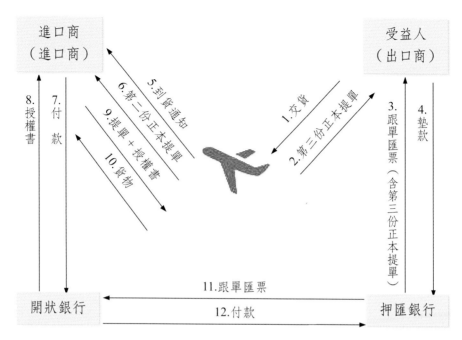

【圖18-4】 空運 + L/C

四、提單的內容及填製方法

茲將空運提單（見表18-4）各欄予以編號，分別說明其內容及填製方法，其中加方框的號碼欄，表示該欄應力求正確，並應承擔其正確性的法律責任。

1　提單號碼（air waybill number）。

2　託運人名稱及地址（shipper's name and address）：應詳填，並應填入電話，俾便儘速聯繫。

3　託運人帳號（shipper's account number）：若無，可免填。

4　受貨人名稱及地址（consignee's name and address）：應詳填，為免延誤提貨，不可僅填信箱號碼。

5　受貨人帳號（consignee's account number）：若無，可免填。

6　貨運代理名稱及所在城市（Issuing Carrier's Agent Name and City）。

7　貨運代理的IATA編號（agent's IATA code）。

8　貨運代理帳號（account no.）。

9　起運地機場名（第一運送人所在地）及要求的特別航路〔airport of departure (addr. of first carrier) and requested routing〕：託運人若有要求，才有必要註明特別航路。

10 帳目資料欄（accounting information）：可填入付款方式，如cash、credit或cheque等，也可填入保險費率，如rate for normal risks（一般險費率）等。

11 用於轉機時，將轉運機場三個英文字母縮寫填入，如超過一個轉運點時，可依先後次序填入。

12 第一運送人（first carrier）：填入其英文簡稱。

13 用於轉機時，隨前項11將轉機的航空公司名稱英文字母縮寫填入。

14 貨幣（currency）：將支付的運費貨幣名稱簡寫填入，通常係起運地的當地貨幣，如運費係到付，本欄雖填入起運地貨幣，38～43欄可填交貨地的當地貨幣。

15 費用編號（charge code）：表示16與17欄的支付地點，若16欄為預付，17欄為到付，則填入PC，若兩欄均為預付，則填入PP。

16 運費（weight charge and valuation charge）：在PRD（預付）或COLL（到付）欄標記，表示運費及報值費係預付或到付。

17 其他費用（other charge）：標明方式同16欄。

18 申報貨物價值（declared value for carriage）：如不申報，可填NVD（no value declared）。

19 申報通關價值（declared value for customs）：為進口國課徵進口稅的依據。

20 最終目的地機場（airport of destination）：除應載明英文全名外，必要時尚應加註地區或國家名稱，如目的地有兩個以上機場時，應列出機場名。

21 保險金額（amount of insurance）。

22 貨物處理補充資料（handling information）。

23a 包裝件數（number of pieces）。

23b 因轉機而適用聯運費率時，應將各轉接點的地名縮寫列出。

24 毛重（gross weight）：僅填數字，將重量單位填入25欄。

25 重量單位：kg—公斤，lb—磅

26 費率等級（rate class），例如：
C——特別商品費率
M——起碼運費
N——正常運費
Q——高貨量運費
R——商品分級費率低於N者
S——商品分級費率高於N者

26a 適用特別商品費率且有附加費（surcharge）或折讓（discount）時，將其百分率列出，例如：有20%的附加費，以120%表示。

27 當26欄的等級代號爲C時，列出IATA的商品編號。

28 收費重量欄（chargeable weight）：即計費重量，本欄重量乘以費率即爲基本運費，如貨物係以IATA標準貨櫃裝運且依櫃計費時，本欄可不填。

29 費率（rate）：僅填數字即可，若費率等級代號爲R或S，須將正常費率列出後將適用的百分數列於第二行。

30 總運費（total）：即將28與29欄相乘所得。HAWB上通常不列出運費金額及費率，僅填入「As Arrange」。

31 貨物性質及數量（nature and quantity of goods）：貨物名稱、品質及規格，數量以體積重量計算者，應列出其體積，危險品應列出品名，以貨櫃裝運者，應列出貨櫃識別號碼。

32 預付運費數額（prepaid weight charge）。

33 預付報值費（prepaid valuation charge）。

34 預付稅額（prepaid tax）。

35 預付航空貨運代理的其他費用（prepaid total other charges due agent）。

36 預付航空公司的其他費用（prepaid total other charges due carrier）。

37 全部預付費用總額（total prepaid）：爲32～36項的總和。

38～43 若費用爲到付（collect）時，各項到付費用明細及總和。

44 貨幣兌換率（currency conversion rates）：起運地貨幣與目的地貨幣的兌換比率。

45 以目的地貨幣折算的到付費用（CC charges in dest. currency）。

46 其他費用（other charges）：運費及報值費以外的其他費用名稱及數額。

47 託運人或其代理人簽署（signature of shipper or his agent）。

48 提單簽發日期（date）。

49 提單簽發地點（place）。

50 航空公司或其代理簽章（signature of issuing carrier or its agent）。

五、主提單與分提單

由本章第一節所述，可知大多數的空運貨物都不是由貨主直接向航空公司辦理託運，而是委託空運承攬業者或併裝業者間接辦理，這種承攬業者或併裝業者，自兩個以上的託運人蒐集航空運送貨物，併裝之後，交給航空公司運送，貨物運抵目的地後，再拆裝交給指定的個別受貨人。航空公司於承運貨物時，簽發給承攬業者或併裝業者的提單稱為主提單（Master Air Waybill，簡稱MAWB），承攬業者或併裝業者再依主提單自行簽發給各個貨主的提單則稱為分提單（House Air Waybill，簡稱HAWB；或forwarder's air waybill）。

此外，某些貨物（例如：貴重物品或鮮貨類）無法採併裝方式，或契約要求出口商需提供航空公司的主提單，或出口商希望可以直接面對航空公司，以確實追蹤航程，準時將貨品運抵目的地，這些情況下，貨主會採取直走（direct flight）的方式，雖仍由貨主委託空運承攬人代訂艙位與代辦出口手續，但直接以航空公司的MAWB出貨，以出口商為主提單的shipper，進口商為主提單的consignee，空運承攬人不簽發HAWB，放行交單後由航空公司運送貨物到目的地，並由航空公司通知受貨人提貨。由於無法享有併裝的優惠運費，故直走方式下的運費，通常較併裝方式為高。

由於承攬業者或併裝業者並不自備飛機，不是實際運送人，也通常不是某實際運送人的代理人，故其簽發的分提單性質與主提單不同，分提單是貨主與承攬業者或併裝業者之間的運送契約，而主提單是實際運送人與承攬業者或併裝業者之間的運送契約，與貨主無直接關係，一旦發生索賠問題，貨主只能憑分提單向承攬業者或併裝業者主張權利，無法直接向航空公司主張任何權利。依UCP 600 第23條規定：航空運送單據，不論其名稱為何，須顯示。

表明運送人之名稱，且由下列人員簽署：

· 運送人，或

· 代替或代表運送人之標名代理人。

運送人或代理人之任何簽字，須表明其為運送人或代理人。代理人之任何簽字，須表明其係代替或代表運送人簽署。由於航空分提單多由承攬業者以運送人的身分簽發，因此銀行一般都接受受益人以該分提單辦理押匯或請求付款。

表18-4

XXX (1)

Shipper's Name and Address (2)	Shipper's Account Number (3)	Not Negotiable **Air Waybill** issued by
		Copies 1, 2 and 3 of this Air Waybill are originals and have the same validity.
Consignee's Name and Address (4)	Consignee's Account Number (5)	It is agreed that the goods declared herein are accepted in apparent good order and condition (except as noted) for carriage SUBJECT TO THE CONDITIONS OF CONTRACT ON THE REVERSE HEREOF. ALL GOODS MAY BE CARRIED BY ANY OTHER MEANS INCLUDING ROAD OR ANY OTHER CARRIER UNLESS SPECIFIC CONTRARY INSTRUCTIONS ARE GIVEN HEREON BY THE SHIPPER, AND SHIPPER AGREES THAT THE SHIPMENT MAY BE CARRIED VIA INTERMEDIATE STOPPING PLACES WHICH THE CARRIER DEEMS APPROPRIATE. THE SHIPPER'S ATTENTION IS DRAWN TO THE NOTICE CONCERNING CARRIER'S LIMITATION OF LIABILITY. Shipper may increase such limitation of liability by declaring a higher value for carriage and paying a supplemental charge if required.
Issuing Carrier's Agent Name and City (6)		Accounting Information (10)
Agent's IATA Code (7)	Account No. (8)	
Airport of Departure (Addr. of First Carrier) and Requested Routing (9)		Reference Number / Optional Shipping Information

To (11)	By First Carrier Routing and Destination (12)	to (11)	by (13)	to (11)	by (13)	Currency (14)	CHGS (15)	WT/VAL PPD (16) COLL (16)	Other PPD (17) COLL (17)	Declared Value for Carriage (18)	Declared Value for Customs (19)

Airport of Destination (20)	Requested Flight/Date	Amount of Insurance (21)	INSURANCE - If carrier offers insurance, and such insurance is requested in accordance with the conditions thereof, indicate amount to be insured in figures in box marked "Amount of Insurance".

Handling Information (22)

SCI

No. of Pieces RCP	Gross Weight	kg lb	Rate Class / Commodity Item No.	Chargeable Weight	Rate / Charge	Total	Nature and Quantity of Goods (incl. Dimensions or Volume)
(23a) (23b)	(24)	(25) (26)	(26a/27)	(28)	(29)	(30)	(31)

Prepaid	Weight Charge (32)	Collect (38)	Other Charges (46)
	Valuation Charge (33)	(39)	
	Tax (34)	(40)	
	Total Other Charges Due Agent (35)	(41)	
	Total Other Charges Due Carrier (36)	(42)	I hereby certify that the particulars on the face hereof are correct and that insofar as any part of the consignment contains dangerous goods. I hereby certify that the contents of this consignment are **fully and accurately described above by proper shipping name and are classified, packaged, marked and labeled, and in proper condition for carriage by air according to applicable national governmental regulations.**
Total Prepaid (37)	Total Collect (43)		
Currency Conversion Rates (44)	CC Charges in Dest. Currency (45)		(47) Signature of Shipper or his Agent
For Carrier's Use only at Destination	Charges at Destination	Total Collect Charges	(48) Executed on (date) (49) at (place) (50) Signature of Issuing Carrier or its Agent

XXX-

習題

一、是非題

1. （　）在空運方式之下，所謂「直走」（direct flight）指的是貨物直接從起運地飛往目的地，中途不進行轉運作業。

2. （　）貨主將貨物委託航空貨運承攬業者向航空公司洽訂艙位時，係由航空公司簽發以貨主爲託運人的提單，再由貨運承攬業者將提單交予貨主。

3. （　）在我國，大多數的空運貨物都是由貨運承攬業者或併裝業者代爲辦理託運事宜。

4. （　）貨物航空運送費用均是以體積爲計費的基準。

5. （　）航空貨運運費表中「C」代表特定商品運費率，其運費率通常比一般商品運費率高。

6. （　）航空貨物運送目前尚未發展貨櫃化運輸。

7. （　）空運提單與海運提單均具有物權證書的功能。

8. （　）空運提單一般均簽發正本三份，三份各有不同的用途。

9. （　）貨物以航空方式運送，一律採運費預付（prepaid）方式，不接受於進口地支付運費的collect方式。

10. （　）航空貨運承攬業者並非實際運送人，故其簽發給貨主的分提單只是貨主與承攬業者之間的運送契約，貨主不得憑分提單向航空公司主張任何權利。

二、選擇題

1. （　）空運承攬業者或併裝業者通常是以　(1)航空公司　(2)航空貨運公司　(3)提單公司　(4)理貨公司　爲名，在市場上承攬貨載。

2. （　）空運貨物將體積換算成重量以計算運費時　(1)6,000　(2)366　(3)166　(4)749　立方公分等於1公斤。

3. （　）空運貨物一箱，體積爲80×75×68cm，毛重爲110 lbs，則下列何者正確？　(1)實際重量大於體積重量　(2)以110 lbs作爲計費重量　(3)實際重量爲55kgs　(4)體積重量爲68kgs。

4. （　）航空貨運承攬業者以自己爲託運人，將各個貨主託運的小件貨物，集合

成整批交付航空公司承運時，所適用的較優惠運費率稱為　(1)最低運費率　(2)併裝運費率　(3)貨櫃運費率　(4)聯運運費率。

5. （　）下列何者有關海、空運提單之敘述不正確？　(1)空運提單的收貨人都是記名式的　(2)空運提單可作為提貨憑證　(3)空運提單可以作為運送契約的憑證　(4)海、空運提單都具有收據的功能。

6. （　）以O/A方式付款時，空運提單多以　(1)出口商　(2)進口商　(3)押匯銀行　(4)開狀銀行　為受貨人。

7. （　）空運提單的第　(1)一　(2)二　(3)三　(4)四　份正本，係與貨物隨機一同送往目的地交受貨人。

8. （　）某出口商擬以空運方式出口貨物一批，相關資料如下：

(1)貨物數量：200 SETS

(2)包裝方式：10 SETS /CTN/ 50cm × 40cm × 36cm / G.W. 8 kgs

(3)體積重以 6,000 cm^3 換算為1 kg

(4)空運費率如下：

每批最低收費	小於45 kgs	大於等於45 kgs	大於等於100 kgs	大於等於200 kgs	大於等於300 kgs
TWD 3,000	TWD 400/kg	TWD 330/kg	TWD 290/kg	TWD 250/kg	TWD 220/kg

則該批貨物應付多少空運費？　(1) TWD46,400　(2) TWD53,550　(3) TWD60,000　(4) TWD75,150。

9. （　）以下敘述，何者有誤？　(1)航空公司簽發給空運承攬業者的提單稱為主提單　(2)空運承攬業者依據主提單簽發給貨主的提單稱為分提單　(3)航空公司直接開給貨主的提單稱為直走單　(4)主提單與分提單的型式相差很大。

10. （　）以下敘述，何者有誤？　(1)航空貨運承攬業者多自備飛機　(2)航空貨運承攬業者並非貨物的實際運送人　(3)一般空運分提單多由承攬業者以運送人身分所發行　(4)若發生索賠事故，貨主無法直接憑分提單向航空公司主張權利。

三、填充題

1.貨主將貨物交由航空運送的託運方式有二：一為直接向＿＿＿＿其代理人洽訂艙位，以此方式託運的貨物稱為＿＿＿＿；二為委託＿＿＿＿代為洽訂艙位，以此

方式託運的貨物稱為_____。

2. 一般商品運費率簡稱_____，即對一般雜貨所訂的一種總括性的運費率，依所交運貨物量的多寡，又可分為_____與_____兩種不同費率級距，其等級代號分別為_____與_____。

3. 由航空公司或其代理人所簽發的提單，稱為_____；由航空貨運承攬業者或併裝業者所簽發的，稱為_____。

4. 空運提單與海運提單同具有_____及_____的功能，但空運提單並不是憑單交貨的_____，其受貨人多為_____式，故不能流通轉讓。

5. 出口商以空運方式運送貨物，但要求採直走方式，則航空公司所簽發的主提單，係以_____為託運人，以_____為受貨人。

四、解釋名詞

1. air freight forwarder
2. MAWB
3. SCR
4. HAWB
5. commodity classification rate

五、問答題

1. 試述航空運送的託運方式。
2. 說明航空貨運承攬業者（或併裝業者）的工作性質，及其在空運市場上的重要性。
3. 試述空運提單的功能，並說明空運提單與海運提單的不同點。
4. 分別說明空運提單三份正本的用途，並說明其如何配合空運貨物「快速送達，立即提貨」的需求。
5. 何謂空運主提單？何謂空運分提單？兩者有何不同？

實習

一、強生公司擬出口兩批貨分別到美國的Boston及Chicago，以空運運送，試依據表18-5的GCR空運費率（費率以新臺幣表示）及以下資料，分別求算其空運費（運費＋customs charges）。

資料：

貨品型號	數　量	體積（per ctn.）	毛重（per ctn.）	目的地	申報價值（per kg）
CS-02	15ctns.	75cm × 60cm × 80cm	50kgs	Boston	US$100
CS-08	10ctns.	20" × 30" × 30"	50kgs	Chicago	US$120

每批貨物的customs charges為TWD500

USD：TWD = 1：33

報值費率0.5%

表18-5

CITY CODE	MIN CERG	−45	+45	100	300	500	1,000
HNL, ANC	2,200	392.0	288.4	263.6	194.8	164.0	133.6
LAX, SFO, SEA	2,200	416.0	312.4	288.0	218.4	188.0	157.6
YVR							
CHI, DAL, DEN,	2,200	441.2	336.8	312.8	244.0	212.8	182.4
HOU							
JFK, BOS	2,200	455.6	341.6	317.6	248.0	217.2	187.2
YUL (YMX), YYZ	2,200	448.0	344.4	319.6	250.8	220.0	189.6
TPA	2,200	452.4	348.4	324.0	255.2	244.4	194.0
MEX	2,200	318.0	243.20				161.6

二、某出口商託運一批貨物共100 sets，該批貨物總淨重90kgs，總毛重92kgs，總體積尺寸100cm×85cm×60cm，向航空運送人申報價值為USD8,500，經詢問運費率如下：

Min	45 kgs以上	100 kgs以上	300 kgs以上
TWD 2,000	TWD 220/kgs	TWD 190/kgs	TWD 165/kgs

匯率：USD1 = TWD 32.00，報值費率0.5%

請依上述條件計算並回答以下問題：

1. 體積重量_____ kgs

2. 計費重量_____ kgs

3. 報值費共USD _____

4. 每set運費USD _____

三、請依據表18-6的空運提單，回答以下問題：

1. 該提單為MAWB或HAWB？

2. 提單號碼

3. 託運人

4. 受貨人

5. 起運地

6. 目的地

7. 運費預付或待付？

8. 應付運費

9. 貨物實際毛重

10. 適用運費率

11. 提單簽發日期

12. 提單簽發地點

表18-6

STO		H-AWB	1IFQ423

Shipper's Name and Address AB	Shipper's Account Number	Not Negotiable
ABC CO., LTD. 147 80 TUMBA SWEDEN		**Air Waybill** Carrier **DHL** GLOBAL FORWARDING

Consignee's Name and Address	Consignee's Account Number	Copies 1, 2 and 3 of this Air Waybill are originals and have the same validity.
XYZ CO., LTD. D 214514 CHINA		The Shipper certifies that particulars on the face hereof are correct and accepted for carriage and agrees that carriage by air will be subject to Swedish law incorporating the Warsaw Convention 1929, as amended by the Hague Protocol 1955, the Montreal protocols as well as (if applicable) the Guadalajara Convention 1961 but for other means of transport other conventions may be applicable and in all other respects subject to the 'General Conditions of Transport, Forwarding and Warehousing of the Nordic Association of Freight Forwarders' applicable on the date of shipment (a copy of these can be supplied at request). See reverse side for notice concerning Carrier's Limitation of Liability, Conditions to Contract and the Arbitration Clause'.

Carrier or his Agent Name and City	Accounting Information
DHL GLOBAL FORWARDING AB STOCKHOLM–ARLANDA	130465 4372075 M11-0582-EMD

Agent's IATA Code	Account No.
80–4–7009/1903	

Airport of Departure (Addr. of First Carrier) and Requested Routing
STOCKHOLM

To	By First Carrier Routing and Destination	to	by	to	by	Currency	CHGS Code	WT/VAL		Other		Declared Value for Carriage	Declared Value for Customs
PVG						EUR		PPD X	COLL	PPD X	COLL	NVD	NVC

Airport of Destination	Flight/Date	For Carrier Use Only	Flight/Date	Amount of Insurance	The insurance is subject to terms, conditions and coverage of the open policy, which is available for inspection at any office of the Freight Forwarder or his principal agents. Claims under such policy must be reported immediately to an office of the Freight Forwarder.
SHANGHAI PUDONG				NIL	

Handling Information

MAWB: 999 92586885

MARKS: 373221515475041052
FLTS: CA001 /27 CA1046/29

				SCI

No. of Pieces RCP	Gross Weight	kg lb	Rate Class	Commodity Item No.	Chargeable Weight	Rate / Charge	Total	Nature and Quantity of Goods (incl. Dimensions of Volume)
1	65.0	K	C	4701	65.0			KNOWN CONSIGNOR
	DIMS ----		1X	19/ 19/	11	AS ARRANGED		SEPARATOR PARTS
								INVOICE ATTACHED
								CBM: 0.0039
								CPT
1	65.0	K					61.10	

Prepaid	Weight Charge	Collect	Other Charges
	Valuation Charge		
	Tax		
	Total Other Charges Due Agent		Shipper certifies that the particulars on the face hereof are correct and that insofar as any part of the consignment contains dangerous goods, such part is properly described by name and is in proper condition for carriage by air according to the applicable Dangerous Goods Regulations.
	Total Other Charges Due Carrier		DHL GLOBAL FORWARDING AB THERESE PETTERSSON
			Signature of Shipper or his Agent
Total Prepaid	Total Collect		AS CARRIER
AS ARRANGED			
Currency Conversion Rates	CC Charges in Dest. Currency		27 MAY, 20XX STOCKHOLM ARLANDA
			Executed on (date) at (place) Signature of Issuing Carrier
For Carrier's Use only at Destination	Charges at Destination	Total Collect Charges	

1IFQ423

ORIGINAL 3 (FOR SHIPPER)

第十九章

貿易單據

第一節　貿易單據的種類

　　廣義的貿易單據，泛指貿易商在進行貿易的過程中，所用到的各種文件、單據或證件，包括進行交易磋商以及簽訂契約時所使用的報價單、確認書、訂單及契約書，買賣雙方憑以付款的信用狀與匯票，還有各種辦理押匯時應提示的單據，例如：商業發票、提單、保險單、包裝單、產地證明書、海關發票、領事發票、檢驗證明書等；狹義的貿易單據則僅指押匯時，應提示的各項單據，亦即貨運單據。

　　茲將各貿易單據依其性質加以分類，列示如表19-1：

表19-1

單據種類＼內容及項目	內　　容	項　　　　目
契約單據	約定各項買賣條件	報價單、購貨確認書、售貨確認書、訂單、售貨單、契約書
付款單據	買賣雙方憑以付款的各項條件	信用狀、匯票
貨運單據	證明各項有關貨物的交運事宜	商業發票、提單、保險單、包裝單、產地證明書、海關發票、領事發票、檢驗證明書、重量尺碼單

　　以上所列的各種貿易單據中，契約單據以及付款單據中的信用狀、貨運單據中的提單、保險單均於前述各專章中有詳細說明，本章則以匯票及其他貨運單據的說明為主。

第二節　匯　票

一、匯票的意義

匯票（bill of exchange; draft）是票據的一種，依我國票據法第2條規定：「稱匯票者，謂發票人簽發一定之金額委託付款人於指定之到期日，無條件支付與受款人或執票人之票據。」故匯票是一種委託付款的票據，其當事人至少有三，即發票人（drawer）、付款人（payer，又稱被發票人drawee）與受款人（payee），例如：甲委託乙憑匯票付款給丙，則甲為發票人，乙為付款人，丙為受款人。

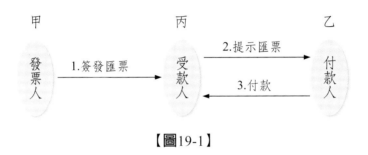

【圖19-1】

二、匯票的種類

(一) 依付款期限不同分類

1.即期匯票（sight draft; sight bill; demand draft; demand bill）：指付款人必須於見票（at sight）、提示（on presentation）或要求（on demand）時，即付款的匯票。

2.遠期匯票（usance draft; usance bill; time draft; time bill）：指在一確定或可確定的未來某一期日付款的匯票，其期限規定方式常見的有：

(1) 見票後若干日付款，例如：sixty days after sight。

(2) 發票後若干日付款，例如：thirty days after date。

(3) 提單簽發後若干日付款，例如：ninety days after B/L date。

(4) 裝船後若干日付款，例如：ninety days after ship date。

(5) 定日付款，例如：July 21, 20 −。

遠期匯票的執票人（bearer）為保障權益，通常均於到期日前先向付款人提示匯票請求承兌（acceptance），尤其是見票後若干日付款的匯票，承兌日即為見票日，為計算到期日，必須提示請求承兌。遠期匯票經承兌後，即成為承兌匯票（acceptance bill）。

(二)依是否附有貨運單據分類

1.**光票**（clean draft; clean bill）：即未附有貨運單據的匯票，票匯方式之下的匯票即為光票；而如果信用狀或契約中規定出口商請求付款時，僅須簽發匯票，不必隨附任何貨運單據（例如：無跟單信用狀、光票託收或寄售方式），則出口商簽發的也是光票。

2.**跟單匯票**（documentary draft; documentary bill）：即附有貨運單據的匯票。在憑跟單信用狀、D/P或D/A付款的場合，賣方於簽發匯票時，必須另附上貨運單據，請求出口地銀行押匯或託收，銀行再憑以向開狀銀行或進口商請求付款。

(三)依發票人的不同分類

1.**銀行匯票**（banker's draft）：即以銀行為發票人的匯票，在順匯方式之下的匯票即為銀行匯票。

2.**商業匯票**（commercial draft）：即以商人為發票人的匯票，在逆匯方式之下的匯票即為商業匯票，國際貿易上使用的，大多是這種匯票。

三、匯票的內容

茲就國際貿易上一般常用的商業匯票（見表19-2），說明其內容格式及填製方法：

1.**匯票號碼**（draft no.）：由出口商自行編列，多數與發票的號碼一致。

2.**發票日期、地點**：發票日應不得逾信用狀有效期限或最後提示期限，發票地點則多已印在匯票上，若未印就，應填上發票人的營業處所或住所。

3.**匯票金額**：此欄的金額應填上幣別及阿拉伯數字，匯票金額原則上應與發票金額一致，但信用狀另有規定者，應從其規定。

4.**匯票期限**：應依契約或信用狀的規定填製

(1) 如為即期匯票：免填任何期限，但為防止他人竄改，習慣填上「XXX」或「===」；

(2) 如為見票若干天後付款的遠期匯票：例如：「60 days after sight」，則填入「60 days after」或「60 days」；

(3) 如為簽發匯票後若干日付款的遠期匯票：例如：「60 days after date」，則應依實際簽發日填入，例如：簽發日為 Apr. 20, 20XX，則應填入「60 days after date Apr. 20, 20XX」，或計算後填入實際到期日「Jun. 19, 20XX」；

(4) 如為簽發提單後若干日付款的遠期匯票：例如「30 days after B/L date」，則應依實際提單日填入，例如：提單日為 Apr. 20, 20XX，則應填入「30 days after B/L date Apr. 20, 20XX」，或計算後填入實際到期日「May 20, 20XX」。

表19-2

BILL OF EXCHANGE

DRAFT NO. ___(1)___   DATE ___(2)___

EXCHANGE FOR ___(3)___

AT ___(4)___ SIGHT OF THIS FIRST (5) OF EXCHANGE (SECOND THE SAME TENOR AND DATE BEING UNPAID) PAY TO THE ORDER OF ___(6)___ (7) VALUE RECEIVED

AAA COMMERCIAL BANK

THE SUM OF ___(8)___

DRAWN UNDER ___(9)___

L/C NO. _____ DATED _____

TO ___(10)___   (11)

BILL OF EXCHANGE

DRAFT NO. _____   DATE Apr. 20, 20XX

EXCHANGE FOR USD 40,000.00

AT 30 Days After SIGHT OF THIS SECOND OF EXCHANGE (FIRST THE SAME TENOR AND DATE BEING UNPAID) PAY TO THE ORDER OF VALUE RECEIVED.

AAA COMMERCIAL BANK

THE SUM OF US Dollar Forty Thousand Only.

DRAWN UNDER Hong Kong Bank Of Canada, Montreal, Quebec.

L/C NO. HMN26448   DATED Feb. 14, 20XX

TO Hong Kong Bank Of Canada,   Evergreen Brush Factory Co., Ltd

Montreal, Quebec.   *Jerry Chen*

                                    Export Manager

5.份別：國際貿易上使用的匯票多為一套兩份，兩份皆可請求付款，一份已請求支付後，另一份即作廢，因此在第一份匯票上除標明其為第一份（FIRST OF EXCHANGE）外，另以括弧註明已付第一份，則第二份即不付；第二份匯票上除標明其為第二份（SECOND OF EXCHANGE）外，另註明已付第二份，則第一份不付。

6.受款人：國際貿易上，匯票受款人多為押匯銀行（L/C時）或託收銀行（託收時），該等銀行均已於匯票受款人一欄印上自己名稱，例如：附表中「PAY TO THE ORDER OF AAA COMMERCIAL BANK」，因此出口商不必再填上任何字樣。

7.匯票文字金額：將金額以文字填入，並於最後以「only」字樣表示結束，其金額應與阿拉伯數字金額一致，若有不同，以文字金額為準。

8.票面金額收託：這是一種傳統的習慣性用語，表示發票人承認已收到付款人支付的票面金額，並無特殊的法律意義，也不必於其後填上任何文字。

9.發票條款：實務上銀行所印就的匯票上，多印上發票條款，表明該匯票係依據某信用狀所簽發，出口商只要填入信用狀號碼、開狀日期與開狀銀行名稱即可。若付款方式為託收，則於DRAWN UNDER之後填上「D/P」或「D/A」即可。

10.付款人：如果付款工具為信用狀，多以開狀銀行為付款人；若非以信用狀為付款方式者，多以進口商為匯票付款人。

11.發票人：通常為出口商，除應標明公司名稱外，並須由公司負責人簽字。

第三節 商業發票

一、商業發票的意義

商業發票（commercial invoice）係出口商於貨物交運後，寄給進口商的出貨通知書。商業發票上詳細記載商品名稱、品質、數量、單價及金額，故其具有商品內容聲明書（statement of merchandise）及收帳通知書（debit note）的功能。商業發票是一切貨運單據的中心，交運的貨物以商業發票上所載者為準，萬一買賣雙方發生糾紛，商業發票將是重要的證明文件，因此其他的貨運單據，例如：提單、保險單等單據上有關商品的記載，都應與商業發票一致。

二、商業發票的內容

　　茲就表19-3的商業發票，說明其內容格式及製作方法：

　　1.發票號碼：由出口商自行編列，多依開製發票的順序以流水號碼編列。

　　2.發票日期：不得逾信用狀有效期限或提示期限，多與裝運日期同一天。

　　3.商品名稱及總數量：在Invoice of之後填上商品名稱及總數量，有時則僅列出商品名稱。

　　4.抬頭人：填上進口商的名稱與地址，有時為保持商業機密，可不填詳細地址，只註明城市名與國名。

　　5.發貨人：即出口商，應填上出口商的英文名稱。

　　6.運送工具名稱：運送方式為船運時，於「per」之後，填上S. S. 再加上船名及航次；如為空運，則填入「airlift」或「airfreight」字樣；如為郵遞，則填入「parcel post」；如中途有轉運，則應在運送工具名稱後以括弧加註「to be transhipped at...」字樣。

　　7.啟航日期：須與提單所載裝運日一致，如有「on or about」字樣，則與提單裝運日期可有前後五天的差距。

　　8.起運地：須與提單及信用狀一致。

　　9.目的地：須與提單及信用狀一致。

　　10.信用狀號碼：以信用狀為付款方式者，填入信用狀號碼。

　　11.契約號碼：有，則填；無，可免填。

　　12.嘜頭與件數：信用狀有規定者，應從其規定；信用狀未規定者，則由出口商自己編製，但應與其他單據上的嘜頭一致。

　　13.商品明細：即商品名稱、品質、規格與說明，依信用狀統一慣例規定，商業發票上有關商品的記述，應與信用狀上所記載者完全一致。

　　14.數量：填列各項商品的數量與單位名稱，並於截止符號下方標明其總數量。

　　15.單價：註明各項商品的單價及幣別，並在上方標明其貿易條件，例如：CIF New York。

　　16.金額：即各項商品數量乘上單價之後的金額，各項金額加總後，於截止符號下方標明其總金額。

　　17.金額大寫：以文字大寫將總金額重複一次，並於最後以「only」字樣結束。

　　18.發票條款：標明簽發該發票所依據的信用狀號碼、開狀日期與開狀銀行名稱。

　　19.發票人：即出口商，除應標明公司名稱外，並須公司負責人簽字。

表19-3

EVERGREEN BRUSH FACTORY CO., LTD.

INVOICE

NO.＿＿12345＿**(1)**＿＿＿＿　　　　　　DATE＿Apr. 20, 20XX＿**(2)**＿＿＿

INVOICE OF＿500 dozens of makeup brush＿**(3)**＿＿＿＿＿＿＿＿＿＿

FOR ACCOUNT AND RISK OF MESSRS.＿White Trading Co., Ltd. 240 Cousens Ville St-Laurent,＿

Montreal, Quebec, Canada＿**(4)**＿＿＿＿＿＿＿＿＿＿＿＿＿＿＿＿

SHIPPED BY＿Evergreen Brush Factory Co., Ltd.＿**(5)**＿＿＿＿＿＿＿

PER＿S.S. Moonstar V-112233＿**(6)**＿＿＿SAILING ON OR ABOUT＿Apr. 20, 20XX＿**(7)**＿

FROM＿Keelung＿**(8)**＿＿＿＿TO＿Montreal＿**(9)**＿＿＿＿＿＿

L/C NO.＿HMN26448＿**(10)**＿＿＿＿CONTRACT NO.＿＿**(11)**＿＿＿＿

MARKS & NOS. (12)	DESCRIPTION OF GOODS (13)	QUANTITY (14)	UNIT PRICE (15)	AMOUNT (16)
WTC Montreal C/No. 1-250 Made in Taiwan (12)	Makeup Brush		FOB Keelung (per Dozen)	
	ASE-0123	200 Dozens	USD 80.00	USD16,000.00
	AST-0258	300 Dozens	USD 80.00	24,000.00
		500 Dozens		USD 40,000.00

* Say total US Dollars Forty Thousand Only.　**(17)**
* Drawn under Hongkong Bank of Canada, Montreal, Quebec, L/C No. HMN26448 dated Feb. 14, 20XX.**(18)**

Evergreen Brush Factory Co., Ltd.

Jerry Chen　**(19)**

Export Manager

第四節 包裝單

一、包裝單的意義

包裝單（packing list）是由出口商所製作，詳細記載一批貨物各件包裝明細的文件，故又稱包裝清單（packing specification）或裝箱單（specification of contents）。包裝單是商業發票的補充文件，當買賣的貨物每件的內容、重量、尺寸及花色有所不同時，商業發票雖載有貨物數量或件數，但只是籠統的說明，其詳細的包裝內容，例如：每件的內容與花色、各件的重量與體積等，必須藉包裝單來補充。

包裝單在貿易進行的過程中，對許多相關當事人都具有重要的功能：

1. 對運送人而言：可作為點收、點交貨物以及核計運費的參考。
2. 對公證行而言：可作為查對貨物數量的參考。
3. 對海關而言：可作為查驗貨物的參考。
4. 對進口商而言：可作為核對貨物數量的依據。
5. 對保險人而言：為辦理保險理賠時的必要文件。

二、包裝單的內容

茲就表19-4的包裝單，說明其內容格式及製作方法：

1. **標題**：如契約或L/C要求Packing List時，賣方自應提示標有「Packing List」字樣的包裝單，惟依據ISBP第41條，若信用狀要求Packing List時，則只要單據包含包裝的明細，無論單據名稱係以Packing Note或Packing and Weight List，甚至無單據名稱，均符合信用狀的要求。

此外，如契約要求須提供中性包裝單（Neutral Packing List，這種包裝單乃出口商的名稱不在包裝單上出現。當進口商預期將單據轉讓給其他買主時，為防止該買主直接與出口商接觸，即常要求出口商提供Neutral Packing List）。此時，必須以無出口商信頭（letter head）的白紙製成，而且出口商不簽名蓋章。

2～13項的填製方法，均與商業發票同，請參閱本章第三節。

14. **件號**：包裝內容及包裝方式相同者合為一項，並標明其件號，如No. 1～20件為一類貨物，21～30件為另一類貨物，其內容不同，包裝方式也有不同，應分別標示。

15. **商品明細**：記載方式雖可較為簡略，但最好與商業發票相同，以免遭押匯困擾。

16. **數量**：應標明每一項貨物各件包裝的數量及總數量，並於截止符號下方標明全批貨物總數量。

表19-4

EVERGREEN BRUSH FACTORY CO., LTD.

PACKING LIST (1)

NO. _____12345_____ **(2)** _____   DATE__Apr. 20, 20XX__ **(3)** _____

PACKING LIST OF__500 dozens of makeup brush__ **(4)** _____

FOR ACCOUNT AND RISK OF MESSRS.__White Trading Co., Ltd.__

240 Cousens Ville St-Laurent, Montreal, Quebec, Canada **(5)** _____

SHIPPED BY__Evergreen Brush Factory Co., Ltd. **(6)** _____

PER__S.S. Moonstar V-112233__ **(7)** _____

SAILING ON OR ABOUT__Apr. 20, 20XX__ **(8)** _____

FROM_____Keelung__ **(9)**   **TO**____Montreal__ **(10)** _____

L/C NO.__HMN26448__ **(11)** **CONTRACT NO.**_____ **(12)**____

MARKS & NOS. (13)

WTC
Montreal
C/No. 1-250
Made in Taiwan

PACKING NO. (14)	DESCRIPTION OF GOODS (15)	QUANTITY (16)	NET WEIGHT (17)	GROSS WEIGHT (18)	MEASUREMENT (19)
	Makeup Brush				
1-100	ASE-0123	@ 2 Dozens	@ 3.50 Kgs	@ 4.00 Kgs	@0.045 M^3
		200 Dozen	350.00 Kgs	400.00 Kgs	4.500 M^3
101-250	AST-0258	@ 2 Dozens	@ 3.50 Kgs	@ 4.00 Kgs	@0.045 M^3
		300 Dozen	525.00 Kgs	600.00 Kgs	6.750 M^3
250 Ctns.		500 Dozen	875.00 Kgs	1,000.00 Kgs	11.250 M^3

* Say total Two Hundred and Fifty Cartons Only.   **(20)**
* Drawn under Hongkong Bank of Canada, Montreal, Quebec, L/C No. HMN26448 dated Feb. 14, 20XX.**(21)**

Evergreen Brush Factory Co., Ltd.

Jerry Chen   **(22)** _____

Export Manager

17.淨重：應標明每一項貨物各件包裝的淨重及總淨重，並於截止符號下方標明全批貨物總淨重。

18.毛重：標明方式與淨重同。

19.體積：標明方式與淨重同（但有時可不標示）。

20.包裝總數：應以文字表明包裝總件數。

21.其他條款：若信用狀規定，應於包裝單上註明信用狀號碼、開狀日期、開狀銀行或其他應註明事項，應依規定列明。

22.簽署人：由製作人（通常為出口商）標明公司名稱，並由公司負責人簽字。

第五節　重量尺碼證明書

重量尺碼證明書（weight/measurement certificate）即記載貨物淨重、毛重及體積的證明文件，其簽發人可以是公證人，也可以由貨主自行簽發，若信用狀未規定由何人出具時，出口商自行簽發即可，由出口商簽發的，通常稱為重量尺碼單（weight/measurement list）。

通常按裝運重量（shipping weight）條件交易時，出口商必須向進口商提供重量尺碼證明書，以證明其交付貨物的數量符合契約約定；而如果雙方係按起岸重量（landed weight）條件交易，當卸貨重量與契約不符時，進口商也必須向出口商、運送人或保險人提出重量尺碼證明書，以為索賠的依據，因此，這項證明書或在出口地製作，或在進口地製成，依情況而定。

第六節　檢驗證明書

檢驗證明書（inspection certificate）乃證明貨物品質、規格的文件。出口商必須提出檢驗證明書的情況有二：一是出口國政府為提高商品品質，建立國際市場信譽，規定某些商品必須於出口前辦理檢驗，取得檢驗合格證明後，才可以辦理出口通關手續，此乃法定的出口檢驗；另一種情況則是進口商為防止出口商交付品質不符買賣契約規定的貨物，或為符合進口國海關規定而要求出口商必須提出檢驗證明書。

屬於法定出口檢驗的情形，出口商應向出口國政府機構（例如：我國的標準檢驗局）辦理檢驗，取得檢驗證明；若是進口商要求的，則應向哪一個機構辦理檢驗，端視信用狀或契約的規定，其可能機構有：

　　1.政府檢驗機構：進口商有指定或進口國海關有規定必須提出由出口國政府檢驗機構簽發的檢驗證明書時，出口商應請其政府檢驗機構簽發。

　　2.公證行（公司）、公證人：若契約或信用狀中規定應提出獨立檢驗證明書（independent inspection certificate）或獨立公證報告（independent survey report），則出口商應洽公證行辦理檢驗公證，有時甚至指定公證行。例如：一些開發中國家規定，進口貨物的裝運前檢驗（PSI）必須由SGS或其代理辦理，出具無瑕疵檢驗報告（clean report of findings），則出口商必須接洽該指定公證行辦理。

　　3.進口商的分支機構或指定代理人

　　4.製造廠商：其所簽發的檢驗證明書稱為manufacturer's inspection certificate。

　　若契約或信用狀未特別指定簽發人時，任何機構所簽發的檢驗證明書都可視為符合規定，因此，若進口商需要特定機構所簽發的證明書，或希望檢驗哪些特定項目時，都應詳細規定在契約或信用狀中。

第七節　產地證明書

　　產地證明書（certificate of origin）（表19-5）係證明貨物確在某地生產、製造或加工的證明文件。由於進口國對某些出口國的產品課以優惠關稅（preferential duty），或由於進口國禁止或限制某些國家的某些產品進口，而要求進口商於辦理進口報關時，應提出產地證明書。

　　產地證明書的簽發人可以是政府機構、商會、同業公會或出口商。出口商應提供哪個機構所簽發的證明書，應依契約或信用狀的規定，如果契約或信用狀無特別規定，則由任何機構所簽發的產地證明書，都視為符合規定。

　　信用狀若要求提供領事發票或海關發票時，多不會再要求提供產地證明書，因為該類發票已具有產地證明的功能。

表19-5

1. Exporter's Name and Address	CERTIFICATE NO. Page CERTIFICATE OF ORIGIN (Issued in Taiwan) APPLICATION
2. Importer's Name and Address	
3. Shipped on Board 4. Vessel/Flight No. 5. Port of Loading.	6. Port of Discharge 7. Country of Destination

8. Description of Goods; Packaging Marks and Numbers.	9. Quantity/Unit.

本證不得塗改，其經塗改者，無效。This certificate shall be considered null and void in case of any alteration.

| 申請人（出口人）切結：The exporter hereby declares that：
1. 本證明書內所列之貨品原產地為台灣。
　 The goods listed in this certificate originate in Taiwan.
2. 上述內容均已據實填報，並遵守「原產地證明書管理辦法」之
　 規定，如有不實或有違法情事，願依貿易法第28條規定接受行
　 政處罰。
　 This certificate is truthfully filled out and in compliance with the
　 "Regulations Governing Issuance of Certificate of Origin". Any false
　 statement made in this document or violation of the relevant laws is
　 subject to administrative penalty in accordance with Article 28 of the
　 "Foreign Trade Act".
申請人（出口人）統一編號
Applicant's Business Account Number
申請人（出口人）名稱、地址
Applicant's Name and Address

Stamp of exporter | 10. Producer's Name and Address

茲證明本證明書內所列之貨品原產地為臺灣，本證明書將
建檔保存兩年。
It is hereby certified that the goods described in this certificate
originate in Taiwan, and that this certificate shall be preserved
and filed for two (2) years.

Authorized signature |

習題

一、是非題

1. （　）廣義的貿易單據泛指貿易商在進行貿易的過程中所用到的各種文件、單據或證件。

2. （　）信用狀及匯票是屬於貿易單據中的付款單據。

3. （　）匯票是票據的一種，其發票人與付款人係同一人。

4. （　）國際貿易所使用的商業發票，簽發人為出口商。

5. （　）光票即空白的匯票。

6. （　）銀行匯票即以銀行為發票人的匯票。

7. （　）匯票文字金額若與阿拉伯數字金額不同，以阿拉伯數字金額為準。

8. （　）若信用狀要求應提示Packing List，則記載包裝明細的單據，其名稱必須為Packing List，不得為Packing Note。

9. （　）重量尺碼證明書可以由公證人簽發，也可以由貨主自行簽發。

10.（　）屬於法定出口檢驗的情形，出口商應向獨立公證行辦理檢驗。

二、選擇題

1. （　）以下何者不是屬於貿易單據中的契約單據？　(1)售貨確認書　(2)報價單　(3)商業發票　(4)訂單。

2. （　）下列何者為一般Neutral Packing List中未列出之項目？　(1)進口商名稱　(2)出口商名稱　(3)貨物名稱　(4)進口地名。

3. （　）發票上的裝運日期為「on or about July 10」，則根據UCP600的規定，提單上的on board date為下列何者時，開狀銀行得拒付？　(1) July 16　(2)July 15　(3) July 5　(4) July 6。

4. （　）以下何者不是D/A之下所使用的匯票？　(1)遠期匯票　(2)跟單匯票　(3)銀行匯票　(4)商業匯票。

5. （　）國際貿易上使用的匯票多為一套　(1)一份　(2)二份　(3)三份　(4)四份。

6. （　）商業發票不具備以下何種功能？　(1)出貨通知書　(2)證明貨物產地　(3)商品內容聲明書　(4)收帳通知書。

7. （　）(1)提單　(2)產地證明書　(3)商業發票　(4)包裝單　乃是一切貨運單據的中心，交運的貨物均以該文件上所載者爲準。

8. （　）依據UCP規定，以下何種單據上有關貨物的記述必須與信用狀上所記載者完全一致？　(1)商業發票　(2)包裝單　(3)產地證書　(4)提單。

9. （　）通常按　(1)裝運品質　(2)起岸品質　(3)裝運重量　(4)起岸重量　條件交易時，出口商必須向進口商提供重量尺碼證明書。

10. （　）若契約或信用狀要求應提示產地證明書，但未特別規定應由誰簽發，則應提示　(1)商會　(2)官方　(3)出口商　(4)以上任一皆可　簽發的產地證明書。

三、填充題

1. 若匯票期限爲30 days after sight，發票日爲7月1日，承兌日爲7月5日，則匯票的到期日爲_____月_____日。

2. 匯票依其付款期限的不同，可分爲_____及_____；依是否附有貨運單據，可分爲_____及_____；依發票人的不同，可分爲_____及_____。

3. 國際貿易上使用的匯票多爲一式_____份。

4. 所謂中性包裝單，係指包裝單上不能出現_____的名稱。

5. 若信用狀要求提供領事發票或海關發票時，多不會再要求提供_____。

四、解釋名詞

1. documentary draft
2. commercial invoice
3. packing list
4. weight/measurement certificate
5. certificate of origin

五、問答題

1. 商業發票的重要性爲何？
2. 何謂遠期匯票？遠期匯票期限規定的方式有哪些？
3. 何謂包裝單？其功能爲何？
4. 產地證明書的簽發人通常是哪些機構？若無特別規定時，應提供哪個機構所簽發的產地證書？

實習

一、試根據所附信用狀（表19-6）填製下列單據：

　　1. 匯票（表19-7）

　　2. 商業發票（表19-8）

　　3. 包裝單（表19-9）

　　▶補充資料：

　　1. 匯票號碼：WE-880809

　　2. 發票號碼：WE-880809

　　3. 包裝單號碼：WE-880809

　　4. 匯票、發票及包裝單簽發日：均為Aug. 12, 20XX

　　5. 船名：MING SUN

　　6. 航次：267

　　7. 裝船日：約於Aug. 12, 20XX

　　8. 嘜頭：◇WE◇

　　9. 包裝：共裝1,000紙箱，每箱16 pcs，每箱淨重15kgs，每箱毛重15.5kgs，每箱體積6.2cft.

　　10. 貨品明細：

件　　號	商品規格	單價（per pc.）
1-500	XR-2445	USD0.65
501-1000	XR-2446	USD0.55

表19-6

	Issue of a Documentary Credit	
Received from GENERALE BANK OVERSEAS, HONG KONG		
Destination Bank CITY BANK OF TAIPEI		MESSAGE TYPE: MT700
Sequence of Total	27	1/1
Type of Documentary Credit	40A	IRREVOCABLE
Letter of Credit Number	20	83879700
Date of Issue	31C	XX0627
Date and Place of Expiry	31D	XX0825 TAIPEI
Applicable Rules	40E	UCP LATEST VERSION
Applicant	50	WE ELECTRIC PRODUCT MFY.6/F.,FOOK HING FACTORY BLDG., 100, LEE CHUNG STREET, CHAI WAN, HONG KONG
Beneficiary	59	YU MANUFACTURING CO., LTD. 3RD. FLOOR, 2 NANKING EAST RD., TAIPEI, TAIWAN
Currency Code, Amount	32B	USD 9,600.00
Available with...by...	41D	ANY BANK BY NEGOTIATION
Drafts at	42C	SIGHT
Drawee	42D	ENERALE BANK OVERSEAS, HONG KONG
Partial Shipments	43P	NOT ALLOWED
Transhipment	43T	NOT ALLOWED
Port of Loading	44E	KEELUNG
Port of Discharge	44F	HONG KONG
Latest Date of Shipment	44C	XX0815
Description of Goods or Services	45A	16,000 PIECES OF 15V MOTOR AS/PER P/O NO. 12345 FOB KEELUNG
Documents Required	46A	• SIGNED COMMERCIAL INVOICE IN TRIPLICATE • FULL SET CLEAN ON BOARD OCEAN BILLS OF LADING MADE OUT TO ORDER OF GENERALE BANK OVERSEAS, HONG KONG MARKED "FREIGHT COLLECT" AND NOTIFY APPLICANT • PACKING LIST IN TRIPLICATE
Charges	71B	ALL BANKING CHARGES OUTSIDE HONG KONG ARE FOR ACCOUNT OF BENEFICIARY.
Period for Presentation	48	DOCUMENTS MUST BE PRESENTED WITHIN 21 DAYS AFTER THE DATE OF SHIPMENT BUT WITHIN THE VALIDITY OF THE CREDIT.
Confirmation Instructions	49	WITHOUT
Instructions to the Paying /Accepting/Negotiating Bank	78	ALL DOCUMENTS TO BE FORWARDED IN TWO SETS BY CONSECUTIVE AIRMAIL TO US AT 140 NATHAN ROAD, KOWLOON, HONG KONG

表19-7

Bill Of Exchange

1

Exchange for .... Taipei ....
(Amount in figures)   (Date)
At .... sight of this

FIRST of Exchange (SECOND being unpaid) Pay to the order of

THE SHANGHAI COMMERCIAL & SAVINGS BANK, LTD.

The sum of

.... Value received
(Amount in words)
Drawn under Letter of Credit No. .... dated ....
Issued by ....

....

To .... For and on behalf of
....
....
....

表19-8

INVOICE

NO._____   DATE_____

INVOICE OF_____

FOR ACCOUNT AND RISK OF MESSRS._____

_____

SHIPPED BY_____

PER_____SAILING ON OR ABOUT_____

FROM_____TO_____

L/C NO._____CONTRACT NO._____

MARKS & NOS.	DESCRIPTION OF GOODS	QUANTITY	UNIT PRICE	AMOUNT

* Say total
* Drawn under

_____

表19-9

PACKING LIST

NO._____   DATE_____

PACKING LIST OF_____

FOR ACCOUNT AND RISK OF MESSRS._____   MARKS & NOS.

_____

SHIPPED BY_____

PER_____

SAILING ON OR ABOUT_____

FROM_____TO_____

L/C NO._____CONTRACT NO._____

PACKING NO.	DESCRIPTION OF GOODS	QUANTITY	NET WEIGHT	GROSS WEIGHT	MEASUREMENT

* Say total
* Drawn under

二、請依所附信用狀（表19-10）製作以下單據：

1. 匯票（表19-11）

2. 商業發票（表19-12）

3. 包裝單（表19-13）

▶補充資料：

1. 匯票、商業發票及包裝單號碼：均爲S-123

2. 匯票、商業發票及包裝單製作日期：均爲Dec. 20, 20XX

3. 船名：BARBER PERSEVS

4. 航次：8712

5. 裝船日：約爲Dec. 20, 20XX

6. 嘜頭：〈XYZ〉

7. 商品明細：

件號	商品名稱	數量	單價（每件）	淨重（每箱）	毛重（每箱）	體積（每箱）
1-12	MP 2028 Base plates	1,200	USD6.00	7.75kgs	8.00kgs	29cft
13-30	MP 2420 Brake Block	1,800	USD5.00	6.35kgs	6.50kgs	3.2cft

8. 包裝：共裝30紙箱

表19-10

Issue of a Documentary Credit		
Received from NATIONAL BANK OF COMMERCE, MEMPHIS, TENNESSEE		
Destination Bank FIRST COMMERCIAL BANK, HEAD OFFICE		MESSAGE TYPE: MT700
Sequence of Total	**27**	1/1
Type of Documentary Credit	**40A**	IRREVOCABLE
Letter of Credit Number	**20**	1-10035-A
Date of Issue	**31C**	XX1114
Date and Place of Expiry	**31D**	XX1230 TAIWAN
Applicable Rules	**40E**	UCP LATEST VERSION
Applicant	**50**	XYZ COMPANY, INC. P.O. BOX 12-3456 MIAMI, FLORIDA 33152, U.S.A.
Beneficiary	**59**	ABC ENGINEERING CO., LTD.ROOM 503, 5TH FLOOR NO. 100, SEC. 3, MINSHENG E. ROAD, TAIPEI, TAIWAN
Currency Code, Amount	**32B**	USD 16,200.00
Available with...by...	**41D**	ANY BANK BY NEGOTIATION
Drafts at	**42C**	60 DAYS AFTER SIGHT FOR FULL INVOICE VALUE
Drawee	**42D**	NATIONAL BANK OF COMMERCE, MEMPHIS, TENNESSEE
Partial Shipments	**43P**	NOT ALLOWED
Transhipment	**43T**	ALLOWED
Port of Loading	**44E**	TAIWAN PORT
Port of Discharge	**44F**	MIAMI
Latest Date of Shipment	**44C**	XX1230
Description of Goods or Services	**45A**	3,000 PIECES ALUMINUM CASTINGS PER PURCHASE ORDER #22312 CIF MIAMI
Documents Required	**46A**	• COMMERCIAL INVOICE IN TRIPLICATE QUOTING CIF MIAMI PRICES • FULL SET CLEAN ON BOARD OCEAN BILLS OF LADING CONSIGNED TO ORDER OF SHIPPER, BLANK ENDORSED, MARKED "FREIGHT PREPAID" AND NOTIFY APPLICANT • PACKING LIST IN DUPLICATE • NEGOTIABLE INSURANCE POLICY/CERTIFICATE COVERING MARINE, WAR RISK AND ALL RISKS FOR 110% OF INVOICE VALUE IN DUPLICATE • CERTIFICATE OF ORIGIN
Charges	**71B**	ALL BANKING CHARGES OUTSIDE MEMPHIS, TENNESSEE ARE FOR ACCOUNT OF BENEFICIARY.
Additional Instructions	**47A**	ALL ITEMS MUST BE MARKED WITH COUNTRY OF ORIGIN AND INVOICES TO SO CERTIFY
Confirmation Instructions	**49**	WITHOUT

表19-11

Bill Of Exchange

1

Exchange for   ....   Taipei   ....

              (Amount in figures)   (Date)

                          At ....   sight of this

FIRST of Exchange (SECOND being unpaid) Pay to the order of

      THE SHANGHAI COMMERCIAL & SAVINGS BANK, LTD.

The sum of

        ....   Value received

              (Amount in words)

Drawn under Letter of Credit No.   ....   dated   ....

Issued by   ....

          ....

To   ....   For and on behalf of

      ....

      ....

      ....

表19-12

INVOICE

NO._____   DATE_____

INVOICE OF_____

FOR ACCOUNT AND RISK OF MESSRS._____

_____

SHIPPED BY_____

PER_____SAILING ON OR ABOUT_____

FROM_____TO_____

L/C NO._____CONTRACT NO._____

MARKS & NOS.	DESCRIPTION OF GOODS	QUANTITY	UNIT PRICE	AMOUNT

* Say total
* Drawn under

表19-13

PACKING LIST

NO._____   DATE_____

PACKING LIST OF_____

FOR ACCOUNT AND RISK OF MESSRS._____   **MARKS & NOS.**

_____

SHIPPED BY_____

PER_____

SAILING ON OR ABOUT_____

FROM_____TO_____

L/C NO._____CONTRACT NO._____

PACKING NO.	DESCRIPTION OF GOODS	QUANTITY	NET WEIGHT	GROSS WEIGHT	MEASUREMENT

* Say total
* Drawn under

_____

外匯與出進口結匯

第一節　外匯與外匯匯率

一、外匯的意義

　　何謂外匯（foreign exchange）？有人以為外匯就是外國貨幣，其實並不盡然。廣義地說，外匯係指「外國貨幣與對外國貨幣、及以外國貨幣表示的債權請求權」。具體而言，外匯即「一國所擁有的外幣資產」，包括一國政府及民間所持有的：

(一) 外國貨幣

外國發行的貨幣，包括外幣存款。

(二) 外幣票據

以外幣計值的匯票、本票及支票等票據。

(三) 外國有價證券

包括外國公債、公司債、股票及金融債券。

二、匯率的意義

　　外匯匯率（foreign exchange rate）簡稱匯率，又稱匯價，係指兩種貨幣之間的兌換比率。由於每一個國家使用的貨幣不同，因此國際之間不論是商品的貿易，或是資金的移動，往往必須將一國貨幣兌換成另一國的貨幣，匯率就是表示兩種貨幣之間幣值的換算比率。

三、匯率的表示方法

(一) 匯率的報價方式

匯率的報價方式又稱作匯率的標價法，在給外匯標價時，要比給一般商品標價來得複雜，因為一般商品標價不外是「一件商品多少錢」，一邊是商品，另一邊是貨幣，但是外匯交易是「以貨幣買貨幣」，兩邊都是貨幣，要以一種貨幣表示另一種貨幣的價格，難免容易混亂，因此在涉及匯率問題時，首先一定要弄清楚該匯率的報價方法，目前外匯市場中匯率的報價方法有以下兩種：

1.直接報價法（direct quotation method）

係一單位外國貨幣折合若干單位本國貨幣的匯率報價法，亦即：

1單位外國貨幣 = ? 單位本國貨幣

例如：我國外匯市場中，新臺幣對美元的匯率報價法為：USD1 = TWD32.5，32.5就是USD與TWD之間的匯率，又例如：新臺幣對日圓的匯率報價為0.27，表示JPY1 = TWD0.27，我國及大多數國家的外匯市場所採用的匯率報價法，都是這種直接報價法。

2.間接報價法（indirect quotation method）

係一單位本國貨幣折合若干單位外國貨幣的匯率報價法，亦即：

1單位本國貨幣 = ? 單位外國貨幣

上例中USD1 = TWD32.5若改為間接報價法，便成為TWD1 = USD0.0308（1÷32.5 = 0.0308）。不過我國目前外匯匯率並不是採間接報價法，而是採直接報價法。國際上採用間接報價法的國家並不多，只有歐盟、英國、澳洲、紐西蘭及南非等少數地區或國家。在各主要國際金融中心的外匯市場，報價方式多是以一美元折合若干其他貨幣，惟英鎊、澳幣、紐幣及歐元是以一單位英鎊（澳幣、紐幣或歐元）等於若干單位美元的方式報價。

上述兩種報價法，雖然會產生兩個數字不同的匯率，例如：USD1 = TWD32.5的「32.5」，與TWD1 = USD0.0308的「0.0308」，但實際上，兩個匯率所表示的兌換比值是相等的。

不過要特別提醒注意的是，雖然兩種匯率報價法表示相同的兌換比值，但是兩種方法之下，匯率數值的變動所表示的意義卻截然不同，茲分別說明如下：

1.直接報價法：當匯率變大，表示必須以更多的本國貨幣才能換得同一單位的外國貨幣，因此本國貨幣貶值了；相對地，外國貨幣則升值了。

例如：USD1 = TWD32.5變成USD1 = TWD33，表示TWD貶值、USD升值。相反地，當匯率變小，表示本國貨幣升值，外國貨幣貶值。

2.間接報價法：當匯率變大，表示必須以更多的外國貨幣才能換得同一單位的本國貨幣，因此本國貨幣升值了；相對地，外國貨幣則貶值了。

例如：GBP1 = USD1.6變成GBP1 = USD1.8，表示GBP升值，USD貶值。

相反地，當匯率變小，表示本國貨幣貶值，外國貨幣升值。

(二) 匯率的報價單位

匯率報價通常報到最小貨幣單位的百分之一，稱之為「點」（point），例如：美元的最小貨幣單位為美分，即USD0.01，其百分之一USD0.0001稱之為一點。依此，若GBP與USD間的匯率由GBP1 = USD1.6543上升至GBP1 = USD1.6789，則稱GBP上升246點，若匯率跌至1.6520，則稱GBP下跌23點。再例如：USD與TWD之間的匯率由USD1 = TWD32.6642上升至USD1 = TWD32.6728，便稱USD上升86點。

一般的貨幣單位最小大多是「分」，不過日圓因為幣值較低，貨幣單位最小就是其基本單位，沒有「角」或「分」，所以便以其基本單位的百分之一亦即JPY0.01為一點，例如：USD與JPY之間的匯率由USD1 = JPY120.57下跌至USD1 = JPY120.48，稱匯率下跌9點。

四、匯率的種類

(一) 依銀行買賣外匯立場的不同分類

1.買入匯率（buying rate）

簡稱為買價，即銀行買入外匯時所適用的匯率。

2.賣出匯率（selling rate）

簡稱為賣價，即銀行賣出外匯時所適用的匯率。

買入匯率與賣出匯率的差額，稱為買賣價差（spread），或簡稱為價差。這個價差是報價者買賣外匯的利潤及對匯率變動風險的預防，價差的大小，視市場規模、競爭程度及匯率的穩定性而定，價差愈大，對報價者愈有利。

例如：

某銀行對顧客掛牌USD：TWD的匯率為32.64：32.74

32.64為買入匯率，表示該銀行願意付出TWD32.64，買入USD1，32.74為賣出匯率，表示該銀行願意收進TWD32.74，賣出USD1；對顧客而言，欲賣出USD1，須依銀行的買入匯率，換得TWD32.64；欲買入USD1，須適用銀行的賣出匯率，付出TWD32.74。

買賣價差為0.1。

(二) 依交割日期不同分類

1. 即期匯率（spot rate）

指必須在外匯買賣契約成立後的兩個營業日內，進行交割的匯率。

銀行在外匯市場上所報的即期匯率，因報價對象的不同，而有不同的做法。

(1) 對顧客報價

銀行對顧客所報出的即期匯率為當日交割，故掛牌匯率適用於當日交割的交易。

對顧客報價，除上述的即期匯率外，另有一種「現鈔匯率」，適用於顧客以外幣現鈔方式與銀行買賣外匯的交易，由於庫存現鈔無法運用生息，且必須負擔運送、保管、保險等費用及可能收受偽鈔的風險，因此銀行所報的現鈔買入匯率較即期買入匯率低，現鈔賣出匯率較即期賣出匯率高。也就是說，外幣現鈔匯率的買賣價差，比即期匯率的買賣價差大。

不論是即期匯率或現鈔匯率，銀行對顧客所報匯率，除非當天的匯率有重大變化，否則通常都是一天一價，即早上所掛出的匯率，原則上適用於當天對一般顧客所有的交易。但是若顧客單筆交易的金額較大，往往可要求銀行給予較優惠的匯率。

(2) 對銀行報價

銀行同業間所報出的即期匯率，通常都是在報價後的第二個營業日辦理交割，但有少數國家的外匯市場，其銀行間市場的即期匯率，乃是在報價後第一個營業日或報價當天交割。

由於銀行間外匯市場是批發性的市場，有最低交易金額的限制，因此其買賣價差較小；而顧客市場是零售市場，交易金額大小不一，所以買賣價差較大。除匯率高低不同之外，所報匯率的最小單位也有差異，一般而言，對銀行報價須報到小數第四位（即點 point），例如：USD1 = TWD32.6369，對顧客報價則僅報到小數第二位，例如：USD1 = TWD32.63。

此外，銀行間市場的匯率是隨時變動的，不像顧客市場的匯率是一整天都不變的（除非當天的匯率有重大變化）。

茲以下表來比較銀行間市場與對顧客市場報價匯率的不同：

表20-1

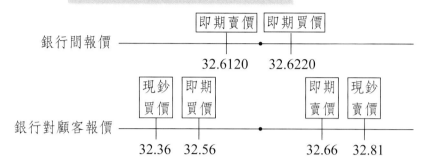

銀行間市場與顧客市場匯率的比較

2.遠期匯率（forward rate）

指在外匯買賣契約成立後的一定時日，才進行外匯交割的匯率，銀行報價的遠期匯率通常為規格化的到期日，即一個月、兩個月、三個月等，其交割日則分別為即期交割日加一個月、兩個月、三個月等。

第二節　貿易商規避匯率變動風險的方法

匯率風險係指因匯率變動所產生的風險，在當前的浮動匯率制度下，匯率是由外匯市場的供給需求所決定，而影響外匯供需的因素既多且複雜，因此匯率預測並不容易，尤其是心理因素很難掌握，而短期性投機資金的迅速移動，更使匯率變動的方向難以捉摸。

貿易商的匯率風險係因國際貿易而附帶產生的，雖然匯率的變動並不一定會造成損失（當本國貨幣相對外國貨幣呈現升值時，對本國出口商不利，但對本國進口商有利；相反地，當本國貨幣相對外國貨幣呈現貶值時，對本國進口商不利，但對本國出口商有利），不過由於貿易商的正常獲利來源，應該來自於貨物買賣，而不是外匯投機，因此除非風險很低或避險成本很高，否則，貿易商原則上應採取避險措施，以確定貿易的成本與利潤，茲將貿易商規避匯率變動風險的因應措施或預防對策介紹如下：

1.設定內部匯率：即在對外報價時，將匯率風險因素考慮在內，將可能產生的匯率損失包含在價格中，將風險轉嫁出去。

2.訂定匯率條款：即在貿易契約中，議定匯率計算的水準或範圍，未來匯率的變動若脫離此水準或範圍，則風險由對方承擔。

3.利用遠期外匯交易、外匯期貨交易或外匯選擇權交易規避風險。有關這些避

險操作方法請自行參閱相關書籍。

4.外匯存款或借款：例如：以「即期對沖」的方式避險（出口商預先向銀行借入外幣，兌換成本國貨幣，日後再以進口商支付的外幣償還外幣借款；進口商則先向銀行借入本國貨幣，兌換成外幣，至付款日即以該筆外幣支付國外），或以factoring（應收帳款收買業務）、forfaiting（中長期應收票據收買業務）等出口融資的方式，將匯率風險轉嫁給經辦的銀行。

5.改變付款方式：若預期外幣將貶值時，出口商可與進口商約定改採預付貨款等提前（leading）付款的方式；相反地，進口商可要求國外出口商改採延後（lagging）付款的方式。

6.調整價格：當出口商因為外幣貶值而有損失時，可與國外進口商商議酌予調高售價；反之，當進口商因外幣升值而有損失時，可要求出口商降低售價。

7.分散貿易市場：貿易商的國外市場若集中於某一地區，容易因為該國貨幣的漲跌而有過高的風險，若能分散市場，採用不同的貨幣交易，可將風險分散或抵銷。

8.兼營進出口：由於匯率的變動若對出口商不利（有利），則對進口商有利（不利），因此專營出口或進口的廠商，其所面臨的風險自然較大；若專營出口者可改為兼營進口，或專營進口者改為兼營出口，則匯率變動風險可以相互抵銷。

9.強化企業體質：貿易商應致力提升產品品質、降低生產成本、提高生產效率，以強化自身的體質，提高對匯率風險的承受能力。

10.改採本國貨幣交易：以本國貨幣交易可完全避免匯率風險，但必須在本國廠商居於優勢地位，且本國貨幣為國際性通貨的情況下，才有採用的可能。

11.投保匯率變動保險：各國官方金融或保險機構多有承辦輸出保險，匯率變動保險即為輸出保險的一種，貿易商可投保此項保險，將匯率風險轉嫁給承保機構。

理論上，規避匯率風險的方法有很多，但實務上，並非每一種方法都是可行或都會奏效，貿易商應視情況選用，必要時還應將各種方法彈性調整，甚至各種方法互相搭配，混合運用。

第三節　出口結匯

出口結匯係指出口商將出口所得外匯結售給外匯銀行的行為。由於我國目前已解除外匯管制，因此出口商所得外匯並不一定要結售給外匯銀行，也可以外匯方式保有。出口結匯的方式以及應辦理的手續，會隨著所採用付款方式的不同而有異，以下便就不同的付款方式，說明出口商辦理結匯時的手續及應注意事項。

一、信用狀方式下的出口結匯

憑信用狀的出口結匯，又稱為出口押匯。當受益人將貨物裝運出口後，便可準備信用狀所規定的各項單據，請出口地的外匯銀行以墊款、貼現或讓購的方式，先行墊付貨款，再由該外匯銀行（即押匯銀行）將各項單據向開狀銀行或指定付款銀行提示，請求付款，其中，受益人憑單據，請求押匯銀行墊付貨款的行為即稱為押匯。對押匯銀行而言，出口押匯乃銀行讓購或貼現信用狀下的單據，以資金協助出口商的一種授信行為，故出口押匯也是出口融資的一種。

(一) 押匯手續

若出口商與押匯銀行為初次往來，必須辦理下述的新開戶手續：

1.提供各項徵信資料：例如：客戶資料表、股東名簿、近三年資產負債表、損益表及納稅證明等，供銀行徵信之用。經銀行徵信核可後，即授與押匯額度。

2.簽訂出口押匯總質權書（Letter of Hypothecation，或General Letter of Hypothecation，簡稱L/H）：是一種受益人與押匯銀行的往來約定書，約定雙方的權利義務。其格式由銀行印就，出口商只要覓妥連帶保證人並簽署即可，其效力為永久，往後各次押匯時均適用。

3.送交印鑑卡（登記卡）。

4.開設外匯存款帳戶

開戶手續完成後，出口商即可申請押匯，每次押匯時，應提供下列文件：

1.出口押匯申請書：空白格式由銀行提供。（見表20-2）

2.信用狀正本：若有修改書，也要一併提出。

3.匯票：由押匯銀行提供空白格式。

4.信用狀所規定各項單據：應提供哪些單據，完全依信用狀規定。

5.輸出許可證：依規定應簽證者，方須提供。

出口商將以上文件遞送押匯銀行，經押匯銀行核對單據，如完全符合信用狀規定，即將押匯金額扣除押匯手續費、貼現息以及其他各項費用後的淨額撥存入出口商的帳戶。

(二) 出口商辦理押匯時應注意事項

1.各項押匯文件是否備齊？上述申請押匯時，應提供文件必須準備齊全，缺一不可，尤其要注意的是，信用狀規定應提供的單據，無論在種類或份數上都要完全與信用狀規定一致。

2.押匯日期不得逾信用狀有效期限，也不得逾提示期限：若信用狀有規定提示期

表20-2

出 口 押 匯 申 請 書
APPLICATION FOR NEGOTIATION OF DRAFTS UNDER L/C

TO：渣打銀行臺北分行／高雄分行
　　Standard Chartered Bank, Taipei/Kaohsiung Branch

CBN No. _____
日期
Date: _____

敬啟者：
Dear Sirs:

茲隨函附奉本公司所開匯票第 _____ 號計 _____
We send you herewith for negotiating our draft No. _____ for _____

根據信用狀第 _____ 號 _____ （金額）
drawn under L/C No. _____ issued by _____

（以下稱「該匯票」）　　　　　（信用狀開狀銀行）
(hereinafter referred to as the "Draft")

及下列各項證件即請查照並希准予辦理押匯為荷：
accompanied by the following documents:

發票	領事簽證單	保險單	產地證明書	重量單	包裝單	檢驗單	提單	其他
Invoice	Consular Invoice	Insurance Policy	Certificate of Origin	Weight Note	Packing List.	Certification of inspector	Bill of Lading	Others

---

付 款 指 示
Payment Instruction

上項貨款請扣除代理商佣金 _____ 及匯出匯款 _____ 。
　　　　　　　　　　（金額）　　　　　　　　　　　　　　　（金額）

後按下列方式處理為荷：
Please deduct agent commission of _____ and outward remittance of _____ from the proceeds and apply the net proceeds as follows:
　　　　　　　　　　(amount)　　　　　　　　　(amount)

☐本筆已向　貴行發售遠期外匯文件號碼 _____ 請按契約上之匯率@ _____ 結售予　貴行。
　The amount of foreign currency under this transactlon was already sold to your Bank under a forward contract No. _____ . Please convert the net proceeds into New Taiwan Dollars at the exchange rate of _____ pursuant to the contract.

☐請將結售予　貴行之票值新台幣　　☐存入　貴行支票／活期存款 _____ 號帳戶。
Please credit the net proceeds in　　to our current account savings account No. _____ with your Bank.
New Taiwan Dollars　　　　　　　　☐償還本公司在貴行貸款號碼： _____
　　　　　　　　　　　　　　　　　to repay our loan No.: _____
　　　　　　　　　　　　　　　　　☐請開具本公司抬頭之銀行支票。
　　　　　　　　　　　　　　　　　by issuing to us a bank's check with our Company as the payee.
　　　　　　　　　　　　　　　　　☐請開具以本公司抬頭之支票／以電匯方式匯入於本公司在 ____ 銀行 ____ 分行 ____ 存款 ____ 號帳戶。
　　　　　　　　　　　　　　　　　By issuing us a check/TT to our current account/savings account No. _____ with _____ Bank _____ Branch.

☐請將本筆原幣貨款　　　　　　　☐轉入本公司在　貴行外匯存款 _____ 號帳戶。
Please credit the net proceeds in　　to our foreign exchange account No. _____ with your Bank.
foreign currency　　　　　　　　　☐償還本公司在　貴行原幣貸款號碼： _____ 。
　　　　　　　　　　　　　　　　　to repay our loan No.: _____
　　　　　　　　　　　　　　　　　☐銀行費用自支票／活期存款 _____ 號帳戶扣除。
　　　　　　　　　　　　　　　　　bank chargas deducted from our current account/savings account No. _____ .
　　　　　　　　　　　　　　　　　☐銀行費用自原幣扣除。
　　　　　　　　　　　　　　　　　bank chargas deducted from the net proceeds.

本公司簽同意遵守本申請書背面所載之一般約定條款
We agree the general clauses stated as per reverse side of this application form

申請人：（公司名稱）　　　　　　　　公司及負責人印鑑：
Applicant: (Name of Company)　　　　Chops of Company & Responsible Person:
地　址：　　　　　　　　　　　　　聯絡人／聯絡電話：
Address:　　　　　　　　　　　　　Contact Person/Telephone No.:
營利事業統一編號：
Business Registered Certificate No.:

Signature Verified By
_____

限，應於該期限內申辦押匯，若信用狀未規定提示期限，應於裝運日後21天內提示單據辦理押匯，但無論如何，均不得晚於信用狀有效期限，否則將遭拒絕押匯。

3.是否指定押匯銀行？若信用狀未指定押匯銀行，受益人自可向任何外匯銀行申辦押匯，若有指定，應向該指定銀行申辦，或利用轉押匯方式辦理。

4.謹慎檢查匯票及各項單據內容是否有違信用狀、UCP或ISBP的規定

5.各項單據的內容是否有互相矛盾之處？除個別單據的檢查外，也應注意各項單據在商品名稱、規格、數量、金額、日期、嘜頭、地點等項目，是否有不一致或彼此矛盾之處。

(三) 押匯單據有瑕疵的處理方式

當出口商辦理押匯時，押匯銀行發現單據有瑕疵，其處理的方式有：

1.補全或更正單據：若單據的瑕疵是缺少若干應提示的單據，或單據上的記載有誤而得以更正者，出口商應於規定提示單據的期限內將單據補全或更正。

2.修改信用狀：若時間來得及，由出口商請進口商向開狀銀行申請修改信用狀，修改不符或無法做到的條款。

3.電詢押匯（cable negotiation）：由押匯銀行將單據不符的內容詢問開狀銀行意見，遵照對方回覆決定是否受理押匯。但是單據的瑕疵複雜時，難以詳細陳述，若陳述不清，易引起日後糾紛。

4.改採託收：若瑕疵情況嚴重，可能遭開狀銀行拒付時，押匯銀行往往在徵得出口商同意後，改採託收方式（信用狀之下的託收，與一般的跟單託收D/P或D/A不同），待收妥貨款後，再將款項支付出口商。

5.保結押匯（under reserve; under letter of indemnity; against a guarantee）：當瑕疵情況不甚嚴重，研判可能不會遭開狀銀行拒付時，出口商可徵得押匯銀行同意，由出口商簽具認賠書（或稱損害賠償約定書）（Letter of Indemnity，簡稱L/I）（見表20-3），必要時並提供擔保品，請押匯銀行准予押匯，此即保結押匯。如開狀銀行接受單據並付款，押匯銀行即通知出口商解除保證責任，如開狀銀行拒付，則出口商應將押匯款償還押匯銀行，並賠償押匯銀行的一切損失。若信用狀禁止保結押匯，例如：信用狀中規定「Negotiation under any guarantee whatsoever is not acceptable」時，即不得以保結方式辦理押匯。

表20-3

保　證　書
LETTER OF INDEMNITY

兆豐國際商業銀行公鑑：　　　　　　　　　　　　　　　　日期
MEGA INTERNATIONAL COMMERCIAL BANK　　　　　　　Date:

Dear Sirs :

　　　　　　　　　　茲為請求貴行墊付本公司所開匯票第　　　　　號
　　　　　　　　　　In consideration of your negotiating Our No.

付款人
Drawn on

金額　　　　　　　　　　　　　　　　係屬信用狀第　　　　號
for　　　　　　　　　　　　　　　　　under Letter of Credit No.
開發信用狀銀行名稱
issued by

鑑於原條規定：
which stipulates:

與所提有關文件內容不符：
whereas the relative documents indicate:

茲本公司保證設若　貴行以墊付上項與信用狀條款不符之匯票致遭受損害時
We hereby undertake to indemnity you for whatever loss and/or damage that you may sustain due
由本公司負責全數償還。
to the above-mentioned discrepancy.

　　　　　　　　　　　　　　　　　　　　　　　申　請　人
　　　　　　　　　　　　　　　　　　　　　　Faithfully yours

二、其他付款方式下的出口結匯

(一)跟單託收

出口商若與進口商約定採用D/P或D/A方式付款，出口商於貨物交運後，即將跟單匯票委託銀行憑以向進口商收款，進口商於銀行交付單據（D/P）或遠期匯票到期（D/A）時付款，然後由進口地的代收銀行，將貨款匯至出口地的託收銀行，出口地的託收銀行於扣除手續費及郵電費等各項費用後，將餘款存入出口商的帳戶。

(二)預付貨款

買賣契約成立後，進口商即利用電匯（Telegraphic Transfer，簡稱T/T）或支票（check）等方式，將貨款支付出口商，出口商再依契約所定交貨日期，將貨物交付出口。

(三)寄售

寄售乃出口商將貨物運交國外代理商，委託其代為銷售，待貨物售出後，再將扣除佣金及寄售費用後的餘款匯付給出口商。付款的方式有：
1. 以匯款方式將貨款匯寄出口商。
2. 由出口商簽發以代理人為付款人的光票，委託銀行收款。

第四節　進口結匯

進口結匯係指進口商向外匯銀行結購外匯，以支付國外出口商貨款的行為。

一、信用狀方式下的進口結匯

信用狀方式下的進口結匯分為兩個階段，第一次結匯是在申請開發信用狀時繳交保證金，第二次結匯則是開狀銀行於接獲押匯銀行寄達的單據後，由進口商償還開狀銀行墊款，辦理結匯的手續。第一次結匯已於第十一章第七節有所說明，以下僅就第二階段結匯說明之。

(一)即期信用狀的進口結匯

進口商於接獲開狀銀行發出的「單據到達通知書」時，即應攜帶原結匯印鑑、結匯證實書等前往開狀銀行繳付扣除保證金後的墊款本息，憑以領取單據，如單據有瑕疵無法接受時，應即具函向銀行表示拒付。

　　若進出口兩地距離不遠，航程短，則往往貨物已到進口地，而押匯單據尚未寄達開狀銀行，進口商倘因業務需要急於提貨，或爲節省倉租希望及早提貨，可在接獲運送人的「到貨通知單」時，辦理「擔保提貨」或「副提單背書」手續。

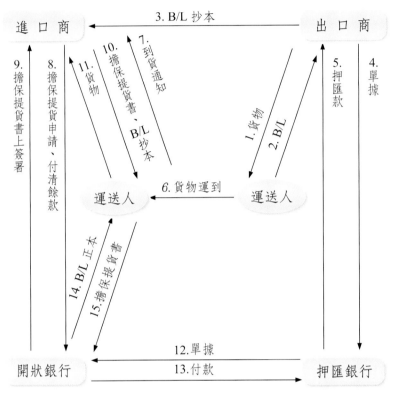

【圖20-1】　擔保提貨流程圖

　　1.擔保提貨（delivery against letter of guarantee）：當進口商接到「到貨通知單」時，可先向船公司索取空白「擔保提貨書」（letter of guarantee for production of bill of lading），填妥後，再到銀行填具「擔保提貨申請書」（application for countersigning letter of guarantee或application for shipping guarantee），附上結匯證實書，以及出口商寄來的提單抄本（non-negotiable B/L）、商業發票等有關證明文件，結清銀行墊付款及利息後，請銀行於「擔保提貨書」上簽署具保，進口商即可憑提單抄本及經銀行簽署的「擔保提貨書」向船公司換領提貨單，辦理提貨。待提單正本寄到後，再由銀行（或進口商）憑以向船公司換回「擔保提貨書」，以解除銀行的擔保責任。

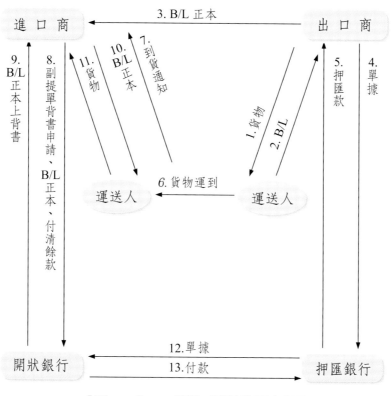

【圖20-2】　（副）提單背書流程圖

　　2.（副）提單背書：若買賣契約或信用狀規定賣方應於交付貨物後，將正本提單（一份或二份或全套）直接寄給進口商，且提單受貨人為「to order of issuing bank」，則當進口商接到提單後，可向開狀銀行填具「（副）提單背書申請書」（application for B/L endorsement），連同商業發票、結匯證實書、提單，於結清銀行墊付本息後，請銀行在提單上簽名背書，將提單轉讓給進口商，進口商再憑提單向船公司換領提貨單，辦理報關提貨。此處所稱的「（副）提單」（duplicate B/L）乃指提單正本，而不是像擔保提貨下所使用的提單抄本（non-negotiable B/L）。

(二)遠期信用狀的進口結匯

　　遠期信用狀下受益人簽發的是遠期匯票，押匯銀行於受理押匯後即將跟單匯票提示開狀銀行請求承兌，匯票承兌後寄回押匯銀行，單據則由開狀銀行保留，俟到期日再由押匯銀行向開狀銀行提示承兌匯票請求付款，在匯票到期前，進口商可簽發本票或信託收據（trust receipt），必要時尚須提供抵押品，先行向銀行領取單據辦理提貨，等到期日（或前一日）再結匯清償銀行墊付本息。

二、其他付款方式下的進口結匯

(一) 跟單託收

1.付款交單（D/P）：進口商於接獲銀行的通知後，同銀行結購外匯清償票款，並繳清各項銀行費用，即可領取單據辦理提貨。

2.承兌交單（D/A）：進口商接到銀行通知後，應隨即到銀行辦理匯票承兌手續，並繳納託收手續費，承兌後即可領回單據，辦理報關提貨，俟承兌匯票到期，再前往銀行結購外匯清償票款。

若進口商於承兌匯票領取單據後，於到期日拒絕付款，銀行將向法院公證處、商會、銀行公會等申請做成拒絕證書（protest），拒絕證書的目的在證明執票人已經行使票據權利的必要行為，而未實現；作用在保全執票人向付款人或背書人行使追索的權利，拒絕證書對進口商（即匯票付款人）具有約束力，若匯票善意執票人對他採取法律行動，他將無法抗辯，故進口商於承兌匯票後，不可任意拒付。

(二) 寄售

國內廠商受國外供應商委託以寄售方式銷售貨物，貨物進口後，多先存放海關保稅倉庫（bond），並以「保稅倉庫交貨」（In Bond）的貿易條件洽銷貨物，貨物售出後，由國內買主自行辦理報關繳稅提貨手續，並由受託人將扣除寄售佣金及費用後的餘款向銀行結購外匯，以匯款方式支付國外供應商。

(三) 記帳

記帳方式進口，係國外出口商於貨物裝運出口後，直接將貨運單據寄交進口商辦理提貨，貨款則依契約約定暫予記帳，俟約定期間屆滿，再由進口商向銀行結購外匯支付國外出口商。

習題

一、是非題

1. （　）外匯係指外國貨幣及對外國貨幣的請求權，亦即一國所持有的國外資產。

2. （　）包括我國在內的大多數國家，都是以間接匯率作為外匯報價的方式。

3. （　）買進匯率即顧客向銀行買入外匯時所適用的匯率。

4. （　）臺灣出口商與國外客戶約定以美元付款，若出口商預期美元將貶值，則要求進口商提前付款，將可避免匯率損失。

5. （　）信用狀之下，若單據瑕疵嚴重，可能遭開狀銀行拒付，押匯銀行通常會建議受益人改採保結押匯方式辦理。

6. （　）遠期外匯交易與期貨外匯交易，都可以作為貿易商規避匯率風險的手段。

7. （　）一般而言，銀行對顧客所報的現鈔買入匯率，較即期買入匯率低。

8. （　）本國貨幣升值，對出口商不利，但對進口商有利。

9. （　）若信用狀未規定提示單據的期限，則受益人只要在信用狀有效期限前提示單據即可。

10. （　）擔保提貨又稱為提單背書。

二、選擇題

1. （　）以下哪一種貨幣，在外匯市場上係採間接報價法？　(1)AUD　(2)SGD　(3)TWD　(4)JPY。

2. （　）以下何者是貿易商規避匯率變動風險的可行方法？　(1)改變付款方式　(2)調整價格　(3)遠期外匯交易　(4)以上皆是。

3. （　）以　(1)M/T　(2)D/P　(3)L/C　(4)D/A　為付款方式之下的出口結匯，又稱為出口押匯。

4. （　）依據UCP600之規定，下列何者非屬「符合之提示」所依據者？　(1)貨物買賣契約　(2)信用狀之條款及條件　(3)UCP得適用之規定　(4)國際標準銀行實務（ISBP）。

5. （　）即期信用狀之下，進口商辦理進口結匯可分為哪兩個階段？　(1)第一

階段：受益人押匯時繳交保證金；第二階段：單據寄到後贖單 (2)第一階段：受益人押匯時繳交保證金；第二階段：進口報關後贖單 (3)第一階段：申請開狀時繳交保證金；第二階段：單據寄到後贖單 (4)第一階段：申請開狀時繳交保證金；第二階段：進口報關後贖單。

6. (　) 信用狀之有效期限為6月2日，最後裝船期限為5月25日，且信用狀規定「THE DOCUMENTS MUST BE PRESENTED WITHIN 10 DAYS AFTER THE DATE OF SHIPMENT BUT WITHIN THE VALIDITY OF THE CREDIT」時，若裝運日為5月22日，則受益人最遲應在下列哪一個日期提示單據？ (1)5月30日 (2)5月31日 (3)6月1日 (4)6月2日。

7. (　) 若信用狀中規定「Negotiation under any guarantee whatsoever is not acceptable」，意指禁止押匯銀行以 (1)修改信用狀 (2)電詢 (3)託收 (4)保結方式辦理押匯。

8. (　) 當 (1)貨物較押匯單據早到進口地 (2)貨物較押匯單據晚到進口地 (3)貨物與押匯單據同時到達進口地 時，進口商可向船公司辦理擔保提貨手續，先行提貨。

9. (　) 有關副提單背書之敘述，下列何者正確？ (1)副提單為提單正本，應由託運人背書 (2)副提單為提單正本，應由開狀銀行背書 (3)副提單為提單副本，應由託運人背書 (4)副提單為提單副本，應由開狀銀行背書。

10. (　) 依信用狀統一慣例的規定，除信用狀另有規定外，受益人所提供的海運提單不得為 (1)清潔提單 (2)備運提單 (3)裝船提單 (4)簡式提單。

三、填充題

1. 匯率報價通常報到最小貨幣單位的_____之一，稱之為_____。

2. 在外匯實務上，L/H（Letter of Hypothecation）是一項_____與_____的往來約定書，約定雙方的權利義務。

3. 在我國，若信用狀有指定押匯銀行，則受益人應向該指定銀行辦理押匯，或透過自己的往來銀行辦理_____。

4. 遠期信用狀下，申請人可於開狀銀行承兌匯票後，匯票到期之前，簽發_____或_____，必要時尚須提供_____，先向銀行領取單據辦理提貨，等到期日再結匯清償銀行墊付本息。

5. 國內廠商受國外供應商委託以寄售方式銷售貨物，貨物進口之後，乃先存放於_____，並以_____貿易條件洽銷貨物，貨物售出後，由_____辦理報關繳稅提貨手續。

四、解釋名詞

1. forward exchange rate
2. indirect quotation method
3. L/H
4. L/I
5. delivery against letter of guarantee

五、問答題

1. 何謂遠期外匯交易？貿易商如何利用遠期外匯交易規避匯率風險？
2. 說明貿易商規避匯率變動風險的可行措施。
3. 出口商辦理押匯時，應注意哪些事項？
4. 當押匯銀行發現押匯單據有瑕疵時，其可能處理的方式有哪些？
5. 請說明以D/A方式的進口結匯手續。

實習

一、依所附信用狀（表20-4）及單據（表20-5～20-8）詳細審查所提示單據是否與信用狀或信用狀統一慣例的規定有不相符之處，如果你是押匯銀行的承辦人員，對於該項瑕疵，你將做何處理？

表20-4

MT700 ISSUE OF A DOCUMENTARY CREDIT

Issuing Bank : KOREA EXCHANGE BANK, SHINSA-DONG BRANCH

Form of Documentary Credit	IRREVOCABLE
Documentary Credit Number	12345678
Applicable Rules	UCP LATEST VERSION
Date and Place of Expiry	xx0618
Applicant	WELL CO., LTD. 2/F KANGNAM BLDG., 100 SHINSA-DONG, KANGNAM-KU, SEOUL, KOREA.
Beneficiary	FINE CO., LTD., 5F NO.100, NANKING EAST ROAD, TAIPEI, TAWAN
Amount	USD 6,400.00
Available with	ANY BANK BY NEGOTIATION
Drafts at	SIGHT DRAWN ON ISSUING BANK
Partial Shipment	PROHIBITED
Transhipment	ALLOWED
Port of Loading	KEELUNG
Port of Discharge	BUSAN
Description of Goods	100 PERCENT POLYESTER SOLID FLEECE WEIGHT 380G/YD. WIDTH 60" FOB KEELUNG
Documents Required	+ SIGNED COMMERCIAL INVOICE IN THREE COPIES
	+ FULL SET (3/3) CLEAN ON BOARD OCEAN BILLS OF LADING ISSUED TO ORDER OF ISSUING BANK AND NOTIFY APPLICANT
	+ PACKING LIST IN THREE COPIES
Charges	ALL BANK CHARGES OUTSIDE KOREA ARE FOR THE BENEFICIARY'S ACCOUNT

表20-5

BILL OF EXCHANGE	
DRAFT NO. 123	DATE June 28, 20XX

EXCHANGE FOR USD 6,400.00

AT 60 Days After SIGHT OF THIS FIRST OF EXCHANGE（SECOND THE SAME TENOR AND DATE BEING UNPAID）

PAY TO THE ORDER OF ABC COMMERCIAL BANK

THE SUM OF US Dollars Six Thousand and Fifty-Nine Only. value received

DRAWN UNDER Korea Exchange Bank, Shinsa-Dong Branch

L/C NO. 12345678 DATED June 18, 20XX

TO Korea Exchange Bank, Shinsa-Dong Branch

Fine Co., Ltd.

Jack Chang

Export Manager

表20-6

FINE CO., LTD.

5F No.100 Nanking East Road, Taipei, Taiwan

INVOICE

NO.   123   DATE   June 28, 20XX

INVOICE OF   100 Percent Polyester Solid Fleece

FOR ACCOUNT AND RISK OF MESSRS .   Well Co., Ltd. 2/F Kangnam Bldg., 100 Shinsa-Dong,

Kangnam-Ku, Seoul, Korea.

SHIPPED BY   Fine Co., Ltd.   PER   S.S. Champion V-4455

SAILING ON OR ABOUT   June 28, 20XX   FROM   Keelung   TO   Busan

L/C NO .   12345678   CONTRACT NO .   87654321

MARKS & NOS.	DESCRIPTION OF GOODS	QUANTITY	UNIT PRICE	AMOUNT
WELL BUSAN No.1-160	100 Percent Polyester Solid Fleece Weight 380g/Yd. Width 60" Navy Red Evergreen Burgundy	 2,000 Yds. 500 Yds. 400 Yds. 500 Yds.	CIF Keelung （per yd.） USD 2.00 2.00 2.00 2.00	 USD 4,000.00 1,000.00 800.00 600.00
		3,200 Yds.		USD 6,400.00

＊ Say US Dollars Six Thousand Four Hundred Only.

＊ Drawn Under Korea Exchange Bank, Shinsa-Dong Branch, L/C No. 12345678 Dated
   June 18, 20XX.

Fin Co., Ltd.

Jack Chang

Export Manager

表20-7

FINE CO., LTD.

5F No.100 Nanking East Road, Taipei, Taiwan

PACKING LIST

NO. 123   **DATE** June 28, 20XX

PACKING LIST OF 100 Percent Polyester Solid Fleece   **MARKS & NOS.**

FOR ACCOUNT AND RISK OF MESSRS. Well Co., Ltd. 2/F Kangnam

Bldg., 100 Shinsa-Dong, Kangnam-Ku, Seoul, Korea.

SHIPPED BY Fine Co., Ltd.

PER S.S. Champion V-4455

SAILING ON OR ABOUT June 28, 20XX

FROM Keelung   **TO** Busan

L/C NO. 12345678   **CONTRACT NO.** 87654321

WELL
BUSAN
No.1-180

PACKING NO.	DESCRIPTION OF GOODS	QUANTITY	N.W.	G.W.	MEASUREMENT
	100 Percent Polyester Solid Fleece Weight 380g/Yd. Width 60"				
1-100	Navy	@20Yds.	@7.60Kgs.	@8.00Kgs.	@0.09M^3
		2,000 Yds.	760.00 Kgs.	800.00 Kgs.	9.00M^3
101-125	Red	@20Yds.	@7.60Kgs.	@8.00Kgs.	@0.09M^3
		500 Yds.	190.00 Kgs.	200.00 Kgs.	1.80M^3
126-145	Evergreen	@20Yds.	@7.60Kgs.	@8.00Kgs.	@0.09M^3
		400 Yds.	152.00 Kgs.	160.00 Kgs.	2.25M^3
146-160	Burgundy	@20Yds.	@7.60Kgs.	@8.00Kgs.	@0.09M^3
		300 Yds.	114.00 Kgs.	120.00 Kgs.	1.35M^3
160 Bales		3,200Yds.	1,216.00Kgs.	1,280.00Kgs	14.40M^3

＊ Say Total One Hundred Sixty Bales Only.

＊ Drawn Under Korea Exchange Bank, Shinsa-Dong Branch, L/C No. 12345678 Dated June 18, 20XX.

Fine Co., Ltd.

Jack Chang

Export Manager

表20-8

AAA LINE   BILL OF LADING

Shipper /Exporter Fine Co.,Ltd.	B/L No. 556678
	Booking Reference
Consignee To Order of Shipper	Forwarding Agent Reference
	Point and Country of Origin
Notify Party（full name and address） Well Co., Ltd. 2/F Kangnam Bldg., 100 Shinsa-Dong, Kangnam-Ku, Seoul, Korea.	Also Notify Party（full name and address）

Place of Receipt Keelung（CFS）	Port of Loading Keelung	Number of Original B/L Three（3）
Ocean vessel Champion	Voy. No. 4455	
Port of Discharge Busan	Place of Delivery Busan（CFS）	

Marks & No.	No. of Pkgs. or Containers	Kind of package, Description of goods	Gross Weight	Measurement
WELL BUSAN No.1-160	16 Bales Only	Said To Contain 100 Percent Polyester Solid Fleece Weight 380g/Yd. Width 60 Freight Collect	1 ,180 Kgs.	14.40 M^3

Freight & Charges	Total Number of Containers or Packages Received by the carrier 160 Bales Only
	Shipped on Board Date Jan. 28, 20XX
	Place & Date of Issue Taipei Jan. 28, 20XX
	AAA LINE LTD. *Jennifer Wang*

進口報關檢驗與提貨

第一節　進口報關

　　所謂進口報關（import customs clearance）乃指依循正常途徑將貨物輸入國境時，依照海關（customs house）規定程序辦理申報提貨進口的手續。進口通關的手續，原則上應由貨主自行辦理，不過由於報關應備的文件以及通關的程序繁雜，因此貨主多委託熟悉通關手續的報關行（customs house broker; customs broker）代為辦理。

一、貨物進口通關流程

(一) 收單

　　進口艙單資料於運送工具起運後，即由運送人傳輸給海關及倉儲業，待運輸工具抵達後，倉儲業者即根據所收到的進口艙單資料相互勾稽，形成進倉資料審核檔，這項資料不僅可作為海關審核貨物有無實際到達的依據，也開放供連線業者查詢之用。

　　接著，報關行將報關資料傳到海關主機做邏輯檢查，並與進倉資料審核檔比對，如果比對無誤，即完成電腦收單，如果比對有誤，海關電腦即以訊息回應給連線報關行，待更正輸入後，再予以收單。

(二) 確定通關方式

　　經完成電腦收單的報關資料，由電腦依進口廠商等級、貨物來源地、貨物性質及報關行等條件篩選通關方式：

　　1.C1（**免審免驗**）：免審書面文件，免查驗貨物直接進入計稅檔計稅。

　　2.C2（**應審免驗**）：海關以訊息通知報關行，將書面報單及有關文件送到分估單

位，審核文件後，輸入通過訊息，報關資料才能進入計稅檔計稅。

3. C3（應審應驗）：C3又分C3M（人工查驗）與C3X（儀器查驗）兩種。

C3X：依據應否補單又分為：

C3X免補單：免審書面文件，儀器查驗貨物放行（海運專用）。

C3X應補單：審核書面文件，儀器查驗貨物放行（海運專用）。

(三) 驗貨

C3通關方式下，由報關行會同海關驗貨關員，到貨物現場抽檢查驗。

(四) 分類估價計稅

海關核定進口貨物的稅則與稅率，並計算進口貨物應納稅額（估價的基準與進口稅捐種類及計算方式，詳見下段說明）。

(五) 徵稅

完成上述C1、C2或C3通關程序後，由海關的繳稅系統計算應繳稅費，隨即發出繳稅通知訊息，並由連線報關行自行列印稅費繳納證，供納稅義務人向各地銀行繳稅，已經繳稅後的訊息，透過銀行、財金資訊公司、通關網路與海關電腦主機連線作業，由電腦自動比對，比對相符，即自動登帳。

系統中也設置「先放後稅保證金額度檔」，提供納稅義務人或報關行於輸入報關資料時，申報按「先放後稅」方式繳稅，以此方式繳稅者，進口商或報關行必須先向海關申請設定先放後稅保證金額度，有關稅費可先自本檔額度中扣除，貨物即可放行，待繳清稅費後，再恢復保證金額度，提供業者便利的繳稅作業。

此外，繳稅銀行中也設計線上扣繳功能，只要在輸入報關資料時申報銀行帳號，有關稅費即可自納稅義務人的銀行帳戶中自行扣繳。

(六) 放行

由海關電腦傳送放行訊息至報關行及倉儲業者，並由海關自動列印放行通知單，供報關人員檢同提貨單向倉庫提領貨物，完成通關自動化程序。

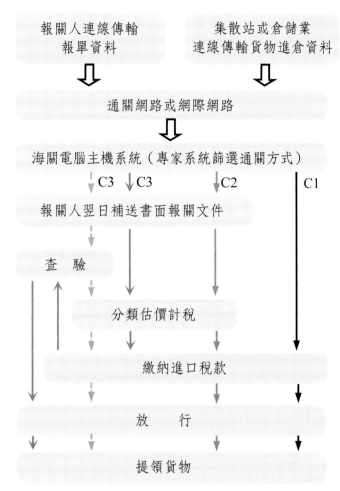

註：┅▶ C3一般先驗後估流程
　　 ─▶ C3船邊或倉庫驗放流程

【圖21-1】

茲將貨物進口通關自動化的流程，圖示如下：

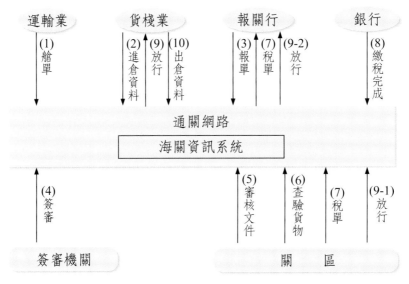

【圖21-2】

二、完稅價格與進口貨物應納稅捐

(一) 完稅價格的核估方法

完稅價格（Duty Paying Value, DPV）即海關對於進口貨物，依關稅法的規定計算，以作為從價課稅的價格，完稅價格×稅率＝應納稅額。

依我國關稅法規定，海關核定進口關稅完稅價格的適用順序如下：

1.依進口貨物的交易價格（即進口貨物的CIF價格）。

2.依與進口貨物同樣貨物的交易價格。（同樣貨物，係指其生產國別、物理特性、品質及商譽等均與該進口貨物相同者。）

3.依與進口貨物類似貨物的交易價格。（類似貨物，係指與該進口貨物雖非完全相同，但其生產國別及功能相同，特性及組成的原料相似，且在交易上可互為替代者。）

4.依國內銷售價格扣除相關稅費。（依該進口貨物，同樣或類似貨物輸入原狀首批售予無特殊關係者相當數量之單位價格核計後，扣減：(1)進口稅捐；(2)進口後的運、保費及相關費用；(3)國內銷售之一般利潤、費用及佣金。）

5.依計算價格。（指下列費用的總和：(1)生產成本及費用；(2)進口利潤與費用；(3)運至輸入口岸的運費、裝卸費、搬運費及保險費。）

6.依據查得的資料，以合理方法核定。

(二)進口貨物應納稅捐種類及其計算方法

1.**進口關稅**：依關稅法規定，關稅由海關從價或從量徵收，從價課徵關稅者，其進口關稅計算方法為：

$$進口關稅 = 完稅價格 \times 貨物進口關稅稅率$$

2.**推廣貿易服務費**：由海關統一收取推廣貿易服務費：

$$推廣貿易服務費 = 完稅價格 \times 0.04\%$$

3.**貨物稅**：進口貨物如為貨物稅條例規定應徵收貨物稅的貨物項目，其貨物稅由海關代徵：

$$貨物稅 = （完稅價格 + 進口關稅）\times 貨物稅率$$

4.**菸酒稅**：進口菸酒依種類，課徵從量稅。

5.**健康福利捐**：進口菸品另加徵健康福利捐。

6.**營業稅**：進口貨物一律由海關代徵營業稅：

$$營業稅 = （完稅價格 + 進口關稅 + 貨物稅 + 菸酒稅）\times 5\%$$

(三)進口稅捐的繳納方式

進口貨物應納稅捐，應自稅款繳納證送達之翌日起十四日內繳納。繳納方式有四種：

1.**繳現**：納稅義務人憑稅費繳納證，向駐關代庫銀行繳納。

2.**線上扣繳**：納稅義務人於報關時申報銀行帳號，有關稅費即自納稅義務人銀行帳戶自動扣繳。

3.**匯付稅款**：納稅義務人憑稅費繳納證，前往銀行匯付。

4.**記帳**：外銷品進口原料關稅，由納稅義務人提供保證，經海關核准登帳後將貨物放行，俟加工為成品外銷後，再予沖銷除帳。

以上述方式繳稅，且海關比對無誤後，屬於先稅後放者，即進入放行檔並發出放行訊息；屬於先放後稅者，海關電腦進入「先放後稅額度檔」，恢復其擔保額度。

三、保稅制度

保稅制度係指進口貨物暫不辦理通關手續繳納進口稅捐，由納稅義務人擔保將來

提貨時繳納進口稅捐並辦理一切手續，而將貨物置於海關監控下，暫免繳進口稅捐的制度。目前我國的保稅制度主要有以下四種：

(一) 保稅倉庫（bonded warehouse）

係指經海關核准發給執照，專以儲存未經通關納稅進口貨物的倉庫。由於貨物在進倉前及存倉期間可免繳納進口稅捐，故進口貨物若須原貨退運出口者，可向海關申請存入保稅倉庫，以免除再次運出口時退稅的麻煩。

(二) 保稅工廠（bonded factory）

外銷品製造廠商得依關稅法規定向海關申請登記為保稅工廠，其原料進口時可暫免繳納進口稅捐，待於法定期限內加工製成成品報運出口時，再按其用料量抵消保稅。

保稅工廠的產品以外銷為原則，如須內銷，應先向監管海關申請核准，經核准內銷的保稅工廠產品，應由保稅工廠或買賣雙方聯名繕具報單，報經監管海關依出廠時的型態，補徵進口稅捐後，始准放行出廠。

(三) 物流中心

經海關核准登記以主要經營保稅貨物倉儲、轉運及配送業務的保稅場所。進儲物流中心之貨物，因業務需要，得進行重整及簡單加工。進口貨物存入物流中心，原貨出口或重整及加工後出口者，免稅。

(四) 保稅專區

我國目前設置的保稅專區有加工出口區、科學園區、農業科技園區與自由貿易港區。

第二節　進口檢驗

本節所述的進口檢驗，指的是依進口國法規規定的強制性貨物進口檢驗，茲就我國的情形說明如下。

一、進口檢驗的作用

為保障消費者的利益，並防止動植物疫病、蟲害的傳布，我國除對於進口動植物及其產品必須施行檢疫外，其他商品則由經濟部視實際需要，對特定商品施行檢驗。應施進口檢驗或檢疫的商品必須經檢驗合格取得「輸入檢驗合格證書」（certificate of import inspection）或檢疫證明書，才能辦理進口報關提貨手續。目前執行一般進口商品檢驗的機構爲標準檢驗局，至於動植物及其產品的檢疫則由農業部執行。

二、進口檢驗品目

經主管機關指定公告種類、品目的輸入農工礦商品，應依法執行檢驗。

至於廠商輸入的貨品是否屬公告應施檢驗品目，可向標準檢驗局或其所屬各分局查詢。

三、檢驗方法

商品檢驗執行的方法，分爲逐批檢驗、監視查驗、驗證登錄及符合性聲明四種，各種商品的檢驗方式，由主管機關指定公告之。

(一) 逐批檢驗

報驗義務人報請檢驗，標準檢驗局每批次執行檢驗。

對於產品型式固定之逐批檢驗商品，主管機關得指定於報驗前先申請型式認可，取得認可證書，得採書面審查、抽批檢核、逐批檢核、取樣檢驗等方式簡化其檢驗程序。

(二) 監視查驗

報驗義務人報請檢驗，標準檢驗局依風險管理評估予以監視性查察。

標準檢驗局得依商品之特性或經逐批查驗一定批數符合後，採行逐批查核、抽批查驗、書面核放或監視等簡化方式。

(三) 驗證登錄

申請人提出型式試驗報告及所適用之品管相關符合性評鑑資料，經標準檢驗局或驗證機構審查核可，准予登錄並發給商品驗證登錄證書後，即憑證書辦理報關進口。

(四) 符合性聲明

由廠商本誠信原則，自行控管產品品質。廠商需委由標準檢驗局指定試驗室，依據國家制定公告的標準辦理試驗。在備妥相關技術文件、確認商品符合檢驗標準，並據以簽具符合性聲明書，方能聲明產品符合標準；且應保存相關技術文件與檢驗資料。

四、檢驗標準

商品的檢驗標準，由主管機關依國際公約所負義務，參酌國家標準、國際標準或其他技術法規指定之；無國家標準、國際標準或其他技術法規可供參酌的指定者，由主管機關訂定檢驗規範執行之。

輸入商品如因特殊原因，其規格與檢驗標準不同者，應先經標準檢驗局核准。

第三節 進口提貨

一、一般通關程序的提貨手續

(一) 海運貨物

進口貨物依一般通關程序辦妥報關、查驗、徵稅及放行手續後，進口商即自行僱妥卡車（散裝貨或併裝貨櫃貨物）或貨櫃拖車（整裝貨櫃貨物），先向倉庫或貨櫃集散站繳納棧租，並將提貨單向駐庫（站）關員核章，然後辦理提領貨物出庫（站）手續，散裝貨或併裝貨櫃的貨主自行雇車運走，整裝貨櫃則由拖車連同貨櫃一起運走。

貨主換領提貨單時應注意：

1. 持正本海運提單換領者：至少需提示一張有受貨人完整背書的正本提單，若受貨人爲TO ORDER OF SHIPPER或TO ORDER，需有託運人之完整背書。

2. 持海運貨單（SEA WAYBILL）換領者：於換單時出具海運貨單副本或可證明受貨人身分的文件。

3. 電報放貨者：於換領小提單時，出具有公司大小章之電放切結書正本。

4. 擔保提貨者：出具提單抄本與銀行簽署的擔保提貨書。

(二) 空運貨物

貨物到達後，運送人（通常爲貨運承攬人）即通知進口商繳費領取空運提單正本。

1. 若提單受貨人爲進口商：由進口商持提單向倉庫辦理提貨。

2. 若提單受貨人爲開狀銀行：由進口商持提單向開狀銀行辦理進口結匯及單據轉讓手續，再憑提單辦理報關提貨。

提貨時應注意貨物件數是否相符，貨物外包裝是否完整，如有短損，應即停止提貨，會同倉庫及公證行開箱點查過磅，並取得短損證明，作爲索賠的根據。

二、船（機）邊驗放貨物的提貨手續

進口貨物如爲鮮貨及易腐物品、活動物、植物、有時間性的新聞及資料、放射性元素、骨灰、屍體、危險物品或大宗貨物等，可申請船（機）邊查驗放行。

船（機）邊驗放應於運輸工具抵埠前，洽請運輸公司或其代理申請，並應於運輸公

司或其代理向海關遞送預報進口艙單後，向海關提出加註「預報」字樣的進口報單，申請預報進口。

　　經批准船（機）邊驗放的進口報單，其應辦的收單、分類估價及徵稅手續等均先行辦理，俟運輸工具抵埠後，即在船（機）邊查驗放行，由收貨人在船（機）邊提領貨物。

國際貿易

習題

一、是非題

1. （　）進口商於辦理進口報關前，應先查詢船期，以確定船舶的抵埠日期。
2. （　）在我國，貨主通常委託報關行代為辦理報關手續。
3. （　）C1係指免審免驗的通關方式。
4. （　）海關關員查驗貨物時，其搬移、拆包或開箱暨恢復原狀等事項，由海關負責，所需費用則由進口商負擔。
5. （　）C3X是屬於儀器查驗的通關方式。
6. （　）我國廠商辦理貨物進口通關手續時，可以申請「先放後稅」的方式。
7. （　）電報放貨的貨物，進口商不須向船公司換領提貨單，係憑電放切結書直接辦理提貨。
8. （　）加工出口區是保稅區。
9. （　）並不是每一項進口貨物都必須實施進口檢驗。
10. （　）申請船邊驗放的貨物，應向海關提出加註「預報」字樣的進口報單，申請預報進口。

二、選擇題

1. （　）進口商應憑下列哪一項單據辦理進口報關提貨手續？　(1)B/L　(2)M/R　(3)S/O　(4)D/O。
2. （　）以下何者係應審應驗的通關方式？　(1)C1　(2)C2　(3)C3。
3. （　）以下何者不是進口稅捐的繳納方式？　(1)繳現　(2)年度終了併繳　(3)線上扣繳　(4)匯付。
4. （　）依我國關稅法規定，海關核定進口關稅完稅價格的適用順序何者為先？　(1)計算價格　(2)進口貨物的國內銷售價格　(3)進口貨物的交易價格　(4)依查得的資料，以合理方法核定的價格。
5. （　）進口酒不必繳納　(1)進口關稅　(2)營業稅　(3)菸酒稅　(4)健康福利捐。
6. （　）以下何者不是保稅區？　(1)科學園區　(2)機場免稅商店　(3)保稅倉庫　(4)貨櫃場。

7. （　）完稅價格係指　(1)課完稅後的價格　(2)含稅價格　(3)課稅的基準
(4)稅款。

8. （　）保稅制度係指將貨物置於　(1)國貿局　(2)船公司　(3)保險公司　(4)海
關　監控下，暫免繳進口稅捐的制度。

9. （　）下列有關我國貨物進出口通關的敘述，何者較不適當？　(1)採電腦自動
化通關方式辦理　(2)僅課徵進口關稅，不課徵出口關稅　(3)僅對進口貨
物課徵推廣貿易服務費，不對出口貨物課徵推廣貿易服務費　(4)並非每
一批申報通關的貨物都必須辦理查驗。

10. （　）船邊驗放貨物，下列通關步驟中，哪一項是最後一項？　(1)收單掛號
(2)查驗貨物　(3)分類估價　(4)徵稅。

三、填充題

1. 進口通關的程序，以海關的立場而言，可以分為_____、_____、_____、
_____及_____五步驟。

2. 我國商品檢驗執行的方式，分為_____、_____、_____和_____四
種。

3. 我國進口稅捐的繳納方式有_____、_____、_____和_____四種。

4. 我國目前的保稅制度有_____、_____、_____和_____四種。

5. 依我國關稅法規定，海關核定進口關稅完稅價格的第一適用順序為依進口貨物的
_____價格〔即進口貨物的_____（請填入貿易條件）價格〕。

四、解釋名詞

1. C2

2. DPV

3. bonded warehouse

4. bonded factory

5. import inspection

五、問答題

1. 何謂通關自動化？

2. 我國進口貨物應納稅捐主要有哪些？其計算方法各為何？

3. 何謂保稅制度？我國目前主要的保稅制度有哪些？

4. 試述貨物辦理進口檢驗的目的及程序。

實習

一、每包20支之紙菸，應繳納之菸稅稅額及菸品健康福利捐各為多少？（菸的稅負及健康福利捐，請參閱附件21-1）

二、某進口商擬從日本進口一批彩色電視機，申報進口CFR價格為JPY1,250,000，Insurance Premium JPY 50,000，適用貨物稅率從價徵收13%，匯率JPY1 = TWD 0.285

經查詢稅則稅率，如下表：

表21-1

| 中華民國輸出入貨品分類號列 CCC Code | | 檢查號碼 | 貨名 | Description of Goods | 單位 | 國定稅率 Tariff Rate | | | 稽徵特別規定 | 輸出入規定 Imp. & Exp. Regulations | |
稅則號別 Tariff_No.	統計號別 SC	CD			Unit	第一欄 Column I	第二欄 Column II	第三欄 Column III	CR	輸入 Import	輸出 Export
85287200	00	0	彩色電視機	Colour tele-visions	SET KGM	10%	免稅 （GT、HN、NI、NZ、PA、SV、SG）	15%	T*	C02 MP1	

請根據以上資料核算該批貨物應納稅費：

(1) DPV = TWD _____

(2) 進口關稅 = TWD _____

(3) 推廣貿易服務費 = TWD _____

(4) 營業稅＝TWD ____

三、某進口商擬自荷蘭以空運進口鮮花一批，以應市場節日需求，該進口商希望能於貨物進口後立即辦理提貨，請問其應於貨物進口前，向海關辦理何種手續？

海關辦理這類手續是依據何種法令？

四、請任課教師安排帶領學生至海關參觀，並於參觀後，由學生撰寫參觀心得報告乙篇。

五、某進口商從宏都拉斯進口除溼機乙批，其申報進口價格FOB Puerto Cortes USD56,000.00、Ocean Freight USD1,300.00、Insurance Premium USD100.00；經查報關適用外幣匯率「買入」匯率為USD1：TWD33.20；「賣出」匯率為USD1：TWD33.30，進口關稅如下表，貨物稅率為15%。

表21-2

| 中華民國輸出入貨品分類號列 CCC Code | | 檢查號碼 CD | 貨名 | Description of Goods | 單位 Unit | 國定稅率 Tariff Rate | | | 稽徵特別規定 CR | 輸出入規定 Imp. & Exp. Regulations | |
稅則號別 Tariff_No.	統計號別 SC					第一欄 Column I	第二欄 Column II	第三欄 Column III		輸入 Import	輸出 Export
84798910	00	8	空氣增濕機、除濕機	Air humidifiers, dehumidifiers	SET KGM	8%	免稅 (PA, GT, NI, SV, HN, SG, NZ)	15%	T*	C02 MP1	

請根據以上資料，核算下列各項進口應繳稅捐（以新臺幣計）：

1. 完稅價格
2. 進口關稅
3. 貨物稅

附件21-1

一、菸的稅負

紙菸以千支為計稅單位，菸絲、雪茄、其他菸品以公斤為計稅單位，不足千支或公斤者，按比例課徵。

依菸酒稅法第7條規定，菸之應徵稅額如下：

(一) 紙菸：每千支徵收新臺幣1,590元。

(二) 菸絲：每公斤徵收新臺幣1,590元。

(三) 雪茄：每公斤徵收新臺幣1,590元。

(四) 其他菸品：每公斤徵收新臺幣1,590元。

二、菸的健康福利捐

(一) 紙菸：每千支徵收新臺幣1,000元。

(二) 菸絲：每公斤徵收新臺幣1,000元。

(三) 雪茄：每公斤徵收新臺幣1,000元。

(四) 其他菸品：每公斤徵收新臺幣1,000元。

貿易糾紛與索賠

第一節　概　說

　　國際貿易的進行過程漫長且複雜，在交易過程中，各方當事人之間難免會發生爭議、歧見及違約等情事，若買賣雙方的任何一方因此而遭受損害時，即可向應負責任的對象提出索賠（claim）。不過由於國際貿易涉及的關係人眾多，造成糾紛及索賠的原因種類繁多，情節複雜，若處理不慎，可能導致日後難以收拾的局面，因此從事國際貿易的業者，都應當熟諳處理及預防貿易糾紛與索賠的知識與技術。

　　國際商品買賣契約的履行，除了最直接參與的買方及賣方外，還需要銀行、運送人及保險業者等關係人的參與，才能圓滿且順利的達成，而在貿易進行過程中，除了買賣雙方之間的關係是以商品買賣契約的相關法律或貿易慣例規範之外，買賣雙方與上述各方當事人之間的法律關係，也是分別以各種不同的契約及相關的法律或慣例加以確定的，例如：運送契約（例如：定期船海運提單、空運提單等）、保險契約（例如：保險單）及信用狀等，一旦發生糾紛及索賠事件，即應根據造成損害的原因，依各契約及相關法律及慣例的規定，劃清責任，由應當承擔責任的當事人負責。例如：一筆以FOB條件成交的商品買賣契約，在貨到目的港，買方提貨時，發現短少十件，買方應查明貨物短少的原因究係由於賣方短裝，或是運送人在運送過程中未克盡職責，因保管疏失所造成的短缺，抑或是因保險事故所造成的。若是第一種情況，應由賣方負責，此即屬於買賣索賠（trade claim; business claim）；若是屬於第二種情況，應由運送人負責，屬於運輸索賠（transportation claim）；第三種情況時，則應由保險人負責，屬於保險索賠（insurance claim）。由於以上三種索賠為貿易實務上最常見的索賠，因此本章第二、三、四節即分別就這三種索賠加以說明。

第二節　買賣索賠

　　買賣雙方之間的關係是以買賣契約及買賣法律與慣例的相關規定作為依據，因此原則上只有當一方發生違約行為時，另一方才有權依據契約提出索賠的要求。但實際上，由於買賣索賠的理由，可能涉及的範圍很廣，雙方的責任劃分不易，且對於損害程度及應賠金額的衡量，並無一定的標準，所以買賣索賠是各種索賠中，較難以解決，且引起的糾紛最多的。

一、買賣索賠的種類

(一) 依提出索賠的當事人不同分類

　　1.**買方索賠**（buyer's claim）：即由買方提出的索賠，在買賣索賠案件中，買方索賠所占的比例較大。

　　2.**賣方索賠**（seller's claim）：即由賣方所提出的索賠，賣方索賠在種類及範圍並不如買方索賠繁多，大多數的賣方索賠都是與付款有關，例如：買方不付貨款或不依約開發信用狀時，賣方可向買方提出索賠。

(二) 依索賠是否正當分類

　　1.**正當的索賠**（right claim）：又稱為真正的索賠（true claim），指買賣契約的一方當事人未能履行契約義務，致使另一方當事人遭受損害，據此而提出的索賠。這種索賠多以買賣契約的內容為根據，由於索賠有據，且理由正當，因此被索賠人（claimee）對於索賠人（claimer）所提出的正當索賠，應予以合理的補償。

　　2.**不當的索賠**（wrong claim）：指基於惡意或誤解所提出的不合常理的索賠，例如：買賣一開始即有計畫的設計交易陷阱，製造索賠原因，從而迫使對方賠償，這種索賠稱為惡意的索賠（mala fide claim）；又例如：買賣當事人的一方因市場行情變化而受有損失，即假借各種理由向另一方索賠，這種索賠稱為市場索賠（market claim）；又例如：買方誤解CIF結件是在目的港交貨，以交貨時間不符向買方提出的索賠，這種由於理解錯誤所致的索賠，稱為誤解的索賠（misunderstood claim），這類索賠較上述兩種基於惡意提出的索賠易於解決。

(三) 依買賣契約內容為依據分類

　　1.**有關品質的索賠**：在買方提出的索賠案件中，品質索賠的比重相當大，其索賠理由常見的有品質不佳、品質有瑕疵、規格、式樣或品質等級與約定不符、混入不良品

等。

2.**有關數量的索賠**：有關數量方面的索賠也時常可見，其索賠的理由不外乎貨物重量或內容的短失（shortage）、整件貨物的短卸（short landing）或短交（short delivery），或賣方交貨時的短裝（short shipment）或漏裝（non-shipment）。

3.**有關價格的索賠**：契約中有關各類費用的負擔及計算方式未詳細約定，因而導致的索賠，例如：有關匯率變動、保費、運費上漲的損失，究由何方負擔及佣金的計算方式等。

4.**有關交貨的索賠**：例如：遲延交貨，或約定不得轉運或分批裝運，賣方未予遵守，致買方遭受損失而提出的索賠。

5.**有關付款的索賠**：付款方面的索賠，多由賣方提出，例如：買方不付款、遲延付款或不依約開發信用狀而遭賣方索賠；但有時買方也會以賣方不退還買方回佣或不退還溢付款等理由，向賣方提出索賠。

6.**有關包裝刷嘜的索賠**：常見的索賠理由有包裝不固、包裝不良或不完全、包裝不符進口國規定、包裝大小不一、嘜頭不全、嘜頭不符、嘜頭不清楚或嘜頭消失等。

7.**有關保險的索賠**：在以CIF或CIP條件訂約的場合，才可能發生保險方面的索賠，例如：賣方未依契約或國際慣例規定投保、買方不願負擔兵險費等原因所致的索賠。

8.**有關牴觸法令的索賠**：貨物因牴觸輸出入關稅法、檢疫法、食品藥物化妝品管理法，或侵犯他人已登記的商標權、專利權等各種權利而引起的索賠。

二、索賠的方式

索賠的方式，可分為金錢的索賠與非金錢的索賠兩大類，茲分述如下：

(一) 金錢的索賠

金錢的索賠常見的有：

1.**要求賠償損失**：這是買賣索賠最常見的方式之一，例如：買方遲延付款，賣方因而必須多負擔的利息損失，可要求買方賠償。

2.**要求減價或折價**：例如：賣方交付的貨物品質不佳，買方要求減價或折價。

3.**拒絕付款**：例如：貨物品質完全與約定不符，買方因而拒付款。

(二) 非金錢的索賠

非金錢的索賠常見的有：

1.**退貨**：是一種非常嚴厲的處理方式，一般而言，只有當賣方交付的貨物與契約

的規定嚴重不符，而契約又無相反規定時，買方才能行使退貨的權利。若買方已經付款，則有權要求退還貨款，並且買方若因而發生附帶損失（例如：影響生產而停工），這種損失也可一併要求賣方賠償。

2.調換貨物：當賣方交付的貨物部分或全部不符契約規定時，買方可要求退貨，同時要求賣方另行交付合乎契約的貨物。

3.補交：賣方有短交情況時，買方可要求賣方補交貨物。

4.修護：所交付的貨物有故障或損壞情形，但可經修護而恢復的，可要求賣方加以修護，買方並經常要求賣方減價或給予若干賠款。

5.要求履約：即契約的一方不履行契約義務（例如：賣方不交付貨物或買方不依約開發信用狀）時，另一方要求其按契約條件履行之意。若經要求之後，對方仍拒不履約時，索賠人可要求因對方不履約而遭受的損失。

6.解除契約：可分為兩種，一種為要求解除全部契約，另一種為當契約已履行一部分時，要求解除未裝運或未履行部分的契約。提出這種索賠時，有時尚附帶請求損害賠償。

7.道德制裁：例如：拒絕往來關係，請公會或貿易主管機構列入黑名單。

以上所述的各類金錢與非金錢的索賠方式，索賠人可視情形單獨提出，或幾種配合同時提出，例如：要求履行契約及損害賠償，並同時給予道德制裁。

三、提出索賠時應注意事項

(一) 應於規定或合理時間內提出

買賣契約中若有規定提出索賠的期限（例如：買方收到貨物後一定期間內），索賠人自應於該期限內提出索賠；若契約中未做規定，則索賠人也應於發現索賠原因後，於合理時間內提出，以免貽誤時機，遭對方拒絕受理。

(二) 應有充分的依據與理由

一項索賠要能成立，必須證明被索賠人的確有違約事實，因此索賠人應該以契約規定，或契約未規定時，依國際貿易規則或慣例的規定，作為確定各方當事人責任的依據，並提出被索賠人違約的充分證明，例如：檢驗報告，以為索賠的憑據。

(三) 注重商業信譽與商業道德

索賠應以誠信為原則，千萬不可提出惡意的索賠，或草率的提出索賠，影響自身信譽。

四、受理索賠時，應注意事項

(一) 謹慎研究索賠內容

被索賠人於收到索賠函電後，首先必須注意該項索賠是否於規定期限或合理時間內提出，再詳細研究其內容及措辭是否有不清楚、前後矛盾或牽強之處，並判斷其提出的理由是否充分，索賠內容是否合理。

(二) 查明責任的歸屬

貿易糾紛發生的原因有很多，有一些是可以歸責於買賣當事人的，但有些則是起因於其他當事人的故意或過失，因此被索賠人應調查索賠發生的情況，探求索賠的原因，據以判斷索賠是否有理，並可確定索賠責任的歸屬。

(三) 合理地轉嫁索賠責任

經調查後如發現責任在於其他當事人，例如：製造廠商、運送人、包裝公司、報關行或貨運承攬人時，即可依據調查結果，提出確實的證據，請求全部或一部分責任的轉嫁。

五、解決貿易糾紛的方式

(一) 當事人自行和解（compromise between the parties）

買賣雙方之間的糾紛，由當事人以友好的方式自行解決是最好的方式，因為當事人對於交易的內容、發生糾紛的原因以及其發生過程最為清楚，因此由雙方自行和解。不僅在時效上較為迅速，且雙方情誼亦不致破裂。

(二) 調解（mediation or conciliation）

即委請第三者居間協調，以謀解決糾紛的方法，當買賣雙方無法自行解決買賣糾紛時，可請一般個人、公會或商會等擔任調解人（conciliator）出面協調，謀求解決。以此方式解決爭端，其優點是手段溫和，可維持當事人間的情誼，並且可在祕密方式下進行，以維護當事人的商譽及保持商業機密。此外，調解手續方便迅速，費用不高，但調解的缺點為調解人所提建議並無拘束當事人的效力，當事人雙方如對調解方案皆表同意，則該項調解自然拘束雙方當事人，但若有一方不同意，則調解即為不成。

(三) 仲裁（arbitration）

其方式與調解類似，也是委請公正的第三者對買賣糾紛做公平合理的處理，但仲裁與調解仍有不同。有關仲裁，將於下一章做詳細介紹。

(四) 訴訟 (lawsuit)

即向法院提起訴訟,請求法院審判解決的方法。上述三種解決買賣糾紛的途徑,都是屬於比較自治性的解決方式,而司法訴訟則是屬於強制性的解決方式。法院所做的判決雖然對於雙方當事人均具有強制的拘束效力,但是循法律途徑解決商務糾紛,不僅可能破壞雙方情誼,影響商譽,且往往造成當事人時間、金錢及精神的極大負擔,因此,除非確實無法由上述自治性途徑解決,否則當事人多不願採此方式。

六、如何預防買賣索賠糾紛的發生

買賣糾紛發生之後,雙方當事人往往須花費相當的時間及精神進行磋商、交涉,以謀解決;而在處理糾紛的過程中,貿易商正常的營運勢必受到影響,並且可能破壞商譽、金錢損失及雙方交易關係破裂等不良後果。因此,預防糾紛的發生,當比解決糾紛更為重要。對於貿易商而言,買賣索賠糾紛的預防之道不外乎以下各項:

(一) 遵守誠信原則

欲求交易順利進行,則須從自身做起,嚴格遵守商務往來的誠實信用原則。

(二) 慎選交易對象

國際貿易雙方遠隔重洋,信用風險較大,因此應慎重選擇交易對象,並做好徵信調查。

(三) 提高貿易技術

貿易商應不斷自我充實,以提高商業經營及談判的能力,並熟諳國際貿易慣例及對方國家法令,如此當可減低貿易糾紛發生的機會。

(四) 慎訂契約條款

買賣雙方的各項權利義務皆是以契約為依據,因此訂約時應審慎,避免使用模稜兩可的辭句,如對契約條款有疑義或不明之處,應要求加以澄清,並宜善用免責或限制責任條款。

(五) 注意市況變動

貿易商應隨時注意對方市場狀況的變動,以防止市場索賠的發生。

(六) 做好追蹤查核

從簽訂契約、生產、交貨、付款到契約完全履行為止,都應做好追蹤及查核工作,以杜絕糾紛的發生。

(七) 善用保險制度

對於貨物運輸風險，可利用各類貨物運輸保險；而對於信用及政治風險，則可利用輸出保險制度加以轉嫁。

(八) 貨物輸出檢查

爲確保所交貨物符合買賣契約的規定，出口商應於貨物出廠前嚴格檢查其品質、數量及包裝情況；此外，爲防止出口商交付不符契約的貨物，進口商亦應儘量利用公證檢驗制度，以杜日後無謂糾紛。

(九) 量力而爲

從事貿易應評估自我實力，以自己能力所及爲範圍，切勿好高騖遠，冒險行事。

第三節　運輸索賠

國際貿易貨物運輸方式以海運及空運爲主，本節即分別就這兩種運輸方式的索賠，說明如下。

一、海運索賠

(一) 運送人的責任

依統一提單規則國際公約（The International Convention for the Unification of Certain Rules of Law Relating to Bills of Lading, 1924）〔又稱「海牙規則」（Hague Rules）〕的規定，運送人必須對在運送期間，因欠缺必要注意所致的貨物滅失或損害負賠償責任。

但在實務上，船公司爲減少其應負責任範圍，多在運送契約或提單內規定一些免責條款（exception clause），例如：疏忽除外條款（negligence clause），規定非運送人或代理人、受僱人的故意重大疏忽或過失及因船長、船員、引水人員或運送人的受僱人，因航行或管理船舶的行爲疏忽過失所發生的損害，船公司不負責任。又如隱藏瑕疵條款（latent defects clause），規定船方雖經注意仍不能發現的隱藏瑕疵，致航行中貨物毀損滅失的，運送人不負責任。既然如此，則船公司究竟應負哪些責任？就大體而言，一般船公司應負賠償責任的事項，有下列各項：

1.船舶在無意外事故發生的情形下，整件貨物或整批貨物遺失、誤卸及其他原因不明的遺失。

2.貨物在船艙中，因運送人堆積不當所遭受的損害。

3.貨物因偷竊、挖竊所受的損害。

4.貨物在風平浪靜的情況下，因接觸海水所受的損害。

5.貨物因船方搬運粗魯或處理不小心所受的損害。

6.船方為早日開航，強行在雨中裝卸貨物所受的損害。

7.船方無正當理由變更航程所受的損害。

8.船方未經託運人同意，將貨物裝載於甲板上所受的損害。

9.船方未使船舶具有安全航行能力所致的損害。

10.船方未使船舶配置相當船員、設備及供應所致的損害。

11.船方未拒絕裝運禁運或偷運貨物，以及貨物性質足以危害船舶及人員健康者，因而發生的損害。

至於所謂的「船公司運送責任期間」，在傳統運送的場合，多為「from tackle to tackle」，亦即自貨物在裝貨港搬上船邊索具開始，至貨物在卸貨港從索具中卸落船邊為止；若為貨櫃運輸，則為「from terminal to terminal」，亦即自裝船港貨櫃基地（container terminal）始，至卸貨港貨櫃基地止。

而有關船公司應賠償金額，實務上多依起運地價格加運費及保險費（亦即CIF價格）的總值為準，但船公司都訂有賠償金額上限，其規定大致如下：

1.託運人於託運貨物時曾申報貨價，並於提單上註明時，船公司按申報價值賠償。

2.託運人未申報貨價時，依海牙—威士比規則（Hague-Visby Rules）的規定，最高賠償限額為每件或每公斤一萬法郎，或每公斤毛重三十法郎，擇其較高者。〔法郎指每單位含有黃金65.5毫克（mg），成色千分之九百〕我國海商法規定以每件特別提款權六六六、六七單位或每公斤特別提款權二單位計算所得之金額，兩者較高者為限。

前項所稱件數，係指貨物託運之包裝單位。以貨櫃、墊板或其他方式併裝運送者，應以載貨證券所載其內之包裝單位為件數。但載貨證券未經載明者，以併裝單位為件數。

(二) 索賠時應注意事項

1.**儘速發出索賠通知**：貨主如欲對運送人主張因貨物的毀損、滅失所發生的損害賠償時，應於規定期限內（依海牙規則的規定，如貨物的毀損、滅失顯著時，受領權利人應在提貨前或當時，如貨物的毀損、滅失不顯著時，受領權利人應於提貨後三日內），向運送人或其代理人發出損害通知，如貨主未及時發出通知，則貨主的提貨，將視為（或推定為）運送人已依提單交付貨物。

2.**備齊索賠文件**：貨主於提出索賠時，除主要的索賠函件（claim letter）之外，另

應依規定提出各項附屬單據，例如：提單正本或副本、原始發票、公證報告或短損報告、包裝單、海關申報進口證明等。

3. 於起訴期限提起訴訟：當貨主向運送人提出索賠，遭運送人拒賠或雙方意見不一時，多交付調解或仲裁以求解決，若仍無法解決時，只好提起訴訟，但應於規定的起訴期限內提起（例如：依我國海商法及海牙規則的規定，均應於受領貨物之日或應受領貨物之日起一年內起訴），逾期貨主的損害賠償請求權即消滅。

二、空運索賠

(一) 運送人的責任

目前國際航空運輸中，規範運送人與託運人關係者，主要是以國際航空運送統一若干規則公約〔Convention for the Unification of Certain Rules Relating to International Carriage by Air，又稱「華沙公約」（Warsaw Convention）〕的規定為準，依該公約的規定，運送人應對在航空運送期間內，貨物所發生的毀損或滅失，以及遲延交貨負責，但以下三情形例外：

1. 經證明運送人及其代理人已採取一切必要措施以避免損害，或彼等無法採取該必要措施，則運送人不負賠償責任。

2. 運送人如能證明損害係由於駕駛、航空器的管理或飛航過失所致者，並證明運送人及其代理人已採取一切必要措施以避免損害，運送人不負賠償責任。

3. 運送人如能證明損害係起因於索賠人的疏忽，則不負賠償責任。

航空運送人的責任期間，即「航空運送期間」，係包括在航空站中、航空器上或在飛行場外降落的任何地方。

有關航空運送人的賠償金額，與海運相同，也有賠償金額上限的規定，依華沙公約的規定，運送人的賠償金額，以每公斤250金法郎為限。但若貨主於託運貨物時已申報貨物價值，並依運價表支付有關費用，則航空運送人的賠償限額為該申報價值。

(二) 索賠時應注意事項

1. 於規定期限內提出索賠：索賠人必須在下列期限內，以書面方式向運送人提出索賠：

   (1) 毀損：可見的毀損必須於發現當時，不可見的毀損應於收到貨物後十四天之內提出。

   (2) 滅失：於提單簽發後一百二十天內提出。

   (3) 遲到：於收到貨物後二十一天內提出。

2. 備齊索賠文件：索賠時應提出的文件包括索賠函件、空運提單副本、發票、包

裝單、公證報告及其他要求文件。

　　3.於起訴期限內提起訴訟：依華沙公約規定，貨主提出索賠遭拒或雙方意見不合時，可提起訴訟，但起訴期限爲自航空器實際到達或預期到達特定目的地之日起，或停止運送之日起二年內，逾期則損害賠償請求權消滅。

第四節　保險索賠

　　對貿易業者而言，投保貨物運輸保險的目的，無非是希望在貨物遭受損害時，可得到保險人的賠償，有關於保險人的責任範圍，端視投保種類而定，此點於第十五章中已有詳細說明，不再贅述，本節僅就保險賠償金額的計算，以及索賠手續兩問題，加以說明。

一、保險賠償金額的計算

　　賠償金額的計算方法，依貨物損害種類的不同而異，茲分述如下：

(一) 全損

貨物發生全損時，保險人應依該批貨物的全部保險金額賠償。

(二) 單獨海損

1.貨物運抵，但數量短缺

則其賠償金額的計算方式如下：

$$\text{賠償金額} = \text{全部保險金額} \times \frac{\text{短缺部分的法定保險價額}}{\text{全部法定保險價額}}$$

所謂「法定保險價額」，係指被保貨物的CIF價值。

2.貨物運抵時，已有毀損

則由當事人議定毀損率：

$$\text{賠償金額} = \text{議定毀損率} \times \text{毀損部分的保險金額}$$

若當事人對毀損率無法獲致協議，則：

$$\text{賠償金額} = \text{毀損部分的保險金額} \times \frac{\text{完好總價} - \text{毀損總價}}{\text{完好總價}}$$

所謂「完好總價」（gross sound value），係指毀損部分的貨物如能完好運抵時的批發市價，若無批發市價可調查，則估定之。而「毀損總價」（gross damaged value），則指毀損部分拍賣所得的總價。

(三) 共同海損

茲以一實例說明共同海損賠償金額的計算：

若一貨船上載運紡織品、玩具、電腦、腳踏車及其他貨物，該船航行中因火災引起共同海損，全部共同海損為USD500,000，各財產依比例參加分擔時所依據的分擔價額（contributory value）如下：

船　　　舶	USD4,000,000
未付運費	250,000
紡　織　品	100,000
玩　　　具	200,000
⋮	
合　　　計	USD5,000,000

因此，共同海損損害率為10%（$\frac{500,000}{5,000,000}$），假設紡織品全部屬同一貨主所有，則該貨主應分擔USD10,000（100,000×10%），而這筆金額無論紡織品有無犧牲，貨主均應負擔，但是若紡織品因共同海損行為而有所犧牲時，貨主可在共同海損關係中另獲賠償。

若紡織品並無犧牲，則保險公司應賠償多少，須看保險金額與分擔價額何者較大：

1.若保險金額 ≥ 分擔價額

⇨ 應賠償共同海損分擔的部分，例如：保險金額為USD110,000，則應賠償USD10,000。

2.若保險金額 < 分擔價額

⇨ 應賠償金額為：共同海損分擔×$\frac{保險金額}{分擔價額}$

例如：保險金額為USD80,000，則應賠償USD8,000（$10,000 \times \frac{80,000}{100,000}$）。

若紡織品也有犧牲，則保險公司就須按照犧牲部分的保險金額賠償，但貨主在共同海損關係中因這種犧牲而享有的權利，則由保險公司代位。例如：紡織品犧牲USD40,000，保險金額為USD110,000，則貨主可獲保險公司賠償USD44,000（$110,000 \times \frac{40,000}{100,000}$），但其在共同海損關係中可獲賠的USD40,000，則由保險公司代位。

二、索賠時應注意事項

(一) 及時取得毀損證明

為便於索賠時提供證明文件，貨主應及時做有關的公證，取得毀損證明。或取得相關的損害證明，例如：船方或貨櫃場簽發的短卸證明單、事故證明單或貨櫃交接單等。

(二) 迅速通知保險人或其指定代理人

依我國海商法第151條規定：「要保人或被保險人自接到貨物之日起一個月不將貨物受損害通知保險人或其他代理人時，視為無損害」，貨主於獲悉貨物遭受損壞後，應迅速對保險人或其指定代理人發出索賠通知（notice of claim）。

(三) 備齊索賠文件

貨物遭受毀損情形不同時，其應提出的索賠文件也不一樣，貨主應依規定準備，但一般索賠時均應提供的有索賠函件、保險單或保險證明書、提單、商業發票、包裝單、公證報告、事故證明文件等。

(四) 於索賠時效內提出索賠

依我國保險法第65條規定：「由保險契約所生之權利，自得為請求之日起，經過二年不行使而消滅。」因此貨主應確實掌握索賠的時效，以免逾期遭保險公司拒賠。

此外，由於貨物受領權利人向運送人的損害賠償請求權，自貨物受領之日或應受領日起一年內，不行使而消滅，故最好在一年之內辦妥保險索賠，以便保險人向運送人行使代位求償權。

(五) 向事故責任人索賠

貨物雖已投保，但並非任何原因所造成的損失都可向保險公司索賠，所以貨主應向事故責任人索賠。不過若是貨物的損失可歸責於某事故責任人（例如：運送人），而貨主也曾就該事故向保險公司投保，則貨主可自行向事故責任人提出索賠，也可要求保險公司賠付，再由保險公司取得代位求償權（subrogation）後，轉向事故責任人索賠。

習題

一、是非題

1. （　）賣方索賠在種類及範圍上，不如買方索賠繁多。
2. （　）市場索賠是一種正當的索賠。
3. （　）有關付款方面的索賠，多由買方所提出。
4. （　）退貨是屬於非金錢的索賠。
5. （　）索賠應以誠信爲原則，千萬不可提出惡意的索賠，或草率的提出索賠，影響自身信譽。
6. （　）買賣索賠由當事人以友好的方式自行解決，乃是最好的方式。
7. （　）訴訟是一種較被經常採用的解決商務糾紛的方式。
8. （　）船公司的運送責任期間，在貨櫃運輸的場合，多爲「from tackle to tackle」。
9. （　）目前國際航空運輸中，規範運送人與託運人關係者，主要是以海牙規則的規定爲準。
10. （　）貨物雖有投保，但並非任何原因所造成的損失，都可向保險公司索賠。

二、選擇題

1. （　）下列何者通常是屬於運輸索賠的範圍？　(1)包裝不良而致貨物受損 (2)輪船遇暴風而致貨物滅失　(3)貨物裝卸不當而致貨物受損　(4)品質不符進口國家標準。
2. （　）若進口商發現貨物包裝違反進口國法令規定，致報關發生困難時，則其通常可向下列何者提出索賠？　(1)賣方　(2)運送人　(3)保險公司和運送人　(4)賣方、保險公司和運送人。
3. （　）買賣糾紛及索賠事件，一般建議最好以　(1)當事人自行和解　(2)調解 (3)仲裁　(4)訴訟　方式解決。
4. （　）以下何者不是以調解方式解決貿易糾紛的優點？　(1)溫和　(2)保密 (3)手續簡便　(4)具強制拘束效力。
5. （　）當貨物發生損壞，欲提出保險索賠時，下列處理方式何者最好？　(1)逕行檢驗並自己做成報告　(2)逕行找公證行檢驗，做成報告　(3)立即通

知銀行找公證行，會同檢驗，做成公證報告　(4)立即通知保險人找公證行，會同檢驗，做成公證報告。

6. （　）運送人簽發清潔提單後，若有下列何種狀況，運送人可以不賠？　(1)部分貨物數量不足　(2)部分貨物嚴重破損　(3)部分貨物外包裝完好，但箱內貨物短缺　(4)提單未加註shipper's load and count。

7. （　）下列何者為進口商向出口商提出索賠時，通常應提出之文件？　(1)保險證明書（insurance certificate）　(2)公證報告（survey report）　(3)輸入許可證（import permit）　(4)進口報單（application for import）。

8. （　）依我國海商法的規定，海運索賠的起訴期限為　(1)六個月　(2)九個月　(3)一年　(4)二年。

9. （　）在海上貨物運輸保險中，所謂「法定保險價額」，係指被保險貨物的　(1)FOB　(2)CFR　(3)CIF　(4)CIP　價值。

10. （　）我進口商以CIF Keelung與某出口商簽訂購買食品1,000箱的契約，出口商在貨物裝運後，憑清潔的併櫃提單和已投保ICC(A)的保險單，向銀行辦理押匯取得款項。貨到基隆港後，進口商只實收995箱，短少了5箱，且貨物經複驗發現，有100箱食品的含菌量超過CNS標準。對於短少的5箱貨物及含菌超過標準的100箱貨物，進口商應分別向下列何者提出索賠？　(1)出口商；出口商　(2)運送人；出口商　(3)保險公司；保險公司　(4)運送人；保險公司。

三、填充題

1. 買賣索賠，依提出索賠的當事人不同，可分為＿＿＿＿與＿＿＿＿，在買賣索賠案件中，＿＿＿＿所占的比例較大。

2. 解決貿易糾紛與索賠的方法有＿＿＿＿、＿＿＿＿、＿＿＿＿與＿＿＿＿。

3. 實務上，船公司為減少其應負責任範圍，多在運送契約或＿＿＿＿內，規定一些免責條款，例如：＿＿＿＿條款、＿＿＿＿條款等均是。

4. 船公司運送責任區間，在傳統運送場合，多為from＿＿＿＿to＿＿＿＿；在貨櫃運輸的場合，則為from＿＿＿＿to＿＿＿＿。

5. 貨物發生全損時，保險人應依該批貨物的全部＿＿＿＿賠償。

四、解釋名詞

1. market claim
2. conciliation

3. right claim

4. insurance claim

5. mala fide claim

五、問答題

1. 買賣索賠，依買賣契約為依據，可分為哪些不同種類的索賠？

2. 請說明買賣索賠的方式有哪些。

3. 試述貿易商應如何預防買賣索賠與糾紛的發生。

4. 試述貿易商進行運輸索賠時，應注意哪些事項。

5. 試述貿易商進行保險索賠時，應注意哪些事項。

實習

一、我國進口商與國外出口商簽定一筆貿易契約，出口商於9月1日將貨物裝運出口，進口商9月10日收到貨物後，立即依照一般程序進行驗貨，但並未發現貨物瑕疵，10月15日使用時才發現貨品有瑕疵，通知獨立公證公司於10月16日進行檢驗，確認是因為貨物製造過程錯誤所造成的瑕疵，進口商於10月20日將貨物瑕疵的明細通知出口商，隔年2月18日以書面向出口商提出索賠。

　▶討論：

依據我國民法的規定，進口商發出瑕疵通知與提出索賠的時間是否已逾時效？

二、林田公司於6月間以CFR的貿易條件出口男用襯衫500打至南非，委由大方船務公司運載，大方公司於簽發S/O，收取運費之後，乃將該貨物委託崇光航業公司所屬的光洋輪載運，由崇光公司簽發提單，大方公司於次月10日函告林田公司，光洋輪可於7月10日抵南非。

然該輪卻遲至7月25日始抵南非，且因運輸期間裝載不當，致其所委運貨物有部分遭油漬汙染，進口商便依法請求大方船務公司賠償該項損失，但大方公司辯稱其僅係船務公司，業務為代理船公司招攬貨載，或代貨主覓適當船舶，居間抽取佣金，不限於為某船公司的代理，更非運送人，故無賠償責任。

請問該項損害究應由誰負責賠償？理由何在？

三、某船公司為甲進口商承運農藥原料一批，自紐約運來基隆，未經託運人同意，即將該批貨物裝在甲板上，以致在運送途中落海滅失，船抵基隆港驗關時，甲進口商始知其情，該貨雖經保險，但保險公司則以其不在承保範圍為由，拒絕理賠。

其他資料：

1. 該批農藥原料係屬危險品，但以鐵桶盛裝密封牢固，其腐蝕力不損壞鐵桶，也不致造成船舶及其他貨物的損害。

2. 船公司係以艙內裝載物收費標準收取運費。

3. 保險單上未註明on deck shipment。

▶討論：

1. 保險公司拒絕理賠是否有理？為什麼？

2. 如保險公司拒絕理賠，進口商可否向船公司索賠？為什麼？

3. 如可向船公司索賠，則其索賠金額應如何計算？是否適用package limitation的規定？

四、某進口商以CFR條件自美國進口一批冷凍食品，該批貨物係以紙箱包裝，在卸貨時，因船員操作失當，電源被切斷達6小時，由於溫度上升，該批冷凍食品受損，致被廢棄。

▶討論：

1. 船公司是否應負責任？是否適用package limitation的規定？

2. 如進口商已投保WA時，保險公司是否應理賠？

3. 如進口商已投保WA plus refrigeration risk時，保險公司應否理賠？

4. 如進口商已投保All Risks時，保險公司應否理賠？

5. WA plus refrigeration risk與All Risks plus refrigeration risk有何不同？

五、請就所附答案選項，將適當的英文代號，依序填入本索賠函的空格之中：

Dear Sirs,

Re: Shipment of our order No.ABC123
Shipped per S.S. Louis Vuitton

The goods you shipped against our order No. ABC123 per S. S. "Louis Vuitton" ___①___ at Keelung on Dec. 12.

Upon examination immediately after taking___②___, we found that many of the goods were severely ___③___, though the cases themselves showed no trace of damage.

Considering this damage was due to the rough ___④___ by the shipping company, we claimed on them for recovery of the ___⑤___, but investigation made by the ___⑥___ has revealed the fact that the damage is attributable to the improper ___⑦___. For further particulars, we refer you to the surveyor's ___⑧___ enclosed.

We are, therefore, compelled to ___⑨___ on you to ___⑩___ us for the loss, US Dollars 50,000.00 which we have sustained by the damage to the goods. We trust you will be kind enough to accept this claim and deduct the sum claimed from the ___⑪___ of your next invoice to us.

Since this is an urgent matter, your early ___⑫___ thereto is hereby requested.

Yours ___⑬___

ABC & CO. A/S

Etele Baráth

Manager

答案代號	答案語群	答案代號	答案語群
A	loss	K	quantity
B	surveyor	L	quality
C	claim	M	report
D	damaged	N	truly
E	handling	O	contained
F	attention	P	documents
G	insurance	Q	details
H	packing	R	delivery
I	arrived	S	payment
J	amount	T	compensate

① ＿＿＿ ② ＿＿＿ ③ ＿＿＿ ④ ＿＿＿ ⑤ ＿＿＿ ⑥ ＿＿＿ ⑦ ＿＿＿ ⑧ ＿＿＿ ⑨ ＿＿＿ ⑩ ＿＿＿

⑪＿＿＿ ⑫ ＿＿＿ ⑬ ＿＿＿

第二十三章

國際商務仲裁

第一節　仲裁的意義

　　所謂仲裁（arbitration），乃由當事人雙方約定，將彼此間將來或現在的糾紛，交由選定的仲裁機構予以判斷，並由雙方服從其判斷的方法。

　　上一章曾述及，國際貿易索賠糾紛的解決，可採取由當事人自行和解、委託第三者出面調解、提交仲裁機構仲裁，以及向法院提起訴訟等方法。一般而言，若雙方糾紛不大的，當事人多能以友好方式自行解決，無法解決時，再進一步委由第三者出面調解，以上兩種方式的優點均為處理方式溫和，具有保密性，故不致破壞雙方情誼，並且可保持商業機密，維持良好形象，但缺點為這兩種方式均不具備法律上強制性的拘束效力，因此當糾紛情況嚴重，雙方相持不下時，為尋求有效的解決，多進而提交仲裁或提起訴訟，但是由於訴訟手續繁雜，往往曠日費時，耗損金錢及精神，因此除非不得已，當事人多不願採此方式，於是仲裁制度便應運而生，由於仲裁具備以上三種方式的多項優點，且無其缺點，因此可說是解決商務糾紛的良好方式。

　　以仲裁方式解決國際商務糾紛已被世界各地的貿易業者普遍採用，現代大多數國家也都制定有相關的法規和條例，規定商務糾紛可以仲裁方式解決，並設置許多仲裁機構承辦仲裁業務，此外，為配合各國仲裁制度統一化及國際化的趨勢，目前已訂定多項有關仲裁的國際公約及規則供遵守或採用。

第二節　商務仲裁的優點

商務仲裁具有多項優點，現歸納說明如下：

1.經濟：各種仲裁機構均訂有一定的仲裁費用標準，仲裁費用主要包括仲裁人報酬及行政規費，一般而言，仲裁費用較訴訟費用低廉。

2.效率：與訴訟相較，仲裁的程序簡便，審理和做成判斷的速度較快，且一經判斷即告確定，解決糾紛的效率高。

3.保密：仲裁通常是採取書面審理的方式，與法庭的公開審理不同，可保持當事人的商業機密。

4.公正：仲裁人多由雙方當事人共同選擇，或由仲裁機構指定或聘任，故多選定具豐富專業知識及經驗的專業人士擔任，其判斷較具公正性，且易使當事人心悅誠服。

5.溫和：仲裁的進行，事前均做成書面的仲裁協議，故已獲得雙方當事人的一致同意，其基礎較為溫和；此外，其處理方式也較訴訟的對簿公堂溫和許多，可維持當事人間的情誼。

6.效力：仲裁判斷具有與法院的確定判決相同的效力，可有效的拘束雙方當事人。

第三節　仲裁協議

由於以仲裁解決糾紛，必須先有當事人間的合意，故當事人多訂有仲裁協議，同意將糾紛提交仲裁解決。依我國仲裁法規定：「有關現在或將來的爭議，當事人得訂立仲裁契約，約定由仲裁人一人或單數之數人成立仲裁庭仲裁之。前項爭議，以依法得和解者為限，仲裁協議應以書面為之。」故書面的仲裁協議即成為雙方解決糾紛的重要依據。

實務上，貿易業者多在簽訂買賣契約書時，將仲裁約定以仲裁條款（arbitration clause）的方式納入契約書中，約定日後發生糾紛時，即依契約仲裁條款的規定提交仲裁，且任一方均得逕行提交仲裁，無須再徵得另一方的同意，此即對「將來的糾紛」的仲裁協議；另外，若雙方未事先約定，也可在糾紛發生時，另外訂定一獨立的提付仲裁協議書（agreement of submission arbitration），合意以仲裁方式解決糾紛，此即對「現在的糾紛」的仲裁協議。

無論是對將來或現在糾紛的仲裁協議，其約定的內容不外乎以下各項：

一、表明同意以仲裁方式解決糾紛

二、約定仲裁的範圍

即約定可交付仲裁的事項（例如：品質、數量或履約等），俾發生爭端或糾紛時，可明確知道哪些事項應以仲裁方式解決。

三、約定仲裁地

國際貿易的當事人，通常都不在同一國家內，所以仲裁協議中應約定在何處舉行仲裁。選擇仲裁地的方式有下列幾種：

1.以起岸地為仲裁地：國際貿易上的買賣糾紛多以品質、數量等問題為主，而這類糾紛通常在貨物運抵目的地後才發生，因此有的人認為，在貨物的起岸地仲裁較為適當。

2.以被告人所在地為仲裁地：貿易糾紛除品質、數量等問題外，尚有交貨、付款等與品質、數量無關的糾紛，這類糾紛並不一定要在起岸地進行仲裁。同時，仲裁的目的在於其判斷可付諸執行，若不在被告人所在地舉行仲裁，則仲裁判斷未必能為被告的國家所承認，而使仲裁不發生效力，因此，有些人以為在被告人所在地進行仲裁，較能產生實際效益。

3.以第三國地為仲裁地：其原因可能為在該第三國有著名的仲裁機構，例如：棉花或穀類的交易，經常指定英國為仲裁地；另外也可能基於政治上的理由，而選擇中立的第三國為仲裁地。

四、約定仲裁機構

各國承辦仲裁的機構不一，但不外乎以下幾種：

1.商會或工會：大部分的國家都由商會或工會承辦仲裁業務。

2.仲裁協會：很多國家都設有仲裁協會的組織，專門辦理仲裁案件，例如：我國即設有中華民國仲裁協會（Chinese Arbitration Association, Taipei）。

3.國際商會：國際商會設置有仲裁院，可任命或核定仲裁人，解決商務糾紛。

4.同業公會（Trade Association）：有些行業的同業公會設有仲裁部門，例如：倫敦穀物同業公會（London Corn Trade Association）即承辦有關穀類的仲裁事宜。

五、約定仲裁人的選任辦法

仲裁人如何選任，關係到糾紛當事人利害，一般而言，仲裁人以當事人親自選任為原則，當事人可自行直接選定仲裁人，也可從仲裁機構備有的仲裁人名冊中選出。若當事人無法親自選任時，得委託仲裁機構或法院代為選定。

六、約定適用的仲裁規則

　　仲裁規則主要是為當事人和仲裁人提供一套進行仲裁的行動準則，因此仲裁應依何種仲裁規則進行，也有約定的必要，否則仲裁協議將徒具型式，無法發揮仲裁效力。

七、約定仲裁費用的分擔

　　仲裁費用通常約定由敗方負擔，但當事人也可約定平均分擔或依比例分擔。

　　以下即舉一仲裁條款及仲裁契約的實例：

　　1. 仲裁條款

　　「Any dispute or difference arising out of or relating to the contract, or breach thereof, shall be settled by arbitration in Taiwan, Republic of China in accordance with the rule of the Chinese Arbitration Association, Taipei. The award shall be final and binding on both parties.」

　　（因本契約，或違反本契約所引起的任何糾紛或爭議，應依中華民國仲裁協會規則，在中華民國臺灣以仲裁方式解決，該協會的裁定應為最後確定並拘束雙方當事人。）

　　2. 仲裁契約

AGREEMENT OF SUBMISSIOIN TO ARBITRATION

　　We, the undersigned parties, hereby agree to submit to arbitration by ＿＿＿ arbitrator(s) under the rules of the ＿＿＿ Arbitration Association, or such other rules as it may designate the following controversy.

　　We further agree that we will faithfully observe the agreement and the rules and that we will abide by and perform any award and that a judgement of any court having jurisdiction may be entered upon the award.

ABC COMPANY　　　　　　　　　　　　　　　　　XYZ CORPORATION
(signed)　　　　　　　　　　　　　　　　　　　　(signed)

　　提付仲裁協議書

　　茲同意經由（一位或數位）仲裁人，依據（協會名稱）仲裁協會的規則或其他可指定的規則，交付仲裁，雙方爭執如下：

　　（說明爭執之所在）

雙方進一步同意將信守此項協議及規則,並同意將服從及履行任何裁決,以及同意此項裁決得向任何有管轄權的法院提出而認證其效力。

第四節 國際仲裁機構及其規則

由於國際貿易的發展與需要,目前已愈來愈傾向於採用國際性的仲裁制度與規則,以調和各種仲裁體制的矛盾,並解決各國立法不一致的困擾,期使商務糾紛能達成國際統一的解決。目前主要的國際性仲裁機構有:

一、國際商會仲裁院(ICC International Court of Arbitration)

仲裁院本身並不直接辦理仲裁業務,其主要任務在於:(1)保證該院制定的仲裁規則(ICC Arbitration Rules)的適用;(2)指定仲裁人或確定當事人所指定的仲裁人;(3)決定對仲裁人的異議是否適當;(4)批准仲裁判斷的型式。凡是擬採國際商會仲裁規則向仲裁院提起仲裁的當事人,可在契約中採用國際商會推薦的仲裁條款,即:

「All disputes arising in connection with the present contract shall be finally settled under the Arbitration Rules of the International Chamber of Commerce by one or more arbitrators appointed in accordance with the Rules.」

二、聯合國國際貿易法委員會(United Nations Commission on International Trade Law,簡稱UNCITRAL)

該委員制定了一套仲裁規則,稱為UNCITRAL Arbitration Rules,以作為世界各國共同採用的仲裁規則。這套規則在任何國家都不具法律拘束力,凡雙方當事人願意採用該仲裁規則的,可在契約中訂立如下條款。如此該仲裁規則才具有拘束當事人的效力:

「Any dispute, controversy or claim arising out of or relating to this contract, or the breach, terminiation or invalidity thereof, shall be settled by arbitration in accordance with the UNCITRAL Arbitration Rules as at present in force.」

第五節　仲裁程序

仲裁的程序依仲裁機構所訂的仲裁規則不同而有不同，但一般而言，其程序都包括下列步驟：

一、申請仲裁

若當事人曾於貿易契約中預先訂定仲裁條款，則當事人的一方可逕行向仲裁機構請求仲裁，也可由雙方共同申請；但是如果契約中並未訂有仲裁條款，而是在糾紛發生後才協議提付仲裁的，則應由雙方當事人聯名提出仲裁申請。依一般仲裁規則的規定，仲裁申請須以書面方式提出。

二、被告答辯

仲裁機構於收到仲裁申請案件後，即通知被告於規定期限內對原告所提出的仲裁人數目及選任建議提出答覆，並對本案提出答辯，若被告不於期限內提出答辯，視同放棄答辯權利，仲裁仍繼續進行。

三、選任仲裁人

契約中曾就仲裁人選任方法做約定時，依契約約定方式選任，若未預先約定，則可於事後由當事人自行選定，或請仲裁機構或法院代為選定。

四、審理案件

仲裁人審理案件多以書面方式審理，亦即就雙方所提供的證據及文件逕行裁決，但若當事人有請求時或有必要時，也可採當面審理方式，亦即當事人親自或授權代理人出席當面陳述。

五、仲裁判斷

仲裁人於審理案件後，應做成判斷書，簽署後交付當事人。至於做成仲裁判斷的時間，國際商會的仲裁規則（ICC Rules of Arbitration）中規定，仲裁判斷應在簽署於「仲裁審理約定書」之日起六個月的期限內做成，我國仲裁法規定：「仲裁進行程序，當事人未約定者，仲裁庭應於接獲被選為仲裁人之通知日起十日內，決定仲裁處所及詢問期日，通知雙方當事人，並於六個月內作成判斷書；必要時得延長三個月。」

第六節　仲裁判斷的效力與執行

　　仲裁判斷（arbitral award）是指仲裁人依仲裁契約對當事人所提付仲裁案件經過審理程序後，所做成的最後決定。仲裁判斷的效力如何，對當事人仲裁意願影響甚大，以下即分別就其在國內與國際間的效力與執行問題做一說明。

一、國內效力與執行

　　依我國仲裁法的規定：「仲裁人之判斷於當事人間，與法院之確定判決，有同一效力。仲裁判斷須聲請法院為執行裁定後，方得為強制執行。但合於下列規定之一，並經當事人雙方以書面約定仲裁判斷無須法院裁定即得逕為強制執行者，得逕為強制執行：一、以給付金錢或其他代替物或有價證券之一定數量為標的者。二、以給付特定之動產為標的者……。」茲將仲裁判斷的國內效力分述如下：

　　1.型式的確定力：在一般國家，仲裁判斷並無上訴救濟制度，故仲裁判斷一經生效，當事人不得聲明不服，也不得就同一事件向法院起訴。仲裁人也不得撤銷或變更已做成的仲裁判斷。

　　2.實質的確定力：即仲裁判斷在合乎仲裁契約標的爭議範圍內，有拘束當事人的效力；也就是說，當事人不得再就仲裁判斷所確定的權益關係加以爭議。

　　3.執行力：依上述規定，仲裁判斷原則上只具備型式的確定力與實質的確定力，欲強制執行，須聲請法院為執行裁定。但有關金錢事項，當事人曾以書面約定仲裁判斷無須法院裁定即得逕為強制執行者，得逕為強制執行。因此，只要當事人雙方在買賣契約中曾規定仲裁條款，並約定仲裁判斷無須法院執行裁定即得逕為強制執行，則仲裁判斷不必再聲請法院為執行的裁定，即具備強制執行的效力。

　　此外，仲裁判斷若應向法院聲請執行裁定，則法院在何種情況下得為執行裁定，何種情況下應駁回其聲請，有關此點，我國仲裁法規定，有下列情形之一者，法院應駁回其執行裁定之聲請：

　　(1) 仲裁判斷與仲裁協議標的爭議無關，或逾越仲裁協議的範圍，但除去該部分亦可成立者，其餘部分，不在此限。

　　(2) 仲裁判斷書應附理由而未附者，但經仲裁庭補正後，不在此限。

　　(3) 仲裁判斷係命當事人為法律上所不許的行為者。

二、國際效力與執行

　　由於國際商務糾紛的當事人大多位於不同的國家，因此，一國所做的仲裁判斷能否在另一國被承認與執行，不僅涉及到雙方當事人的切身利益，並且與各國的利益也有密

切的關係。一般而言，一國仲裁機構所做成的仲裁判斷，如想在他國獲得承認與執行，可透過以下兩種途徑之一而達成：

1.參與簽署相關的國際仲裁公約：由於各國國內法對於承認及執行外國仲裁判斷的規定互有不同，從而給執行外國仲裁判斷帶來一定的障礙。為取得一致，國際間曾先後締結若干個主要有關承認及執行外國仲裁判斷的公約，第一個是1923年日內瓦議定書，全名為「仲裁條款議定書」（Geneva Protocol on Arbitration Clauses）；第二個是1927年簽訂的日內瓦公約，全名為「外國仲裁判斷執行公約」（Convention on Execution of Foreign Arbitration Awards）；第三個是1958年簽訂的紐約公約，全名為「外國仲裁判斷的承認與執行公約」（Convention on the Recognition and Enforcement of Foreign Arbitral Awards）；第四個是1961年國際商務仲裁歐洲公約（European Convention on International Commercial Arbitration Geneva）；第五個是1975年美洲國家國際商務仲裁公約（Inter-American Convention on International Commercial Arbitraction）（通稱巴拿馬公約）。一國如果參與簽署這種公約，即有義務承認並執行在其他簽約國所做成的仲裁判斷；換句話說，簽約國家仲裁機構所做成的仲裁判斷，在各簽約國間均有相等的效力，並具強制執行力。

2.兩國之間簽署仲裁條約：如果未參與簽署國際仲裁公約，兩國之間也可簽訂雙邊仲裁條約，依條約內容互相承認及執行對方仲裁機構所做成的仲裁判斷。這種方式的優點為簡單易行，且較能兼顧兩國國情。

若一國未參加國際仲裁公約的簽署，也未曾與他國簽訂雙邊性仲裁條約，則其仲裁機構所做的仲裁判斷在他國的效力及執行力，或他國仲裁判斷在本國的效力及執行力，必須依照當事人國家的法律或當事人間約定適用的法律來決定。

習題

一、是非題

1. （　）與訴訟相較，仲裁的程序簡便，審理和做成判斷的速度較快，且一經判斷即告確定，解決糾紛的效率高。
2. （　）很多國家都設有仲裁協會的組織，專門辦理仲裁案件，例如：我國即設有中華民國仲裁協會。
3. （　）國際商會仲裁院是目前主要的區域性仲裁機構之一。
4. （　）聯合國國際貿易法委員會仲裁規則具有國際法的拘束效力。
5. （　）若當事人曾於貿易契約中預先訂定仲裁條款，則當事人的一方可於糾紛發生時逕行向仲裁機構請求仲裁，也可由雙方共同申請。
6. （　）仲裁人審理案件多以當面方式審理，亦即由當事人親自或授權代理人出席當面陳述。
7. （　）在一般國家，仲裁判斷並無上訴救濟制度，故仲裁判斷一經生效，當事人不得就同一事件向法院起訴。
8. （　）若仲裁案件的被告不於期限內提出答辯，仲裁視為中止，當事人必須改採其他解決糾紛的方法。
9. （　）仲裁必須由雙方聯名申請才可受理。
10. （　）仲裁判斷原則上只具備型式的確定力與實質的確定力，欲強制執行，須聲請法院為執行裁定。

二、選擇題

1. （　）以下何者不是商務仲裁具備的優點？　(1)公正　(2)溫和　(3)保密　(4)免費。
2. （　）依我國仲裁法規定：「有關現在或將來的爭議，當事人得訂立仲裁協議，約定由仲裁人一人或單數之數人成立仲裁庭仲裁之。仲裁協議，應以　(1)口頭　(2)書面　(3)特定格式　(4)行為　為之。」
3. （　）以下何者不是仲裁協議的通常約定項目？　(1)仲裁地　(2)仲裁的效力　(3)仲裁人的選任辦法　(4)適用的仲裁規則。
4. （　）以下何者是國際性仲裁機構？　(1)亞洲遠東經濟委員會商務仲裁中心

(2)美國仲裁協會　(3)國際商會仲裁院　(4)美洲國家商務仲裁委員會。

5. (　　) 依國際商會仲裁規則的規定，仲裁判斷原則上應在　(1)三個月　(2)六個月　(3)九個月　(4)一年　的期限內做成。

6. (　　) 以下何者不是有關承認及執行外國仲裁判斷的公約？　(1)紐約公約　(2)巴拿馬公約　(3)華沙公約　(4)日內瓦公約。

7. (　　) 一般而言，仲裁人的選任以　(1)由仲裁機構選定　(2)由法院選定　(3)由當事人親自選任　(4)由法院與仲裁機構共同推派　為優先原則。

8. (　　) 以下各種解決商務糾紛的方法中，手續繁雜，且往往曠日費時、耗損金錢及精神的是　(1)當事人自行和解　(2)第三者調解　(3)訴訟　(4)仲裁。

9. (　　) 以下何者不是一般選擇仲裁地的方式？　(1)以起岸地為仲裁地　(2)以被告人所在地為仲裁地　(3)以第三國地為仲裁地　(4)當事人各自在自己所在地進行仲裁。

10. (　　) 以下何者為我國承辦商務仲裁的機構？　(1)臺北市、高雄市及臺灣省商會　(2)中華民國仲裁協會　(3)國貿局　(4)外貿協會。

三、填充題

1. 貿易業者對於將來的糾紛，多在簽訂買賣契約時，將仲裁約定以_____的方式納入契約書中；對於現在的糾紛，則多在糾紛發生時，另外訂定一獨立的_____，合意以仲裁方式解決糾紛。

2. 目前主要的國際性仲裁機構有_____與_____。

3. 依我國仲裁法的規定，仲裁判斷原則上只具備_____效力與_____效力，欲強制執行，須聲請_____為執行裁定，但有關_____事項，當事人曾以書面約定仲裁判斷無須聲請執行裁定，即得逕為強制執行者，得逕為強制執行。

4. 為解決各國在承認及執行外國仲裁判斷的困擾，國際間曾先後締結若干個有關承認及執行外國仲裁判斷的公約，請舉三例：_____、_____與_____。

5. 我國商務仲裁制度主要依據的法令為_____。

四、解釋名詞

1. arbitration
2. ICC International Court of Arbitration
3. arbitral award

五、問答題

1. 何謂商務仲裁？以仲裁方式解決商務糾紛具有哪些優點？
2. 一般商務仲裁協議中，所約定的項目有哪些？
3. 試說明商務仲裁的一般程序。
4. 一國仲裁機構所做成的仲裁判斷，如想在他國獲得承認與執行，可透過哪些途徑來達成？
5. 國際貿易糾紛通常會選擇以何地作爲仲裁地點？其考慮的因素爲何？

實習

一、唐佳貿易公司與信榮鐵工廠於3月間訂立一筆鋼鐵買賣契約，契約中載明「雙方如有糾紛發生時，應提付仲裁」，訂約後因唐佳公司不給付保證金，信榮鐵工廠即向法院提起訴訟，唐佳公司則向法院提出抗辯，認爲依契約規定，信榮公司不得未經仲裁，即提起訴訟，法院應駁回信榮公司的訴訟要求。

　▶討論：

1. 何者主張有理？爲什麼？
2. 在買賣契約以條款方式約定將糾紛提付仲裁，其效力如何？
3. 何謂仲裁約定的妨訴抗辯效力？我國仲裁法對此有何規定？

二、進口商甲於8月間與順利輪船公司簽訂載運玉米的傭船契約，契約中訂有仲裁條款，約定「爭議在臺北市仲裁，當事人各選定一仲裁人，再由當事人選出的仲裁人共推另一仲裁人，仲裁人均應爲商人」。

該批玉米運抵基隆港卸載，發現其短損400公噸，經保險公司依保險契約賠付甲公司後，依法取得代位權，就該短損400公噸部分請求順利公司賠償。

保險公司依傭船契約規定選定乙爲仲裁人，並催告順利公司於十四日內選定一商人爲仲裁人，但順利公司超過十四日仍不爲選定，保險公司即向法院聲請爲順利公司選定一仲裁人。

　▶討論：

1. 保險公司的做法對嗎？
2. 有關仲裁人的選任，我國仲裁法有何規定？

國家圖書館出版品預行編目資料

國際貿易實務/張錦源，康蕙芬合著. --
十六版. -- 臺北市：五南圖書出版股份有
限公司, 2024.04
　　面；　公分
ISBN 978-626-393-109-1（平裝附光碟片）

CST：國際貿易實務

558.7　　　　　　　　113002184

1O18

國際貿易實務

作　　　者 ─ 張錦源、康蕙芬
發 行 人 ─ 楊榮川
總 經 理 ─ 楊士清
總 編 輯 ─ 楊秀麗
副總編輯 ─ 侯家嵐
責任編輯 ─ 侯家嵐
文字校對 ─ 葉瓊瑄
封面設計 ─ 封怡彤
出 版 者 ─ 五南圖書出版股份有限公司
地　　　址：106台北市大安區和平東路二段339號4樓
電　　　話：(02)2705-5066　　傳　真：(02)2706-6100
網　　　址：https://www.wunan.com.tw
電子郵件：wunan@wunan.com.tw
劃撥帳號：01068953
戶　　　名：五南圖書出版股份有限公司

法律顧問　林勝安律師

出版日期　1993年 8 月初版一刷
　　　　　1994年 8 月二版一刷
　　　　　1999年 2 月三版一刷
　　　　　2000年 7 月四版一刷
　　　　　2002年10月五版一刷
　　　　　2006年10月六版一刷
　　　　　2007年 9 月七版一刷
　　　　　2008年10月八版一刷
　　　　　2010年 2 月九版一刷
　　　　　2011年 2 月十版一刷
　　　　　2012年 9 月十一版一刷（共二刷）
　　　　　2014年 9 月十二版一刷（共二刷）
　　　　　2016年 5 月十三版一刷
　　　　　2018年 9 月十四版一刷（共二刷）
　　　　　2021年10月十五版一刷（共二刷）
　　　　　2024年 4 月十六版一刷

定　　　價　新臺幣600元

經典永恆・名著常在

五十週年的獻禮 —— 經典名著文庫

五南，五十年了，半個世紀，人生旅程的一大半，走過來了。

思索著，邁向百年的未來歷程，能為知識界、文化學術界作些什麼？

在速食文化的生態下，有什麼值得讓人雋永品味的？

歷代經典・當今名著，經過時間的洗禮，千錘百鍊，流傳至今，光芒耀人；

不僅使我們能領悟前人的智慧，同時也增深加廣我們思考的深度與視野。

我們決心投入巨資，有計畫的系統梳選，成立「經典名著文庫」，

希望收入古今中外思想性的、充滿睿智與獨見的經典、名著。

這是一項理想性的、永續性的巨大出版工程。

不在意讀者的眾寡，只考慮它的學術價值，力求完整展現先哲思想的軌跡；

為知識界開啟一片智慧之窗，營造一座百花綻放的世界文明公園，

任君遨遊、取菁吸蜜、嘉惠學子！